全国高等教育医药经管类规划教材

医药企业战略管理

主　编　褚淑贞

副主编　罗卫国

中国医药科技出版社

内 容 提 要

《医药企业战略管理》是全国医药经管类规划教材的骨干课程。本教材有很好的通用性与适用性，医药行业特色明显，较好的满足了医药院校经济管理专业教学与行业内读者的需求。本书适合医药经管类高等院校教学使用，也适合医药企业培训使用。

图书在版编目（CIP）数据

医药企业战略管理/褚淑贞主编 . —北京：中国医药科技出版社，2013.9
全国高等教育医药经管类规划教材
ISBN 978 - 7 - 5067 - 6292 - 2

Ⅰ . ①医…　　Ⅱ . ①褚…　　Ⅲ . ①制药工业 – 企业战略 – 战略管理 – 高等学校 – 教材
Ⅳ . ①F407. 7

中国版本图书馆 CIP 数据核字（2012）第 189874 号

美术编辑　陈君杞
版式设计　郭小平

出版　中国医药科技出版社
地址　北京市海淀区文慧园北路甲 22 号
邮编　100082
电话　发行：010 - 62227427　邮购：010 - 62236938
网址　www. cmstp. com
规格　787 × 1092mm $^1/_{16}$
印张　20 $^1/_2$
字数　390 千字
版次　2013 年 9 月第 1 版
印次　2013 年 9 月第 1 次印刷
印刷　廊坊市广阳区九洲印刷厂
经销　全国各地新华书店
书号　ISBN 978 - 7 - 5067 - 6292 - 2
定价　42. 00 元
本社图书如存在印装质量问题请与本社联系调换

编　委　会

主　编　褚淑贞

副主编　罗卫国

编　委　（按姓氏笔画为序）

朱　价　朱艳梅　孙振淋　李　军

李　春　李胤飞　张素荣　陈玉莹

茅宁莹　罗卫国　顾立新　徐作武

席晓宇　陶惠华　谢晓燕　褚淑贞

前　言

　　战略来源于军事，企业战略管理则是现代商品经济发展的产物。20世纪60年代以来，随着全球经济市场化、信息化和一体化步伐的加快，企业外部环境日趋复杂，竞争日趋激烈，企业内部条件也在不断地发生着变化。如何在竞争激烈、复杂多变的市场中求得长期生存和持续发展，已成为当今企业面临的首要问题。解决这一问题的关键在于企业是否能够确立适应外部环境变化和自身特点的企业战略。在这种背景下，企业战略管理的理论和实践迅速起步并蓬勃发展起来。

　　企业战略管理这门课程具有高度的综合性，它将经济学、管理学、市场营销学、统计学等课程的研究成果综合运用，从"战略"的角度探讨企业的管理问题。它是高等院校经管类专业开设的一门重要的必修基础课程，目的是让学生了解企业在市场竞争中如何合理地运用战略来增强核心竞争力，促进企业的发展。

　　目前出版发行的企业战略管理相关教材主要以综合院校教学需求为目标，大多数围绕普遍的行业背景，阐述企业采取的战略措施。而医药产业具有高投入、高风险、高回报等鲜明的产业特色，医药企业在战略制定、实施和控制过程中，必须既要考虑到一般企业在市场经济规律作用下的共性，还要符合本产业独特的战略管理要求。在尚缺乏适合高等医药院校经济管理类专业教学要求的教材的情况下，本教材结合编者多年从事企业战略管理教学的经验和成果，融入丰富的医药领域经典案例，可以提高学生理论联系实际的能力，符合当今医药企业对复合型医药人才的要求。

　　中国药科大学国际医药商学院工商管理教研室通过近30年的教学与科研实践，在企业战略管理的原理研究、医药产业特点研究、医药企业实践与教学等方面具有较为深厚的积淀，陆续编写并出版了《医药工业企业管理》、《医药商业企业管理》、《企业管理原理》、《医药企业生产与经营管理》、《管理学》等系列教材，为医药院校经济管理类教材建设作出了积极贡献。这次通过对医药企业案例的整合，融合医药产业的特点，编写医药企业战略管理，也是对我国医药管理领域教材体系的又一补充。

　　本书分为绪论、战略分析、战略选择、战略实施与控制、医药企业特色五篇。

其中，第一章主要介绍企业战略管理概念与特征等基本内容，第二至四章介绍医药企业愿景与使命、内外部环境分析，第五章具体列举了医药企业内外部环境分析中所运用的具体方法，第六至九章分别从医药企业总体、经营单位、职能和国际化战略等多角度详细地阐述了企业在发展过程中可采取的战略，第十、十一章介绍了企业战略的实施与控制以及战略控制的具体方法，第十二至十四章是医药企业特色章节，分别从中小医药企业发展、医药企业并购与战略联盟、医药企业创新等角度重点揭示医药企业运用战略进行市场竞争的全过程。

本书在结构体系的构思和内容编排上，主要体现以下三个特点：（1）内容新颖充实、涵盖了企业战略制定、实施与控制过程中涉及的诸多问题，可以让学生从书中体会到身处企业领导者职位所面对的种种挑战与责任，从该书中学习作为企业战略领导者的综合素质与本领。（2）医药产业的特色鲜明，本书基于理论指导实践的宗旨，通过介绍丰富的分析方法与大量的医药企业案例，力求将战略管理的理论知识与现实中医药产业发展的特点相结合，使学生能够运用所学的企业战略的理论和方法，分析医药企业战略制定、实施与控制中的现实问题，提高分析问题、解决问题的能力。（3）适用对象广泛。本书可作为医药经管类院校硕士生和本科生学习企业战略管理的教材，也可供医药企业创业者、管理者及各级相关管理部门使用。

本书由本人牵头，组织了中国药科大学国际医药商学院企业管理教研室教师和部分研究生进行教材编写，浙江医药集团新昌制药厂等企业人员进行了校正和修改。衷心感谢罗卫国、茅宁莹、席晓宇等老师，李军、孙振淋、陈玉莹、张素荣、谢晓燕、朱价、李胤飞、朱艳梅等硕士研究生，和徐作武、李春和陶惠华、顾立新等新昌制药厂的企业人员为本教材编写工作付出的辛勤劳动。

希望本教材的出版能为我国医药高等院校本科生、研究生以及关注医药管理研究的人士提供有益的参考与帮助。由于编者能力有限，教材中一定存在许多不足和遗漏，诚恳希望广大师生提出宝贵修订意见。

编者
2013 年 5 月

目　录

第一篇

绪　论

第一章

管理与管理学

第一节　企业战略产生与演进

　　随着经济全球化和知识经济两股不可抵挡的潮流的纵深推进，各个国家、地区受到的冲击愈加猛烈。如何在竞争日趋激烈且复杂多变的市场环境中求得长期生存和持续发展，已经成为当今企业面临的首要问题。美国著名管理大师彼得·德鲁克（Peter Ferdinand Drucker）曾指出："对企业而言，未来至关重要。经营战略使企业为明天而战。"据调查，20世纪80年代中期以后，美国95%以上的大企业都积极推进企业的战略管理，经营成功的中小企业也大多结合自身特点实行了战略管理，由此可见战略管理对企业的生存与发展具有重要的作用。

一、企业战略的产生

　　战略的概念最早产生于军事领域，其含义是在敌对状态下指挥军队、克敌制胜的艺术和方法。《辞海》将战略定义为："依据敌对双方军事、政治、经济、地理等因素照顾战争全局的各方面、各阶段之间的关系，规定军事力量的准备和运用。如武装力量的建设、作战方针和作战指导原则的制定等等"。进入现代社会以后，战略在社会生活中得到了广泛的应用。西方国家的"战略"（Strategy）一词，来源于希腊文的strategicon。这个词的语根为strategos，相当于现在的"将军"之意。在这个概念的基础上，发展出"战略"一词。到18世纪，欧洲国家的语言中才出现了"战略"这个词。首先使用这个概念的是法国人梅兹鲁亚，他在1771年首先把"战略"这个概念用于军事书籍中。在梅兹鲁亚之后，德国资产阶级军事科学的奠基人比洛也使用了这一概念。然而比洛所处的时代，"战略"一词仍然未能进入其他欧洲国家的词汇。如1802年出版的英国军语辞典中，就没有"战略"一词，表明战略概念当时在西方仍然没有受到重视。

　　19世纪，瑞士的约米尼和普鲁士的克劳塞维茨，分别写了《战争艺术概论》和《战争论》，进一步揭示了战略的本质，成为近代战略理论的一个里程碑。从19世纪到第二次世界大战，西方战略思想日益活跃，新战略学派和战略思想家不断涌现，马汉的《制海权》、杜黑的《制空权》、福煦的《论战争原理》以及鲁登道夫的《总体战》等理论非常有影响，现代意义上的战略概念也就形成了。在我国，现代意义上的战略一词从上个世纪初才开始使用，但战略思想却源远流长。《孙子兵法》等古代典籍，对战略问题早就有了大量的论述，提出了许多光辉的战略思想。我国古代战略和西方古代战略是在两大不同的文明体系的沃土中并蒂成长起来的两棵战略之树。

1960 年以前，企业管理领域还没有明确提出"战略"一词。当时商学院的课程中称之为"企业经营政策"，并把"经营政策"看做是职能管理的整合。经营政策的意义在于在一个更加宽阔的视野中把企业看做一个整体——将各种职能的专业知识整合起来。由于科学技术的高速发展，社会生产力水平的提高，竞争日益激烈，企业外部环境更加复杂，企业经营难度增大，许多企业加深了对生存竞争的认识，产生了研究与运用战略的需要，于是就提出了企业战略。进入 20 世纪 60 年代后，企业管理领域正式提出"战略"一词，1965 年美国专家安索夫（H. I. Ansoff）发表了成名作《公司战略》，"战略"这个概念就进入了企业领域，从此，制定和实施企业战略，被看做是企业成功的关键，并逐步普及开来。战略的影响从军事走向企业，并形成独立的战略体系。军队从事战争，企业从事竞争，两者虽然不同，但都存在一个"争"字。企业竞争的目标是通过赢得市场来盈利，战争则是要占领领土与资源；企业是通过赢得顾客和市场来战胜竞争对手，而战争则是通过消灭战争对手来获胜；企业竞争游戏的最重要规则就是"第三者（消费者）决定"，而战争最重要的是靠实力来取胜。虽然军队的战争与企业的竞争在目标以及表现形式等方面有所不同，但是其对于战略的应用有相通之处。

二、企业战略的演进

1. 早期的战略管理思想（20 世纪 30 年代末～60 年代末）

早在 1938 年，管理学家 C. I. 巴纳德就在其《经理的职能》一书中，在对影响企业经营的各种因素的分析中提出了战略因素的构想，对探索企业经营战略的含义作出了贡献，被认为是开辟了企业经营战略研究之先河。

1962 年，美国著名管理学家小阿尔福莱德·D·钱德勒的《战略与结构：工业企业史的考证》一书问世，揭开了现代战略管理研究的序幕。在著作中，他首次分析了环境——战略——组织结构之间的相互关系，他认为企业经营战略应当适应环境——满足市场需要，而组织结构又必须适应企业战略，因战略变化而变化，即"结构追随战略"。1965 年，安索夫出版的《公司战略》一书，对企业发展的基本原理、理论和程序进行了研究，认为战略构造是一个有控制、有意识的正式计划过程，因而企业高层的任务是制定和实施战略计划。安索夫的观点被认为是"计划学派"。

这一时期，战略管理的理论方法，如企业外部环境的预测对企业战略的影响，环境适应性调整方法、运筹学方法、组合分析技术、预测技术方法等都被提出并加以运用。

2. 战略管理研究框架的基本成型期（20世纪70年代）

1971年，哈佛商学院的肯尼斯·R·安德鲁斯（Kenneth R. Andrews）在其《公司战略概念》一书中首次提出了公司的战略思想问题，同时提出制订与实施公司战略的两阶段基本战略管理模式，并将战略定义为公司能够做的（组织优势和劣势）与可能做的（环境机会与威胁）之间的匹配，提出了制订战略过程中的SWOT分析框架。1979年，安德鲁斯又出版了《战略管理》一书，进一步系统提出了战略管理模式。安德鲁斯的观点被认为是"设计学派"。

同时期的安索夫于1972年在《企业经营政策》杂志上发表了《战略管理思想》一文，正式提出了"战略管理"的概念，为后来战略管理理论的发展奠定了基础。1976年，他发表了《从战略计划走向战略管理》一文，接着1979年又出版了《战略管理》一书，系统地提出了战略管理模式。安索夫认为，企业的战略行为是一个组织对其环境的交感过程以及由此而引起的组织内部结构变化的过程。他提出了较有新意的三个战略管理观点：环境服务组织、战略追随结构、战略管理过程是一个开放系统。这些资料表明，安索夫较为正式、系统地提出了战略管理这一概念。

3. 反思与争鸣时期的战略管理思想（20世纪80年代初~90年代初）

这一时期先后出现了三个具有代表性的学派：产业结构理论学派、能力学派和资源学派。

（1）产业结构理论学派

产业结构理论主要由美国著名管理学家迈克尔·波特（Michael Porter）提出并予以发展，形成于20世纪80年代早期。其后，他对该理论的研究不断深入与完善，同时其他学者也进行了相关的研究，包括产业效应、公司效应、业务效用的相对大小等内容。产业结构理论的主要内容是在对产业结构进行分析的基础上，提出的五种基本竞争力的基础框架，及在此基础上形成的三种基本竞争战略。五种基本竞争力是指以企业为中心，与外部的供应商、购买者之间的谈判力量，潜在进入者和替代品的威胁，以及同行业之间的竞争这五种竞争性的压力。这些压力的一个共同目标是要瓜分现有企业的利润。在这样一种思维下，竞争战略被描述为采取进攻性或防守性行动，在产业中建立起进退有据的地位，成功地对付五种竞争力，从而为企业赢得超常的投资收益。为达到这个目标，在最广泛意义上，波特归纳出了三种基本战略：成本领先战略、差异化战略和集中化战略。

产业结构理论学派最突出的贡献是五力模型，主要用于对企业的外部环境进行综合分析，同时认为企业成功的两个因素是企业所处的行业及在行业内的定位。这是一种从企业外部环境来分析企业业绩差异及竞争战略的视角，是一种空间上的逻辑。同时，在产业结构理论下，战略的形成源于企业外部，或者说决定企业战略的主要是外部因素。而执行战略所需的价值链、活动和驱动力，却来自于企业内部。因此，在战略的形成与执行之间存在着空间上的分离（同时还存在时间上的分离），产业结构理论学派对此缺乏动态的分析（时间逻辑），也就注定了其基于空间逻辑进行分析的局限性。

（2）能力学派

波特的战略管理思想首次明确地提出了如何制订竞争战略和取得竞争优势，但由于他从企业外部环境出发，对企业的内在因素未做深入研究，不能突破把企业视为"黑箱"的局限，有一定的欠缺之处。

为弥补波特战略思想的缺陷，80年代中后期，以汉默尔（Gary Hamel）、普拉哈拉德（C. K. Prahalad）、斯多克（George Stalk）、伊万斯（Phillip Evans）等为代表的学者提出的核心竞争力与核心能力观备受理论界的青睐，战略管理思想由波特的结构观转向能力学派（能力观），即从企业的外部转到了内部。能力观强调组织内部的技能、集体学习的能力、以及对其进行管理的技能，认为竞争优势的根源在于组织内部，并且新战略的采取受到公司现有资源的约束。

能力学派强调以企业生产经营过程中的特有能力为出发点，来制定和实施企业的竞争战略。能力观的主要观点：首先，对企业的竞争本质进行重新认识。在基于产业结构定位，以市场细分产品来获得市场份额，从而在获得竞争优势的竞争战略不能奏效的情形下，能力观认为企业"战略的核心不在于公司产品、市场的结构，而在于其行为反应能力。战略的目标在于识别和开发别人难以模仿的组织能力，在顾客眼中，这种组织能力是将一个企业与其竞争对手区别开来的标志"。其次，表现为如何识别和培育企业的核心能力。其认为核心能力来自于企业组织内部的集体学习，来自于经验规范和价值观的传递，来自于组织成员的相互交流和共同参与。最后，表现在制定和实施企业竞争战略的政策主张上，使企业成为一个以能力为基础的竞争者，是能力观的最终目的。

（3）资源学派

能力学派在弥补产业结构理论学派缺陷的同时，也有自身的欠缺之处，即极少关注企业的外部环境。80年代中期开始，并经过80年代末90年代初的长足发展，战略管理思想中出现了资源学派（资源观）。资源观为企业架起了连接结构观和能力观的桥梁，完成了安德鲁斯的理论框架。同能力观一样，资源观承认公司的特有资源与竞争力的重要性，同时也承认产业分析的重要性，认为企业能力只有在产业的竞争环境中才能体现出重要性。它认为能力与资源作为企业竞争的核心，要考虑需求（是否满足顾客需求、是否具有竞争领先优势——结构分析）、稀缺性（是否可模仿、可替代，还是可持久的——企业核心能力）和适宜性（谁拥有利润）等要素。

柯林斯和蒙哥马利认为，资源价值的评估不能局限于企业自身，而要将其置于其所面对的产业环境中，并与其竞争对手所拥有的资源进行比较，从而判断其所具有的优势和劣势。在柯林斯和蒙歌马利研究的基础上，英国学者福克纳和鲍曼两人进一步拓展了以资源观为导向的竞争战略理论体系和分析模式。创造性地提出了"顾客矩阵"与"生产者矩阵"两种分析工具。

资源观的战略管理思想是："产业环境分析、内部资源分析－制订竞争战略－实施战略－建立与产业环境相匹配的核心能力－竞争优势－业绩"，即分析产业环境、企业内部环境，得出资源的比较优势，通过制订和实施竞争战略来培养与产业环境相匹配的核心能力，从而获得竞争优势，取得更好的经营业绩。

4. 各学派融合期的战略管理思想（20世纪90年代）

进入90年代，Internet、电子商务等的迅速发展从根本上改变了企业的竞争环境与竞争方式，战略管理思想的各个流派之间的界限越来越模糊，相互取长补短，趋向融合，对问题的分析趋向全面化。然而这一时期，有两个流派值得关注，即战略联盟观和基于信息技术的战略管理思想。

（1）主张竞争合作的战略管理思想。作为竞争时代的产物，结构学派与能力学派以及资源学派是基于本企业与其他企业的竞争位势的比较，将对方视为敌人，通过竞争对抗来获取竞争优势，对方的能力与资源及其在产业结构中的位置对于本企业来说仅仅是参照物，通过与参照物进行对比，企业在产业中尽力占据有利地位，培养超过竞争对手的能力，或避强趋虚，获得竞争对手所不具有的资源优势。

（2）基于信息技术的战略管理思想。由于信息技术革命，人类的经济、政治、军事、文化生活正经历着深刻的变化，战略管理理论也由此发生了深刻的变化。信息技术对战略管理的影响问题受到了不少战略管理理论界人士的关注，因而纷纷提出了基于IT（Information Technology，信息技术，简称IT）的战略管理思想。

基于IT的战略管理思想主张利用信息技术或通过建立战略信息系统来实施企业竞争战略，获得竞争优势，以实现企业的使命和目标。它不同于简单地在战略管理中运用信息技术及建立信息系统，因为后者常常将信息技术与信息系统当做战略管理的工具与资源之一，从事信息技术工作的人员的地位较低，信息部门也只是参谋部门、情报部门，对信息技术与信息系统的重视并没有从战略层面上体现出来，而前者则认为信息技术的运用与信息系统的建立是竞争取胜的法宝与武器。基于IT的战略管理思想总的认为信息技术及信息系统与产业结构、核心能力、资源至少具有同等的重要性，而不是依附于它们的。

第二节　企业战略管理的概念与特征

一、企业战略管理的概念

企业是从事生产、流通或服务性经济活动的独立经济组织。企业一方面应满足社会生产或人们生活的需要；另一方面应坚持经济性原则，以保证获取良好的经济效益。企业战略是指企业面对变化激烈的经营环境，为求得长期生存和不断发展，对企业的发展目标、达成目标的途径与手段进行的总体谋划。它是企业战略思想的集中体现，是对企业经营范围的科学规定，同时又是制定规划与计划的基础。

不同的管理学者、战略家，对企业战略管理的定义不尽相同。美国经济学家安索夫在其1976年出版的《从战略规划到战略管理》一书中，认为企业战略管理是把企业的日常业务决策同长期计划决策相结合而形成的一系列经营管理业务。著名战略管理学者德鲁克指出，战略管理是制定一种或几种有效的战略，以达到企业目标的一系列决策与行动。管理学家、组织学家汤普森进一步阐明，战略管理是通过指明企业长远发展方向，建立具体的业绩目标，根据有关的内部条件和外部环境，制定各种战略，进而执行所选择的行动计划，以达到业绩目标的过程。斯坦纳在1982年出版的《企业政策与战略》一书中则认为，企业战略管理是确定企业使命，根据企业外部环境和内部经营要素确定企业目标，保证目标的正确落实，并使企业使命最终得以实现的一个动态过程。

战略管理是一种崭新的管理思想与方式，其目的是对企业现在的及未来的整体经营活动实行战略性管理，可以说战略管理是现代企业管理发展的高级阶段。战略管理活动的重点是制定和实施战略，制定和实施战略的关键在于实现企业外部环境、内部条件和企业目标三者的动态平衡，从而实现企业的战略目标。

综上所述，本书给出企业战略管理的定义：企业战略管理是一个动态的管理过程，它是对企业的生产经营活动实行的总体性管理，是企业制定和实施战略的一系列管理决策与行为，其核心问题是使企业自身条件与环境相适应，求得企业的长期生存与发展。

二、企业战略管理的特征

企业战略是企业最高管理层根据企业的宗旨及对企业内、外部环境的分析，确定企业的总体目标和发展方向，组织企业的人财物资源，实现企业总目标的谋划。尽管人们对战略的认识存在很多分歧，但是对战略特征的认识基本一致。总结医药企业战略管理的特征与一般企业的战略管理特征一样，其战略具以下基本特征。

（一）全局性

企业在经营管理过程中总要遇到各种各样的情况，处理各种各样的问题，其中一些决策涉及整个组织范围，另外一些可能只与局部利益有关。企业战略管理是以企业的全局为对象，根据企业总体发展的需要而制定的。它所规定的是企业的总体行为，它所追求的是企业的总体效果。虽然它必然包括企业的局部活动，但是这些局部活动是作为总体活动的有机组成部分在战略中出现的。这样也就使企业战略具有全局性和系统性。

（二）战略管理的主体是高层管理人员

由于战略决策涉及一个企业经营活动的各个方面，因此需要企业的最高层管理人员介入战略决策。这不仅是因为他们能够统观企业全局，了解企业的全面发展状况，更重要的是他们拥有对战略实施所需资源进行分配的权利。

（三）长远性

战略管理从时间上来说具有长远性，企业战略的落脚点不是当前，而是未来，要在一个较长的时期内发挥作用，经验表明，企业战略通常着眼于未来3～5年甚至更长远的目标。企业战略反对短期性行为，其成效也以长远利益来衡量。战略要以当前为出发点，放眼未来，预见未来的发展趋势。但这并不是要求企业在制定战略的一开始就要看到结局，而是要有洞察力，以新的方式从新的视角观察世界，用发展的眼光来看待问题，因为一个战略制定后，在其实施的过程中所碰到的困难往往比预想中的困难要多。

（四）相对稳定性

战略必须在一定时期内具有一定的稳定性，才能在企业经营实践中具有指导意义，如果朝令夕改，就会使企业经营发生混乱，从而给企业带来损失。当然企业经营实践又是一个动态的过程，指导企业经营实践的战略也应该是动态的，以适应不断变化的外部环境。因此企业战略应具有相对稳定性。

（五）涉及企业大量资源的配置

企业的资源，包括人力资源、实体财产和资金，或者在企业内部进行调整，或者从企业外部来筹集。在任何一种情况下，战略管理都需要在相当长的一段时间内致力于一系列的活动，而实施这些活动需要有充足的资源作为保证。因此，为保证战略目标的实现，需要对企业的资源进行统筹规划与合理配置。

第三节　企业的战略层次

一般来讲，在大中型企业中，企业战略可以划分为三个层次：企业总体战略、企业经营战略和企业职能战略。

一、企业总体战略

企业总体战略是企业总体的、最高层次的战略。企业总体战略重点解决两个方面的问题：一是从全局出发，根据企业的外部环境以及内部条件，选择企业的经营范围和领域，即要回答经营什么业务的问题；二是在确定经营业务后，在各部门间进行资源分配，以实现企业的整体战略意图，这也是企业实施战略的关键措施。

企业总体战略的特点：

（一）从战略形成的性质看，总体战略是关乎企业全局发展的、整体性的、长期的战略。

（二）从参与战略制定的人员看，参与企业总体战略制定与推行的主要是企业的高层管理人员。

（三）从对企业发展的影响程度看，企业总体战略与企业的组织形态有着密切的关系。当企业形态简单，经营业务和目标单一时，企业总体战略就是该项经营业务的战略，即业务战略。企业总体战略与业务战略的决策权都集中在董事会和最高层管理者手中。这种战略结构类似于小型企业的组织形式（如图 1 - 1 所示）。

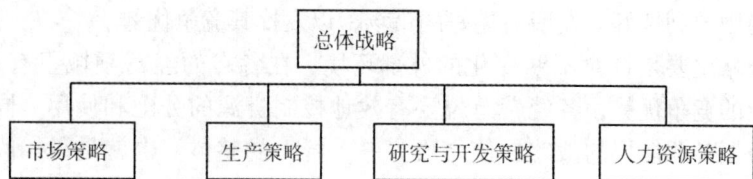

图 1 - 1　单一业务企业的战略结构

当企业的组织形态较为复杂，经营业务和目标多元化时，企业的总体战略也相应地复杂化，形成多种经营战略。如果一个企业跨行业经营，即有多项经营业务时，其战略则呈现一般战略结构形式。总体战略在最上层，是最高层次的战略，它为职能战略和经营战略提供发展方向与支持，这种典型的战略结构如图 1 -2 所示。

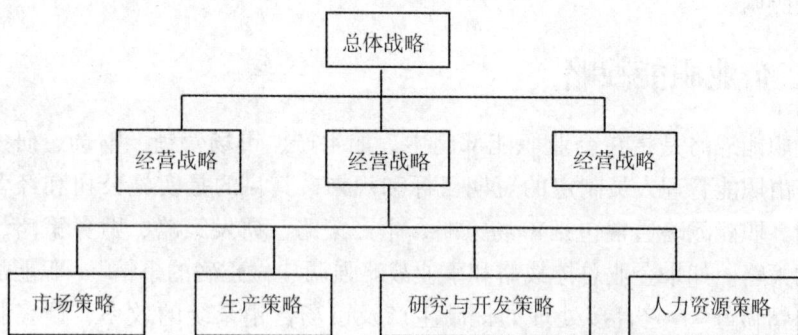

图 1 - 2　跨行业经营企业的战略结构

企业的总体战略是根据企业的外部环境和内部条件的变化而提出来的，它对企业的组织形态具有反作用，要求企业组织形态在一定时期做出相应的调整。如当企业准备利用部分内部资源进行合资经营时，企业的组织形态就需要适应这种变化，构建专门处理合资事宜的事业部。总体战略主要是回答企业应该在哪些领域里进行经营活动的问题，因此，从战略的四种构成要素的作用来看，经营范围和资源配置是总体战略的主要构成要素。竞争优势和协同作用两个要素则因企业不同而需要具体分析。在经营多种相关产品的企业里，竞争优势和协同作用很重要，其主要解决企业内部各产品的相关性和在市场上进行竞争的问题。在多种行业联合的大型医药企业里，竞争优势和协同作用相对来讲不是很重要，因为企业中各经营业务之间存在一定的协调性，可以共同形成整体优势。即使某个经营业务经营不善，其他的经营业务也还可以支持整个企业形成优势。

二、企业经营战略

企业经营战略有时也称为业务战略或竞争战略，它处于战略结构的第二层。这种战略所涉及的问题是，在选定的业务范围内或在选定的市场—产品区域内，经营单位应在什么样的基础上进行竞争，以取得竞争优势。为此，经营单位的管理者需要鉴别并稳固盈利性好、发展前途好的市场，以发挥其竞争优势。

经营战略主要是针对不断变化的外部环境，在各自的经营领域里有效地竞争。为确保企业的竞争优势，各经营单位要有效地控制资源的分配和使用。同时，经营战略还要协调各职能层的战略，使之成为一个统一的整体。也就是说，假设企业总体战略是一本书，以自己的风格向读者传播某类学科知识，经营战略则是书中的章节，以其充实的内容，供读者了解该书所要介绍的知识细节，同时这些章节又构成一个体系，保证该书整体风格的一致。从战略构成要素角度看，资源配置与竞争优势通常是经营战略中最重要的组成部分。多数情况下，经营范围与产品和细分市场的选择有关，与产品和市场的发展阶段有关，而与产品和市场的深度和广度的关系甚少。在这个层次上，协同作用则变得更为重要，要将经营单位中不同职能领域的活动加以协调。

三、企业职能战略

企业职能战略是指在企业职能部门中，如生产、市场营销、财会、研发、人事等部门，由职能管理人员制定的短期目标和规划，其目的是实施公司和经营单位的战略计划。职能战略通常包括市场策略、生产策略、研发策略、财务策略、人事策略等职能策略。如果企业总体战略和事业战略强调"做正确的事情"，职能战略则强调"将事情做好"。它直接处理如提高生产及市场营销系统的效率、顾客服务的质量、特定产品或服务的市场占有率等问题。

四、三种战略的特点

依据三种战略所涉及的战略问题不同，上述三种战略层次各具不同的特性。最高层次的战略——企业总体战略倾向于价值取向，以抽象概念为基础，与企业经营战略和职能战略的制定和实施相比不甚具体。除此以外，总体战略还具有如下特点：风险大，成本高，预期收益大，所需时间长，要求有较大的灵活性和大量外部资源的输入。这些特点是由总体战略具有意义深远性、未来性和革新性的本质特征所决定的。除了上述的经营业务选择及企业资源分配决策以外，总体战略决策有时包括制定股利分配政策、业务发展的优先顺序和长期资金来源及筹措等问题。

处于战略层次另一端的是企业职能战略，其主要解决作业取向和可操作性等问题，时间跨度小。由于依靠已有资源，职能战略的决策风险较小，所需代价（成本）较低，所涉及的活动在公司范围内不需要很大的协调性。

而经营战略的特点则介于总体战略和职能战略的特点之间。例如与总体战略决策相比，经营战略的风险较小、代价较小、预期收益较低；但与职能战略相比，其风险、成本及预期收益都相对较高。三种战略决策的详细特点见表1-1。

表1-1 三种战略决策的特点

特点	总体战略	经营战略	职能战略
1. 类型	概念性的	混合的	作业性的
2. 定义	非具体的	混合的	具体的
3. 可度量性	价值判断	半定量化	定量化
4. 频度	周期的或突发的	周期的或突发的	周期的
5. 可调整性	低	中等	高
6. 与当前活动的关系	革新的	混合的	补充性的
7. 风险性	高	中等	低
8. 预期收益	大	中等	小
9. 成本	大	中等	小
10. 时间	长期	中等	短期
11. 灵活性	大	中等	小
12. 资源充沛度	部分供给	部分供给	全部供给
13. 协调性	大	中等	小

第四节　企业战略管理的基本过程

如前所述,战略管理是一个企业对未来发展方向制定决策和实施这些决策的动态管理过程。一个规范的、全面的战略管理过程可分解为三个阶段:战略分析阶段、战略评价及选择阶段、战略实施及控制阶段。但在进行战略分析之前,首先要确立或审视企业的使命。战略管理的过程可用图1-3来表示。

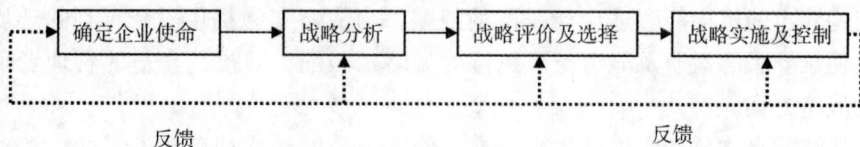

确定企业使命 → 战略分析 → 战略评价及选择 → 战略实施及控制

反馈　　　　　　　　　　　　　　　反馈

图1-3　战略管理过程

一、战略分析阶段

战略分析是指对企业的战略环境进行分析、评价,并预测这些环境的发展趋势,以及其对企业可能带来的影响。一般说来,战略分析包括企业外部环境分析和内部环境分析两部分。企业外部环境一般包括以下几个方面:政治—法律、经济、技术和社会因素以及企业所处行业的竞争状况。对企业外部环境进行分析是为了适时地寻找和发现有利于企业发展的机会,以及存在的威胁,做到"知彼",以便在制定和选择战略时能够利用外部条件所提供的机会而避开威胁因素。企业的内部环境是企业本身所具备的条件，即企业所具备的素质，包括生产经营活动的各个方面，如生产、技术、市场营销、财务、研究与开发、员工情况以及管理能力等。对企业内部条件进行分析是为了分析企业所具备的优势和弱势，以便在制定和实施战略时能扬长避短，有效地利用企业自身所具有的各种资源。

二、战略评价与选择阶段

战略评价及选择过程的实质是战略决策过程，即对战略进行探索、选择以及制定。通常，对于一个企业来说，它的战略选择应当解决以下两个基本问题：一是企业的经营范围或经营领域。即规定企业从事生产经营活动的行业，明确企业的性质和所从事的事业，确定企业以什么样的产品或服务来满足哪一类顾客的需求。二是企业在某一特定经营领域的竞争优势。即要确定企业提供的产品或服务，要在什么基础上取得竞争优势。

一个企业可能会制定出多种达成目标的战略方案，这就需要对每种方案进行鉴别和评价，以选择出适宜的方案。目前已有多种战略评价方法或战略管理工具，如波士顿咨询集团的市场增长率—相对市场占有率矩阵法、行业生命周期法等。这些方法已在西方跨行业经营的企业中得到广泛的应用。

三、战略实施与控制阶段

一个企业的战略方案确定后，必须通过具体化的实际行动，才能实现战略目标。一般来说可从三个方面来推进战略的实施：其一是制定职能战略，如生产策略、研究与开发策略、市场营销策略、财务策略等。在这些职能战略中要能够体现出战略的推进步骤、采取的措施以及大体的时间安排等；其二是对企业的组织机构进行构建，使构建出的机构能够适应所采取的战略，为战略实施提供一个有利的环境；其三是要使领导者的素质及能力与所执行的战略相匹配，即挑选合适的管理者来贯彻既定的战略方案。

在战略的具体化和实施过程中，为了使实施中的战略达到预期目的，实现既定的战略目标，必须对战略的实施进行控制。也就是说将反馈回来的实际成效与预定的战略目标进行比较，如果两者存在显著的偏差，就应当采取有效的措施进行纠正。当由于在制定战略时的分析不周、判断失误，或是环境发生了预想不到的变化而引起偏差时，甚至需要重新审视环境，制定新的战略方案，进行新一轮的战略管理过程。

第五节　医药企业战略管理

一、新经济与医药企业战略管理

面对国际金融危机、国内经济发展放缓的大环境，以及"新医改"方案的出台，大批的药品生产企业、流通企业、医疗机构以及研发机构等都面临着一次空前的大变革。随着新医改的推进，医药行业的竞争也将转化为政策运用、制度创新、融资平台，集研发、生产、营销、品牌等各方面的综合实力的较量，如何提高核心竞争力，把企业做大做强已成为每个医药企业亟待解决的问题。要解决好以上问题，科学合理的发展战略是必要的基础。

新医改形势下，我国医药产业在国民经济中的地位和发展前景决定了医药企业制定发展战略是十分必要的，同时也具有非常重要的理论和现实意义。

（一）医药产业在国民经济发展中占据重要的地位

1、医药产业是国民经济中关涉国民健康、社会稳定和经济发展的重要产业。近几年我国人口增长和老年化进程的加快，人们越来越关注身体健康，关注健康。随着国内人民生活水平的提高和医疗保健需求的不断增加，我国医药行业越来越受到公众和政府的关注，在国民经济中占据着越来越重要的位置。

2、医药产业作为高新技术产业，是国民经济的重要组成部分，在社会发展中发挥着愈来愈重要的作用，已成为国民经济发展中新的经济增长点和振兴地方经济的新兴支柱产业之一。

3、医药产业有不可估量的发展前景。因为它一般不会受到战争、自然灾害等突发事件的影响，长期处于稳定的发展中，而且战争和自然灾害等还会在某种程度上会增加药品的需求，促进医药产业的发展，所以医药产业是永恒的"朝阳产业"。

4、近年来，医药产业取得了快速的发展，其总产值已从 2000 年的 1843.2 亿元增长到 2010 年的 12576.3 亿元，对我国国内生产总值的贡献率越来越高，2010 年已经达到了 GDP 的 3.16%，这说明医药产业在国民经济发展中的地位越来越重要。

（二）国内外医药市场的变化

全球药品市场的持续扩大为医药企业创造了巨大的发展空间，医药产业已成为世界上增长速度最快的产业之一。随着世界人口数量的增加及居民生活水平的提高，全球药品市场的规模不断扩大，药品销售总额已从 1980 年的 790.3 亿美元上升至 2010 年的 8250 亿美元。2001 年英国《金融时报》在全球最有价值行业排名中，首次把医药制造业排为第二位。2007 年全球制药行业增速维持在 5%～6%，2007 年医药市场规模达到 6650 – 6850 亿美元，2010 年达 9400 亿美元。

在国际医药市场总体上保持巨大需求和快速发展的大环境下，国内医药市场也将出现旺盛的需求。人口数量的增长以及老龄化的趋势将促使我国的药品需求有较大提高；居民生活水平的不断提高，将进一步扩大药品市场；医疗卫生制度改革的全面推进，也将进一步促进价格低廉、疗效确切的国产普通药品的使用；同时新型农村合作医疗制度的建立与完善，也将为医药市场开拓发展空间。

2003 年国内药品销售额约为 1847 亿元，而在 2010 年已达到 4300 亿元，成为美、日、德、法之后的世界第五大医药市场，而我国经济将继续保持高速增长的势头，意味着我国药品市场的增长速度将继续高于美国药品市场。据 IMS 预计在 2020 年的世界药品市场中，中国将成为仅次于美国的第二大药品市场，市场容量接近 2200 亿美元。国内外医药市场容量的不断扩大，为我国医药生产企业提供了巨大的发展空间，同时也会带来巨大的竞争压力，医药产业将成为我国国民经济中发展最快、最具增长潜力的行业之一。面对如此巨大的发展机遇，首先要对医药生产企业的发展战略进行充分的研究，找出其优势与不足，探索出有针对性的对策，提高我国医药生产企业的国际竞争力，把握住全球药品市场规模与日俱增的契机，促进我国医药生产企业的快速发展。

二、医药企业实行战略管理的必要性与现实性

（一）医药企业实行战略管理的必要性

医药产业最重要的宗旨就是为人类的健康服务，健康是个人也是社会最宝贵的财富。就个体而言，失去健康就意味着生活质量降低、存活时间缩短；就家庭而言，患病的个体将会给家庭带来精神和经济上的沉重负担；就社会而言，患病的个体将给政府、雇主和纳税人增加医疗费用支出，并带来生产力的损失。因此，医药企业肩负着非同一般企业的特殊使命，其产品也是非同于一般的产品，对其质量安全的要求必须更高。医药企业战略就是在符合和保证实现企业使命的条件下，在充分利用各种机会的基础上，确定企业同环境的关系，规定企业从事的经营范围、成长方向和竞争对策，合理地调整企业结构和配置企业的资源。

（二）医药企业实行战略管理的现实性

1. 人类健康是社会全面发展的基础。医药卫生事业关系到千家万户的幸福，关乎民生问题。深化医药卫生体制改革，加快医药卫生事业的发展，满足人民群众日益增长的医药卫生需求，不断提高人民群众的健康素质，是贯彻落实科学发展观、促进经济和社会全面协调可持续发展的必然要求；是维护社会公平正义的重要举措；是人民生活质量改善的重要标志；是全面建设小康社会和构建社会主义和谐社会的一项重大的任务。

2. 医药卫生事业的责任。新中国成立以来，特别是改革开放以来，我国的医药卫生事业取得了显著成就，覆盖城乡的医药卫生服务体系基本形成，疾病防治能力不断增强，医疗保障覆盖的人口数量逐步扩大，卫生科技水平逐渐提高，人民群众健康水平明显改善，居民主要健康指标处于发展中国家的前列。尤其是抗击"非典"

取得重大胜利以来，各级政府加大了对卫生事业的投入，公共卫生、农村医疗卫生和城市社区卫生快速发展，新型农村合作医疗和城镇居民基本医疗保险取得了突破性进展，为深化医药卫生体制改革打下了坚实的基础。同时，当前我国医药卫生事业的发展水平与人民群众的需求不相适应的矛盾还比较突出。如医院管理体制和运行机制尚不完善；政府卫生投入不足；药品生产、流通秩序不规范；城乡、区域医疗卫生事业发展不平衡，资源配置不合理；农村、社区医疗卫生工作比较薄弱，医疗保障制度还不健全导致医疗费用上涨过快，人民群众的反应强烈。

从现在到 2020 年，是我国全面建设小康社会的关键时期，医药卫生工作者肩负着繁重的任务。随着经济的发展和人民生活水平的不断提高，群众对医疗卫生服务将会提出更高的要求。人口的老龄化、疾病谱的变化以及生态环境的变化等，都将给医药卫生工作带来一系列的严峻挑战。深化医药卫生体制的改革，是加快医药卫生事业发展的战略选择，是实现人民共享改革发展成果的重要途径，也是广大人民群众的迫切愿望。

3. 我国医药企业经历了一个不断探索、积累和发展的过程。在经历了初步的竞争后，医药市场不断规范，相关法律日臻健全，体制改革逐步深入，但在新医改形势下我国医药企业既面临着发展的机遇，同时也有诸多的挑战。目前，我国医药企业技术力量薄弱，生产条件落后，企业生产规模较小，在市场经济的大环境中缺乏竞争力。而当今世界，医药产业竞争日益加剧，正在向规模化、集约化的方向发展。面对竞争，如果我国的医药企业不尽快增强自身的实力，终将会被残酷的市场淘汰。所以实施战略管理对于我国医药企业来说至关重要。

三、我国医药企业战略管理中存在的问题

在实际操作中，许多医药企业缺乏科学、规范的战略管理流程，在战略制定、实施及控制的过程中存在诸多问题，具体表现为以下几个方面：

（一）战略制定阶段

1. 发展战略不明确

多数中小医药企业并没有认真考虑企业的战略问题，他们认为战略是解决未来的事情，而目前中小医药企业面临的主要问题是如何生存，并不需要考虑长远的战略，认为只要有一个好产品，抓住市场机遇，解决好营销问题就能维持企业的生存与发展。即便是一些大型企业也缺乏对企业战略的正确理解，企业管理者虽然进行战略思考，但并没有形成一个科学有效的战略管理体系，导致企业战略流于形式，无法得到贯彻和执行。

2. 战略制定过于简单

我国的中小企业一般是家长制的管理模式，一般战略都由唯一领导者进行制定；许多医药企业没有明确的战略管理部门，战略规划工作常常是临时指派给某个管理部门中的某一个人去完成；同时，由于无法获得真正有价值的行业和市场信息，缺

乏对企业自身资源和能力的客观认识和评价，只能根据领导者的意图和企业的历史资料进行拼凑，最终形成一份所谓的企业战略报告。另外，有些企业的战略规划主要是依据部分管理人员的高瞻远瞩，战略制定过程缺乏科学的流程和员工的参与。

（二）企业战略实施阶段

1. 错把计划当战略

大部分中小医药企业，尤其是处于初创期的企业，根本没有意识到战略定位的重要性，其成立和运行仅出于对地方资源的即时利用或满足短期市场需求，缺乏长远的目标。企业的管理者缺乏战略管理思想，短期行为盛行。很多中小医药企业没有战略，但几乎所有的企业都有计划。有的企业错把计划当战略，盲目地进行扩张，偏离企业的正常的发展轨道。

2. 企业战略文化环境欠佳

我国一些医药企业普遍存在这样的现象，所形成的企业文化不能准确地体现企业的核心精神，缺乏导向性，不能在实际工作中激励员工。此种现象的存在，不利于形成企业的特色及增强核心竞争力，也不能为企业战略的实施营造良好的文化氛围。

（三）企业战略控制阶段

企业战略在实施过程中可能会由于企业自身实力或实施环境的变化导致战略实施结果发生偏差，这个时候就要对战略进行控制，并及时对战略进行调整。当由于制定战略时的分析不周、判断失误等使战略的实施发生了预想不到的变化而引起较大偏差时，甚至需要重新审视环境，制定新的战略方案，进行新一轮的战略管理。而我国很多医药企业往往在战略实施过程中疏于对战略的控制管理，以致企业未能实现战略目标。如三九集团在并购扩张时期，在后期资金亏损严重时仍然实施扩张战略，未能及时对由于企业自身实力引起的战略偏差进行有效的控制，从而导致了企业的资金流出现缺口，最后陷入困境。

本章小结

本章内容主要包括战略管理的产生与演进、企业战略管理的概念与特征、企业的战略层次、企业战略管理的一般过程，前四节的内容都是从一般企业的角度展开讨论，本章的第五节是结合了我国医药企业战略管理的一般情况，分析医药企业制定战略的必要性和现实性，并总结了我国医药企业战略管理中存在的发展战略不明确、战略制定过于简单、错把计划当战略、企业战略文化环境欠佳等问题。

本章案例

扬子江的经营战略管理

扬子江药业集团（以下简称"扬子江"）创建于1971年，经过40余年的发展，从一个小小的制药车间，已发展成为一家跨地区、产学研相结合、科工贸一体化的国家大型医药企业集团，同时也是科技部命名的全国首批创新型企业之一。

一、企业文化

扬子江之所以能够得到快速的发展，一方面源于其快人一步的市场经济意识，另一方面在于先进的企业制度和战略管理，企业领导者能够把握以人为本的企业发展理念，将企业宣传媒体作为一个重要的载体，着力打造和谐向上的特色企业文化，以文化创新提升企业竞争的软实力。

（一）着力构建企业文化高地

扬子江的宣传工作紧紧围绕企业生产经营的中心而进行，通过"安全用药，家庭健康"科普宣传、"礼赞英雄母亲"、"大型义诊暨法制宣传"、"送财税政策进企业"等宣传活动，为实现集团发展目标、推进企业又好又快发展提供了强大的精神动力、思想保证和舆论支持。

（二）发挥报刊媒体的强大作用

为发挥集团内部报刊媒体的作用，扬子江明确了其"一报一刊一网"的职能目标，要求其一方面作为企业内部信息交流的载体和对外宣传的窗口发挥宣传作用，另一方面可以成为凝聚企业员工的精神家园。围绕这一中心，扬子江厘清了创新工作思路，努力办好"一报一刊一网"，使这些企业媒体更好地服务于企业经济建设和精神文明建设，成为促进企业和谐发展的重要文化力量，同时，为职工提供丰富精美的精神食粮和文化大餐，增强企业文化对员工的吸引力、影响力和感召力，激发员工"爱党、爱国、爱人民、爱企业、爱岗位"的热情。

（三）营造温馨的企业文化氛围

企业文化宣传展示的是集团的软实力，扬子江在努力办好"一报一刊一网"的同时，还对职工加强了企业精神和企业理念方面的教育，通过建好职工之家，以及积极开展丰富多彩的职工文体活动，培养职工对企业的认同感和责任感，营造出温馨和谐的企业文化氛围。

二、科技创新

从成立之日起，扬子江亦一直坚持着科技创新的发展战略。

（一）"三高一特"

研发大量具有市场竞争力的新产品，这是扬子江科技创新的落脚点。扬子江充分利用创新研发平台，将新品研发定位在"三高一特"，即高科技含量、高市场容量、高质量和疗效独特，全力创新新品研发体系，使新品的数量和档次成为检验企业内部科技创新程度的标杆。

（二）摸索传统验方

挖掘传统验方、开发名优中药是扬子江能够在中医药市场上获得建树的重要因素之一。长久以来，中华医药宝库中有着许多由老中医在长期实践中摸索出来的验方，但是能够得到老中医亲自赐方的病人却为数甚少。从1988年起，扬子江就开始了依靠老中医开发名优重要产品的计划。以"胃苏颗粒"为例，自1988年起，经过6年的论证、试验、投入数百万元的科研经费，扬子江在1993年6月，根据中医泰斗董建华教授的献方，采用现代工艺成功研发出新一代胃药"胃苏颗粒"。该药自上市以来，凭借其科学的配伍、确切的疗效以及亲民的价格，迅速得到了市场和消费者的认可，在 2006 年时已累计销售近 20 亿元，成为中国市场上销售量最大、知名度最高的胃药之一。

（三）创新研发

创新研发是医药企业得以生存发展的保证。在这一方面，以化学药品的创新研发为例，扬子江采取了"引进、消化、吸收、再创新"的模式，积极抢仿专利药，并以较快的速度推出新药品种，迅速做大了化学药品市场领域。据中国药学会在 16 个城市 300 多家医院统计的样本数据显示，扬子江的左克、任苏、依苏等十个产品，在国内同类产品中市场占有率第一。

在研发投入方面，为保障新产品研发成功，历年来扬子江都在科技创新上投入了巨大的资金，同时，坚持高标准、高水准的要求构建企业的科技创新平台，以确保高位高效运行。近年来，每年用于新产品创新研发的费用均达到上亿元。扬子江紧紧瞄准国际医药科技的最前沿，从而开发领先市场的新产品，并推出源源不断的新品，为企业占领市场制高点提供了强大的支撑和后劲。

三、公益营销

增强企业社会责任感是社会发展对企业的要求，也是推动企业持续发展、构建和谐企业的内在需要。扬子江通过公益营销的方式，卓有成效地提升了企业的社会形象。每年，扬子江都会为边防哨所和一些军事驻地捐钱、捐物、捐药品，开展拥军活动。2007 年 7 月 26 日，扬子江与中国人民解放军总装备部政治部、中国人民解放军装甲兵工程学院、搜狐军事频道等联合举办了主题为"和平年代的丰碑，护佑众生的使命——相聚国旗下，英雄母亲检阅英雄儿女"的军民共建活动，在全国各地邀请了 80 位革命英烈的母亲到北京参加"相聚国旗下"、"英雄母亲检阅英雄儿女"、"名垂千史同植英雄林"、"同唱英雄妈妈赞歌"四大主题活动。扬子江的拥军活动体现了民族企业共建强大祖国的社会责任，引起了各大媒体对此事件的高度关注，成功塑造了扬子江高美誉度的企业公民形象。

思考题

1. 根据扬子江的案例，请你谈谈战略管理对于企业的意义？

2. 针对扬子江的公益营销战略，请你谈谈感想。

3. 结合本案例，请分析一下企业战略管理的特征。

4. 你认为在扬子江的发展过程中，哪一点最值得国内其他医药企业学习借鉴？为什么？

5. 如果你是企业的管理者，从战略层面谈谈你会采取哪些措施使企业取得更好的成绩？

本章习题

1. 什么是企业战略管理？
2. 企业总体战略与企业职能战略的区别和联系有哪些？
3. 企业的战略层次有哪些？各自的侧重点是什么？
4. 在战略管理中，各级战略管理者的职责是什么？
5. 企业战略管理分为哪几个基本阶段？
6. 简述医药企业实施战略管理的必要性。

第二篇

战略分析

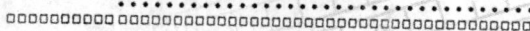

第二章

企业愿景、使命与目标

美国著名管理学大师彼得·德鲁克（Peter Ferdinand Drucker）指出"一个企业不是由它的名字、章程和企业条例来定义，而是由它的任务来定义的。企业只有具备了明确的任务和目的，才可能制定出明确的、现实的企业战略"。企业在形成自身的发展战略时，首先需要构想企业的愿景、界定其所承担的使命，并确定企业的发展目标，因为这些都是制定企业战略的基础性依据。

第一节　企业愿景

一、企业愿景的定义

所谓企业愿景，是指企业家根据企业使命，在汇集企业中每位员工个人心愿的基础上确定的全体员工共同心愿的美好远景，是对企业的前景和发展方向的一个高度概括的描述，这种描述在情感上能激起员工的热情，使每个员工都渴望能够归属于一项重要的任务和事业。企业的愿景虽然是由企业的最高层确定，但并不专属于企业的领导者，企业每位员工都应参与到愿景的构思与制订中，经过沟通达成共识，通过此过程，才可使企业愿景更具有价值，成为一个组织的领导者统一组织成员的思想与行动的有力武器。

企业愿景不同于一般的短期目标，它往往更为笼统，描绘的是更为远大的前景。企业愿景由企业的核心理念和对未来的展望两部分组成（如图 2-1 所示）。

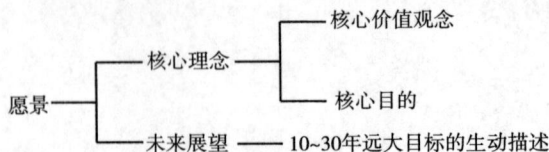

图 2-1　企业愿景的构成要素

核心理念和未来展望构成企业发展的内在驱动力。其中核心理念是企业存在的根本原因，是企业的精神与灵魂，它能形成巨大的凝聚力，激励员工不断地为实现企业的目标而共同努力，它由核心价值观和核心目的构成；未来展望则描述企业在后续的10～30年的发展规划与远大目标，是对企业所期望达到的未来理想状态的刻画。

医药企业生产经营的药品是一种特殊的商品，是用于预防、治疗、诊断人的疾病及有目的地调节人的生理机能并规定有适应证或者功能主治、用法和用量的物质，具有高度的生命关联性。作为治病救人的物质，药品应具备安全性、有效性、质量的绝对性等特殊属性，药品的特殊性决定了医药企业的特殊性，其愿景也因此而具有一定的特殊性。通常情况下，由医药企业的领导者汇集所有员工的心愿所确定的愿景中，除了包括对企业自身未来发展的描述，也有对人类健康事业贡献的愿望。如全球排名第一的制药公司——美国辉瑞制药有限公司确定的愿景便是积极承担企业社会责任，促进卫生健康事业发展，特别是让员工能充分理解并切身感受"健康世界、辉瑞使命"；北京诺华制药有限公司的愿景则是承诺继续通过不断创新的产品和服务提高中国人民的健康水平和生活质量。企业的愿景一旦建立，通常会被各个阶层的人真诚地分享，并将凝聚其能量，在不同层级的员工间建立归属感。如果没有愿景，很难想象一些大型制药企业如何确立发展方向，建立辉煌的业绩与成就。

二、企业建立愿景时应遵循的基本原则

从上述关于愿景的介绍中，可以看出愿景对于确定企业未来发展方向、激励员工工作热情具有重要的作用，然而企业愿景的建立并不是想当然的，而是要遵循一定的原则，这样才更容易被企业的各层级员工接受与认可。

（一）宏伟

愿景应该能激动人心，而不能普通、平凡，要能够超越人们所设想的"常态"水准，应体现出一定的英雄主义精神。远大的愿景一旦实现，便意味着组织中个人的一种自我实现。

因此，愿景规划的真正目的在于，建立一种组织未来理想的状态，并将其分解或转化为组织中每个成员可实现自我的目标，而要达到这一点，愿景必须是宏伟的。瑞士罗氏公司的愿景很好地体现了这一原则：我们为之奋斗的愿景就是使罗氏公司成为一家具有创新精神、使员工引以为豪，并获得合作伙伴长期信赖的企业。

（二）振奋

表达愿景的语言必须振奋、热烈、能够感染人。人是有感情的动物，只有用热烈的语言才能激发起人们的情感力量，因此愿景应当鼓舞人心。企业愿景越令人振奋，就越能激励员工，进而影响他们的行为。愿景规划应能给人以鼓励，能为满足人们需求、实现梦想增添希望。美国礼来制药有限公司的愿景就能起到有效振奋员工的作用：与我们共事的每个人都认为我们是值得信赖和尊重的。

（三）清晰易懂

一方面，愿景是一种生动的景象描述，应清晰、逼真、生动，如果不清晰，人们就无法在心目中建立一种直觉形象，鼓舞和引导的作用也就难以发挥；另一方面，愿景必须简单易懂，员工在知道愿景后，应当能够很快地领会它的意思，这一点对于运用愿景规划来促进组织变革是十分重要的。医药上市公司嘉事堂的愿景很好地体现了这一点：公司秉承"创新、规范、和谐"的发展理念，将"嘉事堂"建设成为管理先进、效益领先的现代化医药企业集团。

（四）可实现

宏伟的愿景并不意味着规划十分夸张。相反，只有可实现的"宏伟"才有意义，因为愿景不是单纯为了激发想象力，而更是想激发坚定的信念，促使人们去努力奋斗，而如果愿景被认为是不可实现的，则不可能产生坚定的信念。浙江海正药业股份有限公司确定的愿景之一是实现企业的"国际化、特色化"，成为广受尊重的全球化专业制药公司，截止 2012 年，海正药业已有 26 个品种通过 FDA（Food and Drug Administration，美国食品药物管理局，简称 FDA）认证，20 个品种获得 CEP（Certificate of Suitability to Monograph of European Pharmacopeia，欧洲药典适用性认证，简称 CEP）证书，是国内医药企业中获取同类认证证书最多的企业之一，并先后与辉瑞、礼来、雅来 – 雅赛利、仙灵 – 葆雅等国际制药巨头确定合作关系。

此外，在企业愿景的设计与形成过程中，还需注意以下几个方面的问题：1. 应把个人愿景作为企业愿景的基础；2. 按照自下而上的顺序进行愿景的征集和筛选；3. 反复酝酿，不断提炼与充实。无论愿景是谁提出来的，都应在企业内部宣传与分享，使其深入人心，从而激发各级员工的斗志，为实现企业的愿景而努力。

第二节　企业使命

企业的存在是为了在特定的环境下实现既定的社会目标或满足某种既定的社会需求。企业使命就是对企业存在的目的和理由的具体描述。明确企业的使命，就是要确定企业实现远景目标必须承担的责任或义务。据《财富》杂志对 500 家企业的比较分析，业绩突出的企业比业绩欠佳的企业有更为全面和综合的企业使命。所以，精心研究和清晰表述企业使命对于企业的发展和战略管理具有重要的作用。

一、企业使命的内涵与作用

（一）企业使命的内涵

企业使命往往体现了企业的根本目的。没有这种对目的的规定，在制定经营目标和战略时将会无所适从。它是一种广泛的意向，既体现了企业高层领导者的追求和抱负、所有员工的共同心愿，又反映了企业在一定程度上受到内外部条件的制约。

简单地理解，企业使命包括以下几个方面的内容：

1. 企业使命是对企业的经营范围、经营领域、目标市场等的概括描述，也就是对企业存在的原因或者理由，以及企业生存目的的定位。即企业将从事何种业务，目标消费者是谁，如何为目标消费者提供服务等。任何一个企业都必须确定它将从事何种产品（或服务）的生产经营，相应地采取何种主要技术，面向哪些市场等。例如，医药企业的工商登记和药品生产（经营）许可证中对生产经营范围的描述往往比较宽泛，相对而言，实际的经营范围将会体现某个医药企业区别于其他企业的特征，并且具有更强的针对性。

2. 企业使命是对企业生产经营的哲学定位，即对经营观念的定位。企业确定的使命应该能为企业确立经营的指导思想、原则、方向和经营哲学等，它涵盖了企业的价值观与行为准则（我们经营的指导思想是什么，如何认识我们的事业，如何看待和评价市场、顾客、员工、伙伴和对手？）和生产经营的形象定位及期望实现的抱负（"我们是一个健康成长的企业"、"我们是一个在技术上卓有成就的企业"等等）。

3. 企业使命是企业应承担的社会责任。当代企业理论认为，仅仅追求利润的企业不是好企业，一个好企业除了发展自身以外，还必须承担一定的社会责任，成为"企业公民"。对于医药企业，作为"企业公民"，其承担着有别于其他行业的企业的特殊使命，这个特殊使命就是保证药品的安全、有效，保障人类健康，提高生活质量。一个自主经营的企业，作为一个人格化的组织，不仅要考虑企业自身的生存、发展以及员工、股东等的利益，而且要对企业外部的有关人群负责，如何兼顾和协调企业的自身利益（企业效益）和外部利益（社会效益）是企业使命的一个重要课题。企业的利益相关者对企业使命的影响如图 2-2 所示。

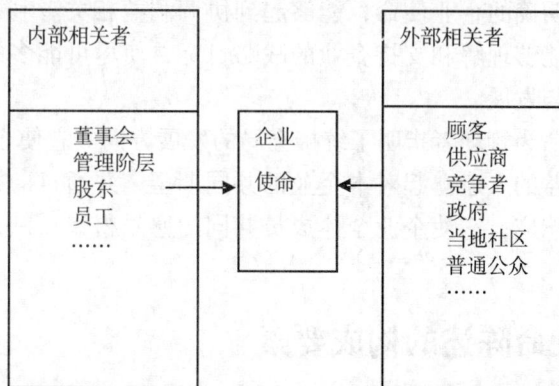

图 2-2　企业使命的利益相关者

（二）企业使命的作用

企业使命反映了企业最为基本的价值观，揭示了本企业与其他企业根本性的差异，界定了企业为社会服务的范围和所满足的社会需求。它的作用主要有以下几个方面。

1. 设定企业的前进方向

企业在成立之初确定的企业使命，决定了其前进方向。建立一个什么样的新企业，取决于如下一系列决策，即企业以何种技术，在哪些地区，以怎样可获利的价格，向哪些用户提供何种产品或服务，这就是对企业使命的最初说明。企业在发展的过程中有可能要重新确定使命，这常常会引起企业发展方向或道路的改变，进而引起一系列战略的改变。

2. 保持企业全体成员目标的一致性，增强企业的凝聚力

在开始制定企业使命时，企业管理人员通常会存在很多分歧。但只有这样，才能发现企业内部人员的不同意见，并通过对企业使命的探讨达成共识，以保证企业成员在做重大决策时能做到思想统一、行动一致，充分调动各机构协同作战的力量，增强企业的凝聚力、提高企业整体运行效率。

3. 制定和选择战略方案的依据

企业在制定战略的过程中，无论是制定备选方案，还是进行方案选择，都要把企业使命及战略目标作为依据，以确定符合其方向及要求的战略方案。

4. 分配资源的基础

企业的资源是有限的，只有确定了清晰的企业使命，才能把有限的资源合理地分配到能够保证实现企业使命的事业上去。

5. 设计企业组织和管理机构的前提条件

企业组织和管理机构的设置并不是管理人员随心所欲进行的，有效的组织结构往往基于其战略目标和使命，也只有这样才能为实现企业的使命与目标服务。

6. 营造和谐的社会氛围，提升企业的社会形象

一个良好的、明确的企业使命，能够起到协调利益相关者利益关系的作用，使大多数利益相关者能够理解和支持企业的战略目标，使尽可能多的利益相关者关心和参与企业的建设与发展。

总之，企业使命为管理者指明了统摄全局的发展方向。它使企业内部不同地位、不同观点、不同利益的人建立起对本企业的共同期望，并通过向社会传达公司理念赢得社会的认同和响应；它使企业全体成员共同的愿景得以反映，使员工们精神境界得以升华。

二、企业使命陈述的构成要素

不同企业的使命陈述在篇幅、内容、表达方式、详细程度等方面有所不同，大部分战略管理的实践工作者和理论研究人员都认为有效的使命陈述应包括八个要素。由于使命陈述通常是战略管理过程中最引人注目、最公开化的部分，努力将八个要素尽可能多地归入其中就显得非常重要。这八个要素分别是关注生存发展与赢利能力、关注公众形象、自我认知、顾客、产品或服务、技术、关注员工和经营哲学。

（一）关注生存发展与赢利能力：企业能够实现业务增长并获得合理的财务收

益吗？

（二）关注公众形象：企业对社会、社区和环境事业承担责任吗？

（三）自我认知：企业的特殊能力和主要竞争优势是什么？

（四）顾客：企业的顾客是谁？

（五）产品或服务：企业的主要产品或服务是什么？

（六）技术：企业在技术方面紧跟时代步伐吗？

（七）关注员工：员工是企业有价值的资产吗？

（八）经营哲学：企业的基本信念、价值观、伦理道德倾向是什么？

小贴士

以下内容是从不同医药企业的使命陈述中摘录的，借以说明使命陈述的八大要素。

（一）关注生存发展与赢利能力

通过对行业优秀企业的投资、管理与整合，不断提高企业创新能力和国际化程度，以成为创新型健康产品的领导型公司（雅培公司，Abbott）。

（二）关注公司形象

为社会经济发展做贡献，在业务所在的每一个国家的地方、州和国家范围内做优秀的公司法人（辉瑞公司，Pfizer）。

（三）自我认知

凝聚更多力量，为患者寻求和提供更有效的药物，让员工为此而自豪，从而赢得客户和社会的尊重（先声药业，Simcere）。

（四）顾客

我们坚定，我们首先应该对医生、护士和患者负责，对母亲和所有其他享受我们产品和服务的人负责（强生公司，Johnson & Johnson）。

（五）产品或服务

我们通过提供创新的药物、信息和出色的客户服务，为客户提供"回应与承诺"，使人们生活得更长久、更健康、更有活力（礼来公司，Lily）。

（六）技术

科技创造美好生活（拜耳公司，Bayer）。

（七）关注员工

我们致力于不断研究、开发和推广创新产品，以帮助人类治愈疾病、减轻病痛和提高生活质量。我们期望以优良的业绩回报投资者，并且奖励为公司贡献智慧和力量的人（瑞士诺华，Novartis）。

（八）经营哲学

作为一家领先的健康医疗企业，我们致力于创造、生产和营销高质量的、创新的产品和解决方案，以满足未尽的医疗需求。我们的产品与服务有助于预防、诊断和治疗疾病，以促进人类健康、改善生活品质。我们尽责任、守道德并承诺尊重个人、社会及环境需求的持续发展（罗氏公司，Roche）。

第三节　企业战略目标

企业要制定合适的战略，仅仅有明确的企业使命还不够，还必须把这些良好的构想转化成各种战略目标。相对而言，企业使命比较抽象，而战略目标则比较具体。

一、企业战略目标与目标体系

企业战略目标是指企业在一定时期内沿着其经营方向所预期达到的理想成果。目标体系的建立是将企业使命和愿景转化为具体的业绩目标，如果企业使命与愿景没有转化为具体的业绩目标，那么企业使命与愿景的宣言也仅仅是一些没有意义的文字，是不会取得任何成果的。如果建立明确的战略目标体系，并为实现这些设定的目标而采取适当的行动，企业就有可能获得较好的发展。企业的战略目标自上而下依次可分为长期基本目标、产品—市场目标、经营结构目标和生产率目标，下一层次的目标是对上一层次目标的扩展与深化，下一层次的目标是实现上一层次目标的基本保证。图2-3表明了企业战略目标体系中各目标的深化关系与保证关系（其中实箭头表示深化关系，虚箭头表示保证关系）。

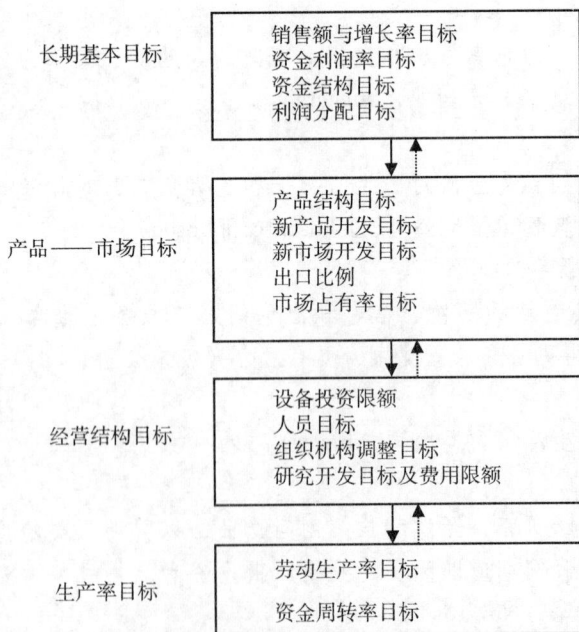

长期基本目标	销售额与增长率目标 资金利润率目标 资金结构目标 利润分配目标
产品——市场目标	产品结构目标 新产品开发目标 新市场开发目标 出口比例 市场占有率目标
经营结构目标	设备投资限额 人员目标 组织机构调整目标 研究开发目标及费用限额
生产率目标	劳动生产率目标 资金周转率目标

图2-3　企业战略目标体系

（一）长期基本目标

第一层次的长期基本目标是企业在战略期要达到的总体经营状态。其水平可由销售额、销售增长率、利润增长率、资金结构、盈利的分配比例等来描述。这些目标是企业在战略期要达到的经营状态的量化描述。另外一些反映企业整体经营状态而又无法量化的指标，就需要用简明的语言来描述，如企业形象与社会责任目标等。

（二）产品－市场目标

第二层次的产品－市场目标是为了保证长期基本目标的实现，企业根据未来市场行情和自身条件决定企业在战略期的经营领域，即决定为市场中的哪类顾客提供什么样的产品或服务，并应达到什么样的水平。其中可量化的目标有：产品结构、新产品比例、出口比例、市场占有率等；定性的目标有各产品的发展态势、市场开发的方向等。

（三）经营结构目标

第三层次的目标是为了实现产品－市场目标，而对企业的人、财、物等资源进行合理配置，形成企业的经营结构目标。其反映了企业在战略期末，人员、设备、生产技术和组织结构等应达到的水平。其中，可量化的目标有设备投资限额、人员结构、研究开发费用等；定性的目标有组织结构的调整、工艺的改进等。

（四）生产率目标

第四层次的生产率目标是关于企业在战略期内有效地开展生产经营活动所应达到的目标。它是经营结构目标在效果上的体现，也是实现长期基本目标在效率方面的具体保证。这个层次的目标基本上都是反映投入产出比的量化目标，如生产率、资金周转率等。

二、企业战略目标的原则与作用

（一）企业战略目标的原则

企业的战略目标是指导企业生产经营活动的准绳，不恰当的目标非但难以起到应有的指导作用，而且还会对在各种内外部条件制约下的企业经营带来新的矛盾。良好的战略目标应该符合 SMART 原则。

1. S（Specific）——明确性。 所谓明确性就是要用具体的语言清楚地说明要达成的行为目标。很多企业不成功的重要原因之一是目标定得模棱两可，或没有将目标有效地传达给相关人员，如一些医药企业将目标阐述为"在医药行业中处于领先地位"，"成为积极进取的医药市场开拓者"等，这类目标就因为不够明确而很难使相关人员清晰地认识。目标清晰明确，才有可能将其细化化为有针对性的战略方案，并分解成单项任务，并将应完成的任务，拥有的权利与承担的责任落实至企业的每一位员工。

2. M（Measurable）——可衡量性。 可衡量性是指目标应该是具体的，而不是模糊的，应该可以用量化的语言来表述，可以有一组明确的数据作为衡量目标是否达成的依据。如果制定的目标无法衡量，就无法对其进行必要的考核，从而也就无法判断企业是否实现目标，这显然不利于企业的运作。因此，目标的衡量标准应遵循"能量化的量化，不能量化的质化"，使制定人与考核人有一个统一的、清晰的可度量的标尺，杜绝在目标设置中使用概念模糊、无法衡量等的描述。

3. A（Attainable）——可实现性。 所谓"可实现性"是指在一些假设前提下（例如企业保持当前的市场增长率，外界的政策法律环境保持不变等），弄清楚这些假设前提及它们与目标之间的因果联系，并在考核时做出实事求是的衡量，以及正确估计实际发生的情况与假设前提的差异对目标的达成至关重要。作为企业行动指南的目标必须切实可行，即通过努力是能够实现和达到的。相反，不切实可行的目标会受到漠视或使人沮丧，从而挫伤人们的积极性。但由于目标是指向未来的，特别是长期目标指向的更是较远的未来，期间内外条件的动态发展的不确定性可能会影响到目标的可行性。

4. R（Relevant）——相关性。 战略目标的制定在企业内部牵涉到一系列纵向和横向的相互关系。长期经营目标的制定应基于愿景的设计、企业内外部环境的分析等，近期经营目标要以长期目标为依据，并与之相结合。如默克公司在分析内外部环境的基础上，结合长期目标，始终依靠突破性的创新来追求高人一筹，而不是追随行业领先者，仿制他人生产的药品。

5. T（Time-based）——时限性。 在企业的目标表述中必须包括实现该目标的时间期限。对于任何工作或任务，在布置时如果没有对完成时间提出要求，那么接受该工作或任务的人就不清楚其紧迫程度从而也就很难对所需完成的工作做出合理的顺序安排。因此，企业管理人员在设置目标时要有时间限制，根据工作任务的重要程度，拟定完成目标项目的时间要求，定期检查项目的实施进度，以及时掌握项目的进展情况，方便及时指导下属的工作，或者及时调整工作计划。

（二）企业战略目标的作用

企业使命从总体上描述了企业的经营领域与发展方向，为指导企业的各项活动提供了一条主线，战略目标则是将企业使命具体化、明确化，为战略方案的选择提供依据。战略目标除了引导企业战略外，还具有以下一些作用。

1. 导向作用。 管理是为了达到一定目标而协调集体活动做出努力的过程。如果不为达到一定的目标，则无需进行管理。因此，目标的作用首先在于为管理活动指明了方向。

2. 激励作用。 目标对于企业员工具有激励作用，大多数人都有成就的需求，希望不断获得成功，而成功的标志就是达到预定的目标。目标的激励作用主要表现在两个方面：一是个人只有在明确了目标后才能调动起潜在的积极性；二是个人只有在达到目标后，才会产生成就感和满意感。要使目标对企业员工具有激励作用，目标首先要符合企业员工的需要，还要具有一定的挑战性。

3. 凝聚作用。 企业是一个社会协作系统，它靠目标使全体成员联结在一起。企业的凝聚力受到多种因素的影响，其中一个主要因素就是企业的目标，特别是在企业的目标充分体现或者变成员工的共同利益和共同追求时，其更能大大激发员工的工作热情。

4. 提供考核依据。目标是考核员工工作绩效的客观标准。由于目标本身是可以考核的，同时又可分解，因此，可据此对下属人员的目标完成情况进行考核。

三、企业战略目标的内容

企业战略目标是多元化的，既包括经济性目标，也包括非经济性目标。企业的战略决策者应从以下几个方面来考虑建立战略目标。

（一）发展目标

发展目标表现为企业规模的扩大，资产总量的提高，技术设备的更新，生产率的提高和新产品的发展等。

（二）社会责任目标

企业的社会责任目标应当反映企业对社会的贡献，如保护生态环境，积极参与社会活动，支持社会的文化、教育以及慈善事业的发展等。对于医药企业而言，其生产的药品具有维护人类生命健康的特殊性，因此，"安全、健康"为医药企业最基本的社会责任。

（三）员工福利目标

员工福利目标，如工资水平的提高，福利设施的增加，住房条件的改善等。

（四）利润目标

利润是企业追求的基本目标。企业作为一个经济实体，必须获得一定的经济效益才能得以生存与发展。常用的利润指标有利润额、资本利润率、销售利润率、投资收益率、每股平均收益率等。

（五）竞争目标

竞争目标表现为企业在行业中综合能力排名的提升，技术水平的提高，销售额位次的上升，企业在消费者心目中形象的改善等。

（六）市场目标

市场是企业竞争的场所，市场目标是企业的重要目标。常用的市场目标指标有市场占有率、市场覆盖率、新市场的开发和传统市场的渗透等。

（七）产品目标

产品是企业赖以生存的基础，对于医药企业而言，产品目标通常用安全性、有效性、药品合格率、盈利能力、新药开发周期等来表示。

总之，企业的战略目标是由多个项目组成的，在数量上和内容上没有固定的模式。企业应根据自身的发展方向和经营重点，设计出符合实际情况的战略目标。

四、战略目标的制定过程与方法

（一）战略目标的制定过程

企业在制定战略目标时，不仅要制定长期战略目标和短期战术目标，而且各个职能部门也应明确自己的目标。一般来说，企业战略目标的制定包括宣布企业使命，制定长期战略目标、短期战术目标、经营单位长期目标和短期目标、职能部门目标、次级单位目标，以及个人目标等几个方面的内容（如图2-4所示）。

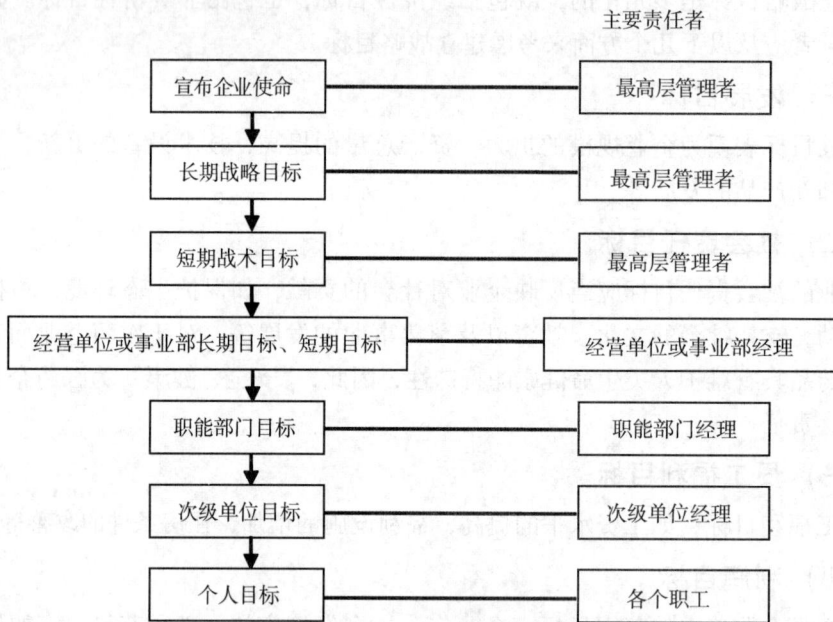

主要责任者

宣布企业使命	最高层管理者
长期战略目标	最高层管理者
短期战术目标	最高层管理者
经营单位或事业部长期目标、短期目标	经营单位或事业部经理
职能部门目标	职能部门经理
次级单位目标	次级单位经理
个人目标	各个职工

图2-4　企业目标的制定过程

1. 企业最高层宣布企业使命，开始战略目标的制定过程；
2. 确定达到企业使命的长期战略目标；
3. 将长期战略目标分解，建立整个企业的短期执行性战术目标；
4. 企业内部不同战略业务单位、事业部或经营单位建立长期或短期目标；
5. 每个战略业务单位或主要事业部内的职能部门（如市场营销、财务、生产、研究与开发等）制定长期或短期目标；
6. 战略目标的制定是通过组织结构层次一直持续进行下去的，从企业管理层直至各个员工，由上至下层层展开。

（二）战略目标的制定方法

彼得·德鲁克在谈到目标设定时说："战略管理不只是一个魔术盒，也不是一堆技术。战略管理是分析、是思维，是对资源的有效配置"。企业要根据自身特点选择适宜的方法来制定战略目标，以下是一些在实践中发现，并被证明切实可行的分析方法。

1. 时间序列分析法：把某一目标值看成是时间的函数，这一时间函数由互相配对的两个数列构成，一个是反映时间变化的数列，另一个是与时间相对应的目标值数列。编制时间序列是动态分析的基础，主要目的在于了解过去的活动过程，评价当前的经营状况，从而制定战略目标。这一方法一般适用于稳定环境下对未来的预测。

2. 相关分析法：是研究变量之间存在的非确定性数量依存关系的常用方法。这一方法广泛地应用于经济分析，因为社会经济与市场诸因素之间常存在内在的相关性或因果关系。经过相关性分析，就可以对企业未来的发展准确定位，以制定合理的战略目标。

3. 盈亏平衡分析法：企业在制定战略目标时一种常用的有效方法。根据产品的销售量、成本和利润三者之间的关系，分析各种方案对企业盈亏的影响，并从中选择出最佳的战略目标。

4. 决策矩阵法：以矩阵为基础，分别计算出各备选方案在不同条件下的可能结果，然后按客观概率的大小，计算出各备选方案的期望值，并进行比较，以从中选择合理的战略目标。

5. 决策树法：风险决策常采用决策树法，决策树的基本原理是以收益矩阵决策为基础，进行最佳选择决策。所不同的是，决策树是一种图解方式，更适用于对复杂问题的分析。决策树能清晰、形象地表明各备选方案可能发生的事件和带来的结果，使人们易于领会做出决策的推理过程。如果问题极为复杂，还可借助于计算机进行运算。决策树分析不仅能帮助人们进行有条理地思考，而且有助于开展集体讨论，形成统一认识。

6. 博弈论法：博弈论又叫对策论，是运筹学的一个分支，最初用于军事，用来研究战胜对方的最佳策略；后来广泛应用于企业，运用数学方法来研究有利害冲突的双方，在竞争环境中如何找出并制定战胜对手的最优策略等。

7. 模拟模型法：就是模仿某一客观现象，建立一个抽象的模型，并对模型进行分析试验，以观察并掌握客观现象运动、变化的规律，从而找出解决错综复杂问题的方案。通过给各种模型输入不同的数据，再观察这些模型的运转和可能产生的结果，从而制定合适的战略目标。

本章小结

企业愿景是在汇集企业中每位员工个人心愿的基础上确定的全体员工共同心愿的美好远景，是对企业的前景和发展方向的一个高度概括的描述。不同的企业在不同阶段都有其独特的存在目的和理由，这种独特性应当反映在其企业使命之中。企业使命为其所有的战略管理活动指明了方向，在确立企业使命时，首先要树立经济、社会和文化的经营观念，要以市场为导向来确定企业的经营领域，激发企业员工工作激情，使员工能认识到其工作的意义。企业使命从总体上描述了企业的经营领域和发展方向，为指导企业的各项活动提供了一条主线。而企业目标则进一步将企业使命具体化和明确化，是企业选择战略方案的依据，而在整个战略管理过程中，战略方案是实现战略目标的手段。

本章案例

诺和诺德：专注糖尿病是我的使命

诺和诺德公司（以下简称"诺和诺德"）成立于1989年，由当时的诺和公司与诺德公司合并重组而成。与其他跨国制药巨头不同，诺和诺德的产品线十分单一，主要集中在糖尿病治疗领域，并一直保持着在世界糖尿病研究和药物开发领域的主导地位。

一、诺和诺德的使命

（一）专注糖尿病治疗药物研发

专注于糖尿病治疗领域的使命是诺和诺德能够获得成功的重要因素之一。诺和诺德公司在成立之初就把"研究开发最先进的治疗药物，最终战胜糖尿病"作为公司一成不变的使命。具体而言，诺和诺德一直致力于研制糖尿病治疗领域的创新药物，始终把提高糖尿病患者的生活质量作为己任。

管理大师彼得德鲁克曾说过，定义一个企业不是用它的名字、规章制度或公司章程，而是用它的使命，诺和诺德便是如此。在糖尿病治疗药物研发方面，诺和诺德坚持大比例的研发投入，并因此成果斐然。2008年，诺和诺德的全球研发投入达到15亿美元，与其他的国际医药企业相比，这个比例和数字也属相当高的水平。2010年，诺和诺德全球研发投入17亿多美元，超过当年总收入的15%。2011年，诺和诺德研发出用于治疗1、2型糖尿病的新一代超长效Degludec胰岛素，并向日本药物及医疗器械管理局（PMDA）提交了新药申请。

（二）关怀行动

糖尿病是一种常见的内分泌代谢性疾病，已成为全球性的健康问题，且并非所有的糖尿病患者都能正确认识这种疾病或正确使用相应药物。诺和诺德也意识到仅仅通过药物治疗并不能完成"最终战胜糖尿病"的使命，要让糖尿病患者过上快乐幸福的生活，必然需要社会给予更多的关注和理解；教育、保健、预防应该与治疗并行，才能达到理想的治疗效果。基于以上理念，诺和诺德为糖尿病患者设立了关怀系列服务项目，以普及糖尿病预防、保健及治疗知识，提高全民对糖尿病的认知度，从而完成同医务人员和糖尿病患者携手共同抵御并最终战胜糖尿病的使命。

该项目共包括三个部分：诺和关怀患者教育、诺和关怀俱乐部和诺和关怀糖尿病服务中心。诺和关怀患者教育的主要职责是普及糖尿病知识，让更多的糖尿病患者有机会免费参加系统的糖尿病知识讲座，了解自身的病情发展，从而更好地配合医生治疗，提高生活的质量；诺和关怀俱乐部的主要内容是通过俱乐部的形式给广大糖尿病患者营造一个温馨的亲情化组织；诺和关怀糖尿病服务中心的功能则是为糖尿病患者提供24小时免费服务热线。自实施以来，该项关怀系列服务项目已开展了70余年，并在全世界受到了广泛的欢迎。

二、诺和诺德在中国

中国已成为全球糖尿病第一大国。20世纪90年代，中国便已成为仅次于印度的糖尿病大国，进入新世纪后，由于经济的发展使人们的生活方式发生了很大的变化，这种趋势更是愈演愈烈。截止2010年11月，中国成年人中糖尿病患者高达九千多万，超过印度，成为糖尿病第一大国。

随着发病率不断提高、患者不断增加、市场需求不断增加，秉承治愈更多糖尿病患者的使命，诺和诺德在中国的创新和生产规模皆逐渐扩大，以满足日益增长的中国糖尿病患者的需求。同时，中国已成为诺和诺德全球最重要的市场之一，诺和诺德也对中国市场进行了持续的研发投入，以待研制更适合中国人种的药品。

从某种程度上来说，诺和诺德公司的研发史，同时也是人类利用胰岛素治疗糖尿病的历史。诺和诺德公司能够发展成为世界胰岛素治疗领域重大发明的先锋，与其"研究开发最先进的治疗药物，最终战胜糖尿病"的使命亦不无关系。

思考题

1. 谈谈你如何理解诺和诺德的使命？
2. 诺和诺德为何要采取"关怀行动"，这与其使命有怎样的联系？
3. 诺和诺德为什么要加大在华投资力度，这与其使命又有着怎样的联系？
4. 企业使命在诺和诺德的发展过程中起到了哪些作用？
5. 结合本案例，试论述诺和诺德的企业使命陈述由哪些要素构成？
6. 你认为诺和诺德的成功归因于哪些关键要素？为什么？

本章习题

1. 什么是企业愿景？
2. 建立企业愿景的基本原则是什么？
3. 企业使命的内涵与作用是什么？
4. 企业使命的构成要素是什么？
5. 制定企业目标时应遵循什么原则？
6. 试分析一个医药企业的战略目标的构成及其作用？

第三章

医药企业外部环境分析

　　企业是一个开放的系统，在企业内部以及企业与外界之间都需要不断地发生各种资源和信息的交换，企业的活动必将受到内部与外部环境的影响和制约。对于企业来说，重要的是认识环境的特点，预测和把握环境的变化趋势，并有准备地予以应对。企业要进行战略管理，必须全面地、客观地分析和掌握企业的内部与外部环境的变化，明确战略环境为企业发展提供的机会和所构成的威胁，正确地定位自身的优势和劣势，并以此为出发点，制定切实可行的目标和实现目标的战略。企业的内部环境将在下个章节详细介绍，本章将主要对医药企业的外部环境即宏观环境与行业环境进行讨论。

第一节　外部环境概述

　　现代企业的生产经营活动日益受到外部环境的影响，企业在正确制定战略目标和达成这些目标之前，必须对外部环境进行分析，掌握外部环境的变化特点与变化趋势。

一、外部环境的分类

　　企业与其外部的各种客观经营条件处于动态的相互作用与联系中，这些存在于企业外部，企业无法全部控制，但对企业经营成败意义重大的条件构成了企业的外部环境。分析外部环境的目的就在于找出其为企业所提供的可利用的发展机会以及所构成的威胁，以作为制定战略的出发点、依据和限制条件。

　　外部环境诸因素对每个企业的影响程度是不同的。首先，对于一个特定的企业来说，它总是存在于某一产业（或行业）环境中，这个产业环境直接地影响企业的生产经营活动。所以，第一类外部环境是产业环境，它是企业的微观外部环境。第二类外部环境间接地或潜在地对企业产生作用与影响，为企业的宏观外部环境。一般来说，宏观外部环境包括政治—法律因素、经济因素、社会—人文因素和技术因素。这两类环境因素与企业内部的关系如图3－1所示。产业环境和位于其内部的各个企业均要受到政治—法律、经济、社会—文化和技术等宏观环境因素和力量的影响。当然，这些因素和力量都是相互联系、相互影响的。

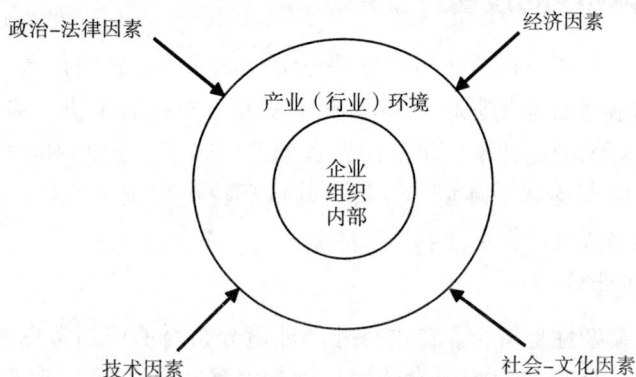

图 3-1 企业内部与外部环境关系

二、外部环境的特点

企业的外部环境作为一种客观的影响企业的力量，具有以下两个特点。

（一）唯一性

虽然每个企业在其经营活动中都同外部环境处于动态作用之中，但是，每个企业所面临的外部环境都是唯一的。即使是两个同处于同一行业的竞争企业，由于它们本身的特点及眼界不同，对环境的认识和理解也有所不同，因此它们所处的外部环境也不会绝对相同。环境的唯一性特点，要求企业在分析外部环境时，应具体情况具体分析。不但要把握企业所处环境的共性，也要抓住其个性。同时，要求企业在选择战略时不能套用现成的战略模式，而要突出自己的特点，形成独特的风格。

（二）变化性

任何企业的外部环境都不是永恒不变的，而是处于不断变化的状态中。如国内外经济形势的变化、国家政策走向的改变、新的法律法规的颁布实施等，都将引起环境的变化，有些变化可能会对企业的生产经营带来极大的影响，如根据《药品管理法》以及国家药品监督管理局《关于加快监督实施药品 GMP 工作进程的通知（2001）》规定，我国药品制剂和原料药的生产企业必须在 2004 年 6 月 30 日前通过 GMP 认证，并取得"药品 GMP 证书"。在这种情况下，不能取得相应剂型或类别"药品 GMP 证书"的药品生产企业，都必须停业停产。有些变化是可预测的、渐进式的，而有些变化则是不可预测的、突发性的。因此，没有一个企业在战略管理的过程中，始终都面对同样的外部环境。

外部环境的变化性，要求企业的外部环境分析是一个动态的分析过程，而非一劳永逸的一次性工作，战略的选择也应依据外部环境的变化做出适当的修正或调整。企业要不断地分析与预测未来环境的变化趋势，当环境发生变化时，企业应及时调整或改变战略，以适应新环境，实现企业战略与环境间的新平衡。

三、外部环境的度量

如前所述，企业所面临的外部环境是经常变动的，很多变化是企业从未碰到过的，对企业的挑战也日益增强。环境具有突发性，变化速度快，越来越难以预测，甚至不可预测。环境的这种不稳定性给企业的经营带来一定的困难。为了使战略适应环境，企业必须正确认识环境。分析和确认环境的状况，一是看环境的复杂性，二是看环境的动荡程度或稳定性。

（一）复杂性

外部环境的复杂性是指企业在进行外部环境分析时所应当考虑的环境因素的总量水平。如果企业外部的影响因素较多，且各因素相互关联，则意味着环境复杂。一般来说，随着时代的发展与进步，企业作为一个开放的系统，其所要分析的外部环境因素有越来越多的发展趋势，因而企业所面临的外部环境也会变得愈加复杂。对于企业而言，其所面临市场环境的复杂性，一方面表现为企业的外部环境是企业所不能控制的，另一方面表现为各环境因素之间可能会存在错综复杂的关系。

（二）动荡程度或稳定性

环境的动荡程度或稳定性可从两个角度来考查。其一是看环境的新奇性，这主要是看企业运用过去的知识或经验对新事件的可处理程度。在动荡程度低的环境中，企业可以用过去的经验、知识处理经营中的新问题；而在动荡程度高的环境中，企业就无法仅用过去的知识和经验处理问题。其二要看环境的可预测性。随着环境动荡程度的提高，环境的可预测性逐渐降低，不可预测性逐渐提高。在动荡水平高的环境里，企业所能了解的只是环境变化的弱信号，环境中存在的更多的是不可预测的突发事件。

第二节　医药企业宏观环境

一般来说，宏观环境是指那些给企业带来机会或构成威胁的主要社会力量，它直接或间接地影响企业的战略管理。主要包括政治—法律（Political - Legal）、经济（Economic）、社会（Social）和技术（Technological）等因素，简称为 PEST。对企业总体环境的分析方法称为 PEST 分析法。本节将重点分析对医药企业有重要影响的宏观环境，下面就逐一对这些因素进行分析。

一、宏观环境的 PEST 分析

（一）政治—法律环境

政治—法律环境是指对企业经营活动具有现存或潜在影响与作用的政治力量，

同时也包括对企业经营活动加以限制或约束的法律和法规等。其中，政治环境包括国家的权力机构、政治制度以及颁布的方针政策等因素。这些因素共同调控企业的生产经营活动。法律环境包括国家制定的法律、法规和法令等，这些因素既是对企业生产经营活动的限制性规定，同时也为保护企业合法权益、消费者利益，促进合理竞争、公平交易等提供了强有力的制度保障。对于医药产业而言，其政治—法律环境及其作用范围主要表现为以下几个方面：

1. 产业政策。 产业政策是指政府为实现一定的经济和社会目标而对产业的形成和发展进行干预的各种政策的总和。其功能主要是弥补市场缺陷、有效配置资源等。在不同的经济发展时期，政府会确定鼓励或约束发展的产业，并制定相应的鼓励和约束政策。一般来说，国家重点扶持的产业总是能够得到快速发展，以生物医药产业为例，我国政府将其列为重点建设产业和高新技术产业中的支柱产业，"九五"期间国家科学技术委员会（现改为科学技术部）特别制定了"1035计划"，用以切实推动新药的研制与开发；2006年国家制定《"十一五"科技发展规划》，将生物医药列为国家重点发展领域，并正式认定北京、上海、广州、长沙为国家生物产业发展基地；随后，2011年出台的《"十二五"国家战略性新兴产业发展规划》又将生物产业确定为七大新兴产业之一。此外，生物医药产业作为典型的高新科技产业，一些生物医药企业还能享受多种优惠政策，如对于通过高新技术企业认定的生物医药企业，可以享受所得税税率降低，营业税减免、研发资金补助等一系列优惠政策，对生物医药产业的各种政策倾斜为其营造了良好的发展环境，为生物医药企业的壮大带来了前所未有的契机。

2. 政府投入。 政府投入反映了资源在政府与企业之间的重新分配。政府制定的税收政策、政府订货以及政府补贴等都会对企业的生产经营活动产生影响。近年来，政府对医药产业的投入有明显的加速迹象，主要表现为投入覆盖面的增广，投入规模的扩大，投入资金的增长等。政府投入的增加对于切实提高产业的创新能力，提升医药产业的国际竞争力至关重要，将成为撬动产业快速发展的重要支点。

以生物医药产业为例，随着国家战略性新兴产业布局的深入，中央及地方政府生物医药产业的财政投入也不断增加。以江苏省为例，2011年，江苏省安排拨款5.3亿元，围绕生物医药领域的创新成果转化和产业化、支撑平台建设、技术攻关、人才培养与团队建设展开，共立项支持222个项目，引导社会总投入达64亿元。在北京市，十二五期间政府每年投入不低于5亿元支持生物医药领域重大科技成果的研发、转化及产业化项目。政府主导的生物医药产业投入增加无疑会使相关医药企业成为直接或间接的受益者。

中药产业也是近年来政府投入大幅度增加的另一医药子行业，"十一五"期间工信部对中药材种植每年安排2500万元扶持资金，"十二五"期间有关部门将继续加大对中药产业的扶持力度，扩大对中药材种植、生产的扶持资金规模，在此前的基础上每年将至少增加1亿元的资金投入，并将着重扶持中药基本药物、中药注射剂、创新中药和中药保健品所需70种最常用大宗药材的规范化、规模化和产业化生产基地建设，大力发展 30 种常用稀缺濒危药材的家种家养，提高药材的质量，保障生产供应。政府对中药产业投入规模的不断扩大，为中药产业的发展提供了重要的基本条件，也为产业中的众多企业提供了前所未有的发展机遇。

此外，近年来国家对公共卫生事业投入的持续增加也间接为医药企业的发展创造了良好的外部环境。国务院医改办出台的《深化医药卫生体制改革三年总结报告》指出，2009 至 2011 年全国用于医疗卫生事业的财政支出累计达到 15166 亿元，我国城镇居民医保和新农合政府补助标准从 2008 年的每人每年 80 元，提高到 2012 年的 240 元；城镇居民医保、新农合政策范围内住院费用报销比例分别从 2008 年的 54%、48%，均提高到 2011 年的 70% 左右。根据卫生部的统计，国家对医保投入的增加每年会带来 1000 亿元左右的药品消费增量。政府投入的增加将为医药产业的发展提供物质基础，不仅可以有效改善目前薄弱的基层医疗建设，优化整体医疗环境，还将拉动居民的医疗消费需求，为广大的医药生产、流通企业提供更多的市场机会，有力支撑医药产业的发展。

3. 法律、法规。一般来说，政府主要是通过制定一些法律或法规来影响企业的活动。这些法律、法规既是对企业活动的限制性规定，同时也是保证其健康发展的有效措施。这些法律、法规是政府用来控制产品的生产、产品的价格、产业环境、劳动力以及安全状况的手段，企业的各项活动都会受到这些因素的影响与制约。鉴于医药产业的特殊性，我国对其制定了有别于一般产业的、更为严格的法律法规体系，其中 1984 年由全国人民代表大会常务委员会颁布的《中华人民共和国药品管理法》是我国药事法规体系的核心，它对药品的研发、生产、流通以及使用等各个环节都做出了详细的规定。此外，一系列法规法令，如《药品生产质量管理规范》、《药品经营质量管理规范》、《药品注册管理办法》、《药品广告审查办法》、《药品进出口管理办法》等对我国医药产业的方方面面做出了规定与要求。从某种意义来讲，政府及相关部门制定的法律法规构成了左右企业生存的制度体系。医药企业若要在社会中生存发展，必须遵守这些法律法规。这里列举了一些较重要的法律、法规：

（1）政府对制药企业强制实施 GMP（Good Manufacture Practice，药品生产质量管理规范）。药品生产质量管理规范是大多数国家为保证药品质量，对制药企业强制实施的一项质量管理标准。它要求企业从原料、人员、设施设备、生产过程、包装运输、质量控制等方面按国家有关法规达到卫生质量要求，形成一套可操作的作业规范体系，以改善企业卫生环境，及时发现生产过程中存在的问题，保证与提高药品的质量。我国从 1998 年开始强制实施 GMP 认证制度，其间根据医药产业的发展需要不断予以完善，新版 GMP 已于 2011 年 3 月 1 日正式实施，目的有两个：一是确保药品质量的安全性和有效性，二是提高制药产业的进入门槛，限制企业数量，使一大批达不到要求的中小型制药企业退出制药产业。

（2）实施药品分类管理制度。原国家药品监督管理局在 1999 年颁布了《处方药与非处方药分类管理办法》，开始对上市药品实行处方药、非处方药分类管理。它是根据药品的安全性、有效性原则，依其品种、规格、适应证、剂量及给药途径等的不同，将药品分为处方药和非处方药并作相应的管理规定。实施药品分类管理的目的在于：加强处方药的监督管理，规范非处方药的监管，改变药品自由销售的状况；并通过规范对非处方药的管理，避免消费者因自我选择不当而导致药物滥用或危及生命健康，引导消费者科学、合理地进行自我保健。药品的分类管理制度对医药企业的影响是多方面的，如制药企业流通渠道的选择，医药商业企业的资质、经营范围等都必须严格遵守相关法规。

（3）实施药品价格管理制度。我国政府对药品价格的管理主要包括对新药、专利药以及仿制药的定价等作出规定，此外，健全医药价格监测体系，规范企业自主定价行为，严格控制药品流通环节的差价率也是政府监管重点。目前，我国对药品采取政府定价、政府指导价和市场调节价三种形式相结合的定价原则，即对于列入国家基本医疗保险药品目录的药品及其他生产经营的具有垄断性的少量特殊药品实行政府定价或政府指导价，政府定价与政府指导价以外的其他药品实行市场调节价，由经营者根据市场供求关系自行定价。其中，政府定价模式下的药品价格的产生分为两种机制：成本加成定价和单独定价。目前我国纳入政府定价的药品虽仅占市场流通药品品种的20%，但其销售额却占到全部市场份额的60%，因此，进入政府定价目录尤其是单独定价目录，是制药企业的重要市场目标与驱动力之一。

（4）实施药品集中招标采购制度。药品集中招标采购是指以医疗机构为药品招标采购的行为主体，以药品生产企业和经营企业为投标主体，在国家规定的药品集中招标采购目录范围内，多个医疗机构药品集中招标采购组织，以招投标形式购进所需药品的采购方式。

对于医药企业而言，政治—法律环境是外部环境中最基础，也是最重要的，从某种意义上说，政治—法律因素决定企业的生存与发展。企业只有认真分析所处的政治—法律环境，密切关注其变化与发展，并根据变化及时调整企业战略，方能实现可持续发展。

（二）经济环境

宏观经济环境包括一国的国民经济总况、经济形势和发展趋势等，具体来讲，国家和地方的经济发展状况、经济结构、产业结构、通货膨胀率以及市场机制的完善程度和利率水平的高低等都是影响企业活动的重要因素。其变化和走势都将影响市场规模和产业结构，既可能给企业带来发展机会，也可能对企业构成威胁。

医药产业作为与大众健康息息相关的产业，国民经济的平稳较快发展是保证其发展的经济基础与前提，但药品作为一种特殊的商品，其刚性需求决定了医药产业对宏观环境的变化具有一定的防御性，因而受经济波动的影响相对较小。以下一些经济因素可能会对医药产业的发展带来不同程度的影响。

1. 国内生产总值（Gross Domestic Product，简称 GDP）。在众多衡量宏观经济的指标中，GDP 是最常用的指标之一，其总量及增长速度与市场购买力呈较高的正相关性。一个国家的 GDP 水平低，增长缓慢，则企业可能会面临经营环境不佳的局面；相反，如果 GDP 增幅大，经济形势好，企业则更可能高速发展。改革开放以来，我国经济总体上保持了快速增长的发展态势，GDP以较高的幅度持续增长，年增长率保持在8%左右。GDP的快速增长意味着人民的物质生活水平将不断提高，人们对生活质量的要求必然也会提高，对药品的需求自然也会相应地增长。因此，宏观经济的稳定发展在一定程度上拉动药品需求的增长。2012年，我国的GDP同比增长7.8%，根据世界银行2012年发表的《全球经济展望》报告预测，2013年的增速为8.6%，并预计未来十年我国经济仍将以7%－8%的速度向前发展，按此速度计算，未来十几年，我国医药市场也将继续保持较快的发展速度，医药产业具有十分广阔的发展前景。

2. 市场规模。市场规模是指一个国家或地区的市场总容量，或者说是商品的总需求水平。一个国家的市场大小，有无市场潜力，对企业的经营有着非常大的影响。如果市场规模巨大，则利于企业的经营发展，企业可以大胆地实施增长型战略；如果市场规模较小，则企业必须小心谨慎，同时需及早地寻求并开发新市场。从医药市场的发展历史来看，药品需求是生活水平的一个函数，人民生活水平的的提高会拉动药品需求的增长。据测算，人均生活水平每提高1个百分点，药品的消费水平将提高1.37个百分点，由生活水平提高带来的支付能力的提升将不断推动医药市场规模的扩大，与此同时，在医药卫生体制改革持续推进的大背景下，一系列政策措施的颁布将有力地刺激医药市场扩容，医药市场规模的巨大增长潜力将进一步显现。

3. 货币和物价总水平。如果国家货币不稳定，通货膨胀严重，物价总水平上浮比较大，则人们的基本生活支出将会大幅增加，购买力下降。个人可自由支配收入的降低会长时间抑制耐用消费品的需求，导致产品积压，生产停滞。而生产资料价格的大幅上涨，会使企业的经营成本上升，也必然会带来一些不利影响。对于药品而言，由于其需求是刚性的，相对其他产品，货币和物价水平的变化对其影响较小，但也不可忽视，如2010年上半年，居民消费价格上涨7.0%，涨幅比同期高2.9个百分点；医疗保健及OTC（over the counter，非处方药）类药品的价格同比上涨2.6%，其中，西药价格上涨1.3%，中成药价格上涨4.5%，医疗保健服务价格上涨0.1%。

4. 要素市场。要素市场的完善程度取决于市场体系及其运营机制是否健全。一个健全的市场体系包括商品市场、资本市场、劳务市场、技术市场和信息市场等。对企业来说，市场体系是否健全决定着企业能否通过市场交易获得经营所需要的生产要素。健全的市场运行机制主要指市场运行的自主性，不受政府的干预或控制，价格信号能如实地反映市场的供求情况，从而利用价格信号调节企业的生产经营活动，即在健全的市场运行机制下，价格信号能有效地指导企业的经营行为。

5. 基础结构。基础结构是一国经济运行的基础，包括生产性、生活性和社会性基础结构。东道国基础结构的完善程度对跨国公司的经营影响很大，完善、发达的基础结构能够降低企业的决策成本和生产成本，提高运作效率。我国基础结构的发展在一定程度上落后于生产发展的需要，属于滞后型国家。目前我国政府已对基础结构有了充分的认识和足够的重视，正按着世界贸易组织的要求，大力投资于基础设施和保障机制的建设，如从 2008 年至今，国家已投巨资兴建一系列的"药谷"与"医药城"等，其中，北京、上海张江、浙江杭州等地的投资都超过了几十亿元。

国家或地方的总体经济环境对医药企业的经营活动的影响极其深刻，上述所有经济因素对医药企业的战略管理都会有潜在的影响，为了取得成功，医药企业的经营管理者必须识别出影响战略抉择的关键因素，并据此制定相应的企业战略。

（三）社会—文化环境

社会—文化是人们的价值观、思想、态度和社会行为等的综合体，主要包括社会结构、社会风俗和习惯、人的价值观念、宗教信仰、文化传统、生活方式和行为规范等。社会因素会影响产品或劳务的需要，文化因素则会影响人们的购买决策与企业的经营行为，进而改变企业的战略选择。由于医药行业的特殊性，影响其发展的社会文化因素主要有以下几种：

1. 人口数量。我国是世界上人口最多的发展中国家，这是促进我国药品市场持续发展的原因之一。据国家统计局预测，今后 20 年左右，我国总人口将以每年净增1000 万左右的速度持续增长。庞大的人口基数及较快的增速形成了巨大的市场容量，这也是众多国际制药巨头积极开发我国市场的重要原因之一。

2. 人口结构。当人口数量一定时，人口结构不同，用药水平也不同。据国家卫生部统计，老年阶段的医药消费量占人一生总消费的 80% 以上，因此，在同样的人口数量下，老年人所占的比例愈高，医药市场容量一般愈大。据联合国教科文组织规定，一个国家 60 岁以上的人口占该国或地区人口总数的 10% 或以上，则该国家就进入了老龄化社会。2000 年我国第五次人口普查结果显示，我国 60 岁以上老年人口已达到 1.3 亿，占总人口的 10.41%，这些数据表明我国在 2000 年就已步入老龄化国家的行列，到 2010 年第六次人口普查时，我国 60 岁以上老年人口已到达 1.8 亿，占总人口的 13.26%，老龄化趋势加重。老年人口的持续增长将带动我国药品消费量的不断增长。除年龄结构外，城乡结构对医药市场也有较大的影响，我国是一个农业大国，农村人口占全国人口的大多数，但农民人均收入较低，与城市人口相比，其保健意识不强，因而药品消费量较少。在总人口数量一定的情况下，城乡人口比例不同，医药市场的容量也会有较大的差别。随着经济的发展，城镇化率的提高，医药市场的容量还会进一步增大。

3. 疾病结构。随着经济的快速发展，人民生活水平显著提高，城乡差异逐渐缩小，高脂肪、高蛋白食品的摄入增加，加上生活节奏加快等原因，致使我国城乡居民的慢性病发病率快速上升，每年新增的高血压、糖尿病、血脂异常和肥胖等病例数均相当于一个中等城市的全部人口。与其他疾病相比，慢性疾病的治疗周期长，防治费用高，给医药市场提供了较大的增长空间。

4. 教育水平。教育水平的高低直接关系人们的整体素质，影响人们的消费行为和消费结构。一般来讲，受教育程度高的消费者对药品的内在质量会有更高的要求，他们一般不会轻信夸大疗效功能的药品宣传，更注重药品的药理作用和临床反应，而教育水平低的消费者一般在购买药品时理性程度低，比较容易受到各种媒介广告的影响。

5. 文化传统。文化传统是一个国家或地区长期形成的道德、习惯、思维方式的总和。文化因素强烈地影响人们的购买决策和企业的经营行为。不同国家有着不同的文化传统，也有不同的亚文化群，不同的社会习俗和道德观念，从而会影响人们的消费方式和购买偏好。医药企业要通过文化传统分析目标市场，应了解行为准则、社会习俗、道德态度等，并且在经营管理中对具有不同文化传统意识的人采取不同的方法进行管理。

6. 社会心理。社会心理是人们对社会现象的普遍感受和理解，是社会意识的一种形式。表现在人们日常的生活情绪、态度、言论和习惯之中。人们的社会心理状况最终取决于社会生活实际，社会心理促成一定的社会风气。社会心理可表现为人的价值观取向，对物质利益的态度，对新生事物的态度等，对企业经营风险的态度，以及对社会地位的态度等，社会心理的这些表现都会给企业的经营活动带来影响。如在社会经济快速发展的今天，紧张的节奏、工作的压力、环境的污染，使得人们越来越意识到健康对于高质量生活的重要性，养生保健已经成为一种普遍的社会风潮。人们日渐增强的养生保健心理可以拉动保健品的需求，给企业带来商机。总之，医药企业的生产经营活动中的许多环节都会受到社会文化环境的检验，有的产品将受到欢迎，而有的产品会遭受抵制或排斥，企业的生产经营活动能否适应其所处的社会文化环境，将决定企业的成败。因此，企业必须深入分析社会文化环境中各种因素可能会给企业带来的影响，并针对不同的目标客户，不同的消费心理，细分市场，深入挖掘客户的潜在需求，设计和开发新产品。

（四）技术环境

在科学技术快速发展的今天，技术往往成为决定社会进步的关键所在，技术水平及其产业化程度的高低也是衡量一个国家或地区综合实力的重要标志。技术环境是指企业所处环境中的科技要素及与其直接相关的各种社会现象的集合。粗略地划分企业的科技环境，大体包括四个基本要素：社会科技水平、社会科技力量、国家科技体制和国家科技政策与科技立法。其中，社会科技水平是构成技术环境的首要因素，它包括科技研究的领域、科技研究成果的先进程度以及科技成果的推广和应用三个方面；社会科技力量是指一个国家或地区的科技研究与开发的实力；科技体制是指一个国家社会科技系统的结构、运行方式及其与国民经济其他部门的关系状态的总称；而国家的科技政策与科技立法则是指国家凭借行政权力与立法权力，对科技事业履行管理、指导职能的途径。技术的发展与变化对企业的经营活动有直接和重大的影响，其影响可能是创造性的，也可能是破坏性的，企业应注意分析这些新技术可能发生的变化及带来的影响，从而在战略管理上做出相应的调整，以获得竞争优势。

对于医药企业而言，分析企业技术环境的目的在于明晰医药产业的生产力发展水平和工业化程度，并以此来预测医药企业的未来发展能力。作为科技含量高、知识密集型的产业，科学技术水平显然是科技环境中对医药产业影响最大的因素，其对医药产业的影响如下：

1. 新技术为新产品的开发提供条件。随着经济的发展、疾病谱的变化、生态环境的改变以及市场的作用，新产品的生命周期越来越短，升级换代的频率越来越高，特别是计算机技术、生物技术、人类基因图谱的解密和克隆技术等的发展，以及分子生物学、药物化学、免疫学、遗传学等学科的发展与相互渗透，为医药新产品的研究与开发提供了技术保障，也为医药产业的发展提供了持续的动力源。

2. 重塑医药产业结构。技术的不断更新、变革，会改变医药产业的进入壁垒，从而重塑医药产业结构。它可能降低进入壁垒，降低消费者的转移成本，从而引致现有产业的竞争加剧。生物技术对美国制药产业的影响就是很好的证明：尽管辉瑞、礼来等公司长期统治美国的制药产业，但许多新兴的小型生物技术公司以重组 DNA 技术为武装，大力开发新产品，改变了市场竞争格局。超过 300 家美国上市公司利用生物技术开发新药，其中一些企业甚至成长为大型专利药制造商，它们在降低产业壁垒的同时，也挑战了占据统治地位的现有企业。

3. 消费者的购买行为发生改变。医药科学技术的发展突飞猛进，一方面为消费者提供品种繁多、功效各异的医药新产品；另一方面唤起消费者的更高层级的消费需求，使其不再满足药品的实体消费，而是追求消费的个性化与多样化。随着人们医疗卫生知识的增长，自主诊治与自主服药的现象越来越普遍，这给医药企业定位目标市场，确定产品及服务带来了前所未有的挑战。

总之，医药企业要想在激烈的竞争中立于不败之地，应学会预测技术的发展趋势，当技术更新时，企业应及时调整产品结构、市场结构以及管理方式等，只有重视新技术与新产品的研究与开发，才能赢得更好的发展。

二、医药企业 PEST 分析的可行步骤

（一）分别考虑政治－法律、经济、社会－文化和技术四种环境类别，结合本节内容找出需要重点考虑的环境类别。每类环境中选择的因素个数不宜过多，如果因素过多，不但会增加分析的难度，还会削弱重要因素的影响。

（二）对步骤（一）提取的各因素按其对企业产生的影响大小进行打分。给企业提供机会的因素得正分，对企业构成威胁的因素得负分。

（三）按各因素的重要性对其进行加权，权数总和为 100% 或 100。

（四）根据各因素的分值和权重的乘积算出各因素的得分。各种环境类别下所有因素的得分之和，就是企业某项决策或某一活动所面临的某类环境的总分。当总分为负时，说明进行某一活动对企业造成的损失可能会大于其给企业带来的好处。为了便于做出最后决定，企业还可以事先确定一个环境分阈值。当全部因素得分之和为正，且达到预先确定的环境分时，就说明这项活动从外部环境的角度看是可以接受的。

需要注意的是，不同企业所面临的外部宏观环境大体一样，但不同企业的战略环境有所不同。另外，尽管从静态的角度看，所有企业的外部宏观环境都是一样的，

但由于信息不对称，不同企业对其的理解与判断是不同的。对于同处于医药行业的不同企业来说，同一现象，有的企业可能认为是关键战略因素，而有的企业则认为并非是关键战略因素，这是对宏观环境认知与判断的差异。因此，在运用 PEST 分析法时，应因地制宜、因时制宜，并因不同对象而异，而不应教条地生搬硬套。

第三节　医药产业环境

产业是指由利益相互联系的、具有不同分工的、相互间密切关联的一组企业所组成的业态总称，尽管这些企业的经营方式、组织形式等有所不同，但是，它们的经营活动是围绕着共同的产品或服务而展开的。产业是企业生存发展的空间，也是对企业生产经营活动产生最直接影响的外部环境，一个产业的经济特性、竞争环境以及变化趋势，往往决定其未来的发展态势。因此，要分析产业及其竞争情况，首先要对产业概况与产业结构有清晰的认识与把握。

一、我国医药产业的发展概况

（一）医药产业在国民经济中的地位

医药产业作为关系国计民生的重要的工业部门，对于防治疾病、保护和增进人民健康、提高生活质量，促进经济发展和维护社会稳定均具有十分重要的作用。随着人民生活水平的提高、人口老龄化的加快、全社会公共卫生体系的建设与完善以及医疗卫生体制改革的深化，医药产业也将得到进一步发展。

1. 医药产业的特点

医药产业具有高投入、高风险、高产出的特点。

（1）高投入

医药产业是知识密集型的高技术产业，投入较高，这主要体现在药品研发上。目前，承担药品研发工作的主要是制药企业，为了保证药品的安全性与有效性，制药企业在早期的药品研发过程、药品的生产过程以及最终产品上市和市场开发的过程中都需要注入较多的投资。尤其是新药的研究与开发过程，耗资多、耗时长、难度不断加大。目前世界上每种新药从开发到上市平均需要花费 15 年的时间，耗费 8～10 亿美元。

（2）高风险

医药产业的高风险主要体现在：新药的投资从生物筛选、药理、毒理等临床前实验、生物利用度测试到用于人体的临床实验以及注册上市和售后监督等，要经历一系列步骤，可谓是耗资巨大的系统工程，任何一个环节失败将前功尽弃。从全球制药产业来看，新药研发的支出越来越多，复杂性越来越高，风险也越来越大。据估计，在 5000 个化合物中，只有 1 个能成为药品到达最终使用者，而其中又只有

30%的药品能够收回研发支出。

（3）高产出

由于存在较高的技术壁垒，制药企业往往可以获得高额利润，发达国家医药产业的销售利润率一般高达30%，而创新药物的利润回报率更高。一般情况下，一种新药上市后2～3年就可收回所有投资。换言之，新药一旦开发成功，投放市场后将获取较高的利润回报。特别是生物药品，其利润回报率更高，一旦开发成功便会形成技术垄断优势，利润回报能达十倍以上。

医药产业的高技术含量、高投入、高产出的特点，使得世界各国将其作为重点发展产业，医药产业目前已是世界上发展最快、竞争最激烈的高技术产业之一，将成为21世纪重要的经济增长点。

2. 医药产业在国民经济中的地位分析

目前，我国已形成了包括化学药品原料药制造、化学药品制剂制造、中药饮片加工、中成药加工、生物生化药品制造和卫生材料及医药用品制造等门类齐全的产业体系。随着我国总体经济实力的不断增强，医药产业在我国国民经济中的地位也越发重要，逐步成为我国国民经济的重要产业之一。

（1）医药产业具有较高的产业关联度

产业关联是指在国民经济中一个产业的发展对其相关产业发展产生的不同程度的连锁反应，关联度是对关联关系的量化，指一个产业投入产出关系的变动对其他产业投入产出水平的波及程度和影响程度。医药产业作为国民经济的有机组成部分，它与相关产业相互依存、相互渗透。其上游有化学、农业、纺织、轻工、机械、电子等产业。化学工业为化学制药业提供大量的有机与无机化工原料；化学制药工业促使化学工业进一步向高水平、深加工、高附加值方向发展。农业为医药产业中的生物发酵产品，如抗生素、维生素、氨基酸、葡萄糖等提供粮食等重要原料；反过来，医药产业又为农业中的畜牧业、养殖业、饲料业等服务，提高了农副产品、畜牧产品的产量与质量，延长了农业的产业链。医药卫生材料是纺织工业的一个深加工领域，传统产品有脱脂棉、脱脂纱布、含药纱布等，新开发的产品有医用无纺布、生物卫生材料等，这些都提高了纺织产品的附加值，也为纺织工业调整产业结构与产品结构开辟了新的前景。大多数医药用包装材料是轻工业的深加工产品，如药用明胶、药用铝铂、药用玻璃材料等。医疗器械工业与制药机械工业本身就是机电工业的一个分支，它与机电工业存在着较强的技术关联，我国的机械制造水平与电子元器件制造水平，决定了我国医疗器械与制药装备的发展水平。医药产业的下游主要有卫生、食品加工、饲料等行业。卫生保健业是医药产品的主要应用领域与消费场所，其发展水平与市场大小决定了医药产业发展的规模与水平。医药产品还可作为食品添加剂，改善食品的营养结构，提高人民生活水平。医药产业的高产业关联度这一属性决定了其在国民经济中具有举足轻重的地位，医药产业对其它相关产业甚至区域经济的发展都有较强的带动作用。

（2）医药产业年产值不断攀升

随着改革开放的不断深入，越来越多的医药企业加大了对国际市场的开拓力度，很多医药企业取得了进入国际市场的通行证，使自己的产品远销海外市场。我国医药市场现位居全球医药市场第五位，预计到2020年，我国将成为仅次于美国的全球第二大药品市场。

自2005年以来，医药制造产业的总产值在国内生产总值中所占的比例一直比较稳定，除2007年有小幅回落之外，其余年份呈稳定增长的势态，尤其是在2008年下半年至2009年上半年期间，在全球经济发展普遍放缓的背景下，我国医药制造业依然表现良好，显示出巨大的发展潜力。不少权威人士预计在十二五期间，医药产业的总产值会继续增长，占国内生产总值的比重有望达到5%，将成为我国国民经济中的支柱产业。

表3-1 2005~2010年我国医药制造业总产值占GDP比重情况（单位：亿元）

年份	2005	2006	2007	2008	2009	2010	2011
医药制造业总产值	4265.41	5018.10	5659.02	7136.58	8690.05	12576.26	14942.00
国内生产总值	183217.50	211923.50	249529.90	300670.00	335352.90	397983.00	471564.00
占比（%）	2.33	2.37	2.27	2.37	2.59	3.16	3.17

资料来源：国家发展与改革委员会

综上，医药产业作为关系国计民生的产业，在国民经济中的地位不断攀升，同时，根据其目前的发展速度及其对整个社会经济的重要影响推断，医药产业在未来的发展必将达到一个新的高度，成为我国社会经济的新的增长点。

（二）我国医药产业所处的生命周期阶段

产业生命周期理论的起源，可追溯到20世纪60年代美国经济学家雷蒙德·弗农（R. Vernon）提出的产品生命周期模型及其理论。1966年，雷蒙德·弗农为研究国际投资、国际贸易和国际竞争，提出了"生产—出口—进口"的全球产业发展模式。在假设国际供需平衡的前提下，依据产业从工业发达国家到后发工业国家，再到开发国家顺次转移的现象，将产品生产划分为导入期、成熟期和标准化期三个阶段。后来，经学者们进一步探讨与研究，产业生命周期理论在各个分支的纷争与融合中逐步走向成熟。

产业生命周期（Industry Life Cycle）是指一个产业从初生到衰亡，具有阶段性和共同规律性的厂商行为的改变过程。产业生命周期理论是从产品生命周期理论和企业生命周期理论逐步演化而来的，是生命周期理论在产业经济学中的运用和发展。一般将这个过程分为四个阶段：导入阶段、成长阶段、成熟阶段和衰退阶段。它通常用一条位于以销售收入为纵轴、以时间为横轴的坐标中的S型曲线表示（如图3-2所示），该曲线包含产业生命周期的导入期、成长期、成熟期与衰退期四个阶段。判定产业所处的发展阶段，对企业制定战略有重要的意义。

产业生命周期曲线是一种理论性的、定性的研究产业生命周期的工具。一个国家的需求结构、资源状况、要素供给、政府政策等因素对产业的发展具有重要影响，但这些因素很难定量地反映到产业生命周期中去，因此产业生命周期曲线仅仅是一条近似的假设曲线。要识别一个产业处于生命周期的哪个阶段可以根据以下几个因素来分析：市场增长率、需求变化、产品品种、竞争者数量以及进入壁垒、财务状况等（如图 3-2）。

项目＼阶段	导入期	成长期	成熟期	衰退期
市场发展	缓慢	迅速	放缓	萎缩
市场增长率	较高	很高	前期缓慢增长，后期呈下降趋势	急剧下降
需求状况	需求量小	高速增长	增速放缓	需求下降
市场结构	新兴市场	很少有竞争对手	竞争激烈	竞争者数目减少
产品品种	种类繁多，无标准化	种类减少，标准化程度较高	产品种类大幅度减少	产品区分度小
进入壁垒	较低	很高	很高	最高
财务状况	启动成本高，收益无保障	利润涨幅大，大部分利润用于再投资	再投资减少，资金收益水平高	采取适当战略，保持收益
产品生产	批量生产	大量生产，成本下降	强调降低成本、提高效率	生存能力下降
研究与开发	大量开展产品的研究与开发工作	减少对产品的研究，着重研究生产过程	必要时才进行	除非必要，一般不进行

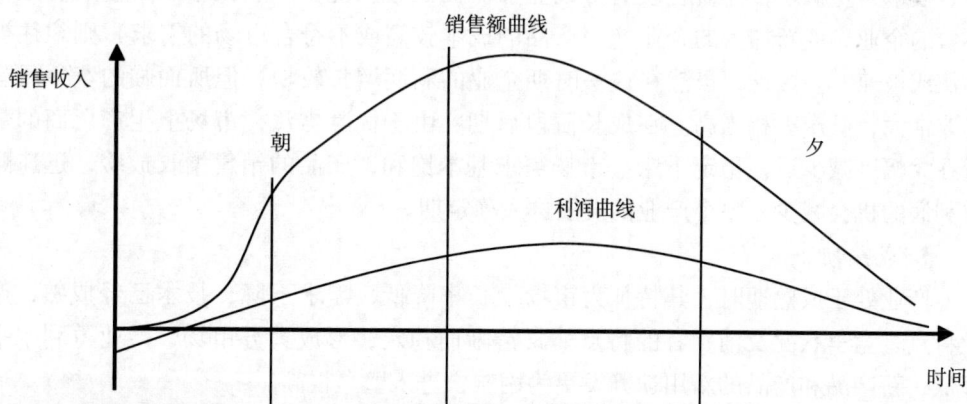

图 3-2　产业生命周期不同阶段的特征

1. 导入期

产业处于投入期时，其基本特征：市场增长率较高，需求增长较快，产业中的企业主要致力于开发新消费者、占领市场，但此时技术仍有很大的不确定性，对产业特点、竞争状况以及消费者的特点等信息掌握不多，产品、市场、服务等的策略有很大的变动余地，企业进入壁垒较低。

在这一阶段，由于产业刚刚诞生或初建不久，因而只有为数不多的创业企业投资于这个新兴产业。由于导入阶段产业的创立投资和产品的研究、开发费用较高，而产品的市场需求量小（消费者对其尚缺乏了解），销售收入较低，因此这些创业企业可能不但没有盈利，反而普遍亏损；同时，较高的产品成本和价格、较小的市场需求，还使这些创业企业面临较大的投资风险。另外，企业还可能因财务困难导致破产。在导入阶段后期，随着生产技术的提高、生产成本的降低以及市场需求的扩大，新产业便逐步由高风险、低收益的投入期转向高风险、高收益的成长期。

2. 成长期

产业处于成长期时，其市场增长率很高、需求高速增长、技术渐趋定型，产业特点、竞争状况及消费者的特点已经比较明朗，进入壁垒提高，产品品种及竞争者增多。在这一时期，拥有一定市场营销和财务能力的企业逐渐发展壮大，在市场中逐步占据主导地位，并借助于资本优势不断扩大经营。

在成长阶段，新产业的产品经过广泛宣传和消费者的试用，逐渐赢得了消费者的欢迎与喜爱，市场需求开始上升，新产业也随之繁荣起来。与市场需求变化相对应，供给方也相应地发生了一系列的变化。由于市场前景良好，投资于新产业的厂商大量增加，产品也逐步从单一、低质、高价向多样、优质和低价的方向发展，所以，这一阶段有时也被称为投资机会期。这种状况将引致生产厂商的数量随着市场竞争的增强和产品产量的提高而不断增多，市场的需求日趋饱和。生产厂商不能单纯依靠扩大生产量、提高市场份额来增加收入，而应通过追加生产、提高生产技术、降低成本，以及研究与开发新产品等方式来获取竞争优势。但这种方法只适用于资本、技术力量雄厚，经营管理有方的企业。而财务状况不佳、技术水平落后、经营不善的企业，或新加入的企业（因产品的成本较高或不符合市场的需求）则往往被淘汰或被兼并。因此，虽然在这一时期企业的利润增长较快，但所面临的竞争风险也非常大，破产率相当高。在成长阶段后期，由于优胜劣汰，市场上生产厂商的数量在大幅度减少后便稳定下来。市场需求基本饱和，产品的销售增长放缓，迅速赚取利润的机会减少，整个产业的发展进入稳定期。

3. 成熟期

产业处于成熟期时，其特征为市场增长率降低，需求下降，技术已经成熟，产业特点、竞争状况及消费者的特点非常清晰而稳定，形成买方市场，产业盈利水平降低，新产品和产品的新用途开发更为困难，进入壁垒很高。

产业的成熟阶段是一个相对较长的时期。在这一时期，在竞争中生存下来的少数大企业垄断整个市场，每个企业都占有一定的市场份额。新企业往往由于创业投资无法得到快速补偿或产品的销路不畅、资金周转困难而倒闭或转产。由于生存下来的企业势均力敌，市场份额的比例发生变化的可能性较小，厂商之间逐渐由价格竞争转向非价格竞争，如提高质量、改善性能、加强售后服务等。同时，由于存在一定程度的垄断，行业利润稳定地处于较高的水平，而风险则处于较低水平，也正因如此，在某些情况下，整个产业的增长可能会停滞，甚至产出水平降低。但是，值得指出的是处于成熟阶段的产业有可能出现二次飞跃，重新进入快速成长期，前提是有新的重大技术突破使成本大大降低或者是开发出全新一代产品，重新产生巨大的市场需求。

4. 衰退期

产业处于衰退期时，其市场增长率降低、需求下降、产品品种及竞争者数目减少。

这一阶段出现在较长的稳定期后。由于新产品和大量替代品的出现，原产业产品的市场需求逐渐减少，销售量开始下降，某些厂商开始向其他更有利可图的产业转移资金。因此，原产业出现了厂商数目减少、利润下降的萧条景象。至此，整个产业进入了生命周期的最后阶段。在衰退阶段，厂商的数目逐渐减少，市场逐渐萎缩，利润率增长停滞或不断下降。当正常利润无法维持企业的生存或现有投资折旧完毕后，整个产业便逐渐解体了。

从产业的生存与发展的环境条件出发，可归纳出四种类型的衰退产业：

（1）资源性衰退。由于企业生产所需资源的枯竭，该产业无法继续生产，这种类型的产业大多数是以不可再生资源为劳动对象。如中药产业即是典型的资源依赖型产业，原材料的质量和供应量，直接关乎产业的发展水平与规模。要避免中药产业的资源性衰退，必须合理规划，适度开发，以保证产业的可持续发展。

（2）效率性衰退。由效率低下的比较劣势引起的产业衰退，如原先在甲地具有比较优势的产业，可能因为技术扩散到地租、原料及劳动力等要素更为廉价的乙地，而发生比较优势的转移，从而使甲地的该产业趋于衰退。

（3）收入低弹性衰退。收入弹性反映了社会经济发展对产品需求影响的大小。产业会因产品需求量不同而发生发展速度、发展方向的变化，有的高增长，有的低增长或不增长，有的甚至负增长。收入低弹性衰退表示产业由于需求——收入弹性较低而逐渐衰退。

（4）聚集过度性衰退。因经济过度聚集而引起的产业衰退。就工业发展的过程来看，产业聚集到一定程度，就会出现扩散，这种扩散一般出于三个方面的原因：一是经济上的，过度集中已不再具有经济性；二是社会的，通过扩散来实现布局的均衡；三是发展上的，通过有选择地淘汰一些产业，腾出空间来发展技术更先进的产业。这种扩散反映了在生产日益社会化的背景下，产业与全社会的整体需求是相互依存的，产业的兴衰是经济、社会、布局均衡等多重目标共同作用的结果。

产业生命周期在应用上有一定的局限性，即生命周期曲线是一条经过抽象的典型化了的曲线，各行各业按实际销售量绘制出来的曲线远不是这样光滑、规则的，因此在某些情况下要确定产业发展处于哪个阶段比较困难。如果识别不当，容易导致战略上的失误。有时，产业的发展演变与国民经济的周期性变化也不易区分。有些产业是由集中到分散，有些则是由分散到集中，无法用固定的战略模式与之对应。因此，应将产业生命周期法与其他方法结合起来使用，才不致陷入分析的片面性。

分析我国医药产业在其生命周期中所处的阶段对于医药企业明确其所处的产业环境意义重大。我国的医药产业起步于 20 世纪，经历了从无到有、从使用传统工艺到大规模运用现代技术的发展历程，特别是改革开放以来，我国医药产业发生了翻天覆地的变化，长期呈现稳定的发展态势。医药产业总产值年均增长 17.7%，高于全国同期工业总产值年均增长速度 4.4 个百分点，成为国民经济中发展最快的产业之一。也高于世界主要发达国家近 30 年的平均发展速度，成为当今世界上医药产业发展最快的国家之一。在我国加入 WTO 后，医药产业的发展更是机遇与挑战并存，一方面，我国医药产品的生产与出口量稳步增长，已成为世界上最大的原料药生产与出口国，另一方面，一些国际制药巨头纷纷看好我国医药市场，在我国建立分公司，抢占我国市场。

根据产业生命周期理论，结合我国医药产业的发展现状，可以看出我国医药产业正处于快速成长期，各地纷纷将医药产业作为经济增长点、支柱产业和高新技术产业。然而，我们也必须认识到，相对于世界发达国家，我国医药产业发展还处于较落后状态，目前存在的产品结构、创新能力、工业布局等方面的问题都将影响我国医药产业的国际竞争力。我国的医药企业只有通过制定适于本阶段的发展战略，才能保证医药产业的可持续发展，使我国由世界医药大国发展为世界医药强国。

二、医药产业竞争结构分析

产业竞争结构分析属于外部环境分析中的微观环境分析，它主要分析本产业中企业的竞争格局、本产业与其他产业的关系、产业结构及其竞争性对企业可能采取战略的影响。因此，产业竞争结构分析是制定企业经营战略的主要依据。

根据美国著名战略管理学家迈克尔·波特（Michael E. Porter）的观点：在一个产业中，存在着五种基本竞争力量，即潜在进入者的威胁、替代品的威胁、供应者的讨价还价能力、购买者的讨价还价能力以及产业内现有竞争对手的竞争（如图 3 - 3 所示）。

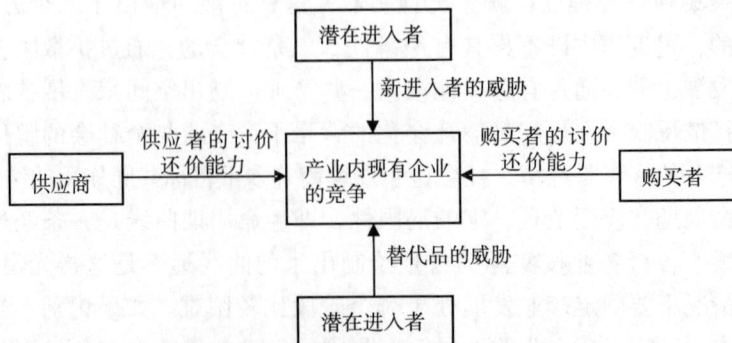

图 3-3　产业的五种基本竞争力量

这五种基本竞争力量的状况及其综合强度，决定产业竞争的激烈程度，从而影响产业的获利能力。在竞争激烈的产业中，不会有一家企业能长期持续地获得较高的收益；在竞争相对缓和的产业中，各企业普遍可以获得一定的收益。企业间竞争的不断加剧，会导致产业的总体投资收益率下降，直至降低到最低水平。若投资收益率长期处于较低水平，投资者将会倾向于将资本转投到其他行业。相反，则会刺激资本流入或者现有竞争者增加投资。所以，产业竞争力量的综合强度还决定资本的流向，这一切将最终决定企业能否保持较高的收益水平。

产业的竞争程度，虽然是由五种竞争力量共同决定，但通常是最强的力量起决定性作用。例如，对于处于有利市场地位的企业来说，潜在进入者所构成的威胁可能较小，而高质量、低成本的替代品竞争者，却可能会使企业的收益水平降低。因此，企业在制定战略时，需要对每种竞争力量进行分析，即进行产业竞争结构分析。

（一）现有企业间的竞争

通常情况下，产业内企业的利益是紧密相连的，但每个企业的经营目标都是使自身获得相对于竞争对手的优势，因而企业之间必然会产生冲突与对抗，即构成了产业内现有企业间的竞争。其激烈程度将会影响产业的整体利润水平，有可能会因过度、无序的竞争而导致资源的浪费、产业生命周期的缩短。维持合理有序的竞争合作关系，对于促进产业的可持续发展至关重要。

通常情况下，产业内企业竞争的激烈程度由一系列因素决定，如竞争者的数量与竞争力量的对比、竞争者的性质、产品差异化程度或转换成本、市场需求的增速、生产能力、固定成本或库存成本以及退出障碍等。

1. 竞争者的数量与竞争力量的对比。一个产业内企业数量越多，竞争越趋于激烈，因为每个企业都想改善其市场地位，众多企业行动的必然结果便是竞争程度的加剧。若企业数量不多，但各个企业势均力敌，竞争力量相当，也会导致竞争加剧。在医药产业内，由于治疗同种疾病的药品往往有多种，每种药品通常还有多个规格、剂型，这种特殊性更加剧了医药市场竞争的激烈程度。

2. 产品差异化程度。如果产品和服务很难进行差异化，那么竞争的实质就是价格的竞争，很难获得消费者的忠诚。在基本药物市场上，阿司匹林就出现了类似的情况，由于生产该药的企业众多，并且其生产出的阿司匹林在疗效上几乎是相同的，所以价格竞争尤为激烈。

3. 消费者转换成本。若消费者从购买一个企业的产品转移到购买另一个企业的产品，其转换成本较低时，他们就可能转买另一企业的产品，则竞争比较剧烈。反之，若转换成本高，消费者转换产品的概率则相对降低，各企业产品各具特色，而各自拥有不同的消费者群，则竞争比较缓和。

4. 产业增长速度。当产业增长缓慢时，企业为寻求发展，便会把力量放在争夺现有市场上，这样就会使现有企业的竞争激烈化。而在产业快速增长的情况下，产业内各企业可以与产业同步发展，企业还可以在发展的过程中充分利用自己的资金和资源，竞争相对而言会比较缓和。

5. 生产能力。若由于产业的技术特点和规模经济的要求，产业内不断增加新的生产能力，则必然会打破供求平衡，使供过于求，产生过剩的生产能力，从而增强现有竞争者之间的抗衡。

6. 固定成本或库存成本。当固定成本或存货成本非常高时，各个企业为了实现盈亏平衡或获得较高的利润，就会充分利用其生产能力抢占市场份额，当生产能力利用不足时，企业宁愿降低价格、扩大销售量也不愿闲置生产设备，因而企业间的竞争加剧。在库存成本高或产品不易保存的行业内，企业急于销售产品，也会使行业内竞争加剧。

7. 退出障碍。退出障碍是指企业在退出某一行业时所遇到的困难，退出障碍高时，行业中因为存在过剩的生产能力而导致竞争加剧，如一些经营困难的企业并未退出，而是继续经营下去，会使现有竞争者的抗衡激化。退出障碍主要由以下几个因素造成：①固定资产的专业化程度高，清算价值低或转换成本高。如药品生产线，GMP 洁净车间、压片机、空调净化系统等。②退出的固定费用高，如较高的劳动合同费，设备的维修费、药品研发费用、广告费用，医药企业人员安置费等。医药产业是知识和技术密集型产业，医药企业员工的专用性也呈现提高趋势，上述相关费用和问题的存在提高了退出壁垒。③战略上的协同关系。在医药企业内部不同业务之间或集团内部不同企业之间，往往具有很强的经济关联性，如产业链上下游关系，一种业务的退出或一个企业的停产、倒闭，可能会使某条产业链蒙受损失，如果企业退出某一行业，则会使其在其他领域的市场营销能力、企业形象等受到影响，这样企业出于战略的考虑，而留在此行业中。④情感上的因素。企业的管理者出于对职工的忠诚心理和畏惧心理以及自身职业生涯的考虑，往往不愿退出某一行业。⑤政府和社会的限制。政府出于对失业问题和局部性经济影响等的考虑，而拒绝或劝阻企业退出，因此对医药企业特别是国有药企的退出横加干预。

在我国，拥有自主知识产权的药品生产企业少之又少，产品同质化现象较为严重。同一种药品有几十家甚至几百家企业同时进行生产，从而导致企业间的竞争愈加激烈，实现了从简单的数量竞争到质量竞争、从提高经济效益的竞争到垄断市场份额的竞争、从产业局部企业的竞争到整个产业链的竞争等多种转变，甚至达到了白热化程度。同时，自我国加入 WTO，国内与国外医药企业间的竞争也与日俱增，2006 年的统计数据显示，药品生产数量仅占全国总产量 20% 左右的外资与中外合资企业，其实现的工业总产值占全国医药工业总产值的 40% 以上，利润连续 5 年超过国内医药全行业利润的一半。国外制药巨头凭借其在资本实力和创新能力等方面的绝对优势，正逐步扩大在我国药品市场上的影响力，无疑成为我国医药企业的强劲竞争者。并且随着关税的减免、非关税壁垒的废除，国外医药企业还会给我国的医药行业带来更大的冲击。

（二）潜在进入者的威胁

当边际利润较高而进入壁垒较低时，就会有新的竞争者进入，新进入者是产业的重要竞争力量，它对该产业带来的威胁称为进入威胁。进入威胁的强弱取决于进入障碍和原有企业的反击强度。如果进入障碍高，原有企业激烈反击，则进入者难以进入，进入威胁就会减小。波特认为对新进入者而言，存在7个主要的进入障碍。

1. 规模经济。如果每一时期内的绝对产量增加，则单位生产成本就会降低，这种大规模生产导致的经济效益即是规模经济。规模经济迫使新加入者应以较大的生产规模进入，并冒着现有企业强烈反击的风险；如果以较小的规模进入，则要长期忍受产品成本较高的劣势。这两种情况都将使进入者却步不前。国内外的研究和实践表明，医药产业是一个规模经济较为显著的产业，在成熟的市场经济体制下，医药产业形成寡头垄断的市场结构，要归因于规模经济壁垒的作用。

2. 产品差异化。产业中已有企业在品牌、客户认知、服务的特殊化以及其他方面比新进入者有突出的优势。新进入者要想达到老品牌的知名度和信任度，需要花费大量的用于广告或进行促销的资金与精力。这些投入通常会使新进入者在初始阶段出现亏损，并常常延续相当长的一段时间。通常，医药产业中产品差异化表现在药品的包装、规格剂型、服用方法、作用时间长短以及售后服务等方面，它使同一行业内不同企业的产品相对降低了可替代性。药品的差异化还表现为消费者对某一药品的忠诚度。消费者在对现有企业的产品已经产生强烈偏好的情况下，新进入者为了改变消费者的购买习惯，获取客户并建立其对自己药品的忠诚度，必须支出巨额费用，包括广告、改进药品包装、开展合法促销活动等。这些会使新进入企业在使产品差别化过程中支付更高的费用，这在一定程度上构成了该产业的进入障碍。

3. 资金需求。资金需求所形成的进入障碍，是指要进入一个行业，不仅需要大量资金，而且风险很大，新进入者要在拥有大量资金、能承担巨大风险的情况下才能进入。医药行业是一个高科技、高投入和高风险的行业。在国外，研制一个新药，需要投入几亿美元的资金。在我国，虽然绝大多数企业以生产仿制药为主，研发的投入相对较小，但若企业要进入医药产业仍有巨额的资金需求，除必须建造一个符合GMP规定的厂房，购买机器设备外，还需发布大量的广告，这些则需投入几千万元人民币甚至更多，一旦进入失败，就会形成大量的沉没成本。因此，筹集这些高昂的必要资本往往会构成进入壁垒。

4. 转换成本。这里所说的转换成本是指购买者变换供应者所需支付的一次性成本。包括重新训练业务人员、增加新设备、调整检测工具等引起的成本，甚至包括中断原供应关系的心理成本等，这一切会引发购买者对变换供应者的抵制。新进入者要想成功进入，就必须用较长的时间和更优质的产品或服务等来消除这种抵制。

5. 销售渠道。仅仅生产高质量的产品是不够的，企业必须将产品通过销售渠道传递给买方，但这些渠道通常被市场上已有的企业所控制。新加入者要进入该行业，必须通过让价等办法使原销售渠道接受自己的产品，这便对新进入者构成了一定的进入障碍。在医药行业，药品生产企业生产的药品必须经过医药公司这一销售环节才能进入零售药店或医院，渠道营销在医药市场起重要作用，因此，现有企业往往对它们的分销渠道控制得非常严格，分销渠道获得的难易程度是潜在进入者必须考虑的。

6. 与规模经济无关的成本优势。现有企业常常在其他方面还具有与规模经济无关的成本优势，在医药行业，这种优势尤为明显，主要体现在药品原辅料的采购和控制、生产技术专利和新药保护等方面，学习曲线或经验曲线，还包括现有医药企业凭借其经营业绩和信誉能以较小的代价筹措到所需资金。例如，现有医药企业可通过专利或保密的方式独享药品的生产工艺、技术或生产经验，新加入企业无论如何扩大自己的规模，都不可能与之相抗衡。

7. 政府政策。政府为了控制某些产业会制定相应的政策、法律和法规来限制新企业进入。如出租车行业、银行业、邮电业、广播通信业等，有些是由国家垄断的，其他人不得经营，或需要获得国家有关部门的许可证。由于药品直接关系着人的生命健康，所以任何一个国家的医药产业都受到国家有关部门的严格管理。相关部门通过制定法律、法规和政策，干预药品的研发过程、进出口及上市后的销售、使用等，从而在客观上形成了某种制度性壁垒。而且，这种制度性壁垒往往是企业难以用市场化手段克服的。

（三）供应商的讨价还价能力

企业一般都拥有原材料或设备等的供应商，企业的供应商可以通过其在市场中的地位与企业进行讨价还价，可表现为提高所供应产品或服务的价格，或降低所供应产品或服务的质量，从而使下游产业的利润降低。医药企业的供应商主要有原料药及辅料生产厂家、能源的提供商等。我国是全球主要的原料药出口国，拥有大量的原料药生产商。为了争夺市场，原料药生产企业的竞争也异常激烈。因而在原料药采购的议价方面，医药企业占据一定的优势。而能源的价格则由国家相关机构统一规定，医药企业并无与之议价的能力。总之，供应商希望提高其讨价还价的能力，以获取更多的利润。供应商讨价还价能力的大小取决于以下几个因素：

1. 供应商所在产业的集中度。如果供应商集中程度较高，即供应商所在产业由少数几家企业控制，其集中化程度高于企业所在产业的集中度，这样，供应商就会在产品价格、质量和供应条件上对企业施加较大的压力。

2. 供应商产品的可替代程度。若存在可替代品，即使供应商有较强的竞争优势，其竞争能力也会受到影响。

3. 供应商产品的标准化程度。如果供应商的产品是标准化的，并且企业要付出较高的转换成本时，供应商讨价还价的能力就会增强，会对企业造成较大的压力。

4. 供应商的产品对企业产品的重要性。如果供应商的产品对企业产品的质量、性能有重要的影响，则供应商将有较高的讨价还价的能力。

5. 供应商前向一体化的可能性。前向一体化是指企业的供应商获得分销商或零售商的所有权或加强对它们的控制，实现产销一体化。如果供应商有可能实现前向一体化，则其讨价还价的能力将会增强。

（四）购买者的讨价还价能力

购买者可以通过其在市场中的地位与企业进行讨价还价。购买者的这种能力表现为要求产品的价格更低廉、质量更好或提供更为优质的售后服务，他们会利用企业间的竞争来影响现有企业的获利水平。对于医药企业而言，其购买者主要为药品批发企业和医疗机构。药品批发企业作为医药企业的最主要的购买者，其在与不同企业的交易过程中积累了丰富的经验，掌握了大量的信息，同时，各企业的药品的差异化小，因而批发企业具有相当的议价优势。近几年来，我国药品批发企业向着规模化、联盟化的方向发展，如国药集团等一些大型药品流通企业在市场中所占的份额不断扩大，从而使医药企业在交易中的地位进一步下降。医疗机构作为整个销售环节的终端，能够直接接触消费者，并且具有引导药品消费的能力，因此在与医药企业的谈判中具有绝对的优势，从而具有很强的议价能力。购买者讨价还价能力的大小，取决于以下几个因素：

1. 购买者的集中度或进货批量。当某产品的购买者数量少，而每个购买者的进货批量大，且占企业总销售量的比重较大时，购买者就具有较强的讨价还价能力。

2. 购买者所购买产品的标准化程度。如果购买者所购买的产品基本上是标准的或无差异的，购买者就可以在多个卖主间进行选择，从而使卖方相互倾轧，购买者从中获利。反之，购买者讨价还价的能力较弱。

3. 购买者的转换成本。如果购买者的转换成本低，则其讨价还价的能力较强。

4. 购买者后向一体化的可能性。后向一体化就是企业通过收购或兼并若干原材料供应商，拥有和控制其供应系统，实行供产一体化。如果购买者有可能形成后向一体化，则其讨价还价的能力就会增强，能够要求减价优惠。

5. 购买者拥有的信息。如果购买者拥有关于需求、市场价格以及生产者的制造成本等详尽的信息，那么其将具有更大的讨价还价能力。

（五）替代品的压力

替代品是指满足相同消费者同一需求的其他产品或服务，主要有两种类型：一是行业内更新换代的产品，二是来自其他行业的具有相同功能或用途的产品。在现代社会，几乎每个行业都直接或间接地受到替代品的影响，而且大多数行业的命运与替代品密切相关。一般来说，只有当替代品对消费者具有较大吸引力时，才对产业构成威胁，否则，替代品的影响可以不予考虑。药品作为特殊商品，具有极强的专业性，其作用并不能被保健品或医疗器械等其他产品所替代，因而其他行业的产品对医药行业竞争所带来的威胁较小。药品的替代品通常为医药产业内更新换代的产品，例如，葛兰素公司将其治疗胃溃疡的药品呋喃硝铵（Zantac）销售额的下降归因于更有效的替代药品的出现——阿斯利康公司推出的奥美拉唑（Losec）。

替代品的价格一般相对较低，当它投入市场时，会使本行业产品的价格上限处于较低水平，这就限制了本行业的收益。替代品的价格越有吸引力，这种限制作用也就越牢固，对本行业构成的威胁也就越大，因此，本行业与生产替代品的其他行业进行的对抗，常常使本行业所有企业共同采取措施、集体行动。

来自替代品的压力有三个因素。

1. 替代品的盈利能力。若替代品具有较大的盈利能力，则会对本行业的产品构成较大威胁，它把本行业产品的价格约束在一个较低的水平上，而使本行业的企业在竞争中处于被动地位。

2. 生产替代品的企业的经营战略。若生产替代品的企业采取迅速增长、积极发展的战略，则会对本行业的产品构成较大的威胁。

3. 消费者的转换成本。若消费者改用替代品的转换成本较小，则消费者很可能放弃原有产品，而购买或使用替代品，这样，替代品就会给本行业的产品带来较大的竞争压力。

第四节　战略群组分析

一、战略群组的概念

我们通常所说的产业，其划分的界限并不是特别明晰，尤其是它不能对竞争划出清晰的界限，一个产业中有很多企业，但企业之间相互竞争的基础可能完全不同。因此不管从哪个层面分析，都可能以偏概全，这样，就需要在产业和企业之间找到一个中间层次，用以描绘具有相同竞争基础的群组。战略群组就是这个所谓的中间层次，是指产业内在同一战略要素上具有相似的特征，并采用相同或相似战略的一组企业。这些战略要素包括分销渠道的选择、细分市场的确定、产品品质的标准、技术领先的程度、顾客服务的水平、定价策略、广告策略、促销手段以及企业所提供的售后服务的形式等（表3-2列举了不同的特征因素以供参考）。这些因素中究竟哪些与某一特定产业相关，则需要根据该产业的发展历史和现状、在现实中真正起作用的力量以及企业的竞争活动等来识别。

表3-2　一些区分战略群组的特征

· 产品/服务多样化的程度	· 研究与开发的能力
· 地理覆盖面	· 成本地位
· 所用的销售渠道	· 生产能力利用率
· 品牌数目	· 定价方针
· 推销能力（如广告覆盖面、销售力量）	· 财务升幅水平
· 纵向一体化的能力	· 与重要机构的关系（如政府等）
· 产品/服务质量	· 组织的规模
· 技术领先者还是跟随者	

同一战略群组内企业所实施的战略相似，但与产业内其他企业有所不同。如在某个群组内企业采用成本领先战略，而另一个群组采取差异化战略。波特认为，要确认这样一个战略群组，一般要分析两三组关键因素，以此作为竞争的基础。

在医药产业内，可以根据企业的技术领先程度区分出两个战略群组（见图3-4）。第一组是专利药物群组，其竞争定位是以高额的研发投入来开发新的、有突破性的药物。群组内的企业实施高风险、高回报的战略，因为进行药物的基础研究是相当困难和昂贵的，当然，如果研究成功则会获得较高的回报。新药研发不仅投入大，而且周期长。研发一个具有知识产权的新药平均需要投入 8～10 亿美元，花费 15 年左右的时间。这一战略的高风险还在于新药研发的失败率很高，被批准上市的可能性较低。不过，这也是一种高回报战略，因为研究成功则可以申请专利，其研发者可以获得多年的垄断生产和销售时间。专利群组企业因此可以对专利药物实行高定价，在整个专利期间获得巨额收益。

另一个战略群组是普通药物群组，该群组中的制药企业专门生产普通药物：对专利药物群组中专利过期的药物进行低成本复制。低研发费用和低价格是这一战略群组的竞争定位。它们实行的是低风险、低回报的战略。低风险是因为无需投入巨资用于药品开发，低回报是因为企业无法对其产品制定较高的价格。

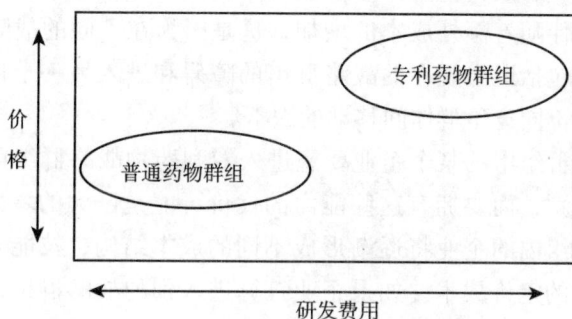

图 3－4　医药产业的战略群组

二、进行战略群组分析的意义

进行战略群组分析，对于企业确定其在产业内的地位、所面临的机会与威胁以及竞争关系是极为重要的。进行战略分析的难点之一是判断一个产业的竞争性质，特别是直接的竞争对手是谁、竞争得以产生的基础是什么，明确了这些就更容易推测其所选择的战略是否恰当，从而为制定正确的战略提供依据。首先，同一战略群组内的企业的战略相近，那么，对于消费者来说，这些不同企业的产品很大程度上是可以替代的。因此，企业的威胁主要来自于它所在的战略群体内部。其次，由于不同战略群组的定位、立场不同，则其面临的机会和威胁也将有所不同。新竞争者加入的威胁、群组内的竞争强度、购买者讨价还价的能力、供应商讨价还价的能力以及替代品等的竞争力量，都会因为产业内不同战略群组的竞争定位的不同而变得或强或弱。

在医药产业中，专利药物群组内的企业相对于普通药物群组内的企业，长期以来一直拥有较高的竞争地位，因为它们的产品具有较长的专利保护期，其他企业难以生产具有相同疗效的替代药物。此外，这一战略群组内竞争的激烈程度也不如普通药物群组的强，其竞争主要表现为谁能优先获得药品的专利权（即所谓的专利战），而不需要在价格方面做文章。因此，专利药物群组中的企业往往可以制定高价格而获得高利润。相反，普通药物群组内的企业的竞争地位相对较低，因为很多企业都可以在某一药物的专利保护过期后，同时对其进行仿制、生产。在这一战略群组中，产品具有较高的可替代性，竞争非常激烈，其竞争结果为这一战略群组的利润远远低于专利药物战略群组。

三、战略群组的转移壁垒

从前面的论述中可以看出，某些战略群组面对的威胁较少而机会较多，因此，一些战略群组的情况要好于另一些战略群组。通过分析，企业管理者可以找出五种竞争力量较弱，而收益较高的战略群组。在发现可能存在的机会后，他们可能会考虑改变自己的定位，进而转入另一个战略群组内进行竞争。然而，这种在战略群组间的转移变化往往伴随着额外成本的增加，这是因为在不同的战略群组间存在着转移壁垒。转移壁垒包括退出现在的战略群组的障碍和进入另一个群组的壁垒，它是产业内阻碍企业在不同竞争群体间移动的因素。

普通药物战略群组中的某个企业要想进入专利药物战略群组可能遇到的转移壁垒，如缺乏研发能力，而要拥有这些能力的代价可能是巨大的。另外，随着时间的推移，不同战略群组内的企业将逐渐形成不同的成本结构、技能和企业竞争力，这些因素将决定它们的定价战术。如果企业打算进入别的战略群组，就应首先评估自己是否具有足够的能力来模仿甚至超越欲进入的战略群组中的竞争对手，并考虑是否能够承担转移壁垒所带来的成本。

第五节 竞争对手分析

一、竞争对手存在的意义

大多数企业都把竞争对手视作威胁，实际上，在许多产业中，合适的竞争对手能够加强而不是削弱企业的竞争地位，并可以为产业及企业的发展带来"增强竞争优势、改善产业结构、促进市场的开发、扼制新进入者"四方面的益处。

（一）增强竞争优势

1. 可以提高消费者对产品差异化的识别能力。当没有竞争对手时，消费者难以识别本企业产品差异化的价值，因而可能进行激烈的讨价还价。竞争对手的产品会成为消费者衡量产品差异化的参照物，使本企业的产品由于竞争对手产品的存在而凸显出优势。

2. 竞争对手可以服务于不具有吸引力的细分市场。企业的竞争对手可能乐于为本企业认为不具有吸引力的市场提供服务。如果没有竞争对手的存在，为了满足消费者的需求或为了防御新进入者，本企业有可能被迫服务于不具有吸引力的市场。

3. 竞争对手可以提供成本方面的保护。高成本的竞争对手有时可以为低成本的企业提供成本方面的保护，从而提高低成本企业的利润率。当没有高成本的竞争对手时，由于缺少比较的对象，购买者的讨价还价能力就会增强，从而降低企业溢价销售的可能性。

4. 竞争对手可以降低反垄断的风险。对于一个实力雄厚、利润丰厚的产业领先者来讲，产业内多几个弱小的竞争对手，可能对它的地位和获利能力没有什么影响，但对于减少反垄断的风险可能是必要的。

5. 竞争对手可以增强企业的动力。竞争对手的存在会给企业带来压力，同时也会带来动力，往往会促使企业技术进步、降低成本，提高产品或服务的质量等。

（二）改善产业结构

1. 增加产品需求。如果某家企业产品的需求量取决于整个产业的广告投入，那么企业就可以从竞争对手的广告中受益，整个产业也会因大量的广告投入而增加需求。此外，如果竞争对手经营互补产品，同样也会促进产业的发展。

2. 增加后备货源。随着竞争对手的增加，原材料需求量会增加，从而会出现较多的原材料供应商，从而降低供货中断的风险，也会降低供方讨价还价的能力。

3. 促进产业升级。激烈的竞争，会促进技术的进步、产品的更新，从而加快产业升级的速度，改善产业结构。

（三）促进市场的开发

1. 竞争对手可以分担市场开发的成本。竞争对手能够分担新产品或者新技术的市场开发成本。当向市场推广一种新产品或一项新技术时，需要投入大量的广告，这靠一两家企业的努力很难奏效，而如果存在适量的竞争对手，就可以节约一定的促销费用，同时也打消了顾客对新产品、新技术的疑虑，从而加速新产品或新技术的市场化进程。

2. 竞争对手可以加速技术的标准化。当只有一家企业采用某项新技术时，不仅顾客有疑虑，而且政府也不愿意接受它作为行业标准，而如有竞争对手，许多企业都在开发新技术，则可以加速技术标准化的过程。

（四）扼制新进入者

1. 竞争对手可以提高进入壁垒。当面对更具有侵略性及威胁性的新进入者时，竞争对手可能会采取削价之类的策略与新进入者争夺市场，让竞争者充当防御新进入者的第一道防线，本企业可以借此机会从容制定应对策略。

2. 竞争对手可以向新进入者显示较高的进入壁垒。如果某一竞争对手的实力较强，但产品的销售增长缓慢、赢利较低，那么潜在进入者看到这种情况后可能会放弃进入计划。

3. 竞争对手可以封锁新进入者的进入途径。竞争对手可以填补产品空缺，这些空缺对产业领导者来说不起眼，而由于填补空缺的竞争对手的存在，则会封锁新进入者的进入途径。

二、竞争对手的分析

竞争对手是企业经营行为最直接的影响者和被影响者，这种直接的互动关系决定了对竞争对手进行分析的重要性。分析竞争对手的目的在于了解每个竞争对手可能采取的战略行动及其获得成功的可能性，了解各竞争对手对其他企业的战略行动可能做出的反应，以及各竞争对手可能发生的产业变迁和因环境的大范围变化可能做出的反应等。为此，波特构造了关于竞争对手分析的模型，主要分析四个方面的内容，即竞争对手的长远目标、现行战略以及竞争对手的假设和能力（见图3-5）。

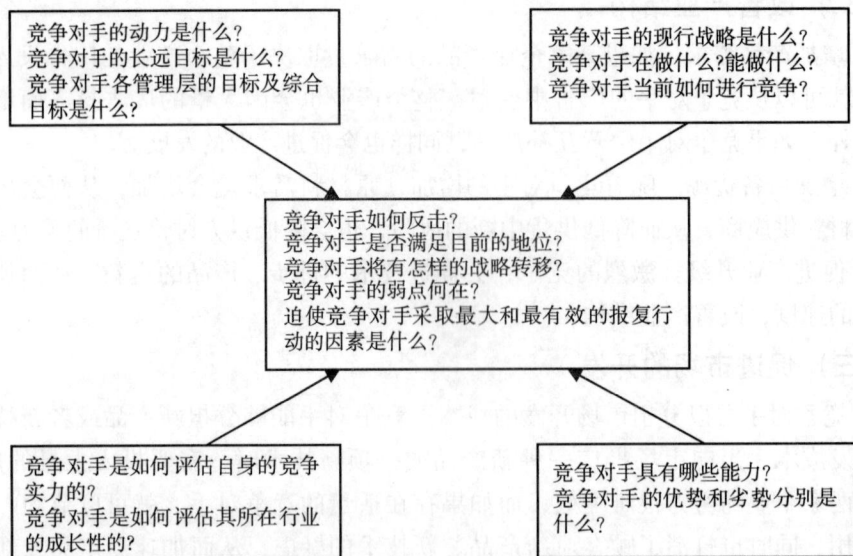

图3-5 竞争对手的分析模型

（一）竞争对手的长远目标

分析和了解竞争对手的长远目标，可了解每位竞争对手对目前所处的市场地位是否满意，从而推断其改变现行战略的可能性，以及对其他企业战略的反应能力。例如一个注重销售额稳步增长的企业和一个注重保持投资收益率的企业对其他企业市场占有率提高的反应可能不同。在分析竞争对手的长远目标时，应主要考虑以下几个内容。

1. 竞争对手已经声明和未声明的财务目标是什么？竞争对手在制定目标时是如何考虑得失的？竞争对手持何种风险态度？

2. 竞争对手所追求的市场地位的总体目标是什么？是否希望成为市场的领先者，是否想成为产业的发言人？是否准备成为独立的、有特点的企业或当技术潮流的主宰者？是否对产品的设计有严格的要求？

3. 竞争对手的各管理部门对未来目标是否取得一致性意见？如果存在明显的分

歧，是否会导致战略的突变？

4. 竞争对手的核心领导者个人背景及工作经验如何？其个人行为对整个企业未来目标的影响如何？

5. 竞争对手的组织结构，特别是资源分配、价格制定和产品创新等关键决策方面的责权分布如何？激励机制如何？财务制度和惯例如何？

6. 什么样的合同义务可能限制企业的选择余地？是否存在债务而限制了某些可能实现的目标？是否由于许可证的转让或合资合同的确立带来限制？

（二）竞争对手的假设

竞争对手的假设包括竞争对手对自己的假设，对竞争对手所处产业以及本企业所在产业中其他企业的假设。每个企业都对自己的情况有所假设。例如它可能把自己看成是社会上知名的企业、产业霸主、低成本生产者、具有最优秀的销售队伍等。这些假设将指导它的行动方式和反击方式。所以了解竞争对手的假设，有利于正确判断竞争对手的战略意图和行为方式。竞争对手的自我假设主要包括五个方面的内容。

1. 竞争对手如何看待自己在成本、产品质量、研发能力等方面的地位和优势？竞争对手的这种评价是否准确、适度？

2. 是否有地域、文化或民族因素，影响竞争对手对其他企业战略行为的觉察与重视程度？

3. 是否有严密的组织准则与法规或某种强烈的信条，影响竞争对手对其他企业战略行为的看法？

4. 竞争对手如何评估同产业中其他企业的潜在竞争能力？是否过高或者过低地估计了其中的任何一位？

5. 竞争对手如何预测产品的未来需要和产业的发展趋势？其预测依据是否充分可靠？对其当前的行为决策有何影响？

（三）竞争对手的现行战略

分析竞争对手的现行战略，目的在于揭示竞争对手正在做什么和能够做什么。主要包括以下内容：

1. 竞争对手的市场占有率如何？产品在市场上是如何分布的？采取什么样的销售方式？有什么特殊的销售渠道和促销策略？

2. 竞争对手的产品研发能力如何？投入的资源如何分配？

3. 其产品的价格如何制定？在产品设计、要素成本、劳动生产率等因素中哪些对成本影响较大？

4. 竞争对手所采取的一般竞争战略属于成本领先战略、差异化战略还是集中化战略？

（四）竞争对手的能力分析

竞争对手的长远目标和现行战略会影响它反击的可能性，以及反击的时间、性质和强烈程度，同时竞争对手所具有的优势和劣势将决定其发起进攻或反击的能力和处理事件的能力。因此，下面将主要分析竞争对手的核心竞争力、增长能力、快速反应能力、适应变化的能力以及持久力等五种能力。

1. 核心竞争能力。竞争对手在各个职能领域内的业务能力如何，最强之处是什么，最弱之处在哪里，随着竞争对手的成熟，这些方面的能力是否会发生变化，随着时间的推移是增强还是减弱。

2. 增长能力。竞争对手在人员、技术以及市场占有率等方面是否具有增长能力，竞争对手发展壮大的能力如何，这些评价指标多数可以通过分析竞争对手的财务状况来获得。

3. 快速反应能力。竞争对手对其他企业的行动做出快速反应的能力如何，或立即组织防御的能力如何。这种能力将由无约束储备金、保留借贷权、厂方设备的余力、定型的但尚未推出的新产品等因素决定。

4. 适应变化的能力。竞争对手是否能够适应诸如成本竞争、服务竞争、产品创新、营销升级、技术升迁、通货膨胀、经济衰退等外部环境的变化，是否有严重的退出障碍，竞争对手是否与母公司其他经营单位共用生产设备、推销队伍或其他设备、人员等，这些因素可能会抑制其调整能力或者可能妨碍其成本控制。

5. 持久力。竞争对手维持长期较量的能力如何，为维持长期较量会在多大程度上影响收益。影响竞争对手持久力的因素主要有现金储备、管理人员的一致性、长期财务目标、不受股票市场的压力等。

本章小结

外部环境是企业生存发展的条件，企业应找出关键因素加以分析。在本章中，主要是从宏观环境、产业环境、战略群体和竞争对手四个方面分析企业的外部环境。宏观环境对企业的影响是全局性的，一般由四大要素构成，分别是政治—法律、经济、社会—文化和技术因素，企业只有确定其所处的宏观环境，才能制定合适的发展战略；产业环境是企业所面临的直接环境，因此，对企业所处的产业环境进行分析对于企业制定行之有效的发展战略也是十分必要的，主要包括产业生命周期分析与产业竞争结构分析两方面；战略群组是处于"企业"与"产业"的中间层次，同一战略群组中的企业往往具有相同的竞争基础，因此，对企业战略群组的分析对于确定企业在产业内的地位、所面临的机会与威胁以及竞争关系是极为重要的；竞争对手是企业经营行为最直接的影响者，因此，除了要分析前面的三种环境，还要对竞争对手的情况作充分了解，分析竞争对手的现行战略、资源以及能力等。

本章习题

1. 企业的外部环境有何特点？

2. 请列举近期对我国医药产业影响较大的宏观环境因素。

3. 结合中国医药城（泰州医药高新技术产业开发区），分析产业集群现象及其对地区竞争力的影响。

4. 我国医药产业的特点是什么？

5. 请解释影响医药产业竞争的五种基本力量。

6. 试分析我国医药产业的进入壁垒。

7. 应如何分析竞争对手？

第四章

医药企业内部环境分析

　　企业战略目标的制定与战略的选择不但要知彼，即客观地分析企业的外部环境，而且要知己，即对企业的内部环境（或条件）和能力予以恰当地评估。所谓企业的内部环境是指处于企业的内部，企业能够加以控制的因素，它是企业经营的基础，是战略制定的出发点、依据和条件，是竞争取胜的根本。有研究表明，一些更多地关注开发企业内部的资源和能力，并以之作为基础确定其战略的企业更容易适应外部环境的变化。对企业的内部环境进行分析，目的在于掌握企业目前的状况，明确企业的优势与劣势，并以此为依据来制定企业的发展战略。一方面，使选定的战略能发挥企业的优势，有效地利用企业的资源；另一方面，对企业的弱点，能够加以避免或积极改进。本章将从企业资源、价值链以及核心竞争力三个方面对医药企业的内部环境进行分析。

第一节　企业资源分析

一、企业资源的分类

　　企业资源是指能够给企业带来竞争优势的任一要素，包括企业从事生产经营活动或提供服务所需的人力、资金、物料、信息、组织管理等方面的能力与条件。企业资源的战略意义在于它不仅能保证企业最大限度地获得利润，而且可以左右企业的发展与未来，企业资源的多寡、质量的优劣，对维持和发挥战略管理的效果具有重要影响。因此，企业战略的制定必须要建立在全面认知企业资源的基础上。通常，企业资源按其是否容易辨识和评估，可以分为有形资源和无形资源两大类。

（一）有形资源

　　有形资源是指可见的、可量化的资产。有形资源不仅容易被识别，而且也容易估算其价值，如厂房、设备、车间等。许多有形资源的价值可以通过财务报表予以反映。有形资源包括财务资源、物质资源、人力资源、组织资源，其中，人力资源是一种特殊的有形资源，是指企业的知识结构、技能、决策能力、团队使命感、奉献精神、团队工作能力以及组织整体的机敏度等。因而，许多战略学家把企业人力资源称为"人力资本"。表4-1对这几类有形资源进行了描述，并以浙江医药股份有限公司为例，列举了相关资源。

表4-1　企业有形资源的分类与特征

资源分类	主要特征	主要评估内容	浙江医药股份有限公司有形资源（至2011年末）
财务资源	企业的融资能力和内部资金的再生能力决定了企业的投资能力和资金使用的弹性。	资产负债率、资金周转率、可支配现金总量、信用等级等	资产总额：52亿；资产负债率：15.4%；营业总收入：48亿。公司资产独立完整，产权清晰。
物质资源	企业装置和设备的规模、技术及灵活性，企业土地和建筑的地理位置和用途，获得原材料的能力等决定企业的成本与生产能力。	固定资产现值、设备的先进程度与寿命、企业规模、固定资产的用途	固定资产现值10.7亿；企业综合经济指标列全国医药行业二十强，是集科研、生产、销售为一体的高新技术企业。拥有一流的符合GMP要求的化学制药、微生物制药和制剂生产设施，检测设备和技术质检中心。通过了中国CCEMS、英国UKAS的ISO14001认证；所有剂型均引进国外先进的制药装备，电脑控制全自动生产，同时配备自动化立体仓库，负责药品的配送。
人力资源	员工的专业知识、通过培训掌握的技能决定其基本能力，员工的适应能力影响企业本身的灵活性，员工的忠诚度和奉献精神以及学习能力决定企业维持竞争优势的能力。	员工知识结构、受教育水平、平均技术等级、专业资格、培训情况、工资水平	在职员工近5000余人，在专业构成上，管理人员5%，工程技术人员占25%，销售人员8%。在知识结构上，硕士占2%，本科占22%。"来去自由"、"养用结合，侧重于养"的人才培养原则。
组织资源	企业的组织结构类型与各种规章制度决定企业的运作方式与方法。	企业的组织结构以及计划、控制、协调机制	由原浙江新昌制药股份有限公司、浙江仙居药业集团股份有限公司和浙江省医药有限公司新设合并组建，以募集方式设立的股份有限公司，独立的企业法人。

　　其中有些资源可以较容易地被识别和评估，如财务资源可以在企业的财务报表中得以反映。另外一些有形资源，可以通过设计合理的绩效评估体系，间接地将其转换成可以量化的绩效指标加以表达。尽管有时并不能完全表达其战略价值，但仍可以作为分析有形资源的起点。在此基础上，我们可以进一步评估这些资源的战略意义及其与企业竞争优势的关系。

　　可以从以下三个方面对企业的有形资源进行战略评估。

　　1. 是否有机会更经济地使用企业的有形资源，即是否可以用更小规模的有形资源去完成一项相同的任务或活动；或用同等规模的有形资源去完成一项更大的任务。可以通过有形资源的优化重组实现上述目的。

　　2. 是否有可能将现有的有形资源运用到可以获利更多的地方。成功的企业往往可以通过对自身的有形资源进行开发与重组来提高其使用效率，从而提高企业的利润水平。

　　3. 评估未来战略期内环境的变化，以确定企业的发展目标。例如，根据现阶段企业的财务资源与物质资源存量，判断企业未来的资源缺口，确定企业下期的目标等。

（二）无形资源

无形资源是指那些根植于企业历史的、长期以来积累下来的、不容易辨别和量化的资产。如企业的创新能力、产品或服务的声誉、专利、版权、商标、专有知识、商业机密等均属无形资源。因为无形资源看不见，竞争对手难于掌握、购买、模仿或替代，所以它们是持续竞争优势的可靠来源。目前，相对于有形资源，企业成功与否更多地取决于知识产权、品牌、商誉、创新能力等无形资源。随着社会的进步，我们可以发现企业有形资源无论是在企业的总资产中，还是在企业的竞争优势中所占的比重和所起的作用正在慢慢减小。相反，由于无形资源难以被竞争对手复制，企业更愿意将其作为核心能力和竞争力的基础，因此，在许多企业中，无形资源将会发挥越来越重要的作用。企业的无形资源主要包括企业的商誉和技术资源两大部分，表4-2描述了企业的无形资源的特征并以浙江医药股份有限公司为例说明。

表4-2　企业有形资源的分类与特征

资源类别	主要特征	主要评估内容	浙江医药股份有限公司无形资源
商誉	企业商誉是企业整体价值的一部分，反映了外界对企业的整体评价，商誉的好坏影响企业的生存与发展	品牌知名度、美誉度、品牌回头率、企业形象；顾客对产品质量、耐久性、可靠性的认同度；供应商、分销商对企业的信任度	荣获"中国最具竞争力医药上市公司20强"、"全国五一劳动奖章"、"浙江省最具社会责任感企业"、"原料药出口龙头企业"、"全国民营企业500强"等称号
技术资源	企业专利、经营诀窍、专有技术、专有知识和技术储备、创新开发能力、科技人员等技术资源的充足程度影响企业的工艺水平和产品品质，决定企业竞争优势的强弱	专利数量、技术成果转化率；全体职工中研究开发人员的比例、企业的创新能力	至2011年底，累计国家发明专利86项、国际发明专利11项。各类专业技术人员2000余名，占员工总数的40%以上。获1项国家技术发明二等奖，3项国家科技进步二等奖，7项省科技进步一等奖。公司提供维生素E、盐酸万古霉素、叶黄素和玉米黄素的美国药典（USP）标准品，主持叶黄素美国FCC-V、玉米黄素美国FCC-V标准及USP32版标准制定和修订工作。

1. 企业的商誉。商誉是一种不可确指的无形资产，它不能独立存在，具有附着性特征，企业的商誉往往与产品的市场地位、企业形象等密切相关，良好的企业商誉可以为企业创造间接的经济效益。随着各企业的产品和技术的差异性越来越小，企业的商誉在市场竞争中越来越重要。

2. 企业的技术资源。特别是指企业所拥有的专有技术、专有知识和商业秘密。尽管有时很难明确界定有些技术资源究竟为企业所有还是为其员工所有，但是毋庸置疑，技术资源是企业提升核心竞争力的最重要的武器之一。

二、企业资源分析的过程

企业资源分析旨在明晰企业资源的状态、企业在资源上表现出的优势与劣势，以及相对未来战略目标存在的资源缺口等。企业的成功源于对资源的成功开发与利用，因而必须做好企业资源分析。资源分析可按照下面几个步骤来进行。

（一）分析现有资源

对现有资源进行分析是为了确定企业目前拥有的资源和可能获得的资源。既包括对有形资源的分析，也包括对无形资源的分析。经过分析，列出企业目前拥有和可能获得的资源清单。资源清单应包括以下内容：

1. 管理者和管理组织资源。 管理部门的构成及由此形成的管理优势，管理人员的知识结构、年龄结构、专业资格、流动情况、管理风格与模式、综合素质、管理人员的拥有量与需要量的平衡情况及其与产业平均水平的比较，企业内信息沟通系统的有效程度，高级管理人员制定战略的能力等。

2. 企业员工资源。 企业员工的实际拥有量与需求量的平衡情况，现有员工的经验、能力、素质、责任心、奉献精神，员工平均技术等级、专业资格、出勤率和流动率，以及与产业平均水平的比较等。

3. 市场和营销资源。 企业的营销状况、营销决策和营销管理水平，产品或服务所在的市场及其市场地位，企业对消费者的需求及竞争对手的了解程度等。

4. 财务资源。 企业资本结构的平衡状态、现金流动、债务水平以及盈利情况，企业与银行的关系、融资能力、信用等级，并分析企业财务对战略成功与否的影响程度。

5. 生产资源。 企业的生产规模和效率、制造成本、存货水平、瓶颈所在、企业与供应商的关系等。

6. 设备和设施资源。 包括设备和设施的现代化程度、加工制造的灵活性、对战略目标的适应度等。

7. 组织资源。 企业的组织结构类型以及各种计划体系、控制体系对战略的适应性及保证程度，是否需要进行组织再造等。

8. 企业形象资源。 包括企业商誉，品牌知名度、美誉度，品牌回头率，与供应商、分销商之间的关系等。

在对上述资源进行分析时，不仅需要分析已经拥有的资源，还要分析经过努力可能获得的资源。

（二）分析资源的利用情况

分析资源的利用情况，原则上是运用产出与资源投入的比率来进行计算，可具体使用一些财务指标来进行评估。另外，对企业的不同职能活动还可运用一些其他指标，如对营销活动进行分析时，可使用销售额与销售费用的比率进行分析，从而得出相应的资本投入产出效率；对生产活动的分析可使用产出数量与废次品数量的比率等进行分析，从而评估企业生产资源的有效性。还可以运用比较法，如将本企业资源的实际利用情况，分别与企业计划中设定的目标、企业的历史最好水平、企业所处产业的平均水平和最好水平、竞争对手的情况等进行比较分析。

（三）分析资源的应变力

进行资源的应变力分析，目的是要确定一旦战略环境发生改变，企业资源对环境变化的适应程度。特别是处于多变环境中的企业，更应做好资源的应变力分析，这是建立高度适应环境的企业资源体系的必要条件。另外在具体分析时，要重点分析对环境变化特别敏感的资源。

（四）进行资源的平衡分析

关于资源的平衡分析存在两种观点。一种观点认为，为了保持资源的稳定平衡，应在企业内建立资源余量，如设置一定的保险库存量，以应对物流供应的意外；保持一定数量的备件库存以防止出现废次品；保持一定的富余生产能力以应付订货量的突然增加等。另一种观点却认为，设置资源余量只会在企业内助长容忍差错和低效率的管理，日本企业采取的准时生产制就是基于这一观点。其实，这两种观点都有一定的道理，应将两者有机结合。对于反映管理水平、受企业可控因素影响较大、重置容易的资源，应通过加强管理来逐步降低甚至取消资源余量；对于受不可控因素影响较大，如受外部环境影响大、重置困难的资源应保持合理的资源余量，以应对环境的变化。

进行资源平衡分析时，应主要做好业务、现金、高级管理资源以及战略四个方面的平衡分析。

1. 业务平衡分析。即对企业各项业务的经营现状、发展趋势进行分析，以确定企业在各项业务上的资源分配是否合理。

2. 现金平衡分析。分析内容主要是企业是否拥有必要的现金储备或能否应付战略期内可能出现的短暂的资金短缺。

3. 高级管理资源的平衡分析。主要分析企业高级管理者的数量、质量、管理风格、管理模式等与制定、实施战略所需人力资源的匹配程度。

4. 战略平衡分析。主要分析企业现时拥有的资源和战略期内可能获得的资源，对企业战略目标、战略方向的保证程度，即要确定企业资源是否符合实现战略目标的要求。若不符合，缺口在哪里，缺口有多大，哪些缺口需要填补，提高企业未来的资源基础应采取什么措施等。

总之，采取上述步骤进行企业资源分析，关键是要确定企业资源的优势和弱势。资源优势是指企业所持有的能提高企业竞争力的资源，往往表现为重要的专门技能（低成本制造诀窍、独特的广告和促销诀窍）、宝贵的有形资产（现代化生产工厂和设备、遍布全球的分销网络）、宝贵的人力资源（经验丰富、能力强的劳动力，积极上进、学习能力强的员工队伍，关键领域中的特殊人才）、宝贵的组织资源（高质量的计划体系和控制体系）、宝贵的无形资源（品牌形象、企业声誉、员工忠诚度、积极的工作环境和强大的企业文化）、宝贵的技术资源（短周期的新产品开发和上市、大量的专利和专有技术）。资源优势是形成企业核心能力的重要基础。

资源弱势是指某种企业缺少的或做得不好的，使企业在竞争中处于劣势的资源，往往表现为缺乏具有竞争力的技能和核心技术，缺乏具有重要竞争意义的人力资源、组织资源和营销资源等。资源弱势制约企业竞争优势的形成、限制企业的战略发展。

依据现代战略学说，一个企业的资源优势是企业的竞争资产，而资源弱势则是企业的竞争负债。理想的状况是企业的资源优势或竞争资产大大超过企业的资源弱势或竞争负债。进行企业资源分析的主要目的不是列出企业资源的数量、种类和品质清单，而是分析和判定相对于竞争对手企业的资源优势和弱势所在，进而确定形成企业核心能力和竞争优势的战略性资源。围绕战略性资源进行持续投入，以增加竞争资产，减少竞争负债，全面提高企业的资源基础。

第二节　企业价值链

分析企业资源的目的就在于找到实现产品差异化竞争的方式，但是如果单就资源来讨论企业的战略能力，则很容易把注意力集中在列举企业的资源禀赋上，而忽略资源在达成战略目标过程中的作用。价值链分析就是把资源放在战略的背景下来讨论。在市场经济条件下，企业的战略能力最终是由其产品或服务的买方来判定，买方对产品或服务价值高低的衡量又取决于企业利用现有资源所进行的产品设计、生产、销售和交货等活动的完成方式。因此，分析这些"价值活动"对于评价企业的战略能力是至关重要的。

"价值链"理论的基本观点是，在企业众多的"价值活动"中，并不是每一个环节都创造价值，企业所创造的价值，实际上来自于企业价值链上的某些特定的价值活动；这些真正创造价值的经营活动，就是企业价值链的"战略环节"。企业在竞争中的优势，尤其是能够长期保持的优势，说到底就是企业"战略环节"的优势。

一、企业价值链的基本概念与原理

上世纪八十年代，美国著名管理学家迈克尔·波特（Michael E. Porter）在其所著的《竞争优势》一书中首次提出了著名的内部价值链模型。价值链是一种将企业所从事的一系列价值创造环节分解为在战略上相互关联的活动，从而理解企业的成本变化以及引起变化的原因。波特认为，"每一个企业都是在设计、生产、销售、发送和辅助其产品的过程中进行种种活动的集合体，所有这些活动可以用一个价值链来表明"。

价值链分析在理解企业的竞争地位以及形成可操作的战略制定方法方面，有非常重要的作用。它为企业分析现实的、潜在的优势和劣势提供了有效的指导方法，把企业所有活动进行系统分割，区分出几项价值活动后，就可以从中找出关键要素，并将其作为企业竞争优势的来源而作进一步分析。

迈克尔·波特把企业内部创造价值的活动分为两大类：基本活动和辅助活动。基本活动可以视为具体的增值活动，辅助活动则是为基本活动提供支持的活动。基本活动也称为主体活动，是指自企业购进原材料进行加工生产，形成最终产品，将其运出企业，上市销售，直到售后服务的一系列活动。辅助活动则始终贯穿在这些活动之中（图4-1是对价值链的一个图解）。

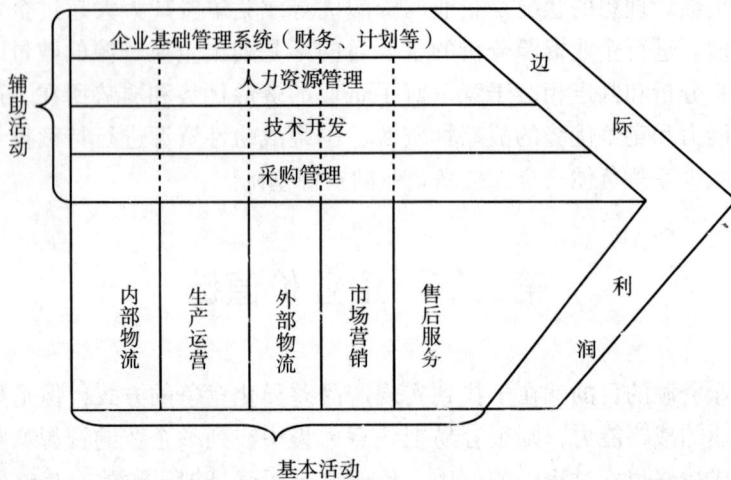

图4-1 企业价值链的基本构成

（一）基本活动

企业的基本活动可分为五个方面，即内部物流、生产运营、外部物流、市场营销和售后服务。

1. 内部物流是指从供应商处购买货物，然后在使用这些货物之前进行的储备、搬运以及在企业内部运输的整个过程。即内部物流是有关接受、存储物料的活动，如原材料搬运、仓储、库存管理、车辆调度以及向供应商退货等都属于内部物流。

2. 生产运营是将投入转化为最终产品的活动，这是企业生产方面的内容，在一些企业内，这个过程可以进一步细分，如医药生产企业会涉及到机械加工、装配、设备维修、测试、印刷、包装和厂房与设备的管理等。

3. 外部物流是指将最终产品传递给买方的过程，很显然，这个过程包括产品的运输与储存，在一个多元化的企业里还可能涉及产品的筛选和包装。即外部物流是有关产品归类、存储和配送等的分销活动，如产品库存、搬运、送货管理、运输调度、订单处理和进度安排等都属于外部物流。

4. 市场营销是指分析买方的需求以吸引其对企业产品或服务的注意力，即有关为方便和促进买方购买产品而进行的活动。如广告、促销、医药代表营销、药品招标、销售渠道选择和控制以及药品定价等。

5. 售后服务是指在产品或服务在售出之后还需要进行的一系列活动，如对买方的培训以及提供产品咨询等，一般而言，售后服务的目的主要是保持产品价值或实现产品增值。

（二）辅助活动

企业的辅助活动也称为支持活动，是指用以支持基本活动且其内部又相互支持的活动，包括企业的采购管理、技术开发、人力资源管理和基础管理4类活动。图4-1中的虚线表明采购管理、技术开发、人力资源管理三项活动既支持整个价值链的活动，又分别与每项具体的基本活动有着密切的联系。而企业的基础管理活动支持整个价值链的运行，而不分别与每项基本活动发生直接的联系。

1. 采购管理。 采购是指购买企业整个价值链活动所需资源的活动。采购活动与所有的基本活动和辅助活动都有关系，既包括原料药、辅料和其他材料的采购，也包括机器和检测设备、办公设施和房屋建筑等资产的采购。与其他价值活动一样，采购也是一种"技术"，如与供应商打交道的程序、资格审定原则和信息系统等。如浙江医药股份有限公司新昌制药厂在进行原料药采购的过程中，除了要设置多种标准对供应商资质进行评定，还要不定期对原料样品进行抽样评价，此外，为了应对突发情况，新昌制药厂对同种物料一般会选取两家及以上供应商。

一项特定的采购活动通常仅与其所支持的特定价值活动相联系。但一般来说，购买政策对整个企业都适用，它常常对企业的总成本有重大影响。一种经过改良的采购方法可能会大幅度地降低原材料的采购成本。这在一些资源依赖型的企业尤为明显，例如，中成药生产企业的中药材的采购是决定其成本的重要因素。

2. 技术开发。 企业的许多部门都与技术开发有关，它可以是价值活动中所包含的大量技术中的任何技术，技术开发有多种形式，从基础研究、产品开发与设计，到广告媒介调研、工艺装备设计和服务程序的开发与设计等。但对医药企业而言，新药研发技术是获得竞争优势的首选因素，全球的大型医药公司都在药品研发上投入大量的资金与精力。如美国礼来公司（Lilly）非常注重对处方药的研究，其认为这是作为一家顶尖医药公司的实力的体现；默克（Merck）公司每年投资近20亿美元用于新药研发；葛兰素史克（GSK）每年将其12%以上的销售收入用于新药研发。相对而言，技术开发是我国医药企业的薄弱环节，所生产的化学药品中约97%以上属于仿制类产品，该环节尚未构成我国大多数医药企业的核心价值要素。

3. 人力资源管理。 人力资源管理是指对企业人员的招聘、雇佣、培训、激励等各项活动的管理。与其他辅助活动一样，涉及企业的各个职能部门。其在提高雇员的技能和积极性方面所起的作用对于企业竞争优势的形成有直接的影响。一些大型企业甚至建立自己的大学来加强员工的培训工作，如享有"黄埔军校"美誉的西安杨森，其对员工的培训是系统而连续的，从新员工的上岗培训开始，到各种销售技巧的培训、产品知识的培训，公司从不吝啬为员工的进步而投入，这也从根本上强化了其竞争优势。

4. 基础管理系统。 企业的基础管理系统由行政管理、信息管理、企业计划、财务管理、法律事务、政府事务和质量管理等多项活动组成。企业的基础管理活动支持着整个价值链。有的基础管理活动看似无关紧要，但却是竞争优势的重要来源，因为战略管理的所有决策都要通过基础管理系统来贯彻、执行和控制。如企业的信息管理系统，借助其管理层可以随时了解企业的经营状况、财务状况和成本水平，从而及时采取措施，同时还有利于管理者和业务部门保持与外界的沟通与联系。企业的组织形式不同，基础管理系统也有所差异，有些企业的基础管理系统在整个企业内部是统一的，执行相同的标准；有些企业则可能由于业务差异，而使一些具体的基础活动在子公司与母公司的形式不同；另外，由于重要性不同，一些基础活动是公司级的，需要整个企业所有人员的配合，另外一些基础活动则是经营单位级的，只需要企业内某一部分员工完成。

综上所述，企业创造价值的过程是由一系列互不相同但又互相联系的活动组成，即包括基本增值活动和辅助性增值活动两大类。企业的竞争优势来自于价值链上的某些特定环节，既可以是生产环节、营销环节等基本增值环节，也可以是财务管理环节、采购管理等辅助增值环节。要保持企业的战略优势，就需要对价值链中每一项基本活动和辅助活动的内容进行细分和展开，并与竞争对手进行比较，全面了解自身在整个价值链中所具有的战略能力及所具有的优势和劣势。从而确定关键的价值增值环节，并通过控制或改善该增值活动来建立竞争优势。

二、价值链的内在联系

企业的价值链不单单是一些独立活动的集合，而是由相互依存的活动构成的一个系统。在这个系统中，各项活动之间存在着一定的联系。这些联系主要体现为某一价值活动的进行方式对企业成本的影响，或者某一价值活动的进行对另一价值活动的影响。例如，中成药生产企业通过推广并应用更先进的提取、纯化和制剂技术，可以简化生产流程并提高原料的利用率。因此，企业的竞争优势既可以来自单项活动本身，也常来自各活动间的联系。

（一）价值活动间形成联系的基本原因

价值活动间的联系很多，最常见的是基本活动与辅助活动的各种联系。比如产品的优化设计会影响其生产成本。各项主体活动间的这种联系的作用则更为突出。例如，企业加强对生产部件的检查会降低生产工艺流程中的质量保证成本。

形成这些联系的基本原因主要包括两个方面：一方面，在企业内部，同一功能可以由不同的方式实现。例如，为了保证药品的质量，企业可以在采购环节购买高质量的原料药、辅料，也可以严格控制生产工艺，明确规定生产流程中的最小次品率，还可以对成药质量进行全面的检验。另一方面，可以通过一些间接的服务性活动来降低重要活动的成本或提高其收益。如通过优化时间安排（间接活动），企业可以减少销售人员的出差时间，提高工作效率。

（二）内在联系形成竞争优势的方式

企业价值活动间的联系形成竞争优势的方式主要有两种：最优化与协调。

企业为实现其总体目标，往往在各项价值活动间的联系上进行最优化选择，以增强竞争优势。例如，企业为了获得差异化优势，可能会进行成本高昂的产品设计、选择优质的原材料或进行严密的工艺检查，而降低服务的成本，从而使产品的总成本保持不变或者降低。另外，企业也可以通过协调各活动来增强产品的差别化或降低成本。例如，企业要按时发货，则需要协调产品的加工生产、产品的储藏和运输以及售后服务等活动。

　　在最优化与协调的过程中，企业需要收集大量的信息去认识形式多样的联系。因而，企业有必要利用信息技术，建立内部信息系统，以增强原有的联系，并创造与发展新的联系。

三、价值链间的联系

　　企业的价值链不是封闭的，而是一个开放的系统。其分别与上游的供应商和下游的买方的价值链相互联系，从而构成一个完整的产业价值链，就是波特所说的价值系统。其中，产业价值链是由技术链、资金链、信息链和物质链链化而成，构成一个价值系统。在这个系统中各个组成部分是一个有机的整体，上、中和下游各个环节之间存在着大量的技术、资金、信息和物质等的交换，是一个价值传递过程。对企业来说，获取和保持竞争优势，不仅要理解企业的价值链，而且还要努力使企业适应于其所在的价值系统。

　　企业的价值链与供应商的价值链之间的各种联系为企业提供了增强竞争优势的机会。通过影响供应商价值链的结构，或者改善企业与供应商价值链的关系，企业与供应商常常可以实现双赢。如何在企业与供应商之间分配由于协调和优化各种联系所带来的收益，取决于供应商的讨价还价的能力，并表现为供应商的利润。企业的价值链与买方的价值链之间的各种联系与供应商类似。买方具有企业产品流通的价值链，其主要通过产品价格来影响企业的收益。此外，买方在产品流通过程中进行的各种促销活动可以替代或补充企业的促销活动，从而可以降低企业的成本或提高企业的差别化优势。

第三节　企业核心能力

　　本章第一节从企业资源的角度对企业内部条件进行分析，然而，资源本身并不能形成竞争优势，需要企业通过自身所具备的能力将其进行有效整合。企业要更好地生存，就需要拥有整合资源、引领市场、赢得竞争的核心能力。核心能力被认为是企业竞争优势的持久源泉，越来越多的企业把核心能力看做是影响企业长期竞争力的关键因素。然而，企业要形成独有的核心能力绝不是一朝一夕可以做到的，要想在未来竞争中获得成功，企业必须即刻培育自身的核心能力。

一、企业核心能力的概念

在资源稀缺、需求不断扩大的市场环境下，企业竞争力的强弱取决于其在特定的经营领域内是否能够向消费者提供超过竞争对手的价值，即是否具有竞争优势。任何企业若仅仅依靠某一项或几项职能战略，最多只能赢得短期竞争优势，核心能力是企业持续竞争优势的来源，是企业能够在动态复杂的竞争环境下生存与发展的根本。因此，具有动态性质的核心能力应是企业长期追求的战略目标。

核心能力，又被称为核心专长、核心竞争力，由美国学者普拉哈拉德和英国学者哈默（C. K. Prahalad & G. Hamel）于 1990 年在《哈佛商业评论》中首先提出，核心能力是组织中的积累性学识，特别是关于如何协调不同的生产技能和有机结合多种技术流派的学识。其要点是：（一）核心能力的载体是企业整体，不是企业的某个业务部门，也不是某个行业；（二）核心能力是企业在过去的成长过程中积累而形成的，而不是通过市场交易获得的；（三）关键在于"协调"和"有机结合"，而不是某种可分散的技术和技能；（四）存在形态基本上是结构性的、隐性的，而非要素性的、显性的。

综合地说，核心能力是指企业依据自己独特的资源（财力资源、技术资源或其他方面的资源，以及各种资源的综合），培育创造不同于其他企业的关键的竞争能量与优势。这种竞争能力与优势是本企业独创的，也是企业最根本、最关键的经营能力。换言之，只有在本企业中，这种竞争能力与优势才能得到最充分的发挥，凭借这种经营能力，企业可以拥有自己的市场和效益。

企业在某一产品或某一方面具有一定的优势，并不代表企业就一定具有较强的核心能力，只有这种优势在一个较长的时期内难以被竞争对手超越而得以保持时，才成为企业真正的核心能力。可以说，企业的实力或竞争优势并不在于产品，而在于支撑其产品的核心能力。企业只有系统地确认、培育并扩展核心能力，才能在激烈的市场竞争中保持优势。

二、企业核心能力的特点

企业的核心能力，从本质上来看，具有以下一些特征。

（一）价值优越性

核心能力的价值优越性是指相对于竞争对手，企业具有更好地为买方创造价值的能力。核心能力是企业独特的竞争力，能够使企业在创造价值或降低成本方面比竞争对手更优秀，使企业获得长期的竞争主动权，具有战略意义。核心能力理论的创始人之一，印度学者普拉哈拉德（C. K. Prahalad）认为，核心能力给买方带来的价值应是企业产品的核心价值。从某种意义上讲，买方才是判断企业是否具有核心能力的裁判，企业在确定其核心能力时，必须首先判断该项能力是否是买方所看重的价值。

（二）独特性

核心能力必须"独一无二"。同竞争对手相比，应具有"独特的"风格，而不是在行业范围内普遍存在的，即是其他企业所不具备的，至少暂时不能具备的。核心能力的独特性决定了企业的异质性和效率差异性。在某些情况下，企业员工可能会发现某种极其重要的能力，但尚未在行业中引起重视或得到发展，便可将其定为"潜在"的核心能力予以规划和开发。

（三）延展性

核心能力应该具备一定的延展性，应该能为企业打开市场提供支持，对提高产品或服务的竞争力应有促进作用。核心能力犹如一个"能量源"，通过其发散作用，将能量不断扩展到最终产品上，从而为消费者持续地提供新产品。可见，随着产业和技术的演化，核心能力可以扩展出许多新产品，开发出新市场，它是企业竞争优势的根源。

（四）难以模仿与替代

核心能力是企业在长期的生产经营活动过程中积累形成的，其他企业难以模仿。同时，核心能力具有一定的独到之处，因此也不易被他人模仿，任何企业都不可能靠简单地模仿其他企业而形成自己的核心能力，而必须要靠自身不断地学习、创造并在市场竞争中经受磨炼，从而形成并强化独特的核心能力。由于核心能力具有难以模仿的特点，因而依靠这种能力生产出来的产品在市场上也不会轻易为其他产品所替代。

三、企业核心能力的确定与培育

（一）企业核心能力的确定

企业核心能力是一个复杂的、多元的系统，主要包括研究与开发能力、持续创新能力、科技成果转化能力、组织协调能力和应变能力五种能力。

1. 研究与开发（R&D）能力

研究与开发是指增加知识总量，以及用这些知识去创造新的应用而进行的系统性创造活动。包括基础研究、应用研究和技术开发三项。

基础研究主要是为获得关于现象和可观察事实的基本原理而进行的实验性或理论性工作。其作用是既能扩大人们的科学知识领域，又能为新技术的创造和发明提供理论前提。从长远发展来看，基础研究是技术开发的基础工作，同时也是科研实力的重要标志和创新的基础。

应用研究是为获取新知识而进行的创造性研究，较之基础研究有明确的目的性，是连接基础研究和技术开发的桥梁。

技术开发是指利用从研究和实际经验中获得的现有知识，或从外部引进的技术、知识，为生产新的材料、产品、装置，建立新的工艺和系统，以及对已生产和建立的上述工作进行实质性改进而进行的系统性工作。

目前，越来越多的企业重视自身的研发能力，国外一些大型医药公司都有专门的研发机构，这是因为企业所需要的一些关键的、先进的技术很难从市场上获得，特别是在竞争异常激烈的今天，具有最先进技术的企业是不会在其他企业具有模仿能力之前轻易放弃丰厚利润的。其次，即使一些常用的技术能够获得，其交易的费用也是较为昂贵的。同时，即便有些技术可以轻易获得，引入企业也并非立即就有用武之地，需要进行内部消化、吸收，与本企业生产、管理融合之后，才能取得实效。另外，还需要从企业外部不断获取相关的信息与知识，以在理解与消化的基础上进行创新。

所以说，技术是企业核心能力的重要组成部分，只有通过研究与开发，实现与众不同的技术和知识的积累，尤其是人才的积累，才能使别人难以模仿和超越。

2. 持续创新能力

发展、竞争和变化是对立永恒的，企业要持续发展，保持竞争优势，就必须善于总结和提升，以不断地进取和创新。

所谓创新是指根据社会和市场的变化，在现有水平上，重新整合人才、资本等资源，研发新产品并组织生产，不断开发与适应市场，实现企业既定目标的过程。包括技术创新、产品及工艺创新、管理创新等。

企业的创新主体包括决策层、技术层、中间管理层和生产一线管理层。创新能力表现为创新主体在所从事的工作中善于敏锐地观察原有事物的缺陷，准确地捕捉新事物的萌芽，提出大胆新颖的推测和设想，并进行认真周密的论证，拿出切实可行的方案并付诸实施。

企业要取得核心能力，必须准确地把握世界科技和市场的发展动态，制定相应的创新战略，使技术创新、管理创新、产品创新等协调开展。在以技术发展迅速、产品周期不断缩短为特征的商业竞争中，创新是保持长久竞争优势的动力源泉，创新能力是一个企业核心能力和旺盛生命力的体现。

3. 科技成果转化能力

创新意识或技术成果只有转化成可行的工作方案或产品，才能产生效益，创新和研究开发才具有价值和意义。

转化能力与企业的技术能力、管理能力有很大的关系。转化的过程即创新的过程，转化不仅需要进一步的创新，还需要切实可行的方法和步骤。创新只有转化为实际效益，才是真正意义上的创新。

转化能力就是企业综合、移植、改造和重组技术的能力，即把各种技术、方法等综合起来并系统化，形成一个可实施的综合方案，将其他领域中的一些可行的方法移植到本企业的管理和技术创新中来，对现有的技术、设备和管理方法等进行改造，并根据企业的实际以及时代的发展进行重新组合，形成新的方法和途径，达到更优的效果。

4. 组织协调能力

面对瞬息万变的市场，企业要具备长期优势，就必须始终保持生产、经营管理等各个部门、各个环节的运转协调、统一、高效，特别是在创新方案、新产品、新工艺以及生产目标形成之后，要及时调动、组织企业的所有资源，进行高效、有序地运作。

这种组织协调能力涉及企业的组织结构、战略目标、运行机制以及企业文化等多个方面。突出表现为企业有强大的凝聚力和团队精神，即个人服从组织、局部服从全局、齐心协力、积极主动、密切配合争取成功的精神；表现在能根据不同阶段市场需求，有效组织资源，并使其在各自的位置上正常运转。

5. 应变能力

应变能力是一种快速反应的能力，它包含对客观变化的敏锐感应及其应对策略。客观环境时刻都在发生变化，企业决策者必须对其具有敏锐的感应能力，使经营战略随着客观环境的变化而改变。特别是当今形势下，企业的竞争环境中常会出现难以预测的因素。如某一国家或地区金融危机的发生、某项技术的发明、政府政策的调整等，为将这种变化对企业带来的影响降到最低程度，企业就必须迅速地制定出合适的应变措施和办法。

应变能力表现为能在变化中快速形成应对策略。能审时度势、随机应变，能在变化中把握方向和机遇，加快自身的发展。

（二）企业核心能力的培育

企业的核心能力并不是随着企业的成立而自动产生的，竞争优势也不是一经建立就一成不变了，即使企业本身的资源与能力状况保持原有水平，甚至有所提高，但是当竞争对手的发展速度快于本企业，则企业间的相对竞争优势也会随之发生变化。

居于劣势地位的企业可以通过模仿和创新，追上甚至超过原先处于优势地位的企业。因此，要使竞争优势在一段较长的时间内得以保持，企业必须从所处的实际环境出发，培育自身的核心能力。对于核心能力的培育，首先必须分析企业所选培育方法的合理性、收益性和风险性，其次要分析企业培育和发展核心能力的长期目标性和计划性。培育和发展核心能力本身是一项长期的系统工程，涉及多个业务领域、多个职能部门，多种资源和能力的长期协同组合，同时，必须要以明确的战略目标和严密的战略规划作为保障。

目前，企业培育核心能力的方法主要有三种。

1. 兼并购买。 兼并方式是指企业通过对拥有构建核心能力所需知识和资源的企业实施收购或与其合并，从而培育某种核心能力的策略。

为构建核心能力而进行的兼并，要求企业在选择兼并对象时不能以短期财务收益为判断标准。虽然短期内不具备明显的盈利能力，却完全有可能拥有企业建立核心能力所需要的知识和要素。因此，能否提供对企业核心能力构建具有重要意义的资源和能力，应该是企业选择兼并对象的标准。如果企业在兼并中不能明确地将构建核心能力作为目标去追求，则当短期财务收益消失后，兼并对象就变成了无效资产，同时还会错过获取关键要素的机会。

如果兼并企业本身不具有构建核心能力所需的要素，其兼并的目的仅仅是为了获取某种即期的收益，而不是构建企业核心能力的话，则即使能获得这种即期收益，但也不可能长久获得。

通过兼并来构建企业的核心能力有既定的程式：首先，搜寻具有某种能力或作为某种能力基础的资源和知识的企业，将其作为兼并对象并实施兼并。这是企业要通过兼并方式构建核心能力的基础。接着，整合核心能力要素，任何单个技能、专长或能力要素都不会成为企业的核心能力，所以需要将本企业所拥有的能力要素和被兼并企业的能力要素（资源和知识）进行有机整合，以构建核心能力。最后，在核心能力构建完成后，企业就需要着手开发核心产品。

2. 组建战略联盟。 战略联盟作为培育企业核心能力的一种方式主要是指企业之间为了实现一定的战略目标，在一定时期内进行的合作安排。

形成战略联盟的原因主要有两点：一是企业间资源的相互依赖和经营活动的互补。企业资源和知识可以在联盟中进行新的组合和延伸，从而形成一种能更多地获取潜在利益的能力；二是联盟为企业间的相互学习，企业间或与其他组织的资源共享，研发成本的降低等创造了条件。

当然，战略联盟也存在一定的问题。首先，联盟是基于企业的合作，而其参与合作的目的常常是不一致的，机会风险较大。其次，联盟一方不可避免地会对其他合作方产生不信任感，尤其是在水平式战略联盟中，因为这种战略联盟是难以做到完全共享资源的。再次，由机会主义和目标差异所引发的信任危机，使得战略联盟的管理难度较大、协调成本较高，因而难以制定长期的共同目标。所以，要想通过联盟的方式培育核心能力，一定要有清晰的计划安排及目的，尽量在维持良好关系的前提下，更多地从联盟中汲取营养。

3. 依靠企业自身力量发展核心能力。 依靠兼并购买或成立战略联盟等方法来发展核心能力，或多或少地存在产生依赖性或核心技术外泄的问题，因而这三种方法中，在实力允许的情况下，利用自身力量培育和发展企业核心能力应是主要方法，而另外两种是辅助方法。

依靠企业自身力量来培育核心能力主要是指企业依靠自身知识、经验和技能的积累进行核心能力的开发，这通常是一个漫长的过程，主要可以从以下几个方面着手考虑：

（1）确立核心理念

核心理念是企业所秉持的理想和信念，是企业群体意识的高度概括和总结，也是企业精神和企业价值观的最高表现形式。企业核心理念的确立可以唤起企业强烈的使命感和责任感，产生强大的约束力和推动力，促使员工积极地去实现既定目标。这种约束力和推动力是培育企业核心能力所必需的强大动力。任何企业要想在激烈的市场竞争中站稳脚跟并谋求长期发展，就必须首先确定企业的核心理念，并以此作为培育企业核心能力的基础。

（2）与企业战略高度协同

核心能力是构建企业竞争优势的基础，其对于确立企业的市场地位和提升企业的整体实力至关重要。因此，必须从战略高度来审视如何培育和发展企业的核心能力，要把核心能力的培育同企业战略协同起来。一方面，企业战略应建立在充分利用自身核心能力的基础上，战略选择应取决于核心能力与企业自身的资源、组织、能力、技术相匹配的程度。另一方面，企业核心能力的构建和发展也应符合战略的要求，而不能轻易偏离战略的主航道。企业在构建核心能力的过程中一定要树立与战略协同的思想，摒弃狭隘的部门利益观念，要以企业整体利益为重，全力打造企业的核心能力。

（3）提高企业创新能力

在当代以技术快速发展和产品周期不断缩短为主要特征的市场竞争中，创新是保持长久竞争优势的动力源泉。而对培育和提升企业核心能力最具战略意义的是技术创新和管理创新。加快技术创新能力的培育，一是要从战略高度重视创新体系和运行机制的建设，制定企业技术创新战略，培育核心技术能力。在此思想指导下，企业应充分发挥已有技术开发部门的功能和作用，加大投入，提高效率，提高资源整合和技术集成能力，尽快拥有更多的技术专利和知识产权。二是要密切关注产业共性技术的开发，充分利用好这一技术平台。国家应加强产业技术研究，特别是组织产业的关键性技术、共性技术和前瞻性技术的开发和推广，为经济主体提供公共服务。而企业应密切关注共性技术的开发状况，以利用好这一发展机遇。三是要加强产学研结合，提高科技资源的整合能力。同时还应注意到，技术创新和管理创新是互动的，技术创新能力的培育同样需要相应的管理创新来支持，因而企业同样需要重视培育自身的管理创新能力。

（4）构建学习型组织

对于企业而言，学习是创造力和竞争力的源泉。企业持久的竞争优势必然是来源于比竞争对手更快速学习的能力，未来最成功的企业必将是一个学习型组织。构建学习型组织，首先，必须建立适合于学习的扁平化组织结构。学习型组织是以信息和知识为基础的组织，其管理层次比传统组织结构要少得多，是一种扁平化的组织结构。企业应尽量减少内部管理层次，以使组织更适于形成开创性的思考方式。其次，企业要着重塑造学习型的组织文化，培养组织的学习习惯和学习气氛。学习型的组织文化应是支持并鼓励学习和创新，提倡探索、切磋、冒险和试验，允许犯错，并将错误视为学习的良机，关注全体员工的福利等，这可以有效地促进企业内各层次、各部门的高度协同，有利于企业各种能力的整合，是培育核心能力的重要保障。最后，企业为提高自己的学习能力，还应积极地向外界学习，可以组建知识联盟。知识联盟比产品联盟的联系更紧密，并具有更大的发展潜能，它有助于组织之间的相互学习和知识共享，能帮助组织扩展和提高自己的基本能力，从战略上创造核心能力。

本章小结

企业内部环境是相对于外部环境而言的,是指企业生存和发展的内部因素状况。企业能否抓住机会赢得发展取决于企业自身的实力。深入分析企业的资源、价值活动与核心能力是正确制定战略的基础。企业的资源是指能够给企业带来竞争优势的任何要素,包括有形资源与无形资源两大类。但是,企业资源本身并不能形成企业的竞争优势,而需要对其进行整合,构建企业特有的价值链,在企业的基本活动与辅助活动中体现这些资源的战略价值。企业的核心能力也正是企业在长期运行过程中,将这些资源的战略价值不断巩固提升而形成的,企业的核心能力是企业获得可持续竞争优势的源泉。在对企业资源、价值链及核心能力分析的基础上,可归纳出企业的竞争优势或为企业寻求竞争优势提供依据,从而有效地控制企业的战略发展方向和经营活动。

本章案例

物流——九州通的核心竞争力

九州通医药集团股份有限公司发轫于改革开放之初的 1985 年,是一家以西药、中药和医疗器械批发、物流配送、零售连锁以及电子商务为核心业务的股份制企业。

目前,九州通是国内唯一一家具备独立整合物流规划、物流实施、系统集成能力的医药物流企业,物流、信息技术处于国内一流、国际领先地位,是国内医药行业唯一获得"中国物流改革开放 30 年旗帜企业"称号的企业。

随着医改的逐步深入,医药企业越来越意识到未来药品利润减少是必然趋势,必须从精细化的管理,特别是从供应链优化方面寻求利润。从各地医改模式的探索中可以看到供应链优化已经成为医院和政府大力投入的一个方向。九州通医药集团对提高供应链的效率表达了强烈的兴趣。

为此,九州通提出了不同的优化与提升核心竞争力的方法。目前,九州通的核心竞争力主要表现在以下几个方面。

一、医药物流的营销网络覆盖范围广

为提高企业的市场覆盖能力,九州通先后在湖北、北京、河南、新疆、上海、广东、山东、福建、江苏、重庆、江西、兰州、辽宁、内蒙古等地兴建了 14 家省级商业子公司(大型现代医药物流中心),分别下设 3~6 家地级分公司(地区配送中心),每家地级分公司下设若干个办事处(配送站)。目前,九州通的省级子公司、地级分公司和县级办事处的营销网络已经覆盖了大陆地区 70% 以上的县级行政区域,是全国 1 万多家医药商业企业中覆盖范围最广的医药物流企业。

二、行业领先的物流配送能力

在成本控制和效率提升方面,九州通远远领先于国内同行,"低成本、高效率"的模式被中国医药界誉为"九州通模式"。100 万元的药品从订货到装车只需 2 个小时,出库效率为每小时 5000 行,出库准确率为 99.99%。一般货物 200 公里内 12 小时送达，500公里内24小时到达，毛利率为4.99%，费用率为3.99%，以上经营管理指标均处于国内领先水平。

三、顶尖的技术研发与物流管理团队

截至2009年底，九州通大物流系统共有4012人，约占集团总人数的1/4。九州通物流总部有物流技术人员100余人，物流管理人员200余人，90%的人员拥有本科以上学历。九州通还不断大力引进国内外高级物流人才。现拥有国际知名供应链管理专家1名、高级技术管理人员1名、高级物流管理人员13名、资深物流系统专家2名、高级程序开发员10余名，5人为博士或教授，形成了优秀的物流管理团队。

四、技术创新和自主研发成果丰富

先进的物流技术是九州通参与市场竞争的核心力量。九州通一直致力于研究和运用现代物流技术。截至2008年底，集团共有11家公司的立体化物流配送中心使用自主研发的LMIS物流管理系统，1家公司的立体化物流配送中心使用冈村WMS物流管理系统，7家公司的立体化物流配送中心正在做LMIS系统上线准备。2008年，LMIS共获得7个版本的著作权登记，并获得武汉市科技进步奖三等奖。经过努力，九州通又逐步在全面提前拣选、无线台车系统、自动化立库拣选、PDA支援拣选、笼车管理系统、自动补货系统、条码复核系统、PDA复核和复核分拣系统等方面实现了技术创新。

五、丰硕的自主研发成果保证了九州通在国内医药物流界的绝对领先优势

仓储管理系统（WMS）：九州通自主研发的物流管理信息系统（LMIS）在4年内实现了7个版本的变革，通过了科技成果鉴定并取得了软件著作权。

自主研发的物流管理信息系统（LMIS）：自主研发的物流管理信息系统支持高效的物流运作，系统拥有7个版本，LMIS5.0为最新版本，现在LMIS6.0也已研发成功。

设备控制系统（WCS）：WCS的成功实施标志着九州通已经掌握电子标签、分拣机、堆垛机、输送线等物流设备控制的核心技术。

运输管理系统（TMS）：TMS的研发成功标志着九州通具备全面的现代物流建设和管理能力。TMS将与LMIS6.0对接，结合GPS的使用，可以实现对集团车辆运营数据的集中管理控制、对车辆运营成本的控制，保障车辆运营的安全。

六、严格的质量管理

"放心的商品、满意的服务"为九州通的质量观，建立了以质量管理为中心的质量管理网络及严格的药品质量管控体系。同时，公司按照GSP及国家其他相关标准的要求，成立了总经理负责的GSP工作领导小组。针对业务经营中进、销、存的每一环节，制定了完善的质量管理制度和标准操作程序。将质量责任落实到岗到人，使质量意识深深扎根于每位员工的心中。

凭借强大的质量管理、人力资源队伍以及稳固的质量管理基础设施建设，公司严把质量管理"六关"，坚决不让一粒、一片、一支假冒伪劣药品流入公司、流入社会。

思考题

1. 什么是企业的核心竞争力？企业的核心竞争力具有哪些特点？结合九州通的案例做具体说明。

2. 医药企业核心竞争力的表现形式通常有哪些？试举例说明。

3. 准确的核心竞争力分析有助于企业做出正确的战略决策，那么，分析企业核心竞争力的常见方法有哪些？

4. 试从价值链的角度分析九州通集团的核心竞争力。

5. 核心竞争力具有难以模仿性，如果其他企业想要模仿九州通的物流模式，则将会面临什么样的挑战？

本章习题

1. 企业资源可分为哪两类，各自的特征是什么？

2. 如何对企业资源进行分析？请以一个医药企业为对象分析其所拥有的资源。

3. 何谓价值链，分析价值链的目的是什么？

4. 企业的核心能力具有哪些特点？

5. 如何确定企业的核心能力？

6. 请阐述企业资源、价值链以及核心能力与企业竞争优势间的关系。

第五章

战略分析方法

对企业而言，战略是以未来为基点，为寻求和维持持久的竞争优势而做出的有关全局的重大筹划与谋略。一个成功的战略是建立在科学的分析基础之上的，所以战略分析在企业的经营发展中具有重要的意义。企业管理者在进行战略分析时往往需要借助一定的工具或方法，在第三章中，我们已利用战略分析中较常用的 PEST 分析法、波特五力模型及产业生命周期法等分析了企业的宏观环境、产业环境；第四章中，借助价值链分析法分析了企业的内部环境。在本章中，我们将着重介绍其他五种常用的战略分析方法，包括波士顿矩阵分析法（BCG 法）、通用矩阵分析法（GE 法）、内部 – 外部因素评价矩阵法（I – E 法）、脚本法及 SWOT 分析法等。

第一节　波士顿矩阵分析法

一、波士顿矩阵分析法简介

波士顿矩阵（BCG Matrix，简称 BCG 矩阵）是美国波士顿咨询公司（Boston Consulting Group，BCG）于 1960 年为一家造纸公司提供咨询时提出的一种投资组合分析方法，又称市场增长率—相对市场份额矩阵、四象限分析法等。BCG 矩阵主要是通过为决策者提供产品组合是否合理的咨询，分析企业产品的走势并针对不同产品确定发展目标，进而帮助企业确定各项业务的经营发展方向，为每项业务制定相应的发展战略。而对各项业务的评估要建立在对企业所处产业的吸引力和企业的相应竞争位置分析的基础上。企业应依据每项业务单元在投资组合矩阵中的位置来采取相应的战略。BCG 矩阵的发明者、波士顿公司的创立者布鲁斯认为"公司若要取得成功，就必须拥有增长率和市场分额各不相同的产品组合。组合的构成取决于现金流量的平衡。"

二、BCG 矩阵分析过程

BCG 矩阵法是用来帮助企业的中高层管理者对企业的各个战略经营单位（Strategic Business Unit，简称 SBU）做分析，并针对结果提出相应的投资决策的一种战略性分析工具。它将组织的每一个经营单位标在一个二维的矩阵图上（如图 5 - 1 所示），通过矩阵图，可以看出哪个经营单位能提供高额的潜在收益，以及哪个经营单位会给企业带来损失。

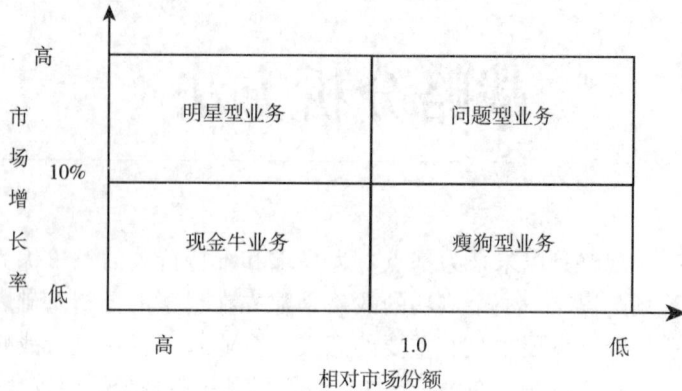

图 5 - 1　波士顿矩阵图

在图 5 - 1 中，矩阵的横轴表示企业在产业中所占的相对市场份额，是企业某项业务的市场份额与这个市场中最大的竞争对手的市场份额之比。它反映了该 SBU 在其业务市场中力量的强弱，BCG 矩阵以 1 为分界点，1 以下表示该企业在该产品市场上的竞争力相对较弱，在市场上处于从属地位；1 以上表示该企业在该产品市场上的竞争力相对较强，在市场上处于领先地位，数值越大表示其竞争力越强。

纵轴表示市场增长率，指该 SBU 的年度市场增长率，BCG 矩阵以 10% 为增长率高低的分界线，年增长率在 10% 以上的为高增长业务，表示该业务有一个较好的竞争环境和发展前景；相反，10% 以下的为低增长业务，说明该业务所处的市场竞争环境比较恶劣，发展前景也不好。根据企业各个 SBU 的市场增长率和相对市场份额，BCG 矩阵把企业的全部经营业务定位在四个区域中，分别为：高增长、低市场份额的问题型业务，高增长、高市场份额的明星型业务，低增长、高市场份额的现金牛业务和低增长、低市场份额的瘦狗型业务。

（一）问题型业务（Question Marks）

这类业务通常处于最差的现金流量状态：一方面，所在产业的市场增长率高，企业需要大量的投资支持其生产经营活动；另一方面，其相对市场份额低，能够产出的资金很少。处在这个领域中的是一些投机性产品，带有较大的风险。这些产品的利润率可能很高，但占有的市场份额较小。这往往是一个企业的新业务，为发展问题业务，企业需要建立工厂，增加设备和人员，以便跟上迅速发展的市场，并超过竞争对手，这意味着需要投入大量的资金。"问题"非常贴切地描述了企业对待这类业务的态度，因为这时企业必须要慎重回答"是否继续投资、发展该业务？"这个问题。只有那些符合企业的长远发展目标，能够能发挥企业资源优势、增强企业核心竞争力的业务才得到肯定的回答。对于得到肯定回答的问题型业务，应采取增长型战略——加大对该业务的人力、物力、财力投入，扩大现有生产规模，增加其市场份额。因为要使问题型业务发展成为明星型业务，其市场份额必须有较大的增长。对于得到否定回答的问题型业务，则应采取收缩型战略，即缩减对该业务的投入。

（二）明星型业务（Stars）

这个领域中的产品处于快速增长的市场中，并且占据较高的市场份额，但不一定会产生正现金流量，这取决于新工厂、设备和产品开发对资金的需要量。明星型业务是由问题型业务继续投资发展起来的，可以视为高速成长市场中的领导者，它可能会成为企业未来的现金牛业务。但这并不意味着明星业务一定可以给企业带来源源不断的现金流，因为市场还在高速成长，企业必须继续投资，以保持与市场同步增长，并击退竞争对手。企业如果没有明星业务，就失去了希望，但如果明星业务较多也可能会导致企业管理者做出错误的决策。此时企业的管理者必须要做出正确取舍，将企业有限的资源投入到能够发展成为现金牛的业务上。同样地，明星型业务要发展成为现金牛业务也应采取增长战略。

（三）现金牛业务（Cash cows）

处在这个领域中的产品会带来大量的现金，但发展前景有限。这是成熟市场中的领导者，它是企业现金的来源。由于市场已经成熟，企业不必进行大量投资来扩展市场规模，同时作为市场中的领导者，该业务享有规模经济和高边际利润的优势，因而能给企业带来大量的现金流。企业往往用现金牛业务的收入来支付账款，并支持其他三种需大量现金投入的业务。现金牛业务适合采用稳定战略，维持该业务的资源分配现状与经营目标，保持该经营业务的市场份额。

（四）瘦狗型业务（Dogs）

该领域中的产品既不能带来大量的现金，也不需要投入大量的现金，这些产品已完全失去了高速增长的可能。（没有希望改进其绩效。）一般情况下，这类业务处于饱和市场中，竞争激烈，常常是微利甚至是亏损的，瘦狗型业务的存在更多得是因为感情上的因素，虽然一直微利经营，但由于其曾为企业带来了巨大收益而不愿将其舍弃。事实上，瘦狗型业务通常要占用很多资源，如资金、管理部门的时间等，多数时候是得不偿失的。此时企业应考虑的是如何尽可能地将企业前期的资源投入收回，以便把资源转移到更有利的领域。

三、BCG 矩阵的启示

1. 该矩阵能够揭示每个经营业务在竞争中的地位及其发展前景，从而为企业有选择地、集中地运用企业有限的资金提供依据。例如，企业要把现金牛业务作为重要的资金来源，并放在优先位置上，同样企业可以考虑把资金集中在将来有希望成为现金牛业务的明星业务或问题业务上；根据实际情况，有选择地抛弃瘦狗业务和无望的问题业务。如果企业对经营的业务不加以区分，而对每项业务设定同样的目标，按同等的比例分配资金，配备同等的设备和人员等，结果会对现金牛业务和瘦狗业务投入过多资金，而对明星业务和问题业务投资不足。这样，企业将难以获得长期发展。

2. BCG 矩阵将企业的不同经营业务综合在一个矩阵中，简单明了。总之，企业可以通过 BCG 矩阵判断各经营业务的发展现状和发展趋势，并由此为每个 SBU 确定合理的发展战略。比较理想的投资组合是企业拥有较多的明星和现金牛业务，少数的问题业务和极少数的瘦狗业务。

四、BCG 矩阵的局限性

BCG 矩阵分析法是具有一定局限性的。在实践应用中，企业要确定各业务的市场增长率和相对市场份额是比较困难的。有时所收集的数据与现实不符。另外，BCG 矩阵按照市场增长率和相对市场份额，将企业的业务划分为四类，相对来说，有些过于简单。实际上，市场上存在着难以确切归入某个象限的业务。

同时，BCG 矩阵中相对市场份额与获利水平之间的关系会因产业和细分市场的不同而发生变化。在有些产业中，企业的相对市场份额大，由于具有规模经济会在单位成本上形成优势；而有些产业则不一样，过于庞大的市场份额可能会导致企业成本的增加。实际上，市场占有率小的企业如果采取创新、产品差异化和市场再细分等战略，仍能获得较高的利润。因此，企业要对经营业务进行战略评价，仅仅看市场增长率和相对市场份额是不够的，还需要结合产业技术等其他问题来考虑。

第二节　通用矩阵分析法

一、通用矩阵分析法简介

通用矩阵（GE Matrix，简称 GE 矩阵）是通用电气公司（简称 GE）针对波士顿矩阵存在的问题，于上世纪 70 年代开发的一种新的投资组合分析方法，又称通用电器公司法、麦肯锡矩阵、九盒矩阵法、行业吸引力矩阵等。该矩阵也提供了产业吸引力和业务实力之间的类似比较，但波士顿矩阵用市场增长率来衡量吸引力，用相对市场份额来衡量实力，而 GE 矩阵使用数量更多的因素来衡量这两个变量。另外，由于该矩阵涉及的因素较多，还可以通过增减某些因素或改变分析的重点，较容易地使矩阵适应管理者的意向或某产业的特殊要求。

GE 矩阵主要有两大用途，一是根据各经营单位的业务实力和市场吸引力对其进行评估，二是判断企业各经营单位的强项与弱点。GE 矩阵的第一个用途，可以为企业的战略规划提供依据。此时，需要从产业吸引力和业务实力两个维度评估现有业务（或经营单位），每个维度又分三级，共分成九格，以表示两个维度不同级别的组合。两个维度可以根据不同情况确定各自需要考虑的因素。

二、GE 矩阵分析法的分析步骤

绘制 GE 矩阵，首先需要找出影响产业吸引力和业务实力的内、外部因素，然后对各因素赋值、加权求和，以得出衡量产业吸引力和业务实力的分值。当然，在开始搜集资料前仔细选择有意义的经营单位是十分必要的。

1. 定义各因素。选择用于评估业务（或产品）实力和市场吸引力的重要影响因素。在 GE 内部，分别称之为内部因素和外部因素。表 5 - 1 列出的是通常需要考虑的一些因素（需要根据各企业的实际情况作增减）。可以采取头脑风暴法或名义小组法等来确定这些因素，需要注意的是，不能遗漏重要因素，也不能将微不足道的因素纳入其中。

表 5 - 1　一般要考虑的因素

内部因素	外部因素
广告	销售的周期性
产品线宽度	人员情况
顾客服务	进入壁垒
经销	环境问题
财务实力	退出壁垒
商誉	市场集中度、结构
管理实力	市场增长率
生产能力	市场规模
市场份额	政治问题
营销	盈利性
新产品开发	法规
感觉质量	资源获取的可能性
维修和支持	社会问题
销售人员	技术进步

2. 估测内部因素和外部因素的影响。从外部因素开始，纵览表 5 - 1，根据每一因素的影响力大小对其评分。若某一因素对所有竞争对手的影响相似，则对其做总体评估，若某一因素对不同竞争者的影响不同，可比较它对企业业务的影响和对重要竞争对手的影响。在这里，可以采取五级评分标准（1 = 毫无吸引力，2 = 没有吸引力，3 = 中性影响，4 = 有吸引力，5 = 极有吸引力）。然后也使用 5 级标准对内部因素进行类似的评定（1 = 极度竞争劣势，2 = 竞争劣势，3 = 同竞争对手持平，4 = 竞争优势，5 = 极度竞争优势），在这一部分，应该选择一个总体实力最强的竞争对

手作对比的对象。

3. 对外部因素和内部因素的重要性进行估测，得出衡量实力和吸引力的简易标准。这里有定性和定量两种方法可以选择。

定性方法：审阅并讨论内外部因素，以在第二步中打的分数为基础，按强、中、弱三个等级来评定该经营单位的实力和产业吸引力。

定量方法：将内外部因素分列，分别对其进行加权，使所有因素的加权系数总和为1，然后用其在第二步中的得分乘以其权重系数，再分别相加，就得到所评估的经营单位在业务实力和产业吸引力方面的得分（介于1和5之间，1代表产业吸引力低或业务实力弱，而5代表产业吸引力高或业务实力强）。

4. 将该经营单位标在 GE 矩阵上。矩阵坐标横轴为产业吸引力，纵轴为业务实力。每条轴上用两条线将轴划为三部分，这样坐标就成为网格图。两坐标轴刻度可以用高中低或1至5表示。根据管理者的利益关注点，对其他经营单位或竞争对手也可做同样分析。根据每个经营单位的市场吸引力和竞争力总体得分，将每个经营单位用圆圈标在 GE 矩阵上。其中圆圈的大小表示经营单位的市场规模总量，而阴影面积代表企业所占的市场份额（见图 5－2）。这样 GE 矩阵就可以提供更多的信息。

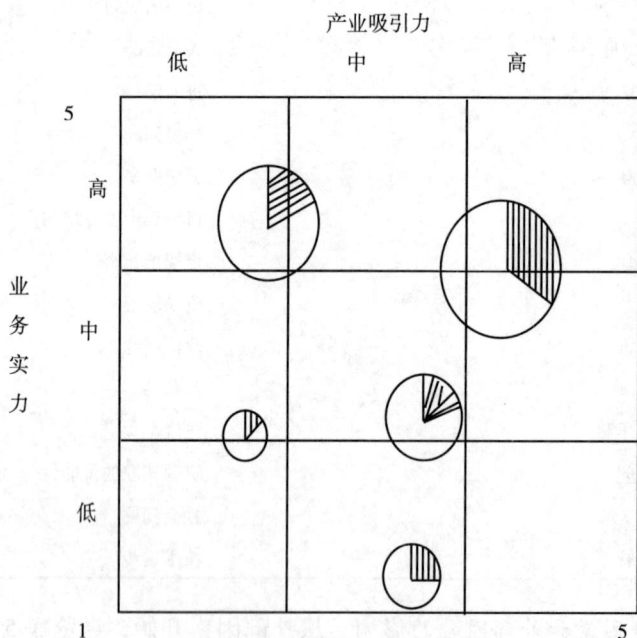

图 5－2　GE 矩阵

5. 对矩阵进行诠释。通过分析经营单位在矩阵上的位置，企业就可以制定相应的战略举措。表 5－2 列出了矩阵上的各种组合的战略选择。

表 5-2　GE 矩阵各组合的战略选择

业务实力	产业吸引力	战略选择
高	高	增长战略，谋求市场主导地位，尽量扩大投资
	中	找出适宜发展的细分市场，大力投资，并维持其现有的市场地位
	低	稳定战略，维护企业地位，保证资金流动
中	高	通过市场细分估测达到主导地位的潜力，找出弱点，巩固强项
	中	找出具有增长空间的细分市场，采取集中化战略，有选择地进行投资
	低	削减产品品种，尽量减少投资，做好放弃准备
低	高	集中化战略，谋求占据合适的市场小板块，考虑收购
	中	集中化战略，谋求占据合适的市场小板块，考虑退出
	低	及时放弃投资和退出

GE 矩阵还可用于预测经营单位业务组合的产业吸引力和业务实力，只要在因素评估中考虑未来某个时间，每一因素的重要程度及其影响大小，就可以建立预测矩阵。由此可以看出，GE 矩阵可以针对企业实际和产业特性，比较全面地对经营单位的业务组合进行规划与分析，因此具有广泛的应用价值。

三、GE 矩阵的优点与局限性

（一）GE 矩阵的优点

GE 矩阵是在 BCG 矩阵的基础上发展而来的，因此其优点主要是相对 BCG 矩阵而言的，GE 矩阵比 BCG 矩阵在以下三个方面表现得更为成熟：

1. 产业吸引力代替市场增长率被吸纳进来作为一个评价维度，产业吸引力与市场增长率相比，显然包含了更多的考量因素，分析更为全面。

2. 业务实力代替相对市场份额成为另外一个维度，可以对每一个经营单元的竞争地位进行评估分析。同样，业务实力较相对市场份额包含了更多的考量因素。

3. 此外，GE 矩阵有 9 个象限，而 BCG 矩阵只有 4 个象限，GE 矩阵结构更复杂、分析更为准确。

（二）GE 矩阵的局限性

GE 矩阵的局限性有以下几点：

1. 按照 GE 的思想，同一产业内的企业只有自身实力的不同，而不存在外部环境的区别，事实上，具体企业的外部环境与整个产业的外部环境是不完全相同的。另外，GE 矩阵也没有考虑到各战略经营单元之间的相互作用关系。

2. 该矩阵考察的因素大为增加，指标的最后聚合比较困难，并且其中相当一部分要进行主观判断，在这方面，GE 矩阵具有与 BCG 矩阵相同的局限性。

3. 尽管选择的内外部因素较多，但基本上是资源和环境因素，没有直接体现关系企业未来发展的、关于企业的内部能力和产业发展阶段特征的长期趋势，企业的核心能力（Core Competences）也未提及。

第三节 内部—外部因素评价矩阵法

一、内部—外部因素评价矩阵法简介

内部—外部因素评价矩阵（Internal – External Matrix，简称 I – E 矩阵）是在 GE 公司提出的 GE 矩阵基础上发展起来的。其中，外部因素评价矩阵（External Factors Evaluation Matrix，简称 EFE 矩阵），主要是分析影响企业战略决策的外部环境因素，分析的内容包括机会与威胁两个方面，并就每个影响因素对企业战略的影响程度以及企业对这些因素的掌握程度来对这些因素评分，最后根据总的评分结果，制定或调整企业战略。EFE 矩阵可以帮助战略制定者归纳和评价经济、社会、文化、人口、环境、政治、法律、技术以及竞争等方面的信息。内部因素评价矩阵（Internal Factors Evaluation Matrix，简称 IFE 矩阵），主要是分析影响企业战略决策的内部环境因素，它是分析与评估企业内部因素的优势与劣势的工具，结果以矩阵的形式呈现。所谓内部因素是指企业的资本、技术、人才、管理、和销售渠道等。I – E 矩阵可以为企业的战略制定提供依据。

二、I – E 矩阵的分析步骤

I – E 矩阵从机会与威胁、优势和劣势两个方面找出影响企业未来发展的关键因素，根据各个关键因素对企业的影响程度来确定其权重，再按企业对各关键因素的有效反应程度对各关键因素进行评分，最后算出企业的总加权分数。

I – E 矩阵的具体分析步骤如下：

（一）绘制 EFE 矩阵

1. 找出影响企业战略的关键因素。这些因素分为两类，一类是能给企业带来机会，有利于企业发展的关键因素；另一类是可能给企业带来威胁的不利因素。通过将这些因素按重要性，以及与企业的相关紧密度进行排序，选择重要的 10 ~ 20 个因素来做评价。

2. 根据重要性赋予每个因素权重，每个因素权重数值在 0（不重要）到 1（最重要）之间，确定权重的依据是该因素对企业战略的可能影响程度。权重越高，该因素影响就越大，越为重要。确定权重的方法有很多，包括德尔菲法，自身的经验和教训，竞争对手的经验和教训等，所有因素的权重之和应等于 1。

3. 根据企业对这些因素的掌控能力或应对能力，每个因素的评分在 1 分至 4 分之间，"1 分"表示企业对该因素应对能力较弱，而"4 分"表示企业完全能把握该因素带来的机会或规避该因素带来的威胁。

4. 每个因素的权重乘以该因素的评分，即为该因素的加权评分。

5. 所有因素的加权评分之和，即为企业面对外部环境中的机会和威胁的综合加权评分。如表 5 - 3 所示。

无论 EFE 模型中包括有多少重要机会或威胁，企业的总加权分数最高是 4 分，最低是 1 分，平均数是 2.5 分。如果结果高于 2.5 分，则说明企业把握外部机遇、应对外界威胁的能力较强，而低于 2.5 分则相反，企业可根据该结果制定或调整战略。

表 5 - 3　EFE 矩阵

关键外部因素	权重	评分	加权评分
机会 1			
机会 2			
…			
机会 n			
威胁 1			
威胁 2			
…			
威胁 n			
总计	1.0		

注：评分值表示该企业对各因素反应的程度：1 = 反应较差，2 = 反应为平均水平，3 = 超过平均水平，4 = 反应很好

（二）绘制 IEF 矩阵

IEF 矩阵的分析步骤与 EEF 矩阵类似，具体如下：

1. 通过对企业内部进行分析找出相关因素，从中选取 10～20 个关键因素。

2. 根据每个因素对企业发展影响程度的大小，从 0（不重要）到 1（非常重要）给每个因素赋予权重。

3. 为各因素评分。"1"代表重要弱点，"2"代表次要弱点，"3"代表次要优势，"4"代表重要优势。值得注意的是，优势的评分必须为 3 或 4，弱点的评分必须为 1 或 2。评分以企业为基准，而权重设定则以产业为基准。

4. 用每个因素的权重乘以它的评分，即得到每个因素的加权分数。

5. 将所有因素的加权分数相加，得到企业的总加权分数。如表 5 - 4 所示。

无论 IFE 矩阵中包括多少优势与劣势，企业的总加权分数的范围是从最低的 1 到最高的 4，平均分为 2.5。总加权分数大大低于 2.5 的企业的内部状况处于弱势地位，而分数大大高于 2.5 的企业的内部状况则处于强势地位。

表 5 - 4　IFE 矩阵

关键内部因素	权重	评分	加权评分
优势 1			
优势 2			
…			
优势 n			
劣势 1			
劣势 2			
…			
劣势 n			
总计	1.0		

注：评分值表示企业内部各因素的优劣：1 = 重要弱点，2 = 次要弱点，3 = 次要优势，4 = 重要优势

（三）I - E 矩阵分析

根据表 5 - 3 与 5 - 4 可以得到 I - E 矩阵，在 GE 矩阵基础上发展起来的 I - E 矩阵用内部因素与外部因素取代业务实力和产业吸引力（如图 5 - 4 所示）。

		IFE 加权评分		
		强（4.0~3.0）	中（3.0~2.0）	弱（2.0~1.0）
EFE 加权评分	高（4.0~3.0）	I	II	III
	中（3.0~2.0）	IV	V	VI
	低（2.0~1.0）	VII	VIII	IX

图 5 - 4　I - E 矩阵图

1. 该分析方法是把战略制定过程中对企业内外部环境分析的结果分成高、中、低三个等级，从而组成了有九个象限的 I - E 矩阵。

2. 在 I - E 矩阵中，纵坐标（EFE）是对企业外部环境所包含机会与威胁的评价及企业能对外部环境作出反应的程度。EFE 的加权值越高，说明企业越能利用外部有利的市场机会或减少外部竞争威胁带来的不良影响，即企业在应对外部环境方面处于有利地位；EFE 的加权值越低，说明企业越是面临着严峻的竞争威胁，同时不能有效地利用市场机会或消除竞争威胁的不利影响，即企业在应对外部环境方面处于不利地位。

3. 在 I - E 矩阵中，横坐标（IFE）是对企业内部各因素综合分析得到的加权值。它反映了企业内部的综合实力与竞争能力。IFE 的加权值越高，说明企业的综合实力与竞争能力越强，即企业的内部状况较好；IFE 的加权值越低，说明企业的综合实力与竞争能力越弱，即企业的内部状况较差。

4. I - E 矩阵用九个象限对企业的所有产品或业务进行分类，再把这九个象限分成三个区间，这样就可以把企业的产品或业务分成三种类型，即增长型业务，稳定型业务和衰退型业务，然后根据不同类型产品的特点采取不同的战略。其中，落入

Ⅰ、Ⅱ、Ⅳ象限的业务被视为增长型和建立型业务，这种类型的业务适合采取加强型战略（如进行市场渗透、市场开发和产品开发等）或一体化战略（前向一体化、后向一体化和横向一体化），扩大生产规模，提高产品的市场占有率，谋求市场主导地位。落入Ⅲ、Ⅴ、Ⅶ象限的业务为稳定型业务，适合采用坚持和保持型战略（如采取市场渗透和产品开发战略等），维持当前的各种资源投入，保持其当前在市场上的地位。落入Ⅵ、Ⅷ、Ⅸ象限的业务为衰退型业务，应采取收获型和剥离型战略，逐步从当前市场中撤资，直至退出市场。

三、Ⅰ－Ｅ矩阵的不足之处

可以看出，在Ⅰ－Ｅ矩阵中，无论是赋予各因素权重还是对各因素评分，都是主观判断的，因此，虽然最终结果是客观的数字，但仍要注意主观判断与客观事实的差距，不能过分夸大Ⅰ－Ｅ模型的作用。在因素选取，权重赋值和评分时，最好能够进行团队决策，即要多人参与，以尽量做到客观和全面。同时，需要注意：关键因素的选取直接影响评价的结果，要尽量避免主观因素的影响；选取因素时要注意归类，以从中选取最有代表性、影响最大的因素。

第四节 脚本法

一、脚本法简介

脚本法又称前景描述法、情景分析法。荷兰皇家壳牌公司（Royal Dutch／Shell，简称壳牌公司）于上个世纪 60 年代末首先使用基于脚本的战略规划，并获得成功，并由该公司的沃克（Pierre Wack）于 1971 年正式提出。它是在假定某种现象或某种趋势将持续到未来的前提下，对预测对象可能出现的情况或引起的后果做出预测的方法。通常用来对预测对象的未来发展做出种种设想或预计，是一种直观的定性预测方法。目前国际上有 80％ 的大企业运用脚本法或类似的做法进行战略预测。

在环境分析中，脚本法主要分为定量脚本法和定性脚本法。定量脚本法以数学（或经济计量）方法为基础建立模型，通过选择和调整不同的参数来形成不同的脚本。这种方法现在一般运用计算机进行模拟运算，可以快速地产生大量脚本，有的多达 1000 多个。然后，分析人员对每一个脚本的合理性和发生概率做出评估。在产生脚本的过程中，保持其他变量不变，而仅改变一个变量，将产生不同的脚本。这样可以评价各个变量的不同作用以及变量之间的关系。其目的是要验证、判断得出的参数结构。利用定量脚本法可以得到大量的备选环境脚本，充分地分析出环境的各种情况。

定性脚本法最早的应用可追溯到上世纪五六十年代，它的基本特点是，认识未来而非推导未来。定性脚本法不是基于过去和现在的数据推导未来，而是向常规观念挑战，去"设想"和"认识"未来。环境脚本集中于"基本的趋势"和几种"可能的未来"，再分析其各自的战略重要性和发生概率。将战略上重要而发生概率大的情况作为战略生成采用的环境脚本，将战略上重要而发生概率小的情况作为备用的环境脚本，制定备用的战略或战略准备。如果只能选择一个环境脚本，应当按照脚本的战略重要性而不是发生概率来选择环境脚本。与定量脚本法相比，定性脚本法主要是通过人的思维、判断来识别重要的环境因素，并分析它们之间的关系，克服了定量脚本法中看似精确的复杂方法所固有的机械性。

二、脚本法的分析步骤

目前，国外一些大企业进行环境分析的趋势是让更多的直线管理者参与到战略的分析和生成之中，一般建议组成6-8人的团队，最极端的做法是让全体员工都参与到这一过程中。如果人数太多，则应当按照上述规模划分成一些小团队。这些团队的任务是要分析并提出重要的环境脚本，以供战略制定者参考。脚本分析是在充分获取环境信息的基础上进行的。经过简化后，脚本法主要包括以下六个步骤。

（一）确定变化的重要因素及其重要事件

即通过敏感性分析和时间跨度分析，识别决定企业未来发展的外部环境中的重要因素及其可能的变化。这些因素也称为驱动因素，在定量分析中则称为变量。应只选择最重要的，而且是不确定变化的环境因素进入脚本。可预见的因素不必在脚本中考虑，因为它们不会被忽视。

在此过程中，最困难的是让团队成员摆脱原有观念，向现有的观念挑战，包括尚未出现的异常变化。运用头脑风暴法可以发现不明显的、渐变的和潜在的重要因素，从而把握其引发的重要事件。

（二）将各种事件归纳为一个可行的框架

这是最困难的一步，此时管理者的直觉将发挥重要作用。将现有的重要环境因素及其事件重新安排成一个可行的、有意义的框架，即形成7-9个因素事件组。这实际上形成了脚本的雏形。

（三）形成最初的小脚本（7-8个）

在第二步形成的7-9个因素事件组的基础上形成7-8个小脚本，即对原有的因素事件组进一步分析、归纳。

（四）将脚本减少至2-3个

在理论上，并没有为什么要减少到2-3个脚本的理由，只是出于实践的需要。实践中，管理者往往从六七个脚本中选出三个脚本。壳牌公司在20世纪70年代的实际做法是，只从中选一个脚本并进行集中研究。结果，壳牌公司的计划人员就将脚本减少到两个。这实际上需要发现两三个"容器"，将所有的主题（因素及其事件）都能合理地纳入到这两三个"容器之中"。要便于战略制定者使用这些环境因素和事件组。要保证所有重要的事件都在脚本之中，并且各事件在脚本中的重要性序列没有改变，并分别被考虑。在此过程中，需要进一步识别真正重要的因素和事件，同时需要重新监测这两三个脚本的可行性，进行一致性检验，需要团队充分地分析和争论。

需要强调的是，这两三个脚本应当是互相补充的，也就是没有优劣之分、积极与消极之分。只有这样，对战略制定者才有意义，因为对于明显优劣的脚本，谁都知道应该怎么做。理想的情况是，它们不应当是明显对立的，否则会影响战略制定者的选择。因此，应当选用中性的标题。

（五）将脚本写下来

以最适宜的形式将脚本写下来。考虑的重点是，战略要依此生成。这也是脚本生成者向脚本使用者即战略制定者"营销"自己脚本的过程。

（六）评价各脚本对企业战略的影响

识别每个脚本中对未来有深远影响的事项。在此过程中，战略制定者需要承担主要的决策责任。"角色试演"可以提高对问题的认识。通过模拟式的角色试演，明确每一个脚本对所涉及的重要组织（例如，对本企业及其某部门、对竞争者、对政府等）的关键问题。从而使参与脚本分析的企业组织成员能够明确每个脚本，并明确需要他们做出什么反应。应当将这些内容形成一个表单以便于沟通。同时，有利于参与者对前述过程作进一步探讨，从而达成共识。

上述分析过程只是一般的脚本分析步骤，事实上没有标准的脚本。企业可以根据需要发展出多种脚本系列，也可以根据使用脚本的不同组织层级，将脚本分解为更适合其使用的分层级的不同脚本，当然要注意与总脚本保持一致。

三、脚本法的局限性

作为一种环境分析方法，脚本法也具有一定的局限性。主要体现在以下几个方面：首先，对于基于过去行为进行决策的企业，或在管理者相信他们什么都知道的企业，脚本法就无法应用。企业必须相信未来有未知的内容，而且需要改变现在的想法去获知这些未知的内容。

其次，对于定量脚本法而言，预测正确与否、脚本的质量如何，取决于模型的设立和参数结构的选择。所以运用这种脚本法时，不能为貌似精确和充分的脚本所迷惑，应当明确这些脚本不过是所确立的模型、参数结构和数据的附属结果，对各种脚本发生概率及其合理性的评价应当最终视为对模型、参数结构及其数据的再分析和再思考。

最后，需要注意的是，脚本的形成很费时间，而环境的渐变很难察觉。关于如何识别和判断间接因素的各种变化如何影响、决定直接因素的各种变化，是脚本分析最关键的内容。但目前尚未研究出一种令人信服的操作性更强的方法，必须借助于宏观经济学等学科的研究和预测，同时需要依靠战略分析者和战略决策者的正确分析和判断。

第五节　SWOT 分析法

一、SWOT 分析法的简介

SWOT 分析法又称为态势分析法，它是由旧金山大学的管理学教授韦里克于20世纪80年代初采用的一种经典方法，它是一种能够快速掌握、便于使用的，分析企业竞争态势的系统分析工具，是一种能够较客观而准确地分析和研究一个企业的现实状况的方法。SWOT 分析大量地应用于战略分析，SWOT 是企业内部优势（Strength）与劣势（Weakness）和外部机会（Opportunity）与威胁（Threat）综合分析的简略表述，其主要目的在于客观公正地评价企业的综合情况，并将其中与战略相关的因素分离出来。自形成以来，SWOT 方法广泛应用于企业的战略研究与竞争分析，已成为战略管理者最重要的分析工具之一。

二、SWOT 分析的步骤

（一）确定企业的优势（Strength）

企业优势是指企业擅长的东西，或者指企业所特有的能够构建或加强竞争力的东西。企业的优势往往可以表现为以下几种形式：

1. 一项技能或重要的专门技术——低成本制造诀窍、技术诀窍、一套无缺陷制造跟踪记录方法、能够不断提供上乘服务的技能、能够不断开发革新性产品的技能、卓越的大规模采购技能或者独特的广告和促销技巧等。

2. 宝贵的有形资产——现代化的工厂和生产设备、遍布全球的分销设施、资源储备、充足的资金、完善的资料信息。

3. 宝贵的无形资产——品牌形象、企业声誉、较高的员工忠诚度、积极的工作环境氛围和企业文化，以及专有技术和重要的专利等。

4. 宝贵的人力资源——经验丰富、能力较强的员工，关键领域拥有专长的员工，积极上进的员工，管理诀窍，很强的组织学习能力。

5. 宝贵的组织资产——高质量的控制体系、完善的信息管理系统、忠诚的客户群、强大的融资能力。

6. 竞争能力——产品开发周期短、强大的经销商网络、与供应商良好的伙伴关系、对市场环境变化的灵敏反应、市场份额的领导地位。

（二）确定企业的劣势（Weakness）

企业的劣势是指企业缺少的或做得不好的东西（和其他企业相比较而言），或者指某种会使企业处于劣势的条件。一家企业的内部劣势可能与以下因素有关：缺乏有重要竞争意义的技能和专门技术，缺乏有重要竞争意义的有形资产、人力资产、组织资产或无形资产，关键领域里的竞争能力正在丧失或很弱。因此，内部劣势不足以形成企业的资源补充。一项劣势究竟会不会使企业在竞争中容易受到伤害，取决于这项劣势在市场上的重要程度以及这项劣势会不会被企业所拥有的优势所抵消或减弱。

一旦企业的管理者确定了企业的优势和劣势，就必须认真地估量这两大类因素，因为它们对战略的制定有着重要的意义。某些资源优势可能比另一些资源优势具有更为强大的市场地位，有助于提高企业的竞争水平。同样地，有些劣势如果不予以弥补的话，可能会给企业带来致命的打击，而另外一些劣势可能并不那么重要，因为它们能很容易得到矫正或很容易被企业的优势抵消。

如果一个企业的资源优势是竞争资产的话，那么，资源劣势就是竞争负债。估量一个企业的优势和劣势有点像在建立一张战略平衡表。最理想的状况是，企业的"优势/竞争资产"大大超过"劣势/竞争负债"。

（三）确认企业面临的机会（Opportunity）

市场机会是影响企业战略制定的重要因素。一般来说，企业的管理者如果不首先确认企业面临的机会、评价机会的成长空间和发展前景，那么，其制定的战略就不能很好地适应所面临的形势，就不能抓住很好的发展契机。

企业所面临的机会往往取决于企业所处的环境，有时可能遍地都是，有时则极为罕见，有时可能具有很强的吸引力（即我们通常所说的必须追逐的机会），有时可能不那么具有吸引力（这时往往处于企业战略考虑优先次序的末位）。企业面临的机会主要有：客户群扩大或者业务扩张进入新的地域市场或产品细分市场；扩展产品线的宽度，为更大客户群服务；将企业的技能或技术诀窍转移到新产品或新业务中；前向或后向整合；有吸引力的市场的进入障碍正在降低；出现了可以从竞争对手那里获得市场份额的机会；由于市场需求增长势头强劲、因而可以快速扩张；购并竞争对手；所建立的有关联盟或利于企业扩大地理覆盖面、提高竞争能力；有机会充分利用新技术；市场上出现了向其他地理区域扩展企业品牌或声誉的机会。

在评价企业所面临的市场机会并对其进行排序时，企业的管理者应注意不要将每一个产业机会都看做是企业的机会，因为并不是每个企业都有足够的资源去追逐每一个机会。对于一个具体的机会，有些企业可能有足够的资源与能力去追逐，而有些企业则不然。当面对任何一个机会时，比较明智的做法是，首先要考虑企业是否具有足够的追逐机会的资源和能力，或者企业能否通过努力来拥有足够的资源和能力来追逐，其次，这个机会能否给企业带来较好的发展前景或较强的竞争优势，如果可以，企业则可以考虑抓住机会。

（四）确认企业面对的威胁（Threat）

一般来说，企业的外部环境中总存在着一些对企业的赢利能力或市场地位构成威胁的因素，比如，出现了更先进的技术，竞争对手推出了新产品或更优质的产品，替代品抢占企业的销售额，买方的需求和品位朝着偏离产业的方向变动，市场增长率下降，强大的新竞争对手很可能会进入市场，成本更低的外资竞争厂商进入了企业所在的市场，买方或供应商讨价还价的能力提高，可能被对手接管，有关部门所采取的管理措施会使企业付出较大的代价，企业建有生产设施的外国政府出现大的变动等。

外部威胁给企业带来的负面效应可能不大，所有的企业在经营业务过程中都会面临一些威胁。当然，有些外部威胁会给企业带来较大的、较严重的负面效应，会使企业的形势和状况变得非常糟糕。企业管理层的任务就是，确认危及企业利益的威胁，并对其做出详细的评价与分析，以决定采取何种战略来抵消或减轻其带来的影响。

SWOT 分析法不仅仅要列出企业的优势与劣势、面临的机会与威胁，还要对其进行评价，以得出下列结论：第一，在现有的内外部环境下，企业应如何最优地使用自己的资源；第二，企业如何寻找资源、建立或提高企业的竞争优势；第三，为了更好地对新出现的产业和竞争环境做出反应，企业应采取哪些行动；第四，是否存在需要弥补的缺口；第五，在分配企业资源时，哪些机会拥有优先权。只有回答了上述几个问题，SWOT 分析才算完成。

（五）基于 SWOT 分析的战略选择

SWOT 分析还可以为企业的战略制定提供依据，它为企业提供了四种可供选择的战略类型：SO 战略、WO 战略、ST 战略和 WT 战略（如表 5-5 所示）。

表 5-5　基于 SWOT 分析的四种战略类型

	内部优势（S）	内部劣势（W）
外部机会（O）	SO 战略（增长型战略） 依靠内部优势， 利用外部机会	WO 战略（扭转型战略） 利用外部机会， 克服内部劣势
外部威胁（T）	ST 战略（多元化战略） 依靠内部优势， 回避外部威胁	WT 战略（防御型战略） 减少内部劣势， 回避外部威胁

SO 战略就是利用企业的内部优势，抓住外部机会。一般来说，企业在使用 SO 战略之前可能会先使用 WO、WT 和 ST 战略，从而为成功实施 SO 战略创造条件。当企业有一个致命弱点时，应该首先努力将其克服，并尽量使之变成长处；当企业面对重大威胁时，应努力避免它，以便将精力放在机会利用上。WO 战略是利用外部机会来克服自身的劣势。有时企业会面临外部机会，但其内部的某一弱点会使企业不能利用这个机会。一个可行的 WO 战略就是通过引进先进的设备或改进设计，来提高产品的质量或开发新产品，当然也可以通过聘用和培训员工或采用其他的方法来实现这一目标。ST 战略就是要利用企业的长处去避免或减轻外部威胁的打击（当然这并不是说企业总是可以避免威胁的打击），WT 战略是直接克服内部劣势、避免外部威胁的战略，目的是使劣势和威胁弱化。WT 战略是一种防御型战略，如果一个

企业内部有很多劣势，并面临较多威胁，那么它可能真正处在危险境地，因此不得不采取合并或收缩战略，或者在宣布破产和被迫清盘之间做出选择。

三、SWOT 分析法的局限性

经典的 SWOT 分析法，通常采用定性的、非系统的分析模型。一方面，模型以定性分析为主，偏重于文字描述，依赖于战略分析者的主观判断，只是列出了各因素的清单，却难以用来定量描述各因素对企业影响的强弱，在具体的应用过程中有一定的难度，可能会给企业的战略制定者带来困扰。另一方面，战略分析者可能会根据自身对产业的认知，主观地认定企业的优劣与劣势以及面临的机会与威胁。这种根据战略分析者主观判定的分析结果，缺乏对产业竞争规则的评估，同时可能会因其个人主观认知的偏颇，无法为企业的战略制定提供足够的、有效的信息，可能会使 SWOT 分析流于形式而无法发挥其应有的功能。因此，在使用 SWOT 分析法的同时，可以结合一些其他的分析方法，以弥补其局限性。

本章小结

分析企业的内外部环境是企业战略管理中最重要、最关键的内容之一。许多企业的战略分析往往定性多、定量少，设想多、结论少，这其中最重要的一个原因就是缺乏工具与方法。战略分析离不开分析工具，恰当的分析能够帮助企业对内外部环境与自身能力做出更清晰、更全面的认识。本章详细介绍了战略分析中常用的五种辅助工具，包括波士顿矩阵分析法（BCG 法）、通用矩阵分析法（GE 法）、内部-外部因素评价矩阵法（I-E 法）、脚本法及 SWOT 分析法，具体阐述了各个方法的应用步骤及其优点与局限性。

本章习题

1. 试比较 BCG 矩阵与 GE 矩阵的异同。
2. 请阐述脚本法的优缺点。
3. 请对一家医药上市公司进行 I-E 矩阵分析。
4. 请对一家国外医药公司进行 SWOT 分析。
5. 请阐述 SWOT 分析的优缺点。
6. 战略分析的方法还有哪些？试用本书以外的方法分析一家医药企业。

第六章

企业总体战略

　　总体战略是企业战略中最高层次的战略，它需要根据企业的目标，选择有一定竞争力的经营领域，合理配置企业经营所必需的资源，使各项经营活动能够相互支持、相互协调。企业总体战略还应能使企业产生较高的附加价值，即在企业的某个或多个价值活动上实行低成本或差别化，由此产生溢价。也就是说，企业的总体战略应能帮助其经营单位建立竞争力及竞争优势。企业可选择的总体战略方案有很多，本章将主要介绍一体化战略和多元化战略。

第一节　一体化战略

　　一体化战略最先由美国经济学家罗纳德·H·科斯（Ronald. H. Coase）在 1937 年提出的，后面众多学者对一体化战略的研究进行了补充和丰富。1959 年艾尔弗雷德·钱德勒在《企业史评论》杂志上发表的《美国工业中大企业的开端》论述了 19 世纪末期巨型公司的出现，强调纵向一体化是企业走向巨大规模的重要步骤。而如果产品销路稳定，横向联合往往先于纵向一体化。可见，一体化战略是 20 世纪美国企业发展的显著特征。

一、一体化战略的定义

　　一体化战略是指企业充分利用自己在产品、技术和市场上的优势，根据物资流动的方向，使企业不断地向深度和广度发展的一种战略。主要有两种类型：产业链中上、下游企业合并成一个企业的纵向一体化，其中又分为前向一体化和后向一体化。物资向反方向移动称为后向一体化，向同方向移动称为前向一体化。性质相同的企业或产品组成的联合体称为横向一体化，又称为水平一体化。一体化战略对于企业来说是一个非常重要的成长战略，有利于深化专业分工协作，提高资源的利用深度和综合利用效率。

二、企业实施一体化战略的动因

（一）交易成本理论

20世纪70年代，在科斯研究的基础上，威廉姆森（Oliver Williamson 1975）和克莱因（Benjamin Klein 1978）等人提出了交易成本理论（The Transaction Cost Theory），该理论假设市场交易中充斥着不完全合同，而且交易对象之间形成锁定（Lock-in）关系。不完全合同是指交易各方所订立的合同不能对所有可能发生的事件都做出相应的规定，因为"人们不可能事前预料到未来所有可能出现的情况；或者即使预料到了，也不可能写出来；或者，即使写出来了，也由于法院无法证实或监督成本太高而无法执行。"正是由于合同的不完全性，所以市场交易必须付出成本。根据交易成本理论，是否实行一体化战略应该通过比较市场交易和内部交易的成本来确定。

市场交易成本包括交易一方生产产品或提供服务的成本、为达成交易而进行的信息搜索成本、谈判成本以及签约成本、履约成本、监督成本、仲裁或诉讼成本等。组织的内部交易成本（简称组织成本）包括组织内生产产品或提供服务的成本、行政管理成本和协调监督成本。从技术上讲，相较于市场交易，组织内部的或更大规模组织内部的合作生产，比个体的或较小规模的合作生产的效率要高，因而生产成本要低，但企业的组织成本却有可能高于市场交易成本。但对履约成本而言，内部监督和协调比外部监督和协调成本要低。当组织的内部交易成本小于或等于外部交易成本时，通常便会发生内部交易对外部交易的替代。

由于经营业务越多，规模越大，组织成本越高，因此任何一个企业不可能大到将整个国民经济体系都容纳在内，即使将一个生产部门包括在内也不可能。随着组织管理的改善，尤其是组织内监督协调和分配方式的改善，以及生产技术的进步使生产规模扩大，企业组织可能会越来越大。但是，另一方面，随着社会信息系统的改善、法制的健全，个人创造力和主观能动性的日益增强，也可能有更多的方法在企业外部将个体劳动高效地组织协调成社会劳动。这样，企业规模便会缩小。企业的有效边界是难以确定的，当组织内部生产决策与管理协调成本迅速上升，在上升到一定程度使内部交易成本超过市场交易成本时，就意味着企业规模或业务范围超越了企业的有效边界，此时，必须以市场交易替代内部交易。反之，如果内部交易成本小于市场交易成本，则可以采取一体化战略，扩大企业的规模和业务范围。

（二）产权理论

交易成本理论分析了一体化的成本，但没有同时分析一体化的收益和成本，也没有分析不同的所有权结构对一体化总收益的影响。20世纪80年代末，格罗斯曼（Sanford Grossman，1986）、哈特（Oliver Hart，1986）以及穆尔（John Moore，1990）等人在科斯定理的基础上又提出了产权理论（The Property Rights Theory）。科斯定理认为，如果交易成本为零，那么无论产权如何界定，市场机制都可以实现资源的有效配置。产权理论则进一步提出，如果交易费用不为零，那么不同的产权界定则意味着不同的资源配置和经济效率。产权由企业界定，就是横向或纵向一体化。

格罗斯曼和哈特的代表作《所有权的成本和收益：纵向一体化和横向一体化的理论》，该理论同样假设市场交易中充斥着不完全合同，而且贸易伙伴之间形成锁定关系，相对于强调事后讨价还价的交易成本理论，产权理论更加强调事先投资。

格罗斯曼和哈特（1986）提出，由于合同的不完全性和信息的不对称，合同性权利有两种类型：即特定权利（合同列明的权利）和剩余权利（合同未列明的权利）。"当拥有特定权利所付出的代价高昂时，则一方当事人购入剩余权利为最优决策，合同性权利就是购入的这些剩余权利。"纵向一体化就是为了获得剩余控制权而购入某一供给者或购买者的资产。剩余控制权的配置会影响事先的投资激励，无剩余控制权的一方由于担心事后的利益损失而会降低投资意愿。因此，控制权的配置与激励和效率有密不可分的联系。

哈特和穆尔在《产权与企业的性质》（1990）一文中，沿着不完全合同理论的道路继续行进。他们按照格罗斯曼和哈特的思路，依据企业财产受其所有者控制的情况对企业本质进行了识别。他们认为，一体化与非一体化之间的重要区别在于：一体化时，可以有选择地解雇企业的工人，包括被收购方；而在非一体化时，只能"解雇"整个企业，即与整个企业中止往来。

三、一体化战略的类型

（一）纵向一体化

纵向一体化战略是企业自行对本企业的产品做进一步加工，或对资源进行综合利用，或建立自己的销售组织来销售本企业的产品或服务的战略。按照物资流动的方向，可分为前向一体化和后向一体化。

1. 前向一体化

前向一体化是指企业将业务向消费其产品或服务的行业扩展，包括对自己的产品做进一步的加工，或对资源进行综合利用，或建立自己的销售组织和渠道来销售产品或服务等。前向一体化战略的实质是获得分销商或零售商的所有权或对其加强控制。比如，越来越多的制造厂商（供应商）正在通过建立网站向消费者直销产品来实现前向一体化。这一战略促进了产业的变革。

适合采用前向一体化战略的情况包括：

（1）企业现在合作的销售商成本高昂、不可靠，或不能满足企业的销售需要。企业则可以通过前向一体化，降低与销售商合作的成本；也可以通过控制或获得销售商的所有权，根据企业对销售的需求进行营销，从而避免上述问题。

（2）可以合作的优质的销售商数量非常有限。销售商与企业的竞争者相比数量较少，则企业可以考虑实行前向一体化，则企业不但获得竞争优势，还可以避免与竞争者争夺销售商。

（3）企业当前所在的产业明显快速增长或预计将快速增长。当企业主营业务所在的产业踌躇不前时，前向一体化只会降低企业进行多元化经营的能力。

（4）企业具备销售自己产品的条件。前向一体化可以使企业摆脱因依靠外部销售商而带来的不稳定性，如果企业有能力自己销售产品，则可以通过控制或购买销售商，降低销售商成本高昂或不可靠带来的风险。

（5）稳定的生产对企业十分重要。这是由于通过前向一体化，企业可以更好地预见市场需求。

（6）现有的经销商或零售商有较高的利润。这意味着通过前向一体化，企业可以在销售自己的产品时获得高额利润，并可以为产品制定更有竞争力的价格。

自 2001 年以后同仁堂集团投资组建了北京同仁堂商业投资管理有限公司、北京同仁堂健康药业有限公司、北京同仁堂国际有限公司，形成了同仁堂零售药业的发展格局。近十年的时间，同仁堂的药店已遍布海内外。同仁堂已经形成了在集团整体框架下发展现代制药业、零售商业和医疗服务三大板块，其中已拥有 1500 余家零售终端和 130 多家医疗网点。拥有强大的经销商网络为同仁堂持续、健康发展提供了有力支撑。

2. 后向一体化

后向一体化是指获得供货商的所有权或加强对他们的控制，包括企业自产原材料、形成生产的配套体系等。后向一体化战略的实质是获得供应商的所有权或加强对其控制。后向一体化可以使企业摆脱因依靠外部原材料供应而带来的不稳定性，同时也可以降低企业由于主要供应商利用市场机会抬高价格而带来的脆弱性。

企业可以在下列情形下采用后向一体化战略：

（1）企业当前供应商的供货价格高昂、不可靠，或不能满足企业对原材料的需求，企业则可以通过后向一体化，降低原材料价格；也可以通过控制或获得供应商的所有权，根据企业对原材料的需求组织生产，从而缓解原材料价格高昂或不能满足企业需求的问题。

（2）供应商数量少而企业的竞争者数量多，并且企业需要尽快地获取所需资源。当供应商数量与企业竞争者数量相比较少时，企业可通过控制或拥有供应商，来减少与企业竞争者对供应商的争夺，还可以及时获取所需资源。

（3）企业当前所在的产业正在高速增长。如果产业处于衰退中，一体化战略（前向、后向或水平一体化）会削弱企业进行多元化经营的能力。

（4）企业具备自己生产原材料的条件。后向一体化可以使企业摆脱因依靠外部原材料供应而带来的不稳定性，如果企业有能力自己生产原材料，则可以通过控制或购买原材料供应商，降低供应商提高价格的风险。

（5）保持价格稳定对企业来说非常重要。企业可以通过后向一体化稳定原材料的成本，进而达到稳定产品价格的目的。

（6）企业当前的供应商的利润丰厚。这意味着供应商目前所在的产业是值得进入的。

对于医药产业而言，无论是制造业还是流通行业都是典型的范围经济，表现为同时生产或经营多种相关但不相同的药品，我国的医药产业逐步形成纵向一体化，其按上下游关系构成纵向产业链：药品研发——医药制造业——药品批发——药品零售。如果一家医药企业横跨上下游两个或以上的环节，那么就形成纵向一体化。

3. 纵向一体化的新发展——虚拟一体化

虚拟一体化，亦称动态联盟，是在信息网络技术的基础上形成的，由多个产权独立的模块制造单元通过隐性契约等非股权控制手段而形成的相对稳定的产品和服务分工协作体系。

虚拟一体化与上述的前向一体化和后向一体化相比，具有如下特征：①虚拟一体化以信息网络技术为基础，而不是以实际资产为纽带；②它利用信息共享来协调整个组织的供应、生产、运输、库存和分销活动，尽可能降低交易费用；③以隐性契约为依托，通过网络来加速所有相关企业的信息交流，从而与买方和供应商紧密连接在一起，组成动态供应链联盟；④通过分工协调使所有相关企业变成整个价值链上的一个个模块（一个模块可以同时属于几个虚拟组织），充分享用专业化分工所带来的最低生产费用；⑤由于模块之间没有资产产权的连接，更没有行政隶属关系，几乎不存在由规模扩张带来的管理费用上升的问题，其组织边界也基本上趋于模糊化，可以成为一个无边界的、机构小，但规模大的产业王国。

这种高级一体化在技术上、法律上独立，可以充分利用全社会乃至全球专业化分工带来的益处。在实践中，虚拟组织一方面通过定制响应了客户的多样化需求，由此提高了对市场的适应能力；另一方面，通过剥离非核心业务，发展和提高核心竞争力，企业的发展速度和效益要高于传统型企业。

（二）横向一体化

横向一体化常被称为水平一体化，是指获得对竞争者的所有权或控制权的战略。当今战略管理中最明显的一个趋势就是越来越多的企业将横向一体化作为增长战略。竞争者之间的合并、收购和接管，有利于形成规模经济，提高产业的集中度，促进和加快资源与能力的转移。横向一体化战略已经成为很多产业最受欢迎的战略之一。目前我国将要调整医药产业结构，改变产业内布点过多、规模不经济的现状，鼓励优势企业实行横向一体化战略，并购劣势企业。

横向一体化战略适用于以下情形：

1. 企业可以在特定的地区或领域获得垄断，而不受到政府的制裁。横向一体化通过合并、收购竞争者，提高产业集中度，有的企业还可以通过横向一体化而获得行业的垄断地位。如果企业可以在特定的地区或领域形成垄断，但不会受到政府的制裁，则可以采用此种战略获得规模经济效应。

2. 企业在一个呈增长态势的产业中竞争。企业所在的产业不断发展，市场呈增长趋势，处于这样的产业环境中，为保持自身的产业地位，可通过合并、收购竞争者，扩大规模。

3. 规模经济可以为企业带来较大的竞争优势。横向一体化有利于形成规模经济，如果规模经济可以为企业带来较大的竞争优势，那么企业可以采取横向一体化战略。

4. 企业拥有扩大业务规模的条件。企业拥有可以扩大业务规模的条件，就可以通过并购行业竞争者，减少竞争者的数量，实现扩大规模的目的，获得规模经济的竞争优势。

5. 竞争者因缺乏管理人才，或缺乏其他企业所拥有的某种特殊资源而陷入经营困境。企业可以用低于正常估价的价格并购竞争者，从而获得经济利益。

新一轮的医药企业并购、重组热潮在国内外风起云涌。2009 年至 2012 年，华北制药与冀中能源实施重组、上海医药与上海实业集团实施重组、制药巨头辉瑞与惠氏实现了合并，国内产业和跨国巨头发生的变化，印证了国家医药卫生体制改革将加速推进医药产业重组、整合的事实。目前医药市场已进入竞争激烈的阶段，随着人们健康意识的不断增强，对药品需求的增长以及新医改方案的细化落实，必将促进整个医药市场的大幅扩容，从而对医药产业的结构、经营模式以及竞争格局产生深远的影响。

四、一体化战略的特点

（一）纵向一体化战略的特点

1. 纵向一体化的优点

（1）纵向一体化将提高企业的经济效益。其经济利益主要是通过联合采购、生产制造、销售等各个环节来实现，通过控制生产的上下游工序降低成本，从而实现经济性。

（2）加强了企业的内部控制及协调。企业纵向一体化，对供、产、销、人、财、物统一安排调度，能提高其管理及经营运作的效率，降低成本。

（3）加强了信息的搜集与处理。纵向一体化经营后，联合体统一搜集与处理信息，要比过去每个企业单独、重复地搜集信息更为节约，同时联合体内有专门的信息部门对信息进行搜集和整理加工，并使企业的每个部门能及时得到准确的信息，为科学决策创造了条件。

（4）节约交易费用。纵向一体化的企业可以节约谈判、营销、签订合同等的交易费用，尽管企业内部在交易的过程中也有许多问题要协商解决，但其费用要低得多。

（5）稳定企业的生产和经营。不可靠的原材料供应商和销售渠道会破坏企业生产和经营的稳定，通过控制或拥有供应商和销售商，可以降低生产和经营的风险。

（6）提高差异化能力。纵向一体化可以使企业在管理层能够控制的范围内为买方提供一系列的额外价值，以提高本企业区别于其他企业的能力。这种差异化能力体现在两个方面：一是提供差异化的产品，二是提供有附加价值的服务。

（7）提高进入壁垒。企业实行一体化战略，特别是纵向一体化战略，可以将关键的投入资源和销售渠道控制在自己的手中，从而使新进入者望而却步，减少新进入本企业经营领域的竞争者。企业通过实施一体化战略，不仅可以减少原有经营领域的新进入者，而且扩大了经营范围，可以为企业提供更大的利润空间。

2. 纵向一体化的缺点

（1）增加了企业财务资源管理的压力。纵向一体化会提高企业在产业中的投资，从而增加商业风险，有时甚至会使企业不可能将资源调往更有价值的部分。

（2）难以平衡各经营阶段的生产能力。纵向一体化经常会出现价值链上各阶段的生产能力的不匹配，及各个活动环节最有效的生产规模不一致的现象，造成能力的不足或者过剩，在每一个活动的交接处都能完全实现自给自足也是很少见的。对某项活动来说，如果它的内部产能不足以满足下一阶段活动的需要的话，差值部分就需要从外部获得。如果内部产能过剩，就必须为过剩的部分寻找顾客，如果产生了副产品，还必须进行处理。

（3）增加了管理的难度。价值链上各环节的业务需要不同的技能和业务能力，如原材料的生产、装配、批发、分销、零售都属不同的业务，需要不同的活动支持。需要管理者谨慎考虑的是：这样做是否具有很大的商业意义。因为无论是前向一体化还是后向一体化都会带来不少棘手的问题，可能会与管理者所擅长做的事情不相符合。现实并不像他们所想象的那样——一体化都能给企业的核心业务增加价值。

（4）降低了企业经营的灵活性，延长了新产品推向市场的时间。如果从外部购买原材料比自己制造的要便宜、简单，则企业可以更灵活、敏捷地调整自己的产品，以满足客户需求偏好。

（二）横向一体化战略的特点

1. 横向一体化的优点

（1）实现规模经济。通过兼并、收购同类企业，企业可以扩大规模、降低成本，并可获得竞争对手的技术专利、品牌等无形资产。

（2）减少竞争对手。通过兼并、收购，可以减少竞争对手的数量，降低竞争的强度，为企业的发展营造良好的环境。

（3）提高竞争优势。通过兼并、收购可以使企业的规模扩大，若经营运作得当，则可以巩固企业的竞争地位，甚至可以成为龙头企业，成为行业的领头羊，可以提高企业的竞争优势。

（4）提高市场份额。通过收购或合作的方式，可以获得更大的市场份额，从而获得更多的收益。

2. 横向一体化的缺点

（1）增加管理成本。一般来讲，兼并或收购一个企业后，由于两个企业在历史背景、人员组成、业务风格，以及管理思想、理念、体制与文化等方面的差异，协调的工作量相当大，企业实现完全融合需要相当长的时间，无形中加大了管理成本。组织上的沟通障碍也是横向一体化战略所面临的风险之一，每个企业都有自己特定的文化，不同的企业在横向一体化后可能会难以互相认可。

（2）难以保证产品质量。兼并收购后，尽管由兼并企业派遣干部及员工到被兼并企业去参与管理及生产经营工作，但由于上述原因，产品质量一下子难以达到兼并企业的要求，会造成生产成本的增加。

（3）受限于相关法律。横向一体化还有可能形成垄断，因此相关法律对其做出了限制，比如美国的防垄断法。

（4）在某些横向一体化战略中，企业的专利技术有扩散的风险。兼并收购后，企业的规模扩大，拥有的工作人员必然也会增加，增加了企业对专利技术的管理难度，增大了扩散企业专利技术的风险。

第二节　多元化战略

企业多元化战略起源于美国，由经营战略专家安索夫（H. Ansoff）于20世纪50年代首先提出，至今在管理学界和经济学界已被学者们讨论了半个多世纪。作为突破市场约束、实现跨越式发展的一种典型的企业经营战略，多元化发展在20世纪60年代至70年代被美国、日本及欧洲的许多大型公司所采用。其影响逐步扩大到世界各国，曾一度被认为是企业发展的必经之路。多元化是现代企业最重要的成长方式之一，直到20世纪80年代以后，很多借助多元化经营而形成的企业集团由于遭遇严重的危机，纷纷开始放弃非核心业务，停止一些领域的经营，多元化经营的热潮才开始慢慢消退。

一、多元化战略的定义

多元化战略又称为多角化经营、多样化经营、多种战略经营。美国经济学家安索夫（1957）第一次明确地从企业成长战略的角度提出了企业多元化战略的含义。他认为企业向新市场销售新产品属于多元化战略。美国学者彭罗斯（ET. Penrose）认为多元化包括最终产品的增加，纵向一体化程度的加深，以及企业生产领域的扩展。我国学者康荣平（1996）将多元化战略定义为企业一方面在多个行业内从事生产经营活动，另一方面把多种不同的产品提供给不同的市场。尹义省（1997）认为企业的产品或服务跨一个以上行业的经营方式或成长行为就是多元化。

中外学者根据不同的研究目的，从不同的角度对多元化战略进行了定义，但尚未形成统一的说法。本书将多元化战略定义为企业的最高层管理者为企业制定的多项业务组合战略，是企业为涉足不同行业的业务而制定的发展规划，包括进入何种领域、如何进入等。多元化战略通过进入一个全新的领域或与现有事业相关联的事业，而求得企业的更好发展。

二、企业实施多元化战略的动因

国内外学者从不同的角度对企业实施多元化战略的动因做出过解释，包括资源转移理论、市场势力理论、代理理论等。近年来学者们开始从代理理论、交易成本理论、资产组合理论等角度，利用实证研究来解释多元化。

（一）代理理论

如果企业的管理层拥有较多的企业股票，但由于股东太分散而不能使股东价值最大化时，企业的经营者（管理层）便会利用企业资产来满足自身的利益，而并非满足企业的所有者（股东）的利益。因为管理层仅拥有企业的管理权，而没有企业的所有权，他们为了追求自身利益的最大化，通常会牺牲企业所有者的利益。

同时，企业的生长周期影响企业的多元化战略与成长的关系。一般来说，新兴产业与成熟产业相比具有更多的投资机会，因而企业管理层更乐于将现金投入到能获取高额利润的其他机会上。管理层一方面通过多元化来满足"个人效用最大化"；另一方面为了巩固自己的地位，通常把多元化扩张作为减少企业风险的方法，但这有时会损害股东的权益。因而管理者倾向于选择那些能降低企业风险的项目，开展多元化经营。

（二）资源基础理论

寻租企业会利用过剩的资源进行多元化经营，当企业可以利用内部闲置资源或可以开拓一些技术性资源时，就会开展多元化经营。企业所拥有的剩余资源决定了其利润水平和多元化程度。

如果企业拥有可以在市场上出售或出租的剩余资源时，就不能用资源理论解释企业实施多元化战略的动机；当企业拥有无法在市场上出售、转让或出售、转让的成本很高的剩余资源时，企业只能自行吸收进行多元化经营。专业性资源只适用于较少的行业，其专用性回报率较高；非专业性资源可被广泛应用，为企业实现多元化提供基础。

（三）规模经济理论

规模经济是将市场交易行为内部化，降低因外部交易产生的信息不对称，以及寻找交易对象和实施交易过程付出的机会成本，从而增加企业的经营规模。当企业为了维持这种内部化交易运作付出的成本与市场交易所花费的成本相同时，企业的规模则不再增加。

基于交易费用理论，常见的多元化类型为垂直多元化战略，即将企业外部经营过程的上下游链条进行内部融合企业在成长期时要求对业务进行扩大和扩张，成本存在于企业交易的过程中。企业可以凭借多元化战略将交易成本进行内部化，从而增强竞争能力。另外，多元化企业的内部资本市场，可以将不同来源的资本集中投向高利润部门，如此就能大大提高资本利用效率；同时，企业自身的财务能力也得到了提高，从而保证企业拥有充足的现金流。

（四）资产组合理论

资产组合理论认为，当构成企业的各种资产有剩余时，就可以为其他产品、劳务等提供资源或资源组合的共享，从而降低资源的总成本，利用资源之间的协同效应为多个产品或项目的经营提供服务，增加企业的总利润。

同时企业可以通过多元化投资来平衡风险、稳定收益。如果企业具有多项业务，且各业务的现金流不完全相关，则企业的总体现金流会发生一定的变动，那么实施多元化战略就能达到降低企业总体风险的目的。多元化可以通过资源利用、企业成长和适应市场需求，使企业产生协同效应，并通过抵御市场、技术和外部环境不确定性的冲击，获得稳定的收益和较低的风险。

（五）市场势力理论

如果企业生产多种产品且跨越多个市场，那么企业不需要将一个特殊市场看作其经营策略的决定因素。多元化经营企业比单一经营企业更为兴盛的原因是多元化经营已经进入了集聚状态，而并不是因为多元化经营比单一经营更有效率。

市场势力理论的核心观点是，增大公司规模将会增大公司势力。许多学者认为多元化经营的一个重要动因是为了增大公司的市场份额，但他们不清楚增大市场份额是如何取得协同效应的。其实增大市场份额不仅仅意味着使公司变大，增大市场份额是指增大公司相对于同一产业中的其他公司的规模。美国学者葛里宾（Gribbin）1976年发展了市场势力理论，他认为企业在不同市场上市场能力作用的共同结果导致集聚能力的形成，企业形成市场能力的前提条件是其拥有一定的能力进入不同市场。

三、多元化战略的类型

由于多元化企业中各项业务的关联程度不同，所以形成了各种具体类型的多元化企业。产业组织学派和战略管理学派较为系统地研究了多元化，同时，战略管理学派对其进行了较为详细的分类。

多元化战略根据不同的标准有多种分类方法。按多元化程度，可分为低层次多元化、中层次多元化和高层次多元化；根据关联程度，可分为单一业务型、主导业务型、相关型和不相关型等。

表6-1　多元化经营的程度与类型

多元化程度	关联程度	指标
低层次多元化	单一业务型	超过95%的收入来自某一项业务
	主导业务型	70%~95%的收入来自某一项业务
中层次多元化	相关约束型	不到70%的收入来自主导业务，所有业务共享技术和分销渠道
	相关型（相关和不相关的混合型）	不到70%的收入来自主导业务，经营单位之间的联系是有限的
高层次多元化	不相关型	不到70%的收入来自主导业务，经营单位之间通常无联系

低层次多元化经营的企业将精力集中于某一项主导业务上。当一家企业95%以

上的收入来自于某一主导业务时，该企业就被划为单一业务型；而在主导业务型的企业中，某一项业务的收入占总收入的 70% ~95%。

中高层次的多元化可分为相关约束型、相关型及不相关型三种。当一家企业不到 70% 的收入来自主导业务，且各业务间有某种联系时，该企业的多元化战略即为相关型的。当这种联系直接且频繁，即为相关约束型。相关多元化企业的各业务在资源和资金上共享较少，而知识及核心能力的相互传递却较多；相关约束型企业的各项业务共享较多的资源。不相关型的多元化企业属于高度多元化，企业各项业务之间没有太多的联系。

另一种常见的分类是按照相关度来划分，主要分为相关多元化和不相关多元化。

（一）相关多元化战略

相关多元化战略是企业为了获得竞争优势，增强或扩展已有的资源、能力而有意识地采用的一种战略。实行这种战略的企业需增加与原有业务相关的新产品或新服务，这些业务在技术、市场、经验、特长等方面互相关联。例如三九医药将其"三九"品牌从三九胃泰延伸至三九牌皮炎平和三九牌感冒灵颗粒，这些不同的产品有不同的竞争者，但都是通过同样的渠道来销售。这种关联性的存在，一方面可以通过资源共享，产生协同作用；另一方面，也有可能一荣俱荣、一损俱损，难以有效地规避风险。

（二）不相关多元化战略

不相关多元化战略是指企业进入与原来行业不相关的新领域，各经营业务间没有联系。世界四大维生素生产企业之一的浙江新和成股份有限公司（以下简称新和成）就成功地实施了不相关多元化战略，新合成的主营产品是维生素 E、维生素 A 和香精香料等，同时，新和成进入房地产行业，还投资设立了绍兴越秀教育发展有限公司，成功进军教育投资行业。这种战略的特点是能够分散经营，把发展新产品和新的目标市场有机地结合起来，提高企业的应变能力。但是，不相关多元化的实施比较复杂，一旦处理不好，企业可能会陷入瘫痪。

四、企业多元化战略的实施

（一）实施多元化战略的条件

有多元化经营的动机只是多元化经营的前提，企业要成功地实施多元化战略，还必须具备一定的条件。

1. 企业要拥有必要的资源才能使多元化战略具有可行性。多元化战略的动力与资源缺一不可。资源包括有形资源和无形资源。无形资源比有形资源更具灵活性，有形资源的共享可以促进多元化，而对资源的共享越少，多元化的价值就越小。

2. 资本市场和管理者市场是多元化经营的前提条件。特别是当企业通过并购形成多元化时，需要资本市场的支持。管理者市场也非常重要，拥有合适的管理者常常是多元化经营的前提条件。

3. 科学的决策管理体系是实施多元化的支撑条件。企业还应建立一套多元化投资决策的管理体系和程序，使多元化经营决策更为科学化、合理化。

4. 企业领导人有驾驭多元化战略的能力。企业领导人的领导能力在实施多元化战略时不可忽视，实施多元化战略一个潜在的要求是领导人应具备经营多元化的精力和能力，并且可以很快适应新领域并形成特色鲜明的发展战略。

5. 要考虑主营产品所处生命周期的位置。企业实施多元化战略需结合产品所处生命周期的位置，若产品还未到达成熟期，仍有较大的上升空间，则没有必要急于实施多元化。若产品进入了成熟期或衰退期，并已取得了较大的竞争优势和较高的市场占有率或已规模不经济，则可以考虑实施多元化战略。

6. 企业的财务结构稳健，财务状况较好。毋庸置疑的是，财力支持是企业实施多元化战略的基础，一个财务处于危机的企业不可能实施多元化，而正在实施的多元化也可能由于资金链断裂招致失败。所以，企业只能在有较好的财力保障的情况下才可以实施多元化战略。较好的财务状况表现为：资产负债率较低、剩余资源较多、资产流动比率较高、现金流较为稳定并有稳定的资金筹措来源。

（二）实施多元化战略的方法

1. 相关多元化战略的实施

（1）相关多元化战略的适用条件

①技术、生产能力可以从一种业务转向另一种业务；

②可以将不同业务的相关活动合并在一起运作，并可降低成本；

③在新的业务中可以借用企业品牌的信誉；

④以能够形成竞争能力的协作方式来实施相关的价值链活动。

（2）实施相关多元化战略的常见方法

①收购或组建能共享销售力量、广告和分销活动的制造业；

②开发密切相关技术；

③寻求能提高生产能力、资源利用水平的方法；

④提高现有自然资源和原材料的利用水平；

⑤收购能够大大改进其运营的企业；

⑥建立相同名称、共享商誉的分支企业等。

2. 不相关多元化战略的实施

（1）不相关多元化战略的适用条件

①企业所在行业逐渐失去吸引力，企业销售额和利润下降；

②企业没有能力进入与其相关的行业；

③企业具有进入新行业所需的条件；

④企业有机会和能力收购一个具有良好投资机会的企业。

（2）实施不相关多元化战略的常见方法

①资金充足、缺乏机会的企业收购一些机会众多而资金短缺的企业；

②债务较重的企业收购债务较轻的企业，以平衡自身的资本结构，并增强借贷

能力；

③培养多个业务不相关的经营集团，集团之间建立一定的支持与联系。

五、企业实施多元化经营的风险分析

（一）品牌稀释效应

品牌稀释效应是指企业在实施品牌战略过程中，核心品牌在新产品上的使用，使得消费者对品牌的评价有所下降的现象。我国医药企业的品牌战略，既有多品牌战略，又有品牌延伸战略，这与企业的多元化经营密切相关。我们熟知的品牌延伸如三九医药将其"三九"品牌从三九胃泰延伸至三九牌皮炎平和三九牌感冒灵颗粒；云南白药涉足日化领域，将药品品牌"云南白药"延伸至日化产品云南白药牙膏等。事实证明，不符合市场认知的品牌延伸会带来负面的效果。曾经，三九医药试图开辟三九牌矿泉水、三九牌啤酒的市场，而许多消费者反映在饮用时会联想起一股药味，因而在市场上没能得到认可，但三九品牌在皮炎平和感冒灵颗粒上的品牌延伸却获得了成功，产生了良好的品牌共享和品牌扩张效力。因此对专业性程度高的产业而言，进行非相关或低相关性领域的多元化经营前需要慎重考虑，经营领域选择不当，反而会对原来已经成熟的品牌产生市场稀释的副作用。

（二）放射状多头发展，具有跨行业经营风险

很多实力较强的企业在进入多元化领域时，并没有遵循循序渐进的发展规律，而是同时进入若干不同领域，呈放射状多头发展。而多元化战略在开拓新市场的过程中，短期收益并不明显，在一段较长的时间内持续保持较强的资金需求态势。因此，放射状多头发展的结果往往导致企业投入领域过多，而缺乏后期有效的资金支持，导致布局散、规模小、成本高、效益差。

根据风险分担理论，如果企业经营相关性不大的产业，当其中的某些产业经营不良时，其他项目可以通过交叉补贴等方式降低总体经营的风险。跨行业经营要面临更多行业的竞争，在市场分工日益精细化的今天，要对不同行业都有细致的了解与认知，不管是通过并购或是直接投资的方式进入不相关的产业，都要面临资金、人员等方面的优化配置问题。对于更为复杂和庞大的企业，管理和协调难度将会加大，这一切无疑都会加大企业经营的风险，甚至会对企业的核心竞争力产生冲击。三九医药之前的多元化经营战略涉及过多的产业，企业资金需求加剧，同时庞大的经营体系引发管理成本的急剧增加，最终只能剥离许多与健康产业不相关的产业，这样才逐步回归到正常的经营轨道。

（三）管理风险

企业在多元化战略执行过程中的另外一个缺陷就是企业在新业务领域内缺乏必要的人才储备，人力资源的短缺将使研发能力、管理水平和经营决策的科学性无法保证，最终导致经营业绩下滑、新业务开拓不力，影响企业战略的执行。

企业实行多元化经营后，由一个产业过渡到横跨几个产业，管理难度加大。新

投资的产业会通过财务流、物流、决策流、人事流对企业原有的经营管理模式带来全面的影响。有的企业以"并购"方式进入一个新产业，进入后才发现还需要源源不断地注入后续资金，用于对新产业进行改造以及维持其正常运作，结果导致企业整体的资金流紧张。另外，不同的行业有不同的业务流程、市场模式和企业文化，企业一时难以适应，将带来较大的管理风险。

（四）财务风险

多元化战略同时对若干个市场领域进行投资，将导致企业对资金需求量大幅增加，在投资和筹资两个方面增加了企业的财务风险。跨行业投资在市场需求把握、技术开发和管理模式适应性等方面都存在不确定性，外部交易成本的增加和新技术开发的高难度使企业投资的有效性降低。同时，大量筹资使企业负债率提高，偿债能力降低，风险加大。例如，某企业为了追求高速增长，以高额负债堆积起一个庞大的资产规模，其资产负债率高达 90% 以上，这极有可能给企业带来严重的财务危机。

六、实施多元化战略的风险防范

（一）多元化战略要遵循"相关—非相关—相关—非相关"的原则，循序渐进

企业在多元化的过程中，为保证核心竞争力随多元化的推进而不断得到提升，就必须保证新进入的业务领域与原有产品和市场能够产生协同效应，而协同效应的产生又需要新旧产品（市场）之间具有较大的关联度。因此，企业实施多元化战略首先要在相关多元化领域做大做强，之后再进入非相关领域，这也是保证多元化战略顺利实施的关键。

（二）促进产业结构和增长方式的调整，实现集约型增长

对于主业饱和或萎缩的企业，在推行多元化战略时，可以借多元化发展实现产业结构调整，一般采用进入关联度较小的新领域发展模式。但采取此种多元化战略也需要考虑如何利用企业现有的市场、品牌、管理模式等资源，并进行有效整合，实现低消耗、高收益的集约型增长。

（三）提升企业管理水平，促进规模效益显现

在多元化企业规模不断扩大的过程中，企业管理水平的相对滞后将导致决策的盲目和管理费用的增加，以致规模不经济。因此，在企业多元化的同时，要通过调整企业的治理结构等方式避免管理水平和决策能力的低效和滞后，以减少决策风险，促进规模效益的显现。

（四）把握好实施多元化战略的时机

在选择实施多元化战略的时机时，要综合考虑拟进入产业的发展状况（外部条件）和企业自身的发展状况（内部条件）这两个因素。企业要在两者间寻找最佳切

入点，在产业或产品周期的不同阶段，企业经营的难易程度是不同的，企业所采取的战略也应有所不同。企业要力争进入处于投入期或成长期的产业中去，避免进入处于成熟期或衰退期的产业，这是由企业竞争能力、发展潜力和产业壁垒所决定的。因此，对新产业和新产品的准确预测和判断至关重要，这是进入新领域能否成功的关键因素。如果企业盲目进入处于产品生命周期后期的产业中，即使这个产业具有一定的规模，也具有市场吸引力，企业也将会面临较大的风险。

（五）防范财务风险

企业能否进入该产业进行多元化经营，还需将产业机会与企业的整体目标结合起来考虑。如果该产业机会不能推动企业完成整体目标，而占用企业稀缺的资金，将加大企业的财务风险；如果产业机会符合企业的目标，企业还应考虑是否具备介入该产业所必需的技术、资金和竞争力。只有充分分析企业面临的这些内外部条件，找准实施多元化战略的时机，才能大大降低财务风险，成功实施多元化战略。

本章小结

本章介绍了企业的总体战略，围绕一体化战略和多元化战略进行论述。一体化战略包括纵向一体化战略和横向一体化战略，其中纵向一体化战略是专业化战略的延伸，是企业对自身产品做进一步深加工，或对资源进行综合利用，或建立自己的销售组织来销售本企业的产品或服务的战略。横向一体化战略是指生产相似产品的企业置于同一所有权控制之下，兼并或与同行业的竞争者进行联合。多元化战略是企业最高层为企业制定的多项业务组合战略，是企业为涉足不同行业的各项业务制定的发展规划，包括进入何种领域、如何进入等。常见的按照相关度分类的多元化类型主要有相关多元化和不相关多元化。相关多元化战略是企业为追求战略竞争优势，增强或扩展已有的资源、能力而有意识采取的一种战略；不相关多元化战略则是企业开展与原有产业不相关的新业务，企业所经营的各业务之间没有联系。

本章案例

哈药集团——多元化战略的运用

哈药集团一直是全国制药工业中的佼佼者，自我国加入 WTO 以后，国外一些大型医药企业抢占了我国的医药市场，给国内企业带来了前所未有的压力和挑战。哈药集团作为国内为数不多的大型制药企业之一，其实施多元化战略来取得竞争优势的案例，值得我们深入的研究。

一、哈药集团的多元化战略

（一）哈药集团多元化战略的实践历程

哈药集团有限公司于 1989 年 5 月注册成立，主要业务包括医药制药、医疗器械及医药器械制造、医药化工原料和医药商业等。发展到 2001 年，哈药集团股份有限公司包含 11 个分公司，主要生产抗生素原料药及制剂、中药粉针剂、滋补保健品、高档中成药、生物工程药品等六大系列。

哈药集团以多元化的方式去扩大市场份额，增强企业竞争力。2000年以来，哈药三精收购黑龙江省内的明水药业、东宁药厂、黑河药厂等企业。2007年哈药三精通过参股、控股的方式在成都、山东、陕西、吉林、内蒙古等地成立商业公司，并与合作伙伴合资组建澳门三精中央大药厂、哈尔滨三精女子专科医院，形成工商并举式发展的新架构。

哈药集团的经营范围包括：许可证经营项目，即按直销经营许可证从事直销。一般经营项目，购销化工原料及产品，按外经贸部核准的范围从事进出口业务；仅限分支机构经营的医疗器械、制药机械制造、医药商业及药品制造、纯净水、饮料、淀粉、饲料添加剂、食品、化妆品制造、包装、印刷；生产阿维菌素原药；仅限分支机构经营的保健食品、日用化学品的生产和销售。哈药集团拥有抗感染类、化学合成原料与制剂、非处方药物及保健品三大主营业务。

二、哈药集团实施多元化战略存在的问题

（一）发展规模不均衡

哈药集团下面所属各企业发展规模不均衡，重复建设的现象比较严重。目前，哈药集团的三大支柱企业有哈药集团制药总厂、哈药三精制药、哈药六厂，其余单个企业的规模都较小，产品销售主要面对国内市场，尚未形成另外的大规模优势企业，容易出现中间断层，不利于运用哈药的核心能力。

（二）产品差异化小、附加值低

虽然哈药集团的三大主营业务核心产品在产量和销售量上都居国内领先地位，主营业务与同行的制药企业相比，产品的技术处于国内领先水平，但是产品差异化较小。这样就很容易被其它企业模仿和赶超，难以保持持久的竞争优势。

（三）技术创新能力不足

我国的医药技术是通过学习美国等发达国家而发展起来的，一直将仿制国外同类产品作为自身新产品开发的主要途径，较少进行自主的研制工作。与国外先进的工艺、技术水平、产品质量相比，仿制产品水平存在很大的差距。

（四）融资渠道单一

目前，哈药集团投资的资金一方面来自于股东投入的股本金，另一方面主要是依靠银行贷款，融资渠道相对比较狭窄。

（五）科研资金投入相对匮乏

制药业是一种高投入、高风险、高回报的产业，如果资金短缺不足，社会上的风险投资机制不健全，产业发展基金没有启动，最终会导致企业的开发和生产经营活动受到制约。

（六）缺乏关键的高端人才

医药产业对科技的要求很高，企业获取核心竞争力的前提和基础是技术人才，管理人才不仅可以帮助企业整合各类资源，而且可以监督企业实施多元化战略，从而保障企业运行得良好，而优秀的营销人才是产品最终实现价值的保证，为企业带来盈利。

三、哈药集团改善多元化战略的对策

（一）强化核心能力的建设

在分析自身存在的问题后，哈药集团开始把握自身资源，强化核心能力的建设。在夯实各业态发展的同时，加快业务整合和创新，优化盈利结构，合理利用有效资源，加强成本的控制，充分发挥企业各自优势，全面提升质量、效益和发展三大业绩。

（二）强化技术创新能力

1、创新最终产品

哈药在现有技术水平的基础上，加强制剂技术的研究开发，提高制剂设计与工艺水平，使化学药物的产品结构得到合理调整，不断保持竞争优势。

2、仿制与创新相结合

在不忽视专利药研究的前提下，最佳选择是进行仿制与创新相结合。哈药集团以充分回避国外专利为基础，合法地开展品种的仿制与自身创新工作。仿中有创，以仿促创，形成自己的部分知识产权。

（三）健全融资体系

健全融资体系可使哈药集团获得强大而稳定的外部支撑条件，哈药重点从发展风险投资、多渠道筹集资本、采取资本联盟组合这三个方面来健全融资体系。

（四）实施管理创新

实施"管理创新"工程，增强了哈药集团的专业化经营和功能化管理能力。在精简、高效、统一原则的指导下，加强企业文化建设、调动人才积极性以及对薪酬制度进行再设计。

2010年，哈药集团在《医药经济报》评选的"年度中国医药业十大最具影响力企业"中高居榜首，这与其成功的多元化战略密不可分。

思考题

1. 多元化战略对于企业自身有什么要求？试结合哈药集团的案例具体说明。
2. 哈药集团多元化经营的实质是什么？有何利弊？
3. 在实施多元化战略的过程中需要注意什么问题？
4. 结合企业的实际经营情况，分析本案例传达的经验和启示。

本章习题

1. 什么是一体化战略？
2. 什么是纵向一体化战略，一般分为哪几种类型？

3. 企业实施多元化战略的条件有哪些？
4. 简述多元化战略的类型。
5. 企业实施多元化战略的条件有哪些？
6. 简述医药企业实施多元化战略的风险及如何防范。

第七章

企业经营战略

经营战略是企业面对变化激烈、挑战严峻的环境，为求得长期生存和不断发展而进行的谋划，是对企业总体战略的细分执行。它是企业战略思想的集中体现，是对企业经营范围的科学规定，同时又是制定规划（计划）的基础。经营战略所涉及的问题是在给定的一个产业内，经营单位如何竞争取胜，即在什么基础上取得竞争优势。本章将首先讨论企业的一般竞争战略，即成本领先战略、产品差异化战略及集中化战略，第二节将探讨进攻战略和防御战略，第三节将论述竞合战略。

第一节　一般竞争战略

迈克尔·波特指出企业的一般竞争战略有三种，即成本领先战略、产品差异化战略及集中化战略。经营单位的竞争战略是针对企业内的业务单元来讲的，是业务单元的战略，而不是总体战略。对于一个多元化经营的企业来说，其有许多业务单元，在确定总体战略后，需要对每项业务单元制定具体的产品或市场竞争战略。

一、成本领先战略

（一）成本领先战略的定义

成本领先战略是指企业通过加强对成本的控制，将研发、生产、销售和售后这一系列经营过程的成本降到最低。成本领先要求企业积极地建立大规模、高效率的生产设施，努力降低成本，加强对成本与管理费用的控制，以最大限度地减少研发、生产、推销及广告等的费用。为了实现这些目标，有必要对成本控制给予高度重视。尽管产品或服务的质量等也不容忽视，但贯穿于整个战略的思想是使成本低于竞争对手。

成功实施成本领先战略的关键在于，在向买方提供产品或服务的前提下，逐步形成相对于竞争对手的可持续的低成本优势。换言之，奉行成本领先战略的企业必须开发低成本优势的持续性来源，设置防止竞争对手模仿的障碍，唯有如此这种成本领先优势方能持久。

（二）成本领先战略的特点

企业采取成本领先战略有以下几点优势：第一，可以形成进入障碍。企业的低成本为竞争者设置了较高的进入障碍，使那些经营上缺乏经验的、生产技术不熟练的、尚未形成规模经济的企业难以进入。第二，可以尽可能地减少替代品的威胁。替代品是指与本企业产品有着相同功能或者类似作用的产品。本企业的产品凭借其成本优势，在与替代品竞争时，仍能吸引大量的买方，从而减轻替代品的威胁，使企业处于有利的竞争地位。第三，可以使企业保持领先的地位。当一个企业与同行业其他竞争者竞争时，由于产品成本较低，可以在其他竞争对手无利可图的低价水平上保证一定的收益，利于扩大市场份额，保持自身的竞争优势，获得高于同行业的平均利润。第四，增强讨价还价的能力。低成本能够为企业的利润率提供保障，提高企业对抗买方的强有力的讨价还价能力。同时，企业成本低，可以提高应对购买者讨价还价能力。

正是由于成本领先战略具有上述明显的优势，所以成本领先被企业作为形成竞争优势的重要基础。对成本优势的强调，反映了人们对价格的重视，这是因为价格竞争能力最终取决于成本水平，同时实施成本领先战略也反映了一些企业领导层在战略上的偏好。

（三）实施成本领先战略的途径

企业选择实施成本领先战略后，使用何种途径才能保持成本优势是整个战略实施过程中的重点。通常而言，企业主要是通过改造企业价值链、控制成本驱动因素和其他途径来实现的。

1. 改造企业价值链

当企业审视企业价值链的构成时，要注意构成价值链的各项价值活动及其逻辑关系的必要性、合理性，如果价值链不能符合企业的要求，就要对其实施变革，从而改变企业的业务过程。

（1）从顾客需求出发。全面审视、改进企业的业务活动流程，重构企业价值链，可以使企业整体的业务活动更简练、高效，还可以使企业提高对顾客服务的效率，带来运作成本的节约。

（2）整合再造价值链。企业重新确认影响成本的重大因素，从而改变其竞争基础。企业可以通过再造价值链来实现企业战略。例如，日本资生堂曾一直期望通过本部的分销渠道将产品（化妆品）打入中国，但进展甚微，后来在上海浦东合资建厂，直接在中国产销，这一重构价值链举措，大幅降低了关税、运费和人工成本。

（3）流程再造。从组织过程出发，从战略角度思考每个活动的价值贡献，然后运用现代资讯科技手段，最大限度地实现技术上的功能集成和管理上的职能集成，以打破传统的职能型组织结构，建立全新的组织结构，可以实现企业经营在成本、质量、服务和速度等方面的改善。

2. 控制成本驱动因素

当企业的价值链从总体上来是适合本企业的，那么企业降低成本的重点就转向对企业的成本驱动因素进行控制，其主要包括以下几种模式。

（1）使用规模经济。通过规模经济取得适当的规模，获得成本降低优势。主要通过大量采购来降低成本，兼并、扩大产品种类、扩大市场或营销活动来增大规模，在对规模敏感的活动中加强制定规模经济的政策等来实现。

（2）利用学习及经验曲线效应。当企业找到改善工厂布置和工作流程的方式，找到改进零配件以简化装配的途径时，经验的运用可以节约大量的人力和物力。在厂内建造或改造生产设备，竭力留住经验丰富的员工，以其他公司类似活动的业绩作为参考对公司的活动进行标杆学习，采访供应商、咨询人员和竞争对手的退休职员以利用他们的智慧来为企业服务，这些都可以使学习曲线效应发挥出来。

（3）降低关键性资源成本。关键性资源主要包括工资成本、原材料等的采购成本。该方法的实施是利用采购的谈判力量从供应商那里获得更优惠的购买待遇。

（4）提高生产能力利用率。企业可以尽量使生产运作系统在接近满负荷状态下运转，使承担折旧和其他固定费用的生产量扩大，从而降低产品和服务的单位固定成本。

3. 其他途径

（1）塑造企业的成本文化。企业的成本不仅仅反映在制造成本中，在整个企业中养成注重细节、精打细算、讲究节约的企业文化，使成本降低成为企业文化的核心，一切行动和措施都体现这个核心，才能在真正意义上做到成本降低。

（2）生产技术的创新。降低成本最有效的办法是生产技术创新。一场技术革新会大幅度降低成本，生产组织效率的提高也会带来成本的降低。

（3）利用发达的科技信息技术。电子通讯手段可以减少笔头工作，减少打印、复印成本等可以使各个节点的成本降低，电子邮件加快信息传递时间使点与点之间的衔接也应尽可能保持光滑、平稳，即各个点之间的衔接成本也可以保持在较低水平。

（四）实施成本领先战略的注意点

1. 企业投资较大。因为企业必须具备先进的生产设备，进行高效率地生产，并保持较高的劳动生产率。企业要投入大量资金购买先进的生产设备，这就对成本领先战略的实施起到了阻碍作用，而且随着时间的推移，设备的老化、折旧，企业的生产成本会逐渐增加，企业要想保持成本领先的优势，就要进一步寻求突破口。

2. 社会技术进步引致生产工艺有新的突破。这将会使企业过去大量的投资和由此产生的高效率丧失优势，使竞争对手比较容易以更低成本进入该行业，从而对原有企业构成威胁。尽管一个成本领先的企业是依赖其在成本上的领先地位来取得竞争优势，而要成为经济效益高于一般竞争者的超群者，则与竞争者相比，其应能够更长久地保持住低成本优势，企业需要不断地更新技术，寻求可以降低成本的生产工艺。

3. 企业高层领导过多地将注意力集中于成本领先战略。这样，可能会导致企业忽视买方需求的变化、对产品差异的兴趣以及对价格敏感性的降低等。如果企业拘泥于现有战略，就很有可能被采取产品差异化战略的竞争对手击败。

4. 由于企业集中大量投资于现有技术及设备，对新技术及技术创新的反应可能会变得迟钝。同时，由于大量投资于现有的技术及设备，其退出壁垒会增高，原设备的巨额投资可能会成为企业战略调整的巨大而顽固的障碍，使企业不愿为战略调整而付出巨大的代价，企业由此而陷入被动的地位。

对于医药企业而言，实行成本领先战略，务必要不断创新技术与管理制度，保证持续的行业领先地位。当某个企业的产品或服务具有一定的竞争优势时，竞争者通常会跟风或模仿，形成与之雷同的产品或服务，给企业带来困扰。其次要坚持"以人为本，质量第一"的理念。药品安全责任重大，务必要在确保药品质量的前提下降低成本。如果片面追求降低成本，则不仅会影响药品的质量，而且企业也不会获得长远的经济效益。所以，医药企业务必要在保证药品质量的前提下依靠技术创新来实现成本的降低。

二、产品差异化战略

（一）产品差异化战略的定义

产品差异化战略是指将企业提供的产品或服务差异化，形成一些在产业范围内独具特色的东西。产品差异化战略使企业通过树立品牌形象、提供独特性产品或服务以及技术等手段，来强化产品的特点，让买方感觉其支付的价格尽管高于其他同类产品，但仍然"物有所值"，甚至"物超所值"。同时，通过使买方对产品的差异化特征产生高度依赖，从而赢得其对产品的忠诚，企业将获得较大的利润空间，同时进一步加大其在产品质量、新技术开发以及附加服务方面的投入，从而实现企业成长的良性循环。

企业在实施差异化战略时，可能会遇到如下风险：首先是买方对某种特殊的产品价值的认同与偏好，可能不足以使其接受该产品的高价格；其次，竞争者可能会设法模仿产品的差异化特征，企业应努力提高其所提供的产品或服务的差异性，并长久地保持产品的独特性，从而使其独特性不被竞争者快速而廉价地模仿。

（二）产品差异化战略的特点

企业实施产品差异化战略能够形成如下几点优势：第一，形成进入障碍。由于产品或服务具有一定的特质，买方将会对其产生较高的忠诚度，因而会对潜在的进入者构成强有力的进入障碍。第二，降低买方的敏感度。由于买方对企业的产品或服务有一定的忠诚度，则当这种产品或服务的价格发生变化时，买方对其的敏感度也将会降低。则企业可以运用产品差异化战略，在产业竞争中形成一个隔离地带，减少竞争者的侵入。第三，增强讨价还价的能力。产品差异化战略可以增强企业对供应商的讨价还价的能力，降低企业的总成本，从而带来更多的收益。同时，由于差异化的产品或服务是竞争对手以同样的价格所不能提供的，而且买方对价格的敏感度降低，可以削弱购买者讨价还价的能力。第四，减轻替代品的威胁。采取差异化战略的企业在应对替代品的竞争时，要比其他竞争对手处于更有利的位置，这同样是由于购买差异化产品的买方对价格敏感度降低，同时更注重品牌和企业形象，所以一般情况下不愿意接受替代品。

（三）实施产品差异化战略的途径

1. 产品内在因素的差异化

产品内在因素的差异化是指企业在产品性能、设计、质量以及附加功能等方面为买方创造价值，并形成自身的独特性。即应当认清购买者是谁、其所看重的价值是什么，然后在其看重的价值链环节中为其创造与众不同的价值。

企业为使自己的产品区别于同类企业的产品并确保竞争优势，就要大力开展R&D工作，争取使产品在性能、设计、质量以及附加功能等方面发生改变，并不断推出新产品。产品差异化与技术进步、R&D密切相关。R&D的核心旨在通过扩大产品差异化程度增强竞争力，如改良产品品种、提高产品质量、增加产品功能及改善产品外观等行为的过程，就是形成产品差异化的过程。反过来，产品差异化对企业的发展也具有推动作用，由其带来的巨额利润又能促进技术的不断进步。

2. 产品外在因素的差异化

产品外在因素的差异化是指企业利用产品的包装、定价、商标、销售渠道及促销手段等，与竞争对手在营销组合方面形成差异化，从而开创独有的市场。

（1）通过合理定价、改进包装、树立品牌等方式实现产品差异化。如高价显示高贵，精美包装显示优质，借此树立企业产品的形象。在产品的核心部分与竞争者相同或相似的情况下，通过塑造不同的产品形象来获取差别优势。为企业或产品成功地塑造形象，需要具有创造性的思维和设计，需要利用企业所能利用的所有工具。

（2）通过宣传，利用广告形成产品的差异化。通过各种传播媒体和手段，将有关产品特征的信息传达给市场，使买方感受到产品的差异性，从而在其心目中树立与众不同的形象。广告的目的是通过强调产品的各种特点，使消费者形成偏好，或通过重复播出引起潜在消费者的注意。例如，不同企业所生产的阿司匹林实质是一样的，但有些药品生产企业通过广告宣传来影响广大消费者，使消费者在心理上认为它们是有差异的，从而，不同品牌的阿司匹林就会存在一定的价格差异。

（3）通过优质服务来形成产品的差异化。就是借优质服务，寻求差异，如免费送货、分期付款、设定一定的保修期等。在现代市场营销中，服务已成为产品的一个重要组成部分。企业的竞争力越能体现在服务水平上，产品的差异化就越容易实现。因为服务能够提高顾客总价值，进而为顾客提供更多的让渡价值，从而形成牢固的顾客关系，以击败竞争对手。

（4）通过分销渠道来实现产品的差异化。湖北九州通医药股份有限公司在2011年与京东商城合作，设立由九州通控股的好药师大药房，共同开展医药类 B2C 业务，以电子商务方式出售药品、保健品等。

产品外在因素的差异化有时与能否满足买方的物质需求没有太大关系，但它却能使买方在心理上得到满足，从而使其愿意支付较高的价格，进而建立企业的信誉、形成买方对产品的忠诚度，使竞争对手难以与之竞争。

（四）实施产品差异化战略的注意点

1. 独特性并不意味着差异化，只有能为买方提供附加价值才是有意义的差异化。大部分有意义的差异化通常来自于买方的偏好和可衡量的价值，而衡量一项差异化是否具有价值的标准就是企业在向买方推销时，能否控制和维持溢价。格雷司琼透皮控释贴片是普罗斯特拉坎集团（ProStrakan Group）新颖的受专利保护产品（商品名：Sancuso），可持续 5 日预防化疗引起的恶心和呕吐，其疗效可与格雷司琼口服制剂在预防化疗中恶心和呕吐等不良反应相媲美。Sancuso 的独特性是使用简便的透皮贴片即可提供此预防作用，避免以往一日需多次注射给药，因而减少可能出现感染的危险，给患者提供有意义的附加价值，成功地实施了差异化战略。

2. 从差异化中获得的溢价应是差异化价值和持久性的函数。如果溢价过高，买方对某种特殊的产品价值的认同与偏好，可能不足以使其接受该产品的高价格。因此，企业应该制定一个合理的价格标准，与买方共同分享部分价值。适当的溢价应不仅是产品差异化程度的函数，而且应是企业形成差异化的相关成本的函数。如果企业不能将其成本控制在与竞争对手相近的水平，竞争者可能会设法模仿产品的差异化特征，企业应努力提高其所提供的产品或服务的差异性，并长久地保持产品的独特性，从而使其独特性不被竞争者快速而廉价地模仿。

3. 不能只重视产品而忽视整个价值链。有些企业只注重从实际产品中寻找差异化的机会，而忽视了整个价值链中的其他机会。整个价值链是提供差异化的持久基础，如差异化营销战略。市场营销的差异化战略包括企业的形象设计、广告的投放频率和投放渠道、企业信誉等一系列活动的组合。采取这种战略的好处在于能够迅速地建立企业的品牌，争取更多的客户。弱点在于将资金投放在营销上必然会减少企业在提高产品或服务的质量以及技术水平上的投资，如果企业提供的产品或服务与企业所宣传的形象有一定的差距的话，其效果就会适得其反。

4. 应该正确认识购买者的需求。差异化战略应以满足一定的买方的需求为基础，但这并不意味着企业要选择集中于一点的战略。如果企业不能正确地划分买方市场，它的差异化可能无法满足任何买方的需求。

若医药企业能够对其经营的产品进行某些改造，使其与同类产品具有一定的差异，则可能会赢得更多的竞争优势。而药品作为一种特殊的商品，其剂型、包装乃至在医院或药店的摆放位置都要受到药典及相关法律、法规的约束，药品的生产者和经营者不能别出心裁地对其进行修改。当前我国医药企业的技术创新能力较低，大多数企业只能对仿制药进行简单地重复生产，同时也不具备研发与改造药品剂型或给药途径等的能力，同时又需要大量的时间与经费投入，且难度较大、不易成功。因此，就药品本身来说，同质化经营现象严重，企业靠药品的差异化来增强竞争力是比较少的。

三、集中化战略

（一）集中化战略的定义

集中化战略是指主攻某个特定的顾客群、某系列产品的一个细分区段或某个地区市场，其围绕着某一个特定目标而奋斗。该战略的前提是企业能够以更高的效率、更好的效果为某一狭隘的市场服务，从而超过更广范围内的竞争对手。在企业的资源不允许其追求更广泛的市场，且各细分市场的规模、成长率以及获利能力等存在很大的差异时，可以考虑实施集中化战略。

（二）集中化战略的特点

作为三大基本的竞争战略之一，集中化战略也能够成功地应对五种竞争威胁，其应对竞争威胁的方式与成本领先战略及差异化战略相似，细微的差异源于局部市场的具体特点。尽管从在整个市场的角度看，集中化战略未能取得成本领先或差异化优势，但它却在其狭窄的市场目标中获得了一种或两种优势地位。三种基本战略之间的区别如图 7 - 1 所示。

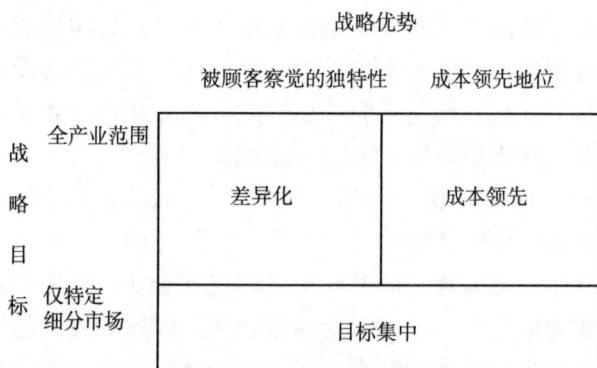

战略优势

被顾客察觉的独特性　　　成本领先地位

战略目标	被顾客察觉的独特性	成本领先地位
全产业范围	差异化	成本领先
仅特定细分市场	目标集中	

图 7 - 1　三种基本战略

采取集中化战略的企业，通过集中自身有限的资源，选择适宜的目标市场参与竞争，专心孕育服务品牌，以获得在目标市场上的竞争优势而不是全面的竞争优势。这种战略的优点在于企业能够控制一定的产品势力范围，在此势力范围内其他竞争者不易与之竞争，故其竞争地位将较为稳定。北京和睦家医院针对医院服务对象中的高消费层提供特需服务，是运用集中化战略的一个成功范例。

北京和睦家医院成立于 1998 年，是由美国美中互利工业公司与中国医学科学院合作建立的中外合资医院。仅有 20 张病床的北京和睦家医院是我国首批盈利性的洋医院之一。在和睦家医院看一次病的诊疗费约为 500 元人民币，顺产一个婴儿需 5 万元人民币。医院服务的主要群体是在华的外国人和我国的高收入阶层。和睦家医院从它开办之日起就告诉人们：这是一家专为高消费群体服务的医院。成立十多年，和睦家医院已从最初的门庭冷落，到现在每天门诊超过 200 人次；从最开始的一个仅有 2 个科室的妇儿医院，发展到现在的全科医院，证实了其目标市场人群定位选择的准确性。

（三） 实施集中化战略的途径

1. 产品线集中化战略

对于产品开发和工艺装备成本偏高的行业，可采取产品线集中化战略。例如医药行业开发新的剂型、增加药品适应症和将具有可配伍的药品组合为一个整体产品等都属于产品开发的范畴。

2. 顾客集中化战略

将经营重心放在不同需求的顾客群上，是顾客集中化战略的主要特点。比如某些企业以市场中高收入群体为重点，注重产品最佳质量而不计较价格高低的顾客；某些企业将产品集中在特定顾客群，如适用于黑人消费者的护发品。

3. 地区集中化战略

企业细分市场后，可以以地区为标准实施集中化战略。如果一种产品能够按照特定地区的需要实行重点集中，能获得竞争优势。此外，在经营地区有限的情况下，采取地区重点集中战略，也易于取得成本优势。如小型制药企业，由于运输成本很高，将经营范围集中在一定地区之内是十分有利的。

4. 低占有率集中化战略

市场占有率低的事业部，通常被公司总部视为"瘦狗"或"金牛"类业务单元。对这些事业部，往往采取放弃或彻底整顿的战略，以便提高其它产品的市场占有率。

（四） 实施集中化战略的注意点

企业在实施集中化战略时，往往会遇到以下一些问题。

1. 由于企业将全部的力量和资源都投入于一种产品、服务或一个特定的市场，如果买方的偏好发生变化、技术创新或有新的替代品出现，致使其产品或服务的需求下降时，企业会受到很大的冲击。

2. 竞争者打入企业选定的细分市场，并且采取优于本企业的竞争战略。实行集中化战略的企业往往依赖于特定市场而生存与发展，一旦出现有极强替代性的产品或者市场发生变化时，这些企业往往会遭受巨大损失。例如，抗生素中的青霉素就被性能更优于它的头孢类药物所逐步取代。

3. 产品销量可能变少，而要求不断更新、生产费用增加，使得采取集中化战略企业的成本优势得以削弱。如为大范围市场服务的竞争对手与集中化企业的成本差变大，会使针对某一狭窄目标市场的企业丧失成本优势，或者使集中化战略带来的差别化优势被抵消。因为这种成本差的增大将减少买方的收益或者降低买方使用替代品的转移成本，而使集中化市场与广泛市场之间的渗透增大，集中化战略所构成的成本优势或差别化优势则会逐渐消失。

此外，实施集中化战略的企业还会遇到其他一些风险。如地方企业因为接近原材料市场或买方市场，在地方市场上处于有利地位，但也有可能会因为交通变得便利后而失去这种竞争优势。

从全国医药产业的发展情况看，2010 年化学药制剂、化学原料药、中成药销售均保持在千亿元以上，分别是 5951 亿元、2651 亿元和 1208 亿元。但各子行业的利润水平普遍不高，生物制药的利润率最高，为 14.5%，化学药品制造业为 11.2%，中成药制造业为 11.5 %。因此，我国医药行业的各子行业的盈利水平不一。而我国医药企业的融资能力及人力资源都是有限的，不允许其追求广泛的细分市场。医药企业可以考虑实施集中化战略。在实施集中化战略时，医药企业应避免重复生产化学仿制药，而将其产品定位为发展前景较好的中药及其制剂，或是新兴的生物制药领域。其产品的销售可以针对某个特定的区域市场或特定的顾客群，或是针对整个药品研发、生产、流通销售的一个细分区段，将其做精做细。虽然这些可能会使企业的销售额或市场份额减少，但能获得较高的利润率，防御行业中的各种竞争力量，使企业获得高于一般水平的收益。对于中小型医药企业来说，选择集中化战略是比较合适的。

第二节　进攻战略和防御战略

每个企业都会受到竞争对手的攻击，同时也会向竞争对手发起进攻，因此防御和进攻战略是两个重要的竞争战略。如果企业成功地实施了进攻战略，则会超越竞争对手获得竞争优势；然而，即使有了有效的进攻战略，防御战略也是不可缺少的。应将进攻战略和防御战略有效地结合起来。本节将详细介绍进攻和防御两种战略。

一、进攻战略

（一）进攻战略的概念

进攻战略指在一个竞争性的市场上，企业主动挑战市场中其他竞争对手的战略。在市场上处于领导者地位的企业往往易受到攻击，虽然不同产业中的进攻战略各不相同，但它们有着共同的特点，即这些战略试图破坏领导者的竞争优势，同时避免遭受大规模的报复。进攻战略带有一定的风险，因为产业领导者往往在防御方面享有一定的优势，如声誉、规模经济、累积的经验以及与供应商和购买者建立起来的有效联系等。但尽管如此，采取进攻战略的企业还是有机会取得成功，取代领导者的地位。

（二）进攻战略的适用条件

采取进攻战略的基本原则：无论挑战者具有怎样的资源或实力，都不要采取模仿战略从正面进攻，因为处于领先地位的企业往往对这类进攻早作好防御准备，结果往往会使挑战者遭遇有力的报复。

1. 挑战者成功进攻领先者的三个基本条件

（1）企业拥有一种持久的竞争优势。挑战者必须拥有一种超过领先者的明显的、持久的竞争优势。这种优势可以是成本上的优势，企业可以依靠低成本获得竞争优势；也可以是差异化的能力，企业可以通过差异化而获得溢价。

（2）持久竞争优势之外的其他优势。挑战者必须有办法部分或全部抵消领导企业的其他固有优势，如果挑战者采用差异化战略，它必须要能够部分抵消领先企业由于规模、领先者优势或其他原因而形成的成本优势。除非挑战者能使成本与领先者接近，否则领先者会利用自身的成本优势来抵消挑战者的差异化优势。另一方面，如果挑战者以成本领先优势进行进攻，则其必须为买方提供一个满意的效用，否则，领先者会通过微利来抵消挑战者的价格差。

（3）能够设立障碍避免领导者的报复。挑战者应该能够提出减弱领先者报复的方法，使领先者不愿或不能进行持久地报复，这可能是领先者自身的原因，也可能是挑战者所选择的战略使然。一些市场领导者可能出于对自身形象的考虑，或害怕破坏自己与竞争对手的关系，或害怕破坏与顾客的关系，往往不对挑战者的入侵进行还击。尤其是当一个产业的竞争传统是"绅士游戏"的时候。如可口可乐公司是软饮料业的领导者，长期以来，各厂商都遵循既定的规则，因而可口可乐公司一直不对百事可乐采取强有力的报复。当一个挑战者树立起了一个"好的竞争伙伴"而不是一个"坏的竞争伙伴"的形象时，它也就建立起了报复障碍。

挑战者即使符合了上述三个条件，也并不一定能成功进攻，因为还要视领先者的战略和情况而定。如果领先者处于没有竞争优势的"进退维谷"的境地，那么挑战者就可以较容易地赢得成本或差异化优势。这时，挑战者只需清楚领先者的弱点，然后实施战略来利用其弱点。另一方面，如果领先者在成本或差异化方面保持优势，挑战者则必须做出战略创新，如建立新的价值链等。

对领先者的进攻，要选择恰当的时机。当领先者处于脆弱状态时，对其进行攻击会增加成功的几率。为此，应探讨领先者易受攻击的信号，这些信号分为两组——产业信号和领先者信号。

2. 领先者脆弱的信号

（1）产业信号

产业中出现新的变化，往往会造成领先者的某种脆弱，这些产业信号有以下几种：第一，突发的技术变革。在产业内部发生技术变革，会增加挑战者战胜领先者的可能性。第二，买方需求的变化。买方需求的变化，会使过去的产品或服务不适应新的需求，而领先者由于先期的投入，很难及时转变，而作为挑战者，却可以闻风而动，捕捉需求变化的蛛丝马迹。第三，销售渠道的增多。领先者在现有的销售渠道中往往占据一定的统治定位，挑战者很难打开局面，而新销售渠道的出现，为挑战者进攻现有销售渠道中的领先者提供了潜在机会。第四，投入品的成本或质量发生变化。重要投入品的质量或成本发生变化，可能意味着挑战者拥有利用各种方法取得成本优势的机会。这些方法包括采用新的生产流程、封锁原材料的来源、更换产品的设计等。

（2）领先者信号

产业的领先者身上出现下列信号时，则标志其具有一定的脆弱性：第一，夹在中间。这时领先者既没有成本优势，也没有差异化优势，这样的领先者容易成为挑战者的目标。第二，使买方不满意。领先者的产品或服务使买主产生不满，就会给挑战者可乘之机，因为买方会支持新的挑战者的出现。第三，产业技术的开拓者。作为现行技术的先驱，往往有较大的投入，在接受新技术时往往会缺乏灵活性。第四，利润率较高。较高的利润率会给挑战者带来很大的吸引力，往往在抵消进攻的成本后还有盈余。高盈利的领先者也可能不愿因进行报复而使利润递减。较高的利润率还可能使领先者放弃利润率较低部分的市场份额，这就为挑战者提供了实施集中战略的机会。

（三）实施进攻战略的方式

成功的进攻战略总是需要一定的洞察力。一般而言，挑战者必须寻找一种旨在削弱领导者优势的战略，识别或创造阻挡领导者报复的方法。尽管针对领导者的各种成功的战略在不同的产业和不同的背景下有很大差异，但有三种进攻途径较为常用。

1. 重新组合

挑战者可以对其价值链的某些环节或整个价值链的组合进行革新，以向领导者发起进攻。可以通过以下途径实现：①产品的变化。挑战者可以通过改变产品来进攻领先者。可以设计优越的产品特性和外观，为买主提高价值。②输出物流和服务的变化。挑战者可以通过改变产品支持、售后服务、订货办理程序或实物批发来发起进攻。③销售变化。在许多产业中，挑战者利用创新的销售活动向领先者发起进攻或构建新的销售组织来发起进攻。④工序变化。许多企业通过降低成本或在可以创造差异的工序上增加价值活动，为成功的进攻奠定基础。⑤下游重新组合。将领先者忽视的销售渠道或正在兴起的销售渠道作为攻击领先者的途径。例如一些医药企业利用新兴的网上营销模式，来构建新的竞争优势。

2. 重新界定竞争范围

进攻领先者的第二种途径是对竞争范围进行重新界定，可以扩大，也可以缩小，通常有四种模式可供选择。①产业内的目标集中：目标集中即把竞争范围缩小到产业内某个局部，而不是跨越整个产业，如买方集中、产品集中或销售渠道集中等。目标集中战略往往使领先者难以实施报复，战略实施初始难以引起注意，随着地位的巩固，挑战者可以逐步扩大战果。②一体化或退出一体化战略：挑战者利用一体化战略，扩展或缩小活动范围，可以获得成本领先或产品的独特性。③重新确定地域：把竞争范围从地区或国家扩展到全球，反之亦然。④多元化战略：把竞争焦点从单一产业扩大到相关产业。

3. 纯投资式进攻

这种方式最具风险性，挑战者通过借助充分投资，来获得市场份额、销售量或声誉。纯投资的成功来自两个方面：一是挑战者拥有优越的财务资源，二是领先者不愿对产业投资。然而，纯投资式进攻由于风险性较大，是进攻者最不可取的方法。但可以作为采取重新组合和重新确定竞争范围战略来进攻的企业战略的重要补充。

二、防御战略

（一）防御战略的概念

防御战略是指在面对挑战者的竞争时，如何将进攻引向威胁较小的方面或者是减轻攻击的强度。其本质不是要增加企业的竞争优势，而是要使其优势保持得更久。几乎所有的防御战略都需要进行投资，同时为了长期的盈利，有时需要放弃短期的利益。防御战略旨在影响竞争对手的决策过程，使挑战者认为对该企业发动进攻不太有吸引力。通过减少竞争对手进攻的诱因，或者提高进入壁垒，可以降低挑战者发起进攻的可能性。由于挑战者发起的进攻，其特点随发展形势的改变而改变，因而，防御战略的实施也应随势而动。

（二）防御战略的类型

防御战略的目的恰好与进攻战略相反，其不寻求企业规模的扩张，而是通过调整来缩减企业的经营规模。防御战略是一个整体战略概念，一般包括收获战略、调整战略、放弃战略和清算战略四种战略。下面将分别论述这几种不同的防御战略。

1. 收获战略

收获战略是指减少企业在某一特定领域内的投资，这个特定领域可以是一个战略经营单位、产品线，或是特定的产品或牌号。采取这种战略的目的是削减费用支出或改善企业的现金流量。然后，把通过这种战略节省的资金投入到企业中更需要资金的新的或发展中的领域。执行这一战略时，这个特定领域的销售额或市场占有率一般会下降，但这种损失可以通过削减成本得到补偿。

在下列情况下，企业可采取收获战略：①企业的某些经营领域处于稳定或者日益衰退的市场中；②企业某领域产品的市场占有率较小，且扩大市场占有率的费用又太高，或者市场占有率虽然很高，但维持这种状态所需的费用愈来愈多；③企业的某一领域不能带来满意的利润，甚至还亏损；④如果减少对某一领域的投资，其销售额下降的幅度不会太大；⑤企业若减少对该领域的投资，能更好地利用闲散资源；⑥企业的某领域不是其经营的主要部分。

2. 调整战略

调整战略的目的是扭转企业财务状况欠佳的局面，提高运营效率，使企业渡过危机，当情况发生变化时再采用新的战略。企业的财务状况出现下滑可能是因为工资和原材料的成本上升，暂时的需求下降或经济衰退，竞争压力增大，或是管理出现问题等。针对不同的问题应采取不同的对策。

在实施调整战略时，可采取以下一些措施或行动：①更换高层和较低层的管理人员；②削减资本支出；③实施集中化战略以控制成本；④减少新人员的录用；⑤

减少广告和促销支出；⑥削减一般性的支出，如解雇等；⑦强调成本控制和预算；⑧出卖一些资产；⑨加强库存管理与控制；⑩催收应收账款。

3. 放弃战略

当收获战略或调整战略失效时，通常可采用放弃战略。所谓放弃战略是指卖掉企业的一个主要部门，它可以是一个战略经营单位、一条生产线或者是一个事业部。

实施放弃战略对任何企业的管理者来说都是一个困难的决定。阻碍企业实施这一战略的障碍主要来自三个方面：第一是结构上的障碍。某项业务的技术以及固定资产或流动资本的特点阻止实施放弃战略。第二是内部依存关系上的障碍。企业中各经营单位之间的联系可能会妨碍对某一特定经营单位的放弃。第三是管理方面的障碍。企业的管理或管理者的某些问题可能会阻碍企业实施放弃战略，如放弃对于管理者的荣耀是一种打击，放弃在外界看来是失败的象征，放弃会威胁管理人员的前途，放弃与社会目标相冲突等。

4. 清算战略

清算战略又称清理战略，是指企业受到全面威胁、濒于破产时，通过将企业的资产转让、出卖或者停止全部经营业务结束企业的生命。也就是指企业由于无力偿还债务，通过出售或转让企业的全部资产，以偿还债务或停止全部经营业务，从而结束企业生命的一种战略。制定清算战略，企业可以有计划地逐步降低企业的市场价值，尽可能多地收回企业资产，从而减少全体股东的损失。因此，清算战略在特定的情况下，也是一种明智的选择。要特地指出的是，清算战略的净收益是企业有形资产的出让价值，而不包括其相应的无形价值。但是，对任何企业的管理者来说，清算是最无吸引力的战略，只有当其它的战略都失灵后才会加以采用。然而，及早地进行清算较之追求无法挽回的事业对企业来说可能是更适宜的战略。

（三）防御战略的陷阱

处于防御地位时，企业往往会产生许多常见的错误。即使是强大的领先者，也会由于防御的失误而遭受挑战者的成功进攻。防御中最常见的错误是只关心短期利润率。由于防御战略的效果并不是立竿见影的，因此，企业不愿意投资可以降低经营风险，但是不能提高短期利润率的防御战略，这就与投资防御战略的必要性产生冲突。第二种常见的错误是自满。企业常常不考察自己为潜在的竞争对手提供的环境，或者没有认真考虑挑战者出现的可能性。结果往往是企业没能及时做出防御行动。另外，企业为了获得高额利润，而不考虑买方的需求，这样往往会将竞争对手引入到产业中。

第三节　竞合战略

我国企业面对加入 WTO 和市场经济带来的机遇和挑战，审时度势，制定竞争战略，以现实或潜在的竞争优势，推动企业的发展、创新，并保持长久的活力。传统的竞争思想是对抗的、排他的，而忽略了竞争中合作的一面。实际上，竞争与合作都是典型的企业行为，都是企业为实现自身目的而采用的不同手段。因为随着全球经济一体化和信息技术的发展，企业的经营环境发生了深刻的变化，合作不仅发生在企业与供应商及买方之间，与竞争对手的有效合作也可以促进企业经营目标的实现。

一、竞合战略的定义

竞合思想是世界上最具实力的网络系统公司 Novell 公司的 CEO 莱·诺达（Ray Noorda）于 1989 年首次提出，但当时并未引起学术界及管理实践人员的重视。"合作竞争"一词源于美国耶鲁管理学院的巴里·J·奈尔伯夫（Barry J. Nalebuff）和亚当·M·布兰登伯格（Adam M. Brandenburger）1996 年合著的《合作竞争》一书。作者在书中写到："合作竞争是一种超越了过去的合作以及竞争的规则，并且结合了两者优势的一种方法。合作竞争意味着在创造更大的商业市场时合作"。这一概念的提出，说明了双方在竞争中合作，又在合作中竞争，企业必须同时关注竞争与合作，很好地将二者融合起来，并加以灵活运用。作为一种全新的竞争理念，合作竞争是一种高层次的竞争，抛弃传统竞争方式的缺陷，更是否定了将企业的竞争与合作看作孤立的、甚至是相互对立的二分式研究。它的本质在于：1. 竞合有机统一；2. 竞合互动影响；3. 竞合互相转化。一方面，竞争是合作中的竞争。企业之间的竞争是相互作用的，在存在分歧、对立的同时，也有共同利益、存在一定的依赖关系。竞争企业在某一方面双方的利益和目标达成一致时，就拥有合作的基础。另一方面，合作是竞争中的合作，合作并不排斥竞争。双方合作的目的是为了增强各自的竞争优势，从而进行更大范围、更高层次的竞争。

二、竞合战略的效应分析

企业的竞合战略将联合若干企业的优势，共同开拓市场、参与市场竞争，增强企业的竞争力。通过竞合这种合作博弈可以使整个价值链减少因对抗而产生的资源浪费，企业可以通过联合获得最大化垄断利润。同时，竞合企业间可形成稳定的供应链，稳定的质量及价格，在合作伙伴内部，分工与协作有利于各企业间的优势互补，可形成更为有效的专业化分工，形成规模效应，降低整体成本。相反，如果只有竞争而没有合作，那么整个价值链可能会因此而运转不畅或断裂。

（一）规模效应

竞合使企业实现了规模效应。首先，单个企业各自的相对优势在竞合战略下得到了更大程度的发挥，降低了企业的单位成本；其次，合作使专业化和分工程度提高，对合作伙伴在零部件生产、成品组装、研发和营销等各个环节的优势进行了优化组合，放大了规模效应；再次，企业通过合作制定行业技术标准，形成了标准化系统，延长了外部合作面。

在未来，随着市场集中度的不断提升，最终能在市场上称霸的，大部分是区域连锁药店与跨区连锁药店。在区域连锁与跨区连锁的竞争中，联盟的出现，将起到一个平衡的作用，使区域连锁能与其他连锁联合起来，对抗跨区连锁；联盟也可起到一个平台的作用，通过联盟的平台，连锁药店自身得到发展，从区域连锁发展成为跨区连锁。在国内众多联盟中，多家药店联盟是使用一个共同的业务或技术平台来实现价值，共享大量的风险与回报，并建立有长期的、排他性的合作协议，从而达到规模效应。

（二）成本效应

竞合降低了企业的外部交易成本和内部组织成本。企业通过相关契约，建立起稳定的交易关系，降低了因市场的不确定和频繁的交易而导致的较高的交易费用。同时，由于合作企业间要进行信息交流，实现沟通，从而缓解了信息不完全的问题，减少了信息费用。合作企业间的信息共享，也有助于降低内部管理成本，提高组织效率。

2011年3月，上海医药集团股份有限公司的子公司上药控股与德国医药公司勃林格殷格翰合作，由上药控股下属苏州上药供应链有限公司为勃林格殷格翰提供从进口原料到产品分销全产业链的物流服务。此次合作有利于提升双方运作效率和降低生产成本，更快地在市场竞争中赢得先机，并有利于双方在终端市场的合作。

（三）协同效应

同一类型的资源在不同企业中表现出较强的异质性，这就为企业资源互补融合提出了要求。竞合扩大了企业的资源边界，不仅可以充分利用对方的异质性资源，而且可以提高本企业资源的利用效率。此外，竞合节约了企业在资源方面的投入，减少了企业的沉没成本，提高了企业战略的灵活性，通过双方资源和能力的互补，产生了"$1+1>2$"的协同效应，使企业整体的竞争力得到了提升。

据统计数据显示，早在2004年宝洁514亿美元的销售额中就有8%来自沃尔玛，而沃尔玛的2560亿美元销售额中就有3.5%归功于宝洁。宝洁公司与沃尔玛建立的"宝玛模式"，不仅更加了解零售商的需求，同时也拉近了与零售商的距离。在合作过程中，宝洁不仅积极吸取零售终端的建议和意见，还特地为其设计产品，效果显著。宝洁与沃尔玛的合作创造了制造商与零售商紧密合作的样板，越来越多的商家与企业开始建立合作关系，都在努力朝向这一模式努力。

（四）创新效应

竞合使企业可以近距离地相互学习，从而有利于合作企业间传播知识、创新知识和应用知识，同时也有利于企业将自身的能力与合作企业的能力相结合创造出新的能力。此外合作组织整体的信息搜集和沟通成本较低，可以更加关注行业竞争对手的动向和产业发展动态、跟踪外部技术、管理创新等，为企业提供了新的思想和活力，大大增强了企业的创新能力和应对外部环境的能力。

江苏恒瑞和瑞典Medivir公司在抗肿瘤药物方面的共同点，促成两家公司在2003

年11月19日签约合作。Medivir想通过恒瑞来进军中国市场，而恒瑞则看中的是Medivir先进的研发技术。于是为了降低合作风险，恒瑞选择了市场和技术双方面的合作，双方共同开发慢性阻碍性肺炎的蛋白酶抑制剂药物。恒瑞既利用Medivir公司的筛选系统和开发技术，又发挥了其在药物化学上的优势。

三、基于博弈论的竞合战略的制定

奈尔伯夫和布兰登伯格认为，制定竞合战略的主要方法就是博弈论。利用博弈理论和方法来制定企业合作竞争战略，强调了战略制定的互动性和系统性，并通过大量的沙盘推演进行博弈策略分析，为企业战略管理研究提供了新的分析工具。合作竞争理论，源于对竞争对抗性本身固有缺点的认识和适应当今复杂的经营环境。企业经营活动是一种特殊的博弈，是一种可以实现双赢的非零和博弈。非零和博弈是指博弈中各方的收益或损失的总和不是零值，它区别于零和博弈。在这种状况时，自己的所得并不与他人的所失的大小相等，连自己的幸福也未必建立在他人的痛苦之上，即使伤害他人也可能"损人不利己"，所以博弈双方存在"双赢"的可能，进而合作。

两位学者还将现实企业对策中所可能涉及的关键要素归纳为五点：参与者（Player）、参与者的附加值（Added - values）、规则（Rules）、策略（Tactics）、范围（Scope）；简称"PARTS"五要素。五要素概括了现实企业竞合对策中涉及的几乎所有互动领域与关系。改变这其中的任何一个或多个要素，就能起到改变对策，从而改变对策结果的作用。利用博弈论研究竞合战略的制定，主要是想从"PARTS"中寻找这样一些关键要素，通过改变这些要素，使得竞争结果从你输我赢的零和甚至大家都输的负和，变成大家都赢的正和，即达成双赢或多赢的结果。下面对影响竞合战略制定的五要素逐一分析：

（一）改变参与者

完整的参与者名单由顾客、供应商、竞争者和互补者组成。参与者之间的相互关系可以通过价值网进行分析，价值网分析的基础是价值链分析；基于博弈论系统分析的观点，可以发现企业自身与四类参与者之间的关系都是既竞争又合作的关系。总体上看，在创造顾客价值上是合作者，而在瓜分顾客价值上是竞争者。在商业运作的博弈中，企业可以通过改变参与者来改变"游戏"。引入新顾客，可以扩大市场使企业受益；引入新的供应商，可以打破原有供应商的垄断地位，使企业从供应商相互之间的竞争中获益；引入新的互补者，可以增加企业产品对顾客的价值，从而达到扩大产品市场的目的；引入适当的同类竞争者可以增加企业自身的竞争优势，因为适当的竞争者可以吸收需求波动、服务细分市场、提供成本保护伞、改善与劳工或政府讨价还价能力、降低反垄断风险、分担市场开发成本、改善现有行业结构、提高进入壁垒。

（二）改变参与者的附加值

参与者的附加值是由于该参与者的参与，而带来的游戏总价值的增加值，亦即商业游戏在某参与者参与和退出两种情况下总价值的差值。参与者的附加值决定参与者参与游戏所能获得的收益。每个参与者在游戏中的附加值不是一成不变的，通过改变参与者的附加值同样可以改变游戏的结果。通常情况下，应从增加自身价值、降低其他参与者价值的角度入手，从而使企业成为其中谁也离不开的最有价值的参与者。改变附加值的目的在于增加企业自身利益，从游戏参与者整体看，既可能多赢，也可能零和甚至负和。如果企业居于垄断地位，其附加值很大，那么战略制定的重点应侧重于是否限制和如何限制其他参与者的附加值。例如适当的供给不足，可以降低顾客的附加值；适当的需求不足，可以降低供应商的附加值。在激烈竞争的市场中，多数情况下更好的选择，不是去降低其他参与者的附加值，而是增加自己的附加值。主要方法有：对差异化和低成本进行权衡，在差异下降不多的前提下更多地降低成本；寻找差异化与低成本的最佳平衡点，在提升差异的同时实现降低成本；完善企业自身与顾客、与供应商的价值链整合，加强彼此之间的亲密合作关系，利用这种关系来增加自己的附加值。

（三）改变游戏规则

游戏规则确定商业游戏博弈的结构，反映各参与者所习惯采取的做法。它可能来自于法律、惯例、合同条款或顾客偏好等。人们通常认为，商业游戏的规则不可改变，其实不然，高明的参与者常常通过改变规则来改变力量对比，来增强自身优势，进而改变游戏结果。但是"改变规则"是一把双刃剑，你不会盲目服从别人制定的规则，别人也不会盲目服从你制定的规则，你能改变竞争的规则，别人也能改变，除非你具有强大的竞争优势。在市场上，通常是拥有优势力量的一方去建立规则，所以为了保证规则是服从自己意愿的，你就需全力保持、发展自己的竞争优势，同时时刻侦测别人有没有改变规则的意图和行动。

（四）改变策略

任何企业的策略选择总是建立在对游戏认知的基础上的，而商业游戏是在迷雾中进行的，也就是说企业总是在不完全信息的情况下进行决策。企业可以通过增加或减少商业游戏中的迷雾的策略手段来向竞争对手发送信号，以改变它们对游戏的认知，通过改变它们的认知来影响它们的行动，进而改变游戏。

（五）改变范围

范围指商业游戏的边界，包括空间范围和时间范围。企业可以通过扩大或缩小商业游戏的空间范围，变更游戏的时间范围等来改变力量对比，进而改变商业游戏。例如常见的寻求市场空缺、利用时间差等策略所关注的重点，就是竞争范围的改变，即通过改变竞争范围来回避正面交锋、回避两败俱伤的"消耗战"。

竞合理论的战略制定过程，贯穿了博弈思想。战略要"从其他参与者的认知角度"来制定战略，克服了传统战略仅从企业本身的利益制定战略的弊端。同时，通过参与者、附加值、规则、策略和范围这5个杠杆对博弈行为和结果的作用分析，选择合适的战略，使企业战略更具有互动性、现实性和可行性。

四、竞合战略的实现形式

（一）战略联盟

战略联盟是竞合战略的主要实现形式之一。战略联盟就是两上或两个以上的企业为了达到共同的战略目标而采取的相互合作、共担风险、共享利益的联合行动，企业保持自身独特性的同时通过股权参与式或契约联结的方式建立较为稳固的合作伙伴关系，并在某些领域采取协作行动，从而实现"双赢"或"多赢"。战略联盟本质上是企业间通过合作共同创造新价值的竞争性合作联合体。它具有边界模糊、关系松散、机动灵活和运作高效的基本特征。

在现代经营史中，自 20 世纪 80 年代，战略联盟开始迅速成为一股不可逆转的强大潮流。据统计，最近几年中，在世界范围内，有 2 万多个企业战略联盟形成，其中大半以上是在直接竞争对手之间形成的。通过战略联盟来降低交易费用、分散研发风险、避免过度竞争、形成资源互补、共同做大蛋糕，最终实现双赢或多赢，已经成为当今企业的一种普遍的战略思维。

"如何整合产业创新资源，引导创新要素向优势企业集聚，建立公共技术平台，实现创新资源的有效分工与合理衔接，实现知识产权共享，这都是需要深入探讨的问题"。中国医学科学院药物研究所新药开发部部长薛立明指出，组建医药创新战略联盟有利于促进技术集成创新，推动产业结构优化升级，提升产业核心竞争力。

在竞合理论的指引下，企业结成战略联盟积极意义至少包括以下几个方面：①通过合作联盟，可以缓解以往各单体企业间激烈的对抗性竞争，从而可以减少因对抗性而产生的资源浪费，并可以整合联盟成员企业的优势资源，建立优势互补、利益共享、风险共担的关系，有效地规避市场风险。②实施战略联盟的企业内部可以形成稳定的供应链，稳定原材料及产品的价格，可以降低交易成本。同时可以扩大市场规模，最大化地利用规模效应来降低经营成本，从而达到降低产品的价格、提高市场竞争力的目的。同时，通过实施战略联盟，可以形成行业壁垒，减少新竞争者的进入，有效缓解竞争的激烈程度。③开发新产品时，可减少研发费用，降低研发失败的风险。在联盟内部，分工与协作有利于各企业间优势互补，实现更为有效的专业化分工，从而使联盟成员企业各自实现"低成本"和"专业化"。④战略联盟可以促进企业的产品销售，联盟成员可以利用其他成员的销售渠道销售自己的产品，实现资源共享，形成规模效益。

（二）产业集群

产业集群是企业竞争合作的表现形式之一。根据波特（M. Porter）教授的定义，产业集群是一组在地理上靠近的相互联系的公司和关联的机构，它们同处或相关于一个特定的产业领域，由于具有共性和互补性而联系在一起，又可称为产业簇群。集群中的企业相互关联、相互支撑，密集分布于相应产业链上下游的众多环节上，相互之间形成了多重、多样的超稳定关系结构。产业集群是一种生产组织方式，这种方式能形成较强的竞争力。通过对产业集群的有效培育与发展可以实现资源共享、优势互补，可使其形成规模经济，实现特色化、低成本化或兼而有之的竞争优势。

毫无疑问，集群为"双赢"的实现提供了条件。首先，产业集群所在区域已基本上形成了比较成熟的劳动力市场，"储备"了许多富有经验的雇员。集群内企业间高层管理人员的流动性较强，竞争一方面迫使企业要留住高素质的员工，另一方面高层管理人员面临的挑战也加大。在这种环境中，企业家的精神被锻炼出来，素质得到了提高，集群内的企业在人力资源这一要素领域已基本具备创新的条件。其次，由于企业间地理位置接近以及同质性和关联性，各种新思想、新观念、新技术能够更快地传播和扩散，来自竞争企业、供应商、研究机构、消费者等方面的知识能更快地形成溢出效应，获取"学习经济（Learning Economies）"，增强企业的研究和创新能力。再次，由于集群内的企业靠利益分配机制无形地结合在一起，易形成一致的声音，能以更快速度对付来自外部环境的技术、市场和政策等方面的挑战。另外，集群内企业在信息、技术、资源和服务的获得方面都具有更低的搜索成本、交易成本和运输成本。这些关系往往使企业达到资源共享的协同效应，获得任何个体企业不能抓住的市场机会。因此，集群为竞合提供了最为便利的条件，也最能体现竞合的要求。

产业集群作为介于纯市场与科层企业之间的一种组织模式，有其自身的竞争优势，目前产业集群已经成为我国区域研究的热点和各级政府官员在区域和产业发展中的新思维。

近年来，随着国家将生物医药产业作为战略性新兴产业，我国出现了建设生物医药产业基地的热潮，全国有80多个地区提出建设医药科技园（生物谷、药谷），同时各地也纷纷出现医药企业的自发集聚。现阶段我国医药产业集群的分布比较广泛，发展势头迅猛。根据集群的特点可分为三种类型：外商直接投资带动的外向型加工业集群，以天津、西安为代表；二是利用当地丰富的药材资源优势建立起来的医药产业集群，主要分布在以中成药为主的中西部、中西医药结合的东北地区和以海洋药为主的沿海东部地区；三是依托密集的国家科技资源形成的高科技医药产业工业园，主要分布在科技实力雄厚、有众多科研机构和高校的大中城市，如上海张江"药谷"、中关村生物医药园等。在医药产业集群内，通过各要素互动降低成本并提高产业发展效率，从而提升集群的整体竞争力，这是医药产业集群式发展的重要原因，而集群内企业相互合作是集群内要素互动的重要一环。

本章小结

经营战略是企业战略的第二个层次，主要是解决如何在特定的行业或市场中去参加竞争，改善自身的竞争地位，赢得竞争优势的问题。经营战略的选择是多种多样的，本章从产品与市场战略的特征看，经营战略表现为一般竞争战略类型，分成成本领先战略、差异化战略和集中化战略。按照居于行业不同竞争地位来看，可分为进攻战略和防御战略，本章分析了两种战略的概念、实施这两种战略的优势以及实施过程要注意的问题。最后介绍了一种新兴战略——合作竞争战略。合作竞争，即合作中有竞争，合作可以避免单纯竞争导致的两败俱伤。

新昌制药卧薪尝胆，"维生素大鳄"悄然浮出水面

浙江医药股份有限公司新昌制药厂系浙江医药股份有限公司控股核心企业。新昌制药厂创建于1954年，占地面积50万平方米，现有员工3569人，具有50多年的专业制药经验，企业拥有一流的符合GMP要求的化学制药、微生物制药和制剂生产设施，并且兼产天然药物、食品添加剂和饲料添加剂。企业主导产品主要有合成维生素E、天然维生素E、维生素A、生物素、乳酸左氧氟沙星注射液、辅酶Q10、盐酸万古霉素、替考拉宁等。

一、集中化战略实施初期——聚焦维生素E

1997年，李春波被任命为董事长主掌新昌制药，上任后第一件事就是带着研究院院长、药品营销经理等一干人马外出调研，100多个日日夜夜，他们辗转中国40多个城市，走访20多个医药科研机构、120多家大中型医院，200多家药品经销公司。调研结束后，他认为要在制药业占有一席之地，必须打造自己的"拳头产品"。在此思路指导下，李春波淘汰了一批能耗高、污染大、附加值低的低端产品，转而研制技术先进、附加值高、竞争力强的药品。李春波当初还曾费时6个月制定了一个总投资3500万元的研发计划，主攻维生素E、来立信和利福平三大产品研发。

二、集中化战略的实施过程

（一）打破国外天然维生素E垄断

20世纪50年代，世界维生素市场一直以维生素A、维生素C为主流产品，之后在整个维生素领域中，维生素E逐渐成为人们关注的焦点。从上世纪70年代，浙江医药开始生产合成维生素E。天然维生素E在安全性、吸收率及生物活性等多个方面优于合成品，因此医药、食品、化妆品等领域多转向使用天然维生素E。董事长李春波在考察美国市场时发现，美国人天天都在服用天然维生素E，李春波如鹰之眼看准了天然VE就是一座金矿。随后，1997年李春波在一次国外考察时了解到，国外将植物油下脚料叫"脱臭馏出物"，天然维生素E就是从中提取出来的。回国后，李春波立即组织精锐力量立题攻关，并自任工艺组组长，攻关目标迅速转向"脱臭馏出物"。1999年，由新昌制药厂自主研发的 d-α-天然维生素E生产工艺获得了巨大成功。它大大降低了维生素E的生产成本，打破了国外一直以来的垄断地位，领先于世界水平。这项技术获得了国家科技进步二等奖。浙江医药新昌制药厂成为当时中国唯一一家能生产高含量天然维生素E的企业。

（二）维生素E的国际化之路

"现在，我们的天然维生素E已经通过科技创新将其纯度提炼到接近100%，可以毫不夸张地讲，这个纯度是其他企业都无法做到的，就连德国的巴斯夫公司也仅

仅只能做到 98.5%。这样一来，浙江医药在这个领域就完全掌握了国际市场的主动权，不用惧怕任何技术上的壁垒，李春波在一次采访中兴奋地告诉记者。

全球经济一体化为中国企业带来了来自世界同行的竞争压力，也带来了更为广阔的海外市场和更多的机遇，因此如何"跨出国门走出去"成为众多企业直面的难题。当时新昌制药从具备出口条件的几个优势产品中筛选出优中最佳品按国际标准生产，质量一流，且具价格竞争力维生素 E。新昌以优势产品为先行探索国际市场，为企业"混个脸熟"。早在上个世纪末，新昌制药厂便开始打国际化牌。果然，维生素 E 产品为企业赢得了知名度，也正是从那时起，越来越多的厂商及同行开始关注这家中国企业。其次，用更多的拳头产品出击，增强企业影响力。继维生素 E 之后，新昌制药厂先后将天然维生素 E、D - 生物素、辅酶 Q10、维生素 A、类胡萝卜素等一系列产品推向了国际市场。

（三）集中化战略渐行渐远

因为耐得住寂寞，所以耐住了寒冷。2008 年受金融危机影响，经济领域的温度有些寒冷，但谁都知道浙江医药的日子依然温暖如春。"耐得住寂寞"的李春波，把暴利的房产、风云跌宕的股市等诱惑抵挡在了门外。浙江医药的发展规划里，除了药，还是药，利润百分百来自主业。医药项目开发的周期总是很长，过去十年，李春波做得最多的事就是技术准备，"我始终坚信，一个民族最具核心竞争力的产业还是制造业"。就是这个踏实的理由，让他始终坚守着自己的阵地，抵挡住了金融危机的冽冽寒风。

浙江医药确立了以技术创新为核心竞争力的长远目标，并在此基础上开发出一大批有竞争力的产品，成本、质量方面都达到了国内、国际领先水平，并确立了自己在原料药领域国内、国际领先的优势，制订了以"维生素、抗生素、制剂"为主的战略定位，在国际市场上与罗斯、巴斯夫等国际巨头展开分庭抗礼的高水平竞争。

三、"维生素大鳄"悄然浮出水面

1997 年，董事长李春波带领着新昌制药人提出了"二次创业"的构想，其主题就是"131 工程"（即一切以经济效益为中心，坚持产品开发、市场开发、人才开发，加强科学管理）。从一开始的简单仿制到"仿创结合，以仿为主"，继而以"仿创结合，以创为主"到举旗进军原创性专利药物领域，十余年的努力，新昌制药的产品结构发生了质的变化，企业竞争力大大提升。2000 年打破长达 30 年的国外技术垄断，成长为维生素 E 全球第二大生产商。

如今的新昌制药，是国家重点高新技术企业、全国创新型试点企业、国家级博士后科研工作站、国家级企业技术中心和中国维生素类、抗生素类和氟喹诺酮类药物的重要生产基地，并正朝着"质量标准化、管理国际化、科研原创化、资本市场化"的"四化"目标稳步迈进。

思考题

1. 简述新昌制药厂提出集中化战略的背景。
2. 分析新昌制药厂实施以维生素为主的集中化战略所面临的外部环境。
3. 简述新昌制药厂集中化战略的实施步骤。
4. 影响新昌制药厂实施集中化战略的因素主要有哪些?
5. 结合新昌制药厂的经营模式,谈谈我国民营医药企业的发展趋势。

本章习题

1. 如何理解三种基本竞争战略? 试举例说明。
2. 成功实施三种基本竞争战略的条件或要求是什么?
3. 以医药产业为例,分析医药企业应如何运用本节介绍的战略获得竞争优势。
4. 实施防御战略和进攻战略分别有哪些基本途径?
5. 实现竞合战略的形式有哪些?
6. 竞合战略的制定方法有哪些?

第八章

企业职能战略

随着现代管理日趋复杂与困难，企业职能部门的作用变得越来越重要。企业的职能战略，亦称为职能部门战略或职能层战略，是在企业总体战略的指导下由中层管理人员参与制定的战略，是总体战略在专门职能方面的落实和具体化，是为贯彻和实施总体战略和经营单位战略而在企业特定管理领域制定的具体战略。制定职能战略的目的，是使企业各职能部门的管理人员更加清楚地认识到其所在职能部门的责任和要求，以通过有效地运用人力资源、市场营销、财务等职能，保证企业战略目标的实现。

第一节　企业人力资源战略

与古典管理理论不同，现代管理理论包含了更多的有关人力资源的内容。在战略管理时代，人力资源不再单纯地注重个体的作用，更强调群体的力量。实现人力资源在知识结构、经验、技能、年龄结构以及数量等方面的优化，是企业实行人力资源战略管理的主要目的，从而配合企业总体战略和其他职能战略的实现。

一、人力资源战略的概述

企业都在寻找合适的管理方式以提高竞争力，其中的一个重要途径是更有效地实施人员管理，而其管理方式应与企业战略相结合，这种结合的手段就是制定人力资源战略。人力资源战略是人力资源管理的方向性规划，它主要分析企业管理中与人有关的问题。设计与实施人力资源战略能确保人力资源管理行为满足竞争的需要。

人力资源战略有助于确定、调动和指引所有的人力资源活动都围绕对企业具有最直接影响的问题展开。它是一种黏合剂，能将所有的人力资源活动联系起来，并使管理人员了解它们的意义。

传统的人力资源管理只是在观念上将"把员工视为被管理和控制的工具"，而现代管理则转变为把员工视为组织最有价值的资源和资产，并尽量满足员工的各种需求，进而充分发挥其主观能动性和积极性。传统的人力资源管理的主要特点：人力资源管理部门并不直接参与企业的战略决策，同时，它与诸如营销、财务、生产、研发等部门处于相对隔离的状态。随着市场竞争的加剧、劳动力队伍素质的提高、工作的复杂化以及对信息技术依赖性的提高，这些变化要求组织在制定和实施战略的过程中，必须更加注重对人力的思考，并建立人力资源战略管理体系。人力资源战略管理就是从战略角度，采用战略方法对人力资源管理进行组织、实施和控制。人力资源的战略管理相比于传统的人力资源管理更具全局性、长远性和系统性。

二、人力资源战略的内容

（一）人力资源的开发

人力资源开发（human resource development，简称HRD）是指一个企业或组织团体在现有人力资源的基础上，依据企业战略目标、组织结构变化，对人力资源进行调查、分析、规划和调整，以提高组织或团体的人力资源管理水平，从而使人力资源为组织（团体）创造更大的价值。

成功的人力资源开发可以：第一，增强企业的实力。企业人力资源开发最重要的意义，就在于能够有效地增强企业员工的实力，体现在企业可以根据自身发展的需要，采用确实有效的开发手段，弥补企业人员的知识缺陷和结构缺陷，增强职能的薄弱环节，培养创新精神，不断发掘企业人力资源的潜力，提高企业人力资源的质量，调整人力资源的结构，调动人力资源的积极性，发挥人力资源的群体效应，使企业人力资源与物力资源的结合处于最佳状态，从而全面提高企业的竞争实力。第二，促进企业对环境的适应。企业如果不能很好地适应环境变化，不仅不能发展，生存也将会面临危机。加强企业人力资源的开发，对于增强企业的适应能力具有重要的作用。

（二）人才结构的优化

人才结构优化是指从组织的战略发展目标与任务出发，认识和把握人才群体结构的变化规律，建立一个较为理想的人才群体结构，使人才群体内相关因素形成最佳组合，以更好地发挥人才群体的作用。或者说，调整群体要素与组织配合不合理或失调的地方，以提高群体的整体功能。

对组成人才群体结构的各类人才进行综合考虑，以形成一个最佳组合，这种最佳构成应该符合三条标准：第一，适应组织发展战略的需要，有利于形成组织的核心竞争力；第二，能够充分发挥群体内各因素的作用，充分调动组织内各类人才的积极性；第三，能够发挥整体效能，促进人才群体共同发展。

（三）人才的使用

人才使用是企业发展的关键，培养人才的目的是为了使用人才。培养人才不容易，使用好人才更难。培养是为了成才，使用是让人才发挥作用，为企业作出贡献。把培养和使用统一起来，使用自然也成为培养的继续。对于人才使用的问题，应该首先着力于在现有岗位上作贡献的人，如果忽视了对他们的正确使用，也就等于舍弃了人才队伍的作用。

对人才的正确使用需要注意以下几个问题：第一，要使用好人才，就必须尊重人才。尊重人才，就是尊重人才的道德、品行、人格、知识、志趣，尊重他们的创造性劳动，并为之创造必要的条件。第二，对人才的使用，应尽可能做到"各专其能，各致其力"。人才之所以不同于一般的人，就是因为他们有特殊的专能，有别人不能或难以取代的长处，使用人才的艺术，就在于怎样发挥这些专能和特长。第三，使用人才，要正确对待他们的缺点、短处，不能苛求。正是因为人才有其专能、特长，有别人不具备的优点与长处，所以他们也必然会具有某些缺点和不足。"举大善者不疵细瑕"，使用人才，就是要舍短就长，着力发挥其专长，而对其缺点与不足应该用人才群体的完善性或其他有效措施来补充。第四，使用人才，需要给人才创造发挥作用的条件。现代人才作用的发挥，需要资料信息、实验场地、设备仪器以及助手的配合等，总之，需要很多的客观条件才能使人才有用武之地。

三、人力资源战略的作用及分类

（一）人力资源战略的作用

在现代企业管理中，人力资源管理已从过去的辅助性、作业性层次上升到战略决策层，这种变化充分体现了人力资源战略在现代企业的经营管理中起着重要的作用。

1. 提高员工绩效

根据行为科学的公式：工作绩效 $= f$（能力 $\times$ 激励），员工的工作绩效取决于能力和激励两个因素，而培养员工的工作能力、激励员工的工作积极性正是人力资源战略的重要内容。员工的工作绩效是企业获得效益的基本保障，企业的绩效是通过向买方提供产品或服务来实现的。从企业战略上讲，人力资源管理作为一个杠杆能有效地影响企业的经营绩效。人力资源战略与企业经营战略相结合，能有效地推进企业的调整和优化，促进企业战略的成功实施。

2. 增强企业的竞争力

企业间的竞争归根到底是人力资本的竞争。企业创造出某种竞争优势后，往往经过不长的时间就会被竞争对手所模仿，从而失去优势。而优秀的人力资源所形成的竞争优势很难被其他企业所模仿。正如 IBM 的创始人托马斯所说："你可以拿走资本和厂房，但只要拥有员工就可以建立经营业务"。人力资源工作主要是通过培训和开发来缩短及消除员工所具有的能力与企业各职位所要求的技能之间的差距。还通过设计与企业战略目标相一致的薪酬系统、福利计划，并提供更多的培训、为员工设计职业生涯计划等增强企业人力资本的竞争力，达到扩展人力资本、形成持续的竞争优势的目的。

3. 对企业管理工作具有指导作用

人力资源战略可以帮助企业根据市场环境变化与人力资源管理自身的发展，建立适合本企业特点的人力资源管理方法。一个适合企业自身发展的人力资源战略可以提升企业人力资源管理水平，提高人力资源质量；可以指导企业的人才建设和人力资源配置，从而使人才效益最大化。将人力资源由社会性资源转变成企业性资源，最终转化为企业的现实劳动力。人力资源战略是实现企业战略目标，取得更好绩效的关键。研究和分析人力资源战略，有利于提升企业自身的竞争力，是实现人力资本储备和扩张的有效途径。人力资源战略应服从于总体战略，在制定总体战略时也应考虑人力资源因素，两者只有相互一致、相互匹配，才能促进企业的全面、协调、可持续发展。

（二）人力资源战略的分类

根据美国康奈尔大学的研究，人力资源战略可分为三种：诱引战略、投资战略和参与战略。

1. 诱引战略

诱引战略是指企业本身不培养员工，而通过丰厚的薪酬制度去诱引人才，从而形成一支稳定的高素质员工队伍。常用的薪酬制度包括利润分享计划、绩效奖酬、附加福利等。由于薪酬较高，人力成本势必增加。为了控制人力成本，企业在实行高薪酬的诱引战略时，往往要严格控制企业员工的数量，所吸引的也通常是技能高度专业化的员工，招聘和培训的费用相对较低，同时应采取以单纯利益交换为基础的严密的科学管理模式。

2. 投资战略

投资战略是指企业通过聘用和培养数量较多的高素质员工，形成一个备用人才库，以提高企业的适应性和灵活性。这种战略注重员工的招聘与培训，需要注意保持良好的劳动关系，管理人员担负了较重的责任，要确保员工得到所需的资源、培训与支持。浙江医药股份有限公司新昌制药厂通过将企业优秀员工派遣到国内外高等院校进行再深造培养，提拔企业内部员工，据统计，新昌制药厂90%以上的中高层管理人员来自企业内部。采取投资战略的企业，目的是要与员工建立长期的合作关系，故企业十分重视员工，视员工为投资对象，并为员工提供较多的保障。

3. 参与战略

参与战略是指企业的管理人员为员工提供咨询和服务，鼓励员工参与决策，注重团队建设，并注意适当授权。这种战略谋求员工有较大的机会与权力参与决策，使员工在工作中有足够的自主权，管理人员只需要像教练一样为员工提供必要的咨询与帮助。采取这种战略的企业很注重团队建设、自我管理和授权管理。企业在对员工的培训上也较重视沟通技巧与团队合作。

综合上面的论述，本书将这三种人力资源战略的特点总结如表8-1。

第八章

企业职能战略

表 8 - 1　　人力资源战略类型及特点

人力资源战略类型	战略重点	优势	劣势	备注
诱引战略	薪酬、奖酬和福利	易于吸引高素质人才，不需培训，队伍稳定	成本高，引进的人才数量有限	需控制引进数量，制定科学的考核制度
投资战略	建立备用人才库	人员充足，多技能、梯队培养，注重员工关系	高成本，高流动性	
参与战略	机会和权力	建立团队、自我管理、授权管理，满足员工高层需要，稳定	人才要求高，需要很好的团队关系、良好的文化	适用于成熟、稳定的企业

四、企业人力资源战略的实施

（一）人力资源规划

一个企业要维持生存与发展，提高效益，就必须有一支合格而具有竞争力的员工队伍，即要具有优质的人力资源。人力资源战略总是随着企业总体战略和经营战略的变化而变化。一方面企业战略的变化会带来工作、任务的变化，或者会因企业战略类型或发展阶段的变化，而需要增加新的人员或调整人员结构。综合分析企业人力资源的现有情况，并根据战略目标对所需人才进行预测，从而提出人力资源战略的政策与目标，制定有效的人力资源规划。

人力资源规划（Human Resource Planning，简称 HRP），也称人力资源计划，是指企业根据战略发展目标与任务要求，科学地分析并预测其在变化的环境中人力资源的需求和供给情况，从而制定必要的政策和措施，以确保组织在适当的时间、适当的岗位有合适的人员供应。

1. 人力资源规划的步骤

（1）调查和分析企业人力资源信息

在调查分析阶段，要认清企业总体发展战略和内外部环境的变化趋势。首先要调查企业内部与人力资源相关的基本信息，需要特别注意调查、分析组织内人力资源情况；其次是对企业外在人力资源的情况做相关调查分析。这些信息都是企业制定人力资源规划的基础。

（2）企业人力资源的需求预测

企业的人力资源需求预测主要是基于企业的实力和战略目标。人力资源部门应根据战略目标的实现步骤，确定每一步需要什么样的人才和人力做支撑，需求数量是多少，何时引进，并做相关的人力资源成本分析等，从而做出较为准确的人才需求预测。

（3）企业人力资源规划的制定

人力资源规划涉及的内容包括：人力资源规划目标、任务的详细说明，企业有关人力资源管理的各项政策及有关说明，企业内外部人力资源供给与需求预测结果的分析，企业人力资源净需求分析，企业业务发展的人力资源计划，企业员工招聘计划、升迁计划，企业人员退休、解聘、裁减计划，员工培训和职业发展计划，企业管理与组织发展计划，企业人力资源保留计划，企业生产率提高计划等。完整的人力资源规划是企业人力资源管理的基础和核心，其他相关的人力资源管理工作都将围绕其展开。

（4）企业人力资源规划的实施与执行

人力资源规划的实施与执行实际就是构建或规范企业的人力资源管理体系，即按照企业的人力资源规划来逐步建立或者完善企业的人力资源管理体系，分解和落实企业的发展战略和人力资源规划的目标和计划，并予以执行。

（5）企业人力资源规划的监控与评估

在企业人力资源规划的实施与执行过程中，需要不断地监控其具体的落实情况，不断收集相关资料和信息，查看人力资源规划是否与企业的战略相匹配，是否与企业人力资源的其他模块相匹配，以及人力资源管理的各体系模块是否合理与可操作。在一个相对固定的周期内，对人力资源战略规划实施情况进行分析和评估，同时要根据企业内外部环境的变化来调整人力资源规划，以适应企业的战略变化。

2. 人力资源规划应注意的问题

目前，由于对人力资源规划的认识存在误区，所以企业的人力资源规划存在一些普遍性的问题。比如：只注重人员数量上的规划，而忽视企业的未来发展对人力资源质量的要求；只侧重整体人员规模与企业发展的匹配，而不关注员工个体的发展诉求；只着眼于对现状的审视，而不能基于企业的未来发展提出人力资源的对策措施等。这些问题大大降低了人力资源规划的有效性。人力资源规划应当关注如下事项：第一，根据企业的战略目标，确定人力资源发展战略；第二，深入分析企业人力资源面临的内外部环境，及时发现问题和潜在的风险，并提出应对措施；第三，合理预测企业的中长期人力资源需求和供给，规划和控制各业务板块的人力资源规模；第四，规划核心人才的职业生涯，建立企业的核心人才竞争优势；第五，规划重点专业、技术及技能操作领域员工队伍的发展，提高员工的综合素质；第六，提出人力资源管理政策和制度的改进建议，提升整体管理水平。

因此，企业人力资源规划应该基于企业战略及内外部环境状况，从中长期（三至五年计划）和短期（一年及以内的计划）两个视角分别进行规划分析。一般来说，企业的中长期人力资源规划是对未来整体人力资源发展方向的指导，同时要根据企业战略的变化而调整。而短期计划则是沿着中长期规划的方向，对企业近期的人力资源事项予以安排和监控，是对计划的执行，是对中长期规划的贯彻和落实。

（二）招聘

所谓招聘，就是通过各种途径吸引应聘者，并从中选拔、录用企业所需人员的过程。

在现代企业中，谁拥有了人才，谁就将在经济建设的大潮中立于不败之地。而这一竞争的焦点集中在招聘方法上，好的招聘方法是企业发展的"护卫舰"，它将载企业远航，而不当的方法将是其"触礁石"，阻碍甚至断送企业的发展。

企业要建立具有战略性的员工招聘体系，在企业内部选拔不到所需人才或者现有人员需要补充时，则应适时地从外部引进人才，及时补充新鲜血液，以丰富企业的人才储备。在招聘员工时，要注意人与人的匹配、人与岗位的匹配。人与人的匹配要求做到员工与员工在知识、能力、性格和气质上实现互补，以创建高绩效的工作团队。从而，一方面能较好地分工与合作，提高组织的工作效率和效能；另一方面能增强员工的组织归属感，使其更好地投入到工作中去。人与岗位相匹配是指人的素质要与岗位对人的要求相匹配，以及岗位给人的报酬要与人的需求相匹配。

建立系统性的招聘体系。有清晰的招聘计划和招聘流程，确保各部门合作，并做好招聘后的跟进工作，使企业能够吸引、招聘和发掘到所需人才，以提高员工的整体素质。要按照企业战略所需要的不同人才类别，选择猎头公司、招聘会、学校、报刊、网站等不同的招聘渠道来征选应聘人员；对员工进行基本能力和职业态度测试，评估员工解决问题的能力、学习能力和潜能以及职业兴趣、爱好；评估专家小组考察应聘者的洞察力、灵活性和创造能力；招聘专家对应聘人员进行集体面试，更加全面地考察、了解应聘人员的兴趣和爱好，以及是否与企业所需人才的标准相匹配，以便更好地做出岗位安排；对符合条件的人员进行体检以了解其身体状况，继而对新员工进行以考察工作表现和发展潜能等为主要内容的相关培训。

（三）培训

企业各级领导应有意识地培养下属，为其制定培养计划或生涯规划。培训应具有计划性和针对性，应以企业的战略为中心。企业应加强对培训的统筹安排，集中培训资源，提高培训的效果。可以自行设立培训机构，统一负责企业文化、管理知识、专业技术培训及其它岗位培训等工作。也可以从外部聘请培训机构进行培训。同时，要对员工建立终身培训制度，以不断跟进时代发展的步伐。

员工培训可以是在职培训，可采取指导、工作轮换或特殊委派等方式；也可以专门安排脱产培训。培训项目分为任职培训、升职培训、转职培训和各种专题培训等。一旦需要对员工进行培训，人事部门则需制定适宜的培训计划。其具体程序如下：

（1）对员工的现状进行调查。内容主要涉及员工的年龄、工作经历、知识背景和性格特征等。

（2）明确培训目标。这是指企业的人才培训计划应符合企业战略的总体要求，并据此制定目标，以便培养出企业未来发展所需的各类人才。

（3）制定培训方式。不同的方式有不同的开展条件和实施效果，因此企业应在综合分析内外部因素后，制定适宜的培训方式。

（4）制定详细的培训计划，并由专门的职能机构组织实施。

（5）为了保证培训的质量和效果，企业应定期对接受培训的员工进行考核评价。

（四）绩效考核

绩效考核，是指对员工在工作过程中表现出来的工作业绩（工作的数量、质量和社会效益等）、工作能力、工作态度及个人品德等进行评价，并用之判断员工与岗位的要求是否相称。绩效考核不仅仅是对员工工作绩效的考核，还应确保员工的工作活动及工作产出与组织的目标保持一致。绩效考核包括三个层面的含义：第一，绩效考核是从企业经营目标出发对员工工作进行考核，并使考核结果与其他人力资源管理职能相结合，以推动企业经营目标的实现。第二，绩效考核是人力资源管理系统的组成部分，其运用系统性的、制度化的程序和方法进行考核。第三，绩效考核是对组织成员在日常工作中所表现的能力、态度和业绩实事求是的评价。

1. 绩效考核的内容

绩效考核的内容体现了企业对员工的基本要求。考核内容是否科学、合理，直接影响绩效考核的质量。因此，实行绩效考核的企业要重视考核的内容，要制订符合企业实际情况的、能够全面而准确地评价员工工作的考核内容。我国很多企业考核的内容主要包括以下几项：①工作业绩考核，包括工作业绩数量结果，即工作量的大小；工作业绩的质量状况，即工作效果如何；对下级的教育指导工作；在本职工作中自我努力改进与提高的成效等。②工作能力考核，包括基础能力、业务能力和素质能力。③工作态度考核，包括工作积极性、热情、自我开发和责任感等。④工作潜力考核，包括学历与证书和工作经验等。⑤工作适应性考核。

2. 绩效考核的方法

员工绩效评估的方法可分为品质主导型绩效考核方法、行为主导型绩效考核方法（主观考核法、客观考核法）和结果主导型绩效考核方法三种。

（1）品质主导型绩效考核方法

品质主导型绩效考评方法是指评估者主要评估员工在多大程度上具有某些被认为是对企业的成功非常有利的特性。品质主导型绩效考核方法主要使用图尺度考评法（又称因素考评法、图表评定法）。由于图表评定法有时也涉及到对工作结果的考评，因此，有些教材也将其归为结果主导型的绩效管理方法。图尺度考评法也称为图解式考评法，是运用得最普遍、最简单的工作绩效评价技术之一。它列举出一些组织所期望的绩效构成要素（质量、数量或个人特征等），还列举出跨越范围较宽的工作绩效考核量表（从"不令人满意"到"非常优异"）。在进行工作绩效评价时，首先针对每一位员工，从每一项评价要素中找出最符合其绩效状况的分数，然后将每一位员工所得到的所有分值进行汇总加和，即得到其最终的工作绩效评价结果。

（2）行为主导型考核方法

行为主导型考核方法主要是依据一定的标准或设计好的维度对被考核者的工作行为进行评价，包括主观考核法和客观考核法。主观考核法亦称比较法，是指评价者将一个人的绩效与其他人进行比较，从而确定每位被评估员工的相对等级或名次的方法。这种方法通常是从某个方面对员工的工作绩效或价值进行全面地评估，并且根据评估结果设法对同一工作群体中的所有员工进行排序。具体方法主要包括排序法、成对比较法和强制分布法，排序法是指上级主管部门根据员工的整体表现，按照优劣顺序进行排序；成对比较法是将每一位员工按照所有的评价要素（工作数

149

量、工作质量等）与其他员工进行比较，根据配对比较的结果，排出员工的名次；强制分布法是指企业管理者事先确定员工在每一个绩效等级上所占的比例，如15%员工绩效考核为优秀，20%员工绩效考核结果为良好，然后按比例将员工强制分布到每个等级里去。客观考评法亦称为行为法，是一种试图对员工有效完成工作所表现出来的行为进行界定的绩效管理方法。这种方法首先利用各种技术来对这些行为加以界定，然后要求管理者对员工在多大程度上显示出了这些行为来做评估，具体方法主要包括关键事件法和行为观察量表法。关键事件法是利用从管理者或员工那里收集的工作表现和特别事例进行考核的一种方法；行为量表法是关键事件法的一种变异形式，采用关键事件中最能反映员工绩效的某些行为，并对员工在评价期内表现出这些行为的频率进行评价，最后得出总体评价等级的方法。

（3）结果主导型绩效考核方法

结果主导型考核方法是以实际产出为基础，以员工工作的成效和劳动的结果为考核重点的一种绩效考核方法。结果主导型绩效考核方法比较注重对目标的管理以及对个人或群体的工作结果进行评估。此方法假设绩效评估过程中的主观因素是可以消除的，同时将工作的结果作为员工为组织所作贡献的最接近的指标。结果主导型绩效考核方法主要包括目标管理法以及生产率衡量与评价系统法。目标管理法（Management By Objective，MBO）是由美国管理学家彼得·德鲁克于1954年在《管理的实践》一书中提出来的。根据德鲁克的观点，管理过程中应遵循的原则是每一项工作都应为实现总目标服务，而这些目标就成为对每一位管理者和员工的工作绩效进行评价的标准。生产率衡量与评价系统法是一种对生产率进行评估及向全体员工提供反馈信息的手段，主要目标是激励员工提高工作效率，使生产率水平朝着更高的方向前进。

3. 绩效考核应注意的问题及预防措施

（1）抵制考核

绩效考核对组织和个人的发展都有好处，对组织而言，其可以为制定人事政策提供依据；对个人而言，其可为给个人的发展提供反馈信息。但在实践中，人们经常会采取这样或那样的方式抵制绩效考核。许多被考核者不愿接受考核，因为他们担心不利的考核结果可能会影响工作前程，而且也会影响自己的形象。因此，他们在绩效考核的过程中竭力掩盖自己的缺点和弱点。另外，他们还非常担心考核者不能客观公正地对待他们的工作业绩，尤其在他们与考核者关系比较紧张的时候，这种担心会加剧。

对于被考核者抵制考核的原因，更多的是与考核目的有关。传统的考核办法确实存在一定的问题，主要是过多地强调人与人之间的比较，有时即使许多人的绩效都不错，但由于绩效被评为"优秀的"总是只有那么几个人，这样考核就难以调动多数人的积极性，反而会使许多人对绩效考核产生抵触情绪。要改变这一状况，就需要把考核的目的从强调人与人之间的比较，更多地转向为对每个人的个人发展诊断。要注重对每个被评价者的自身发展进行比较，肯定成绩，找出差距，从而不断提高，这样才会对每个被评价者产生激励作用。

（2）评价标准不清晰

在绩效考核中经常会遇到的一个问题是评价标准不清晰，有时采用的方法看起来是非常准确的，但由于评价标准较为模糊，而使得评定结果很不可信。有人用量表评定法对员工的绩效进行评定，尽管量表评定法是一种比较客观的方法，但评定标准很模糊，比如就工作质量来说，什么样的工作质量可以被评为"好的"、什么样的工作质量可以被评为"一般"，不同的人会有不一样的看法。即便是同一个评定人，在不同的时间，其评定标准也会发生变化。这个问题经常出现在量表评定法中，但也会出现其他评定方法中。

应确定恰当的评定标准，使其尽可能地准确、明了。同时，要尽量使用量化的客观标准，以减少评估者主观因素的干扰。另外，要选择合适的评估方法，每一种评估方法都有优点和缺点，如排序法可避免居中倾向的出现，但在被评估者们工作成绩都较优秀的情况下，排序法则容易使被评估者产生不平衡的心理。所以，一定要根据评估对象、评估目的等具体情况，尽可能选择最合适、最有效的评估方法。

（3）缺乏有效反馈

由于我国的部分企业在人事管理制度上比较封闭，绩效考核工作长期以来只是走过场，考核结果实际上也只是一种形式；另外，企业领导担心如果反馈考核结果，很可能会引发争议，引起员工的不满，所以会根据自己的意志做出考核结论；再则，部分企业没能真正理解绩效考核的目的以及对企业发展的重要意义，只是单一地将绩效考核作为调整员工薪酬和职务的依据，而在提高沟通能力和促进企业民主化问题上缺乏认识，因而很难达到实施绩效考核的真正目的。

良好的绩效沟通可以及时排除企业发展的障碍，有效地提高管理效率。企业绩效考核领导小组可以根据管理权限进行绩效计划沟通；考核主体与被考核对象保持充分的沟通，做到考核前充分了解企业员工的情况；每周、每月和年度的绩效考核结果，以书面报告或通过企业办公系统予以公开；根据绩效考核结果进行面谈，对考核优秀者予以适当的奖励，对于表现不佳者，必要时要采取适当的惩罚措施或者面谈需要改进的地方。

第二节　企业生产（运营）战略

早在 1969 年，美国哈佛商学院的维克汉姆·斯金纳（Wicham Skinner）教授就在《哈佛商业评论》上提出了生产（运营）战略的概念，指出生产（运营）部门不仅仅是例行的职能部门，生产战略也是企业总体战略的一个关键组成部分。随着商业竞争的加剧，企业的生产战略与管理问题受到越来越多的关注。

一、生产战略概述

（一）生产战略的内涵

所谓生产战略是指在企业总体战略的框架下，按照选定的目标市场和确定的竞争战略，对企业经营领域的生产系统建立和运行制定全局性的规划。即在分析内、外部环境的基础上，构建一个能使企业适应市场需求、获得竞争优势并不断发展的生产系统，以保证企业总体战略目标的实现。

生产战略作为企业总体战略下的职能战略，其着眼于通过生产系统的战略决策，降低产品的生产成本，提高产品或服务的质量与柔性，缩短交货期，以提高产品的销售量、市场份额和盈利水平。

生产战略内容包括对企业的产品或服务的生产作业系统进行选择、设计与改造，而其中的作业系统又涉及将各类投入转化为产品或服务所需的各种过程及活动。有效的生产系统对于一个企业的成功非常重要，生产系统必须与企业的总体战略以及经营战略相适应；同时，在制定总体战略或经营战略时，也应充分考虑现在和未来生产系统的能力。只有这样，才能保证生产系统在企业总体战略和经营战略的范围内有效运作。企业总体战略应当作为生产战略的指导原则，而为满足总体战略对生产系统的要求，它也应当与生产系统的设计及运营政策相统一。在制定生产战略时，首先必须明确企业的总体战略和经营单位战略及其目标，然后再制定一组配套的生产系统决策和政策。

（二）生产战略的特征

1. 贡献性

强调对企业竞争优势的贡献，通过对产品目标的细化使生产运营系统的功能具有优先级，从而形成突出的竞争优势，为企业的竞争提供坚实的产品和后援保证。生产战略对企业的竞争力有较大的影响。生产战略制定得合理，实施得顺利，企业取得成功的可能性就较大；而如果未能有效地制定和实施生产战略，企业就很难获得成功。

2. 协调性

生产战略的范围较窄，主要与产品、工序、方法、使用的资源、质量、成本、生产准备时间及进度安排等相关。为了使生产战略切实有效，强调不仅要与企业总体战略及其他职能战略相协调，同时，在制定总体战略时还要考虑产品生产的优势和劣势，扬长避短，还要注意与生产系统内部的结构性和非结构性要素相协调，以此来保证整个生产运营系统的目标可实现。

3. 可操作性

强调生产战略既是一种计划思想，也应便于贯彻实施，应注重各个决策的目标分解，以及各决策间的信息传递及转化，以使各级人员达成共识，并积极参与，同时注意阐明各项决策的内涵及其互相作用，以确保决策明确、可行。

4. 制约性

首先，生产战略受企业经营业务的制约，生产消费品和生产资料的企业，它们对生产战略的要求是不同的，因而生产战略所处的地位也就不同。其次，受企业经营目标的制约，一些企业把未来几年业务增长速度作为企业经营的主要目标，那么企业可能会采取薄利多销的方式，这时生产系统就会相应地进行大批量生产，而在创新方面的投入就会大大减少；另外一些企业并不明确规定业务的增长速度，却把注意力放在开发新产品或提高产品质量等方面，将会削弱企业对交货期的重视。生产战略还受企业经营战略的制约，采用多元化经营战略或单一产品战略的企业的生产战略大不一样，前者要在产品品种、特色和质量等方面寻求优势，但会因产品缺乏标准化、达不到规模经济等原因而失去成本方面的优势，而后者恰好相反。

二、生产战略的内容

（一）分析企业的内外部环境

不管制定哪一层次的战略，都需要分析企业的内外部环境。外部环境能够对企业的生产经营活动产生显著的影响，从而影响生产战略的制定和实施。同样，内部环境也可通过可利用资源、员工的劳动技能和能力、现存设备的位置和使用年限、控制系统类型等影响生产战略。对内外部环境的分析通常能帮助企业识别在生产方面存在的优劣势。从而在制定战略时避免劣势、增强优势，在制定生产战略时需要注意以下一些问题：第一，企业虽然可以通过一些营销手段在一定程度上影响需求水平，但某些市场的需求却是不能被控制或不能轻易地预测到的。如经济波动引起的变化、消费者偏好改变和新竞争者加入等。第二，随着产品和工艺水平的发展，生产技术也应有所改进，企业可选择成为技术领先者或跟随者，或采用其他技术战略。生产战略应能尽量预测技术环境的变化，并做出相应的反应。第三，制定生产战略时，应该考虑原材料的可获得性。第四，某些法规的变化可能会导致某些产业发生重大变化。例如，环境污染标准、安全规定，以及反不正当竞争法等法律、法规的修订与调整会对医药生产企业的生产带来影响。第五，不断变化的社会态度和价值观念会影响企业管理者和员工，生产战略应能认识到社会中的这些变化，并在制定相关政策时做出反应。第六，新产品的推出速度、成本的高低、质量水平的差异等都能反映竞争的激烈程度，在制定生产战略时也要充分考虑这些因素。

（二）明确生产宗旨

生产宗旨是指与企业总体战略相关的生产职能的目的，它应说明生产目标（成本、质量、灵活性、交货）的优先顺序。下面是一个医药企业生产宗旨的典型陈述："我们医药企业生产的宗旨是通过提供药品来满足人们的健康需求，从而获得医药市场份额，并在医药领域成为领导者，这就要在合理的成本下进行药品创新，以此来提供差异化的产品"。这一宗旨陈述反映了该企业是通过创新来实施企业的差异化战略，而不是强调以现有产品或低成本作为它的核心竞争优势，要注意在生产宗旨中

153

提到的是合理成本而不是最低成本。生产宗旨经常是总体战略在生产层次上的细化，它直接来源于总体战略。

（三）识别生产的特殊能力

生产的特殊能力是指企业在生产领域中所拥有的，具有竞争优势的特性或能力。特殊能力应支持生产宗旨，例如，如果生产宗旨要求在新产品开发中占有优势，则应在创新领域中具有较强的能力。特殊能力能形成竞争优势，因此它是生产战略的核心；大多数成功的企业都会识别其特殊能力，并努力保护与发展它。特殊能力有多种形式，就生产目标来说，特殊能力可以是最低的成本、最高的质量、最好的交货服务、最大的灵活性等。就生产资源而言，它可以是以人力为导向的资源，也可以是独占的原材料，也可以是比竞争对手更好的技术资源等等，资源上的特殊能力最后都应该转化为客户的认同或对企业战略实施的支持。

（四）树立生产目标

生产目标是用明确的数字和可以度量的文字来描述企业生产运作预期要达到的结果。生产目标是对生产宗旨的提炼，它通常表述为成本目标、质量目标、交货目标以及灵活性目标等四个目标。企业如果把质量作为竞争的首要优势，就要在生产中确定客户的特殊需求，严格控制生产工艺，保证产品或服务满足客户对于质量的要求。如果企业更强调低成本目标（低成本目标与质量目标是不矛盾的），能够获得低成本的最好方法可能是将重点放在客户的需求上，减少生产中的返工、次品以及其他不能增值的工艺过程。防止错误和较大偏差的发生往往比发现后再改正要节省更多资源，能够降低成本。如果将交货时间作为关键目标，第一，可通过提高质量来减少时间的花费，当减少生产过程中的返工、次品数量和其他不能增值的工艺过程后，那么产品的交货期也会相应缩短；第二，可通过控制时间来缩短交货期，一般情况下，产品在转向下一个生产环节前，在生产线上等待和停留的时间占据了整个生产过程的大部分，这时可采用准时制生产（Just in Time）方式减少中间产品在生产线上的等待和停留时间，从而缩短交货期。最后，需要强调的是生产中的灵活性。通过减少时间，灵活性可以自动提高。例如，假设原来生产产品要花16周，现在减少到10周，这就可以在10周内改变计划，而不再是16周，生产就能更灵活地适应客户需求的变化；另外，通过购买更先进的生产设备来直接提高生产的灵活性。

（五）形成生产策略

生产策略规定了如何才能实现生产的目标。应在质量、工艺过程、能力、库存以及劳动力等五个决策领域中全面制定生产策略。例如，某一个策略侧重于开发新的工艺和技术；另一个是为了开发优良的库存控制系统，第三个可能是培养高技能的员工。有多种策略可以考虑，但各策略间常常会有冲突，需要进行权衡。例如，聘用高技能的员工可能很昂贵，但其能够提供生产不同产品所需的技能，到底采取何种策略最终应由目标决定。

三、生产战略的类型

（一）基于成本的战略

基于成本的战略是指通过发挥生产系统的规模经济优势，以及实行设计和生产的标准化，使产品的成本大大低于竞争对手的同类产品，获取价格竞争优势并构建一种市场进入壁垒。基于成本的战略实质是想实现生产系统的规模经济效应。所谓规模经济效应，是指单位产品的成本随着规模的扩大而逐渐下降的效应。这个道理很简单，因为随着企业规模的扩大，企业内部劳动分工更加细致，工人操作内容细化，熟练程度逐步提高；企业可以使用高效率、大型化的专用设备和工艺装备，从而使劳动生产率大大提高；同时，随着企业规模的扩大，在原材料的采购和人才供给等方面也会获得便利条件。这样，企业就能以相对少的投入获得相对多的产出，从而降低产品成本，给企业带来规模经济效益。

（二）基于质量的战略

基于质量的战略是指企业把产品质量作为竞争优势的来源，即依靠消费者感知到的产品或服务的相对高质量，赢得市场的高占有率和稳定的利润。这里"相对"的意思是指和竞争者比较，"可感知"的意思是以消费者而不是生产厂商的眼光看问题。产品在市场中所占的份额与其质量是密切相关的。具有高质量产品的企业往往会拥有较大的市场份额，同时也会从市场中获取较大的收益。曾有国外学者做过一项研究，通过从市场上调查的数据分析得出：在价格不变的条件下，可感知到的产品相对质量上占前三名的厂商与占后三名的厂商的利润比为 2:1。而且，这个结论实际上不因产业、地理分布或市场类型而有太大的变化。从生产战略的角度看，在市场中处于劣势地位的企业应该注重质量，把质量作为赢得市场份额的出路。由于质量的改善为提高投资回报率提供了较大的潜力，因此，企业应该优先将产品的质量而不是价格或销售费用作为考虑的重点。

（三）基于时间的战略

基于时间的战略是指企业把时间作为一种关键的竞争优势来源，通过缩短产品开发周期和制造周期来提高对市场需求的反应速度，使企业具备提供众多的产品种类和覆盖更多细分市场的能力。现在，新一代的企业以弹性制造系统及快速反应系统参与竞争。基于时间制定战略的企业，与采用低成本、大规模或专业化生产等传统战略取胜的企业相比，具有更强的竞争力。基于成本的战略，要求管理人员尽量压低成本，把生产转移到劳动力成本低的国家，或从这些国家引进低价劳动力；兴建新的设施，或是并购同类型的生产企业以形成规模经济；或者是把资源集中在最具经济效益的生产活动中，这种战略确实降低了成本，但却牺牲了反应能力。相反，基于弹性制造、快速反应而制定的战略，却是以时间为基础的。企业可以将工厂设在接近客户的地方，这样不仅可以降低运输成本，更有利于企业对客户的需求变化作出快速反应。对于采用基于时间战略的企业而言，时间已经成为衡量业绩的最高标准。

第三节　企业财务战略

财务战略是战略理论在企业财务管理方面的应用与延伸，是企业职能战略的重要组成部分，它对企业的经营运作进行全面地支持。所谓财务战略，是指企业为谋求资本均衡、有效地流动，提高资本运营质量和效益，实现企业战略目标，增强企业竞争优势，在分析企业内、外部环境因素对资本流动影响的基础上，对企业目前及未来的资本流动进行的全局性、长期性和系统性的谋划，并确保其执行的过程。

一、企业实施财务战略的必要性与重要性

现代企业的财务处于多元的、动态的、复杂的管理环境中，财务管理不再只是具体的方法和手段，而是吸收战略管理的原理与方法，从适应环境、利用有利条件等角度出发，高度重视财务管理的长远性和战略性问题。尤其在资源相对紧缺的中小企业，要制定财务战略合理配置有限的资源。

企业财务战略关注的焦点是企业未来财务活动的发展方向、目标以及实现目标的基本途径和策略，这是财务战略不同于其他战略的特点。企业财务战略的总体目标是合理调集、配置和利用资源，谋求企业资金的均衡、有效流动，构建企业的核心竞争力，最终实现企业价值的最大化。这一目标的几个方面是相互联系的，从长期来看，企业财务战略谋求财务资源的持续增加、能力的持续提高，从而实现企业的资本增值，并使企业的财务能力实现持续、快速、健康地提高，维持和发展企业的竞争优势。

企业在构建核心竞争力时，需要财务管理的支持。因此，把资金管理作为重要内容的财务管理必须要反映企业战略的要求，以保证战略的顺利实施。实施财务战略管理的目的就在于有效控制财务风险，保持企业的财务状况健康。

企业在实施财务战略时，要注意以下几个问题：

第一，复杂多变的企业环境，既给财务管理创造了许多机会，也带来了一定的威胁。能否把握环境变化的趋势，趋利避害，已成为财务管理的关键。许多企业之所以陷入资金周转不灵、使用不佳的境地，就是因为其对环境变化所带来的威胁准备不足，从而不能灵活应变。而另一些企业则善于审时度势，从而获得了良好的经济效益。因此，企业的财务管理应将企业所处环境及其变化趋势作为出发点，把提高企业对环境的适应能力、应变能力以及利用能力放在首要位置，从战略角度重新审视财务管理工作，并以战略的眼光开展财务管理工作。

第二，复杂多变的企业环境，要求财务管理必须具有战略眼光，与总体战略的协调程度以及对总体战略的支持程度，对战略能否成功实施有着至关重要的影响。如果不能及时获得所需资金，绝大多数战略计划将只能束之高阁，而资金投放不合

医药企业战略管理

理，也将使战略不能按计划推进。

第三，合理制定并实施财务战略，能够更好地为企业发展筹集资金、投放资金，提高对资金的运营管理，提高资金利用率，确保资金均衡有效地流动，对于企业尤其是处于复杂多变环境中的企业显得尤为重要。

二、财务战略的特征

（一）支持性

财务战略的支持性，首先表现在它是企业总体战略的一个组成部分，其次表现在财务战略是企业总体战略的执行与保障体系。企业总体战略是全局性的战略，它以对企业内外部环境的分析为出发点，以谋求企业的竞争优势为目标，凭借企业所拥有的技术优势、产品差别优势、成本优势等实现上述目标，因此，企业总体战略指导财务战略的制定。财务战略通过合理地安排企业的财务资源，提高资金运转效率，建立健全风险与危机预警机制，从而为实现企业的总体战略目标提供良好的财务保障。

（二）动态性

财务战略对企业的财务活动具有指导作用，应该具有相对稳定性；但财务战略是基于企业内外部环境及企业的总体战略制定的，由于企业的内外部环境是变动的，因此财务战略又具有动态性。当内外部环境变动较小时，一切行动应按照原战略进行，体现财务战略对财务活动的指导性；当环境出现较大变动并影响全局时，企业总体战略需要做出相应的调整，财务战略也应随之调整。

（三）全程性

所谓全程性是指企业财务战略以统一的价值尺度，反映企业在战略期间准备阶段、生产阶段、销售阶段对资金的需求、使用情况，并衡量企业生产经营带来的经济效益。企业财务战略的全程性是由财务管理的对象——资金运动的全程性所决定。

（四）全员性

尽管财务战略的制定和实施主要是由财务部门来完成，但并不意味着企业中的其他管理部门在财务战略的制定与实施中不起作用。企业财务战略的全员性是由其全程性决定的。从纵向看，财务战略的制定与实施是企业高层管理者、财务部门管理者及财务部门多位一体的管理过程。从横向看，财务战略必须与其他职能战略相配合，并依据企业的发展阶段与发展方向来确定各职能战略的主次。同时，财务战略意识要渗透到其它职能部门内部，但财务活动最终由企业财务部门负责协调。财务战略的全员性，意味着财务战略管理是以企业经营战略为主导、以财务职能战略为核心、以其他部门的协调为依托所进行的管理活动。

三、财务战略的环境分析

企业的总体财务战略必须着眼于企业未来的长期发展，应具有防范风险的意识。在选择战略时，必须考虑内、外部环境的变化，并及时进行调整，以适应企业总体战略的发展。下面将对影响企业财务战略制定的主要因素进行分析。

（一）外部环境

1. 经济体制

经济体制是指一定的经济制度所采取的具体组织形式和管理制度，它对企业生存与发展的形式、内容、途径指出了系统的基本规则与条件。企业只有在适应经济体制的前提下，制定和实施财务战略，才能保证自身的长期发展。

2. 市场环境

企业依赖市场而存在和发展，市场环境影响企业的财务活动，不同的市场环境对财务战略的制定有着不同的影响。如处于完全垄断市场中的企业，可利用较多的债务资本。相反，处于完全竞争市场中的企业，不宜过多地采取负债的方式来筹集资金。

3. 通货膨胀

持续的通货膨胀会严重干扰经济的发展，因此企业可以根据通货膨胀的发生周期，制定合理的财务战略，控制投资规模，积极介入产业结构的调整，提高经济效益。

（二）内部环境

1. 企业所处的发展阶段

每个企业都要经历一定的发展阶段：初创期、成长期、稳定期和衰退期。不同的发展阶段应该有不同的财务战略与之相适应。企业应当分析其所处的发展阶段，以采取制定的财务战略。

2. 成本驱动因素

成本驱动因素是指一项成本的结构性原因。判定每种价值活动的成本驱动因素，将使企业深刻认识自身活动的成本构成及其来源，确定自身的成本优势和劣势。主要的成本因素有规模经济、时机选择、生产力利用方式、联系和整合等。

3. 差异化驱动因素

用价值链分析差异化的关键在于识别形成差异化的独特性因素，如企业价值链的内外部联系、时间性等因素。了解了这些因素，企业可为保持差异化的持久优势而做出努力。

4. 核心能力分析

核心能力是企业维持长期盈利的源泉，识别企业的核心能力对于财务战略的制定具有重要的意义，一般采用 SWOT 分析、BCG 矩阵分析等组合分析方法。财务战略要在一定程度上支持企业的核心能力，从而能够更好地推动企业的发展。

四、财务战略的内容

（一）资金的筹集

企业开展生产经营活动需要资金的支持。按照资金持有的时间长短，可分为短期资金和长期资金。

1. 短期资金（本）的筹集

所谓短期资金是指使用期在一年或一个经营周期内的资金。经营单位的短期资金主要表现为现金、银行存款、应收账款、存货等形式。企业在经营活动中所需的短期资金需要通过一定的方式来筹集，通常有三种方式。

（1）商业信用。指企业对所订货物或劳务，于交货时并不需要立即支付现金，而是供应商根据其特殊的交易条件或货物条件向企业开出发票或账单。也就是说，供应商向企业提供信用，这使得企业以应付账款或应付票据的形式开辟了一个临时性的资金来源。商业信用的形式有：应付账款、应付票据和商业承兑汇票。

（2）银行信用。指利用银行短期借款来融通短期资金。利用银行信用来筹集短期资金是企业采用的最普通、使用最多的筹集方式。银行信用主要有两种：第一种是无担保贷款，即不需要担保的贷款；第二种是担保贷款，即企业必须有担保物做担保的贷款。

（3）应付费用。所谓应付费用是指企业应付而未付的费用，主要有应付工资和应付税款，有时还有应付租金等。应付费用通常不在费用发生时支付，而是在指定的日期支付。应付费用与应收账款一样，属于自然性融资。

2. 长期资金（本）的筹集

长期资金是指使用期在一年或一个经营周期以上的资金。其主要表现为厂房、机器、设备、长期股票投资、长期债券投资等形式。企业筹集长期资本的几种典型方式：

（1）股票。企业发行的股票有普通股和优先股。

（2）长期债券。即承诺在规定日期按规定利率支付债券利息，并按特定日期偿还本金的一种债权、债务证书。

（3）长期借款。主要有银行贷款以及投资公司和保险公司等金融机构的贷款。

（4）融资租赁。即资产所有者将资产的使用权出让给企业，企业在使用期间支付给资产所有者一定的租金。

（5）留存收益。是指企业留存下来的，可供后期继续使用的纯收入。主要表现为公积金、集体福利基金和未分配利润等三种形式。

（二）资金的运营

1. 投资战略

投资战略是指为了企业的长期生存与发展，在充分评估与预测内外部环境的基础上，对企业的长期投资所做的总体筹划。一般来说，投资战略目标可分为利益目标、安全目标和前景目标。因此，企业在制定投资战略时不仅要充分考虑市场占有率、最佳的现金流量、长期的合并收益等问题，还要充分考虑商业周期的阶段性变化对产业或行业的经济特征、投资项目的预期现金流量总和及分布和项目折现率的影响。目前，已发展多种评价投资项目经济性的方法，如投资回收期法、净现值法、现值指数法、内部报酬法（IRR）等。

2. 资产管理战略

资产管理战略涉及各种资产的计划、分配以及有效运用等多个方面，包括固定资产管理和流动资产管理两方面的内容。其中固定资产管理主要包括对固定资产的投资收益管理、日常使用管理和折旧管理；流动资产管理主要包括现金管理、存货管理和应收账款管理等。

3. 信用政策

信用政策是指企业采取赊销方式时，对应收账款进行规划和控制所确定的基本原则与规范。企业在制定信用政策时，应对信用标准、信用条件、收账政策等进行综合考虑，使其相互协调，以达到确保应收账款安全性、流动性和盈利性的目的。

4. 成本战略

成本竞争是企业竞争的一个主要方面，企业的所有战略最终都会体现在成本上，因而成本战略在企业竞争战略中占据核心地位。随着竞争的日益激烈，成本管理在企业中的地位也日益重要，这就需要企业从战略的高度来把握成本管理，使之成为"市场导向型"的成本战略。

（三）收益的分配

收益的分配需要明确企业获利程度的战略目标，如利润额、利润率等。收益分配理论主要研究股利的发放对企业价值的影响，并以股票价格的波动来权衡股利政策，长远、稳定的股利政策是企业财务战略的重要组成部分。股利政策主要有以下四种：

1. 剩余股利政策

剩余股利政策即企业只能将满足投资后的剩余收益作为股利。首先要根据企业投资计划选择最佳投资方案，进而确定投资方案所需筹集的所有者权益资金，然后最大可能地利用留存收益来满足所有者权益资金的需要；在投资方案所需的所有者资金全部得到满足后，如果尚有剩余，则将剩余部分作为股利发放。这种分配方式适合业务高速成长的企业，其股东更多地是从股票的增值中获益。

2. 固定股利或稳定增长股利政策

固定股利或稳定增长股利政策，即每年发放固定的股利金额，只有当企业认为未来收益的增长能使其维持更高的股利水平时，才会提高股利的发放额。这种股利政策的根本原则是：绝对不能降低年度股利的发放额。如果存在通货膨胀，固定股利政策将转变为稳定增长股利政策。这种情况下，一般要先设定股利的目标增长率，然后再依此比率增加股利的发放。业绩优良且稳定的大企业实施这种政策时，通常能建立起"蓝筹股"的形象，即企业的经营业绩较好，且具有稳定的、较高的现金股利支付能力。

3. 固定股利支付率政策

固定股利支付率政策，即从企业利润中提取固定的比例作为股利，每年发放的股利金额随利润的波动而波动。

4. 固定的低股利加额外分红政策

固定的低股利加额外分红政策，是介于固定股利或稳定增长股利政策与固定股利支付率政策之间的一种折中政策。在这种政策下，企业将每年发放的股利固定于低水平，然后根据经营状况决定年末是否追加额外分红。

五、财务战略的选择

企业财务战略的选择，决定着企业财务资源配置的取向和模式，影响企业理财活动的行为与效率。负债、收益以及分配不同，战略有着不同的选择。根据企业所处的发展阶段，财务战略可分为扩张型财务战略、稳健型财务战略和防御收缩型财务战略三种类型（如下表 8－1 所示）。

表 8－1　企业发展各阶段的财务战略

企业发展阶段	财务特征	财务战略
初创期	现金需求量大负债率高财务风险大	扩张型财务战略
成长期	现金需求量大，但增长幅度较小财务风险仍很高	扩张型财务战略
稳定期	现金需求量有所减少有现金结余财务风险降低	稳健型财务战略
衰退期	现金需求量持续减少出现亏损风险降低	防御收缩型财务战略

（一）扩张型财务战略

它是以实现企业资产规模的快速扩张为目的的一种财务战略。在初创期，现金需求量大，需要大规模举债经营，因而存在着较大的财务风险，一般采用非现金股利政策。在扩张期，虽然现金需求量也大，但它是以较低幅度增长的，风险仍然很高，一般可以考虑适当的现金股利政策。因此，在初创期和扩张期企业应采取扩张型财务战略。

（二）稳健型财务战略

它是以实现企业财务绩效的稳定增长和资产规模的平稳扩张为目的的一种财务战略。在稳定期现金需求量有所减少，一些企业可能有现金结余，有规则的财务风险降低，一般采用现金股利政策。所以，企业在稳定期宜采取稳健型财务战略。南方中药港于 2005 年 3 月成立，由于进入医药行业时间不长，公司采取谨慎前进的发展战略，主要靠吸收股东投资和自身利润积累来发展，签定的投资项目由于资金投入不畅而缓慢展开，对利用债务融资实现企业资产规模和经营规模的扩张持比较谨慎的态度，公司实施的是稳健型财务战略。

(三) 防御收缩型财务战略

它是以预防出现财务危机和求得生存及新的发展为目的的一种财务战略。在衰退期现金需求量持续减少，最后经受亏损，有规则的风险降低，一般采用高现金股利政策，在衰退期企业宜采取防御收缩型财务战略。

财务战略要适应内外环境的发展变化，企业的财务战略思想应着眼于企业未来长期稳定的发展，具有防范未来风险的意识。同时，在制定财务战略时，应考虑经济周期的波动性、企业发展阶段和企业经济增长方式，并及时进行调整，以保持其旺盛的生命力。

六、财务战略的实施与控制

(一) 财务战略的实施

战略实施就是把战略方案转化为战略行动并取得成果的过程，它是贯彻执行既定方案所必需的各项活动的总称。财务战略实施是财务战略管理的行动阶段，在这个过程中，通过企业的财务组织、财务预算与资源分配等，财务战略可以真正进入企业日常的资本运营活动中，保证财务战略目标的实现。尽管战略实施与战略制定之间有着密切的关系，但两者之间有着本质的区别：战略制定主要是一种思维过程，需要有良好的直觉与分析能力，而战略实施是一种行动过程，需要特殊的激励和领导技能；战略制定是在行动之前部署力量，因而需要的是技能，而战略实施是在行动中管理和运用力量，需要对多人进行协调，因而注重的是效率。

无论战略制定得多么有效，如果不能恰当地实施仍不能成功。战略实施就是把战略转化为行动，以及对这些行动进行控制与调整。因此，在财务战略实施过程中，企业要考虑财务战略制定和战略实施之间的关系，两者配合得越好，战略管理就越容易获得成功。战略实施要求企业制定年度目标和政策、激励雇员和配置资源，以便使制定的战略得以贯彻执行。财务战略的实施主要包括以下几个方面。

1. 预算管理是财务战略实施的基础。企业财务战略管理是面向未来的管理，未来环境的不确定性可能会给企业带来风险。这种风险首先来源于企业对未来战略的定位是否正确，其次是企业的战略能否得到有效实施，二者皆可以借助财务预算来规避。

2. 采用战略性业绩评价制度。战略性业绩评价制度就是将业绩评价制度与企业战略管理联系起来，体现战略管理对企业战略的支持与反馈。所谓财务战略管理的战略性业绩评价制度，是以形成企业整体竞争优势为目标，综合运用货币性和非货币性的业绩指标，旨在建立以财务业绩评价为落脚点，向企业经营战略其他目标评价拓展的、全方位的企业战略管理业绩评价体系。

3. 转变财务经理的角色。在信息时代，财务活动不再仅仅要求财务经理懂得会计和财务的专业知识，能独立承担投资、融资和营运资本管理等决策，还要求财务经理能在财务和会计部门职责之外更多地发挥作用。财务经理要由以提供多项任务和交易导向活动的信息为主，转变为向具体业务部门提供更多决策支持和信息分析，向他们描述即将做出的决策将对财务指标产生怎样的影响，企业资源将如何配置等信息。

4. 领导者要扮演促进战略实施的角色。在实施战略的过程中，企业领导者不仅要发挥组织、协调、激励等基本的管理职能，还要扮演战略管理者、资源配置者、危机处理者等各种促进战略实施的角色。管理者要能够对组织变革的有关事宜进行清楚而有说服力地传达，使企业内部各级人员都能坚定地拥护战略实施和业绩目标，从而将战略实施过程演变为一场全企业的运动。

（二）财务战略的控制

控制就是引导一个动态的系统达到预定状态。财务战略控制是指根据企业财务战略目标，及时纠正偏差，监控财务战略能够有效地实施的必要过程。也就是说，财务战略控制是企业在实施财务战略的过程中，通过监测企业内外部环境的变化，检查其业务进展，评价经营绩效，纠正偏差，使企业的财务战略和所处的内外环境协调一致，使企业财务战略目标得以实现的过程。财务战略控制的基本职能是确立控制标准、监测财务战略执行情况，对出现的偏差进行分析，拟定纠正方案，实施纠正措施。

在财务战略实施过程中，需要随时将每一方面、每一层次的财务战略实施结果或绩效同预期结果和绩效相比较，以便及时发现偏差并采取措施予以调整。如果对原有的财务战略分析不全面，财务战略方案有误，或企业执行财务战略的相关条件发生了变化，则需要对原有目标、方案等做出适当的调整。合理而有效的财务战略控制，不仅能够及时发现和纠正偏差，确保财务战略目标的实现，而且可以在必要时提出财务管理的新目标、新计划，并提出改善组织结构的措施等，以便在相应的组织结构的支持下，建立起完整的财务控制系统。

第四节　企业市场营销战略

市场营销战略一方面服从于企业的总体战略，以实现企业的整体战略目标为出发点，同时它又是企业开展营销工作的主线，指导营销部门的各项工作。营销战略的制定与实施，在企业总体战略中居于重要地位，是确保企业战略得以实现的重要保证。

一、市场营销战略概述

（一）市场营销战略的含义

市场营销战略是企业在总体战略的指导下，根据市场等外部环境及自身条件的动态变化，对企业的市场营销工作做出的全局性谋划。其基本任务是在适当的时间将适当数量的适当产品或服务投放于适当的市场，使企业获利，使顾客满意。其由相互联系的两个内容组成，一是目标市场的选择和营销目标的确定；二是营销策略的制定。

市场营销战略不是一种目标，而是一种具有明确指向的市场营销方向，一旦建立，不可轻易改变，且应贯穿于企业的一切市场营销活动中。市场营销的目的在于运用企业可利用的资源，在营销战术上先声夺人，并把企业的全部资源纳入到统一的战略轨道上去，有助于企业营销战术的效能在不受既定目标约束的情况下最大限度地发挥。

（二）实施市场营销战略的意义

1. 使企业的营销活动得到整体的规划和统一的安排，确保营销工作沿着明确的方向进行，以实现营销观念所要求的企业活动、目标一体化。也就是说，企业营销战略使企业的各部门、各环节都能向着统一的目标运行，建立一个协调的运转机制，为企业的有效经营活动提供相应的保证。

2. 能够帮助营销部门应对外部环境的不确定性，准确把握外部环境的机会和威胁，增强营销活动的稳定性。由于企业的外部环境不断变化，其经营活动也需相应地、不断地变化与调整，但任何调整都不应是盲目的或仓促被动的。因此，企业实施市场营销战略，可以主动地、有预见地、方向明确地根据营销环境的变化来调整经营活动，主动适应环境变化，减少盲目性，使企业始终能够在多变的环境中向着既定的、可行的目标稳步前进。

3. 企业在整个产业链活动中，只有在销售环节才能获得销售收入、获取利润，所以市场营销战略是企业生存和发展的根本保证。企业能够在竞争激烈的市场上求得长期的生存和发展，在很大程度上取决于企业的经营活动能够适应外部环境的变化。企业营销战略确定了企业经营活动的方向、重点和发展模式，同时，在企业战略体系中发挥信息桥梁的作用，为企业提供直接、充分、及时的市场信息及竞争对手信息，使营销人员对竞争对手有更加深刻和明确的认识，并能为企业调整相关战略提供依据。

4. 在营销部门内部达成进行沟通和协调工作的基本共识，并建立讨论平台，使企业营销工作更加活跃有序。从管理学的角度来说，管理更加注重统一领导、统一指挥。但是，同时也应最大限度地鼓励被管理者的创造性和积极性。在具体的管理工作中，对于全局性的谋划和战略的制定，需要集思广益，从而使企业员工上下同心，明确奋斗目标。因此，在实施市场营销战略时，吸收广大员工参与，便于管理者吸取群众的智慧，使企业的所有员工都能明确企业的发展远景和奋斗目标，增强企业员工对企业的向心力和凝聚力。

二、市场营销战略的基本形式

根据企业制定的目标，在分析内外部环境的基础上，要制定具体的市场营销战略。对企业来说，要实现某一目标，可能有多种战略可供选择，但基本可表述为以下两种基本形式。

（一）密集型发展战略

美国著名经济学家安索夫（H. I. Ansoff）在其《公司战略》一书中，最先提出了按产品和市场来划分的密集型发展战略。

1. 市场渗透战略

市场渗透战略是指实现市场逐步扩张的拓展战略，该战略可以通过扩大生产规模、提高生产能力、增加产品功能、改进产品用途、拓宽销售渠道、开发新市场、降低产品成本、集中资源优势等单一策略或组合策略来开展，其战略核心体现在两个方面：利用现有产品开辟新市场、向现有市场提供新产品。

2. 市场开发战略

市场开发战略是由现有产品和新市场组合而产生的战略，即企业用现有的产品开辟新的市场领域的战略。它是发展现有产品的新顾客群，从而扩大产品销售量的战略。市场开发的方式主要有：在原有销售地区增加新的目标市场、增加新的市场渠道及增加新的销售渠道。

3. 产品开发战略

产品开发战略，是指考虑在现有市场上通过改良现有产品或开发新产品来扩大销售量的战略。例如，原来只生产药品，现在增加生产保健品。产品开发战略是建立在市场观念和社会观念的基础上，企业向现有市场提供新产品，以满足客户需要，增加销售的一种战略。

（二）市场营销组合战略

1. 营销组合的内涵

在基本的市场战略确定之后，经营单位就需要制定较具体的或专门化的策略，这些活动通常就称为市场营销组合。营销组合是现代营销学理论中的一个重要的概念，是 1964 年由美国哈佛大学的教授尼尔·鲍顿（N. H. Borden）教授首先提出。所谓市场营销组合，是指企业为了满足目标市场的需求，有计划地综合运用企业可以控制的各种市场营销手段，以达到销售产品，并取得最佳经济效益的策略组合。

1960 年，麦卡锡提出了著名的 4P 组合。麦卡锡认为，企业从事市场营销活动，一方面要考虑企业的各种外部环境，另一方面要制定市场营销组合策略，通过策略的实施，适应环境，满足目标市场的需要，实现企业的目标。包括产品（Product）、地点（Place）、价格（Price）、促销（Promotion），即 4Ps 组合。企业产品能否满足消费者的需求，能否保证企业取得较好的经济效益，取决于这四个营销因素综合运用的结果。例如，有的医药生产企业所生产的药品，疗效虽然较好，但由于不能正确选择分销渠道或宣传推广不力等，结果变为滞销商品；有的药品性能稳定，但包装、服务较差，也不能使消费者感到满意。

（1）产品策略

所谓产品策略，是指企业制定经营战略时，首先要明确企业能提供什么样的产品或服务去满足消费者的需求，也就是要解决产品策略问题，即企业要决定提供给目标市场的产品或服务的组合。产品策略是市场营销组合策略的基础，从一定意义上讲，企业成功与否的关键在于产品满足消费者需求的程度，即产品策略正确与否。

（2）促销策略

促销策略是指企业如何通过人员推销、广告、公共关系和营业推广等各种促销方式，向消费者或用户传递产品信息，引起他们的注意和兴趣，激发他们的购买欲望和购买行为，以达到扩大销售的目的，即决定如何将产品或服务的信息传递给消费者，主要包括广告宣传、人员推销、公共关系等渠道。

（3）分销策略

分销策略就是使产品或服务以适当的数量和地域分布来适时地满足目标市场的消费者的需求。分销策略是市场营销组合策略之一，是企业成功地将产品打入市场、扩大销售，实现经营目标的重要手段之一。医药行业的分销策略主要涉及分销渠道及其结构，分销渠道策略的选择与管理，批发商与零售商激励等内容。

（4）价格策略

价格策略是指企业通过估量消费者的需求、分析产品的成本，选择一种能吸引消费者、实现市场经营目标的产品定价方式。制定产品或服务的价格，涉及确立定价目标、具体定价方法和策略技巧等问题。价格策略的制定一定要以科学研究为依据，以实践经验判断为手段，在维护生产者和消费者双方经济利益的前提下，以消费者可以接受的水平为基准，根据市场变化情况，灵活反应。

2. 营销组合实施方案

市场营销组合的目的是为了更好地服务于目标市场，对选定的目标市场究竟采用什么样的市场营销组合，就构成了对目标市场营销组合策略的选择。一般来说，有三种市场营销组合策略，分别为市场无差别策略、市场差别策略和市场集中化策略。

（1）市场无差别策略。它又称市场整体化策略。这种策略是以市场整体为服务对象，以统一的产品，统一的市场营销组合策略服务于所有的顾客。市场无差别策略建立在市场所有顾客对某种产品的需求都大致相同基础上，无需对产品、促销、价格、分销等采取特殊的策略。

（2）市场差别策略，又称市场细分策略。它是将整个市场按一定标准划分成若干个市场，对不同的细分市场采取不同的市场营销组合策略。这种策略认为顾客的需求是不相同的，只有采取差别市场营销组合策略，才能满足不同顾客的需要。

（3）市场集中化策略。这种策略是经营单位根据自身条件，以一个或少数几个细分市场为经营对象，对其采取统一的集中化的市场营销组合策略，这种策略的出发点是，经营单位与其将有限的力量去经营各个分散的细分市场，不如将力量集中起来，为少数有限的细分市场服务。

三、市场营销战略的制定与实施

（一）市场细分

市场细分是指营销者通过市场调研，依据消费者的需求和欲望、购买行为和购买习惯等方面的差异，把某一产品的市场整体划分为若干消费者群的市场分类过程。每一个消费者群就是一个细分市场，每一个细分市场都是由具有类似需求倾向的消费者构成的群体。因此市场细分不是通过产品分类来细分市场，而是根据不同的消费者群体来细分市场。所谓医药市场的细分就是辨别具有不同需求的医药消费者群体，将大的市场按不同需求进行分类，划分为一个个细分的市场。我国医药企业应树立市场营销观念，根据市场细分原则，针对消费者的不同需求，开发新品种、新剂型，以更好地开拓医药市场，在产品概念、剂型、功能、包装等方面实现差异化，从而达到细分市场的目的，使消费者的需求得到真正地满足，同时企业可以收获较好的利润回报。

（二）选定目标市场

企业在对整体市场做出必要的细分后，要选择其中一个或几个细分市场作为自己的目标市场。医药企业的目标市场选择是指在市场细分后，并在对各细分市场进行分析与评价的基础上，依据企业的资源和经营条件，选定的、能以相应的医药产品或服务满足其需要的一个或几个细分市场。医药企业目标市场的选择是否恰当，直接关系到企业的市场占有率和盈利水平，一般的目标市场应拥有足够大的市场容量，有较大的发展潜力，尚未被竞争企业控制或竞争不激烈，且符合企业的长远发展战略，并能发挥企业的相对优势。现代企业面临的是广阔而复杂多变的市场。从市场营销角度看，市场是潜在消费者对一种产品或劳务的整体需求。我国的药品市场是比较开放的市场，进口药品、合资药品、国内企业生产的药品都已竞争了多年。因此，任何医药企业，无论其规模如何，都无法满足整个医药市场的不同需求，因而只能根据企业的内部条件和素质能力，为自身选择一定的目标市场，以满足部分消费者的需求。

（三）制定市场营销战略

企业在细分市场、选定目标市场之后，就要充分利用本企业的人力、物力、财力资源，进行市场营销决策，制定最优的市场营销战略，以便实现企业的预期目标。企业在营销管理过程中，制定企业营销战略是关键环节，其主要内容是要确定企业实施何种营销策略，在制定时要注意分析影响营销活动的各因素，同时，要注意分析各因素之间的交互作用及综合效果，并灵活运用。

（四）组织实施

建立组织结构实施市场营销战略。企业的正式组织在市场营销战略实施过程中起着决定性的作用，它将任务分配给具体的部门和人员，规定明确的职权界限和信息沟通渠道，协调企业内部的各项决策和行动。组织结构应当与战略任务相一致，与企业自身的特点、环境相适应。应根据总体战略、市场营销战略的需要，适时改变、完善组织结构。同时，为了有效地实施市场营销战略和计划，行动方案、规章制度等还应协调一致，相互配合。

（五）评估、控制

市场环境和企业内部环境都处于动态发展的过程中，任何策划完备的战略或计划都可能会因环境的变化而导致实施结果偏离预期目标，甚至完全失败。同时，由于执行人员对战略或计划的理解不同或者执行力度不够，也可能会导致目标不能很好地实现，因而营销管理者对营销活动进行检测和评估是十分必要的。所谓市场营销检测评估，就是企业营销管理部门为了实现营销目标，保证营销计划的执行取得最佳效果，而对实施过程中各营销要素进行监督、考察、评价和修正。首先需要确定市场营销活动控制的对象，进而设置控制目标，建立测定营销效果的衡量尺度和标准后，将实际绩效与标准进行比较，如果存在偏差，分析产生偏差的原因，从而根据分析结果采取相应的改进措施。

本章小结

本章分析了企业战略的第三个层次，即职能部门战略。它是为了贯彻、实施和支持企业总体战略与竞争战略而在企业特定的职能管理领域制定的战略，必须与企业的总体战略、竞争战略相辅相成，其重点是提高企业资源的利用率，使其利用最优化。职能战略主要包括四个方面：人力资源战略、企业生产（运营）战略、财务战略及市场营销战略。需要指出的是，各职能战略并非独立存在，而是统一于企业的总体战略和经营单位战略。各职能战略在实施的过程中应兼顾彼此，从而积极、有效、协调地实现企业的战略目标。

本章案例

礼来：引人入胜的福利薪酬模式

美国礼来公司是一家以研发为基础的全球性医药公司，致力于为全人类提供以药物为基础的创新医疗保健方案，使人们生活过得更长久、更健康、更有活力。礼来公司于1876年成立于美国印第安纳波利斯市，现业务遍及140多个国家和地区，雇佣员工44000多人。多年来，礼来已成为业界增速最快的制药公司之一。除此之外，礼来的人力资源管理也被业界广泛赞誉，其浓郁的企业文化就体现在人力资源管理上。

一、礼来的薪酬福利模式

"高度的诚实、正直，稳固的个人，和谐的关系"是礼来130多年的管理宗旨。在这无形财富和文化动力机制基础之上，礼来开创性地创立了本土化的薪酬福利体系。其引人入胜的薪酬模式是一种诱引战略，为公司吸引了一批高素质的人才。

（一）基于"Y理论"的人性假设

礼来对人性的假设是基于麦克雷格的Y理论。Y理论认为管理者必须清楚员工个人的特性与环境特性之间的关系。该理论认为，人并非天生好逸恶劳，在适当激励下，人能激励自己而富有创造力，外界控制不是促使人努力的唯一方法。在自我承诺与参与决策中，人们可以自我控制。让员工对他们的任务有责任感，让工作丰富化，便能鼓励员工承担责任。Y理论还认为若建立可核实的目标制度，就可确保分权及授权。因此，礼来认为"不只是根据业绩决定工资，而是根据对个人职业生涯的判断"，"确保员工不仅仅为了薪水工作"，"一份有尊严的底薪，保障公司希望提供的安全感"……这一整套体系化的绩效考核模式，都是基于"一份有尊严的底薪"的薪酬理念设计出来的，它真正做到人性化管理，降低了员工流动率，保证了组织人力资源的可持续开发和企业的可持续发展。

（二）特色鲜明的薪酬计算公式

在礼来，有颇具行业特色的薪酬计算公式——上海白领和苏州工人。这是一种理论联系实际、深入结合医药行业特色、在科学分析员工工作性质和任职资格基础上设计出来的薪酬制度安排。"白领和工人的薪酬体系不完全相同"，但在礼来，所有员工"每年都要做一次'加薪圆盘'"，"药厂所有员工的工资由基本工资和绩效工资组成，基本工资比例可占全部工资的60%到70%，这是礼来公司的一个传统理念"。"为了让员工有尊严地生活，不会因为绩效的波动而影响生活质量"……这些具体做法，实实在在地保证了员工绩效，也对员工产生了激励作用，得到了多数员工的认可。

（三）颇具特色的福利体系

在礼来，不仅社保规定的"五险一金"全额由公司缴纳，而且还专门针对高收入者开发了"国家提供以外的，更高的、增值的商业保险措施，如住房、人身保险、医疗等高额保险，这是公司留住人才的福利项目"。礼来的《福利手册》中，对员工的福利有更加清晰、具体的保障措施，统称为"商业福利保险"。此外，在礼来，员工每年可以获得几百美元的培训经费，公司鼓励员工学习与工作相关的知识与技能。这些都成为礼来的核心福利优势。

（四）"高管的今天和明天"与"无形的心理契约"

在礼来，"高管的今天和明天"与"无形的心理契约"是员工成长的制度设计。这是礼来科学的员工能力建设与员工关系发展制度设计，它为每一位员工（无论是高管还是基层员工）明确提供了职业生涯发展的清晰路径和制度保障。充满希望的工作和生活，高兑现率的承诺，让员工更有安全感，强化了为礼来服务和长期奉献的精神追求。在礼来，员工和企业之间有一种无形的心理契约，企业清楚每个员工的发展期望，并且尽可能地满足。而员工也为企业的发展全力奉献，因为他们相信企业能实现他们的愿望。

二、取得的成效

在人力资源管理方面，礼来的成就和其经营业绩一样已经得到了社会各界的肯定，陆续赢得多方面的荣誉奖项。它的价值体现在整个人力资源管理的过程中，上述的福利薪酬模式只是其中的一个小方面，但也从一个侧面反映了礼来的企业文化、公司目标。礼来始终遵循一套核心价值，其中最重要的是对人的尊重。因此，它的人力资源管理备受业内好评，这种人力资源管理模式不仅能提高员工绩效、增强企业竞争力，而且也能促进礼来公司全面、协调、可持续地发展。

思考题

1. 礼来公司是如何实施福利薪酬管理的，具体涉及哪些方面？
2. 礼来公司福利薪酬管理模式值得借鉴的地方有哪些？
3. 企业的人力资源管理除了涉及福利薪酬管理外，还涉及哪些方面？
4. 纵观我国的医药企业，跳槽率如此之高，人力资源管理的败笔在哪里？
5. 请预测分析未来人力资源管理的发展趋势。

本章习题

1. 人才招聘与选拔战略的实施方式有哪些？
2. 结合医药企业，简述生产运营战略实施的过程。
3. 企业财务战略的主要内容有哪些？
4. 请论述如何根据企业的不同发展阶段来制定财务战略。
5. 市场营销组合战略的实施途径有哪些？
6. 市场营销战略的基本形式有哪些？

企业国际化经营战略

20 世纪后期，全球经济快速发展，国与国之间正逐渐改变原来相互隔离、相互闭塞的局面，逐渐以竞合的方式融合成为一个相互依存的全球性经济体系。企业国际化已经成为现代企业发展的一个必然趋势。由于国际化经营的经营空间更为广泛，经营环境更为复杂，国际市场的竞争更为激烈，所以进行国际经营的企业与国内经营的企业相比管理难度更大。本章将介绍企业国际化经营的原因、特点以及企业国际化经营战略的模式与选择等内容，并重点介绍企业进入国际市场的三种模式。

第一节　企业国际化经营的概述

一、企业国际化经营的原因

国际化经营是指企业为了寻求更大的市场，追逐更高的利润，突破国家界限，实现产品交换、生产过程、信息传播与利用以及企业组织形态国际化的过程。企业进行跨国经营，可以使其充分利用国外的资源、资金、技术、信息和管理经验等，以进一步扩大对外经济与技术的交流与合作，促进国内经济的发展。此外，在国际上开拓新市场，可分散企业的经营风险，对其生产能起到稳定的作用，从而可以降低受国内市场周期性变化的影响。

（一）为企业的产品或服务寻找新的买方

进入国际市场销售产品或服务，为企业寻找新的买方，有助于提高企业的销售收入和利润，能使企业获得更多的收益，并保持长期发展。随着我国在全球制造业中地位的确立，我国制成品出口在世界市场上的份额逐年扩大，同时，我国产品在国际市场上有较强的价格优势。

（二）降低成本

有些企业在国内市场上不能形成规模经济，希望进入国际市场，获得区位经济效益，即在劳动力、原材料或技术成本比较低的国家扩大生产与市场规模，从而降低企业的成本。当生产成本成为产品生产的关键因素时，企业会把生产转移到资源或劳动力成本相对较低的地区，在全球范围内规划生产经营的最佳配置，并向全世界销售产品。

（三）可以利用企业的能力和资源优势

虽然国内市场规模巨大，但由于竞争日趋激烈，一些产业的增长速度明显减缓，在这些产业中，很多企业已经在低成本制造、产品市场定位、市场营销和服务方面形成了自己独特的竞争优势。企业如果拥有这些能力或核心能力资源，就可以充分利用这个优势，转移其竞争力，既在国内市场上建立优势的竞争地位，也可以在国际市场上建立优势地位。

（四）在其他国家可以获得宝贵资源

我国的经济正处于高速发展时期，面临着一系列重要原材料短缺的问题，比如以自然资源为基础行业（如石油、天然气、矿产、橡胶以及伐木等）中的企业常常需要到国外获得原材料供应，以便发展、完善自身。现在一些企业已经开始走出国门，发展国际化经营业务。

（五）在更广泛的市场上分散商业风险

企业往往可以通过在国际市场上经营与运作来分散风险。比如企业进行国际化经营时，如果国内或其中一个目标国的产业环境发生较大变动，那么企业在其他市场可以继续获得销售收入，降低了只有一个市场的经营风险。不管企业到国外市场上经营与运作的动机是什么，其在制定并实施国际竞争战略时都必须考虑所在国的具体形势，特别要关注国外市场与国内市场存在的差异。

二、企业国际化经营的特点

由于企业进行国际化经营时需要跨越国界，所以其面临的外部环境与仅在国内经营的企业将有较大的差异，具体表现为以下几个方面。

（一）经营空间更为广泛

经营空间广泛是指进行国际化经营的企业，其资源的来源途径、经营范围以及营销渠道要比在国内经营广泛得多，并且在产品开发等方面也更具有优势。与在国内经营的企业相比，国际化经营的企业要利用企业内外部资源，在原有产品或业务构成的基础上，将经营活动扩大到国际市场。由于在资源获取、产品生产、销售、研究与开发等方面的经营活动扩大到全球范围，就要求其在制定战略时，把全球市场作为目标市场和战略发展的空间。

（二）经营环境更为复杂

经营环境的复杂性表现为环境因素的多样化、不可控和不确定。影响企业国际化经营的环境因素包括政治、经济、法律、文化以及民族心理等方面的差异。远比国内的环境复杂。因为，所谓国际市场实际上是由大大小小一百多个国家和地区组成，每个国家或地区均有各自的特点。企业在进入不同的市场时，将面临不同的环境，所以企业在制定国际化战略时，要对每个目标市场进行差异化分析。

（三）竞争更为激烈

国际化经营的企业面向的是国际市场，各国商品供应商间的竞争十分激烈。特别是第二次世界大战后，由于生产的高度国际化，跨国公司已成为国际市场上的一支重要力量。跨国医药公司实力雄厚，开展国际经营活动的经验丰富，在医药产品销售领域居于垄断地位。企业在进行国际化经营时，与跨国公司的竞争难以避免，这对于我国初涉国际化经营的企业无疑是严峻的挑战。基于此种情况，企业进行国际化经营失败的风险远比在国内经营的大。

（四）信息管理难度大

由于经营空间较大，信息的传递和交流不如国内方便，导致管理成本增加。而且由于政治、经济、社会环境以及文化等的不同，都使得企业在进行市场调查时，获得经营信息要比在国内困难得多，所花的费用也高得多。除此之外，经营空间的广泛性要求搜集的信息范围广，经营环境的复杂性要求信息搜集要全面，而竞争激烈则要求信息的传递快速、准确，反馈及时，这些都给国际化经营企业的信息管理带来了一定的难度。

（五）物流系统的要求更高

经营空间的广泛性、经营环境的复杂性和信息管理的高难度，对国际化经营企业的物流系统提出了更高的要求，如原材料的采购，产品的销售、运输等物流过程。国际化经营企业的原材料、元器件和零配件可能都来自国外市场，产品也销往国外，这样的远距离运输是个难题。国际化经营企业为了履行合同，保证及时交货，必须保证原材料的及时供应，保质、保量、按时根据订货合同加工出产品，并及时运送给买方。因此，对于国际化经营的企业来说，对原材料的供应，产品的生产、销售、运输等的计划和组织与在国内经营的企业相比要投入更多的力量，对管理工作要求更高。

第二节　国际市场进入模式

我国作为全球最大的原料药供应商，至今仍面临量大价低的窘境。据中国医药保健品进出口商会的统计数据，2011 年我国西药类原料药出口量达到了 402 万吨，同比增长 32.87%，但是出口价格却同比下降 3.05%。我国医药产品出口以原料药为主，但是从原料药的出口情况可以看出我国医药产品出口还存在许多问题。这一节将介绍企业进入国际市场的三种模式：出口进入模式、合同进入模式和投资进入模式，并针对不同的进入模式分别介绍其特点。

一、出口进入模式

企业的国际化经营通常采取"先易后难，逐步升级"的一般步骤，即纯国内贸易——通过中间商间接出口——企业自行直接出口——建立海外销售分部——建立海外分公司跨国生产。如浙江医药股份有限公司新昌制药厂（以下简称新昌）的原料药进入美国市场首先是通过中间商间接出口，当与购买方建立长期的合作关系时转变为直接出口，进而当其在美国市场上占有较大的份额后，新昌选择在美国境内建立销售分部进行营销活动。根据上述先易后难的国际市场进入步骤，本书将企业进入国际市场的出口模式分为间接出口和直接出口，下面将分别介绍这两种模式。

（一）间接出口

间接出口是指企业将其产品卖给国内或国外的中间商，由其负责使产品进入东道国的市场。中间商主要包括代理商、经销商、批发商和零售商四大类。其中，代理商对产品无所有权，与所有者只是委托与被委托关系，它主要有三种形式，即经纪人、独家代理商和一般代理商；经销商对产品拥有所有权，自行负责售后服务工作，对买方的索赔需承担责任，最常见的有独家经销商、进口商和工业品经销商三种；批发商是指靠大批量进货、小批量出货，以赚取差价的中间商，它也有三种形式，包括综合批发商、专业批发和单一种类商品批发商；零售商是向最终消费者提供产品的中间商，依据其经营品种，可分为专业商店、百货商店、超级市场等。

企业采用间接出口的优点是：企业可以利用国内其他组织机构在国外的分销渠道和经验，迅速地将产品销售到国外市场；企业可以在一定程度上减轻在出口贸易资金方面的负担，而且不必承担外汇风险以及各种信贷风险；进行间接出口时，由于产品是通过中间商销售到国际市场的，因此企业不需要设立专门的出口机构，不需要增加国际市场营销人员，这样可以节省投资。

当然，间接出口也有一定的局限性：企业不能与外商打交道，因而不能快速而直接地掌握国际市场信息；企业不能亲自进行海外经营与销售，因而无法直接获取国际市场经验及培养相关人才；企业难以在海外市场建立自己的声誉、开辟销售渠道，因而难以将此作为扩大市场销售的基础；企业对海外市场的控制程度低或根本不能控制等，这些都将影响企业的国际化经营水平和经济效益。

因此，主要是一些刚刚涉足国际经营业务的医药企业和相当一部分的中小型医药企业采用间接出口的方式。这些企业没有发达的海外分销渠道和信息网络，因而可以考虑利用国内其他组织机构提供的人才、经验、信息、渠道等条件，将产品出口到国外市场。对一些资金雄厚、经验丰富的大型企业来讲，间接出口只是同时采取的几种出口方式中的一种。

（二）直接出口

直接出口是指企业不通过国内中间商（机构），直接将产品销往国外。严格说来，只有采取直接出口的方式，企业才算真正开始从事国际市场营销工作。直接出口和间接出口的区别在于，企业要独立地完成出口管理任务。这就意味着企业要花费一定的资金和精力来从事出口管理工作。

企业利用直接出口进入国际市场有很多好处。选择直接出口方式进入国际市场可以使企业摆脱中间商渠道与业务范围的限制，以对拟进入的海外市场进行选择；企业可以较快地获得市场信息反馈，据以制定更加切实可行的营销策略；企业拥有较大的海外营销控制权，可以建立自己的渠道网络；也有助于提高企业的国际营销水平。

直接出口方式的缺点：企业要增加国际市场营销人员，或增设专门负责出口的机构，这样将增加市场营销的费用。企业必须亲自经营出口业务，工作量大，责任较重。从事直接出口时，还会遇到各种国际问题，比如化学药品的出口要通过国外的药品监督管理机构的注册审核后方可进行。

二、合同进入模式

（一）许可贸易

许可的含义是指允许某人做某事。许可贸易，有时称为许可证贸易，是指知识产权所有人作为许可方，在一定的条件下，通过与被许可方（技术引进方）签订许可合同，将其所拥有的专利权、商标权、专有技术和计算机软件著作权等授予被许可方，允许被许可方使用该项技术（制造、销售、进口合同产品）的技术交易行为。在许可贸易的方式下，转让技术的一方称为许可方，技术接受方被称作被许可方。许可贸易是一项专业性、法律性很强的贸易活动，目前它已成为国际技术贸易的最主要的方式。

1. 根据许可方授予被许可方的权力范围，许可贸易可分为独占许可、排他许可、普通许可、转让许可和交叉许可。独占许可是指只有被许可人可以使用许可人的专利或商标，其他人包括许可人本人均不得使用该专利或商标；排他许可是指除了许可人本人，只有被许可人可以使用许可人的商标，其独占程度比独占许可低；普通许可也称为非独占性许可，它是最常见的专利许可方式，即许可人在允许被许可人使用其专利的同时，本人仍保留着在该地域内使用其专利的权利，同时也可以将使用权再授予被许可人以外的第三人；转让许可指经许可人的同意，并在许可协议允许的条件下，以自己的名义把协议项下的技术提供给第三者使用；交叉许可是指交易各方将各自拥有的专利、专有技术的使用权相互许可使用，互为技术供方和受方。

一般而言，在这五项许可中，提供同一项技术时，独占许可证的费用是最高的，排他许可证次之，普通许可证最低。究竟选择哪一种许可方式，主要是根据在同一地域内可能应用该项技术生产相同产品的竞争者的情况而定。

2. 按其标的内容，许可贸易可分为专利许可、商标许可、专有技术许可等形式。专利许可是指专利权人将其所拥有的专利技术许可他人实施的行为；商标许可是指商标注册人可以通过签订商标使用合同，许可他人使用其注册商标的行为；专有技术许可是指政府许可他人使用在实践中已使用过的、没有专门的法律保护的、具有秘密性质的技术知识经验和技巧的行为。

在国际技术贸易实践中，三种方式有时单独出现，如单纯的专利许可，或单纯的商标许可，或单纯的专有技术转让，但多数情况是以某两种或三种类型的混合方式出现，这种包括两种或两种以上许可的方式称为一揽子许可。

3. 许可贸易与其他的贸易方式相比，具有以下几个特征：

（1）许可贸易中所转让的技术通常比普通商品耗费更多的人力、物力、资金和时间，许可方不仅想通过出让技术使用权收回其投资并获得一定利润，同时也希望在出让技术使用权后，最大限度地使自己仍处于技术上的垄断地位，以防被许可方获得技术使用权后获得竞争优势，从而威胁到许可方的经济利益。

（2）许可贸易涉及的法律程序较多。在专利法中，"许可"是指专利权人允许他人使用其专利的行为。而专利权转让是指专利权人把其专利所有权转让给受让人，原专利权人就不再拥有该专利权。由于专利权是一种知识产权，"许可"、"转让"必须到法定的行政管理部门办理登记等有关手续，才能使其行为合法有效。

（3）由于技术贸易不仅仅是交易标的的买卖，还包括了技术的传授、吸收和实践并转化为生产力的整个过程。所以说许可贸易比一般的有形商品贸易更为复杂。另外，在许可贸易活动中，为了协调许可双方的利害关系，许多许可合同常常在合同有效期内明确划分各方的经营范围和活动区域。但当许可合同期满后，许可方一般不能阻止被许可方继续使用有关技术，其常常会受到被许可方的竞争威胁。同时，被许可方有意或无意的泄露技术，会给许可方带来更多的竞争者。

（二）特许经营

2003 年 6 月 27 日，深圳海王星辰与美国投资集团 Pacific Gateway Capital 公司在深圳签署 Medicine Shoppe 特许经营协议，表明外资开始进入我国药品连锁市场。

特许经营是指特许经营权拥有者以合同约定的形式，允许被特许经营者有偿使用其名称、商标、专有技术、产品及运作管理经验等从事经营活动的商业经营模式。在这个关系中，特许经营权拥有者以合同约定的形式，有义务维持其对专营权业务活动的利益；而被特许经营者获准使用由特许经营权拥有者所有的或者控制的商标、商号、企业形象、工作程序等，被特许经营者可自己拥有或自行投资相当部分的企业。

特许者将其技术、品牌价值经营权进行转让是为了实现规模的扩张和利润的增长，被特许者同样是为了分享特许者的成功经营模式和诀窍，并获得由此带来的比单体经营更为丰厚的利润。所以特许经营有如下的基本特征：

特许经营是一种特许人与受许人之间的合同关系，是依赖于双方合同而存在和维系的；特许经营中特许人与受许人之间不存在有形资产关系，而是相互独立的法律主体，由各自独立承担对外的法律责任；特许人对双方合同涉及的授权事项拥有所有权及（或）专用权，而受许人通过合同获得使用权（或利用权）及基于该使用权的收益权；受许人有根据双方合同向特许人交纳费用的义务；特许经营是以经营管理权控制所有权的组织方式；特许经营是以双赢来实现特许企业与被特许企业各自经营目标的营利模式。

特许经营作为一种特殊的许可经营进入形式，与一般的许可经营进入相比，能够以较低的资本投入在国际市场上得到快速的发展；为众多无专利产品提供了一条许可贸易进入渠道；对被特许方具有一定的影响力和控制力；由于特许方向被特许方提供持续性服务，因而能较大地激发被特许方的经营积极性；标准化的管理与营销方式有利于特许方在国际市场上建立独特而统一的企业形象。

（三）合同制造

合同制造是指企业与国外制造商签订合同，并由该制造商生产产品，而企业负责产品销售的一种合作形式。合同制造能使企业尽快进入国际市场，其风险极小。它有利于企业同国外制造商建立合伙关系或在将来买下它的全部产权。

合同制造主要有三种模式：①合作双方分别生产不同的部件，再由一方或双方装配成完整的产品后在一方或双方所在国销售；②一方提供关键部件、图纸以及技术指导，另一方生产次要部件和负责产品的组装，并在所在国或其他国家销售；③一方提供技术或生产设备，双方按专业分工共同生产某种零部件或某种产品，然后在一方或双方市场销售。

利用合同制造，企业将全部或部分生产的工作与责任转移给合同的对方，以将精力集中在营销上，因而是一种有效的扩展国际市场的方式。这种模式的优点还在于，可以充分利用当地的生产能力和优势资源，减少生产资金的投入；采取合同制造的企业不仅可以输出技术或商标等无形资产，还可以输出劳务和管理等生产要素，以及部分资本；能够迅速组织生产、快速进入东道国市场；节约生产成本和运输成本；风险较小，在市场萎缩或环境不良时可以较容易地撤离市场。当然，这种模式也存在一定的缺点：一是在国外较难找到合适的当地制造商，即便能够找到，还需要提供大量的技术支持来帮助其达到期望的质量和产量水平；二是由于合同制造涉及到零部件或生产设备的进出口，有可能会受到贸易壁垒的影响；三是有可能把合作伙伴培养成潜在的竞争对手；四是有可能失去对产品生产过程的控制；五是有可能因为对方的延期交货而导致本企业的营销活动无法按计划进行；六是企业只能从销售中获取利润，而生产利润归合作伙伴所有。

（四）国际工程承包合同

国际工程承包合同是指一个国家的政府部门、公司、企业或项目所有人（一般称为工程业主或发包人）委托国外的工程承包人负责按规定的条件承担完成某项工程任务。国际工程承包是一种综合性的国际经济合作方式，是国际技术贸易的一种方式，也是国际劳务合作的一种方式。之所以将其作为国际技术贸易的一种方式，是因为在国际承包工程项目的建设过程中，涉及大量的技术转让内容，特别是在项目建设的后期，承包人要培训业主的技术人员，提供所需的技术知识（专利技术或专有技术），以保证项目的正常运行。

按计价方式，国际工程承包合同可分为工程单价合同、固定总价合同和成本加酬金合同。

1. 工程单价合同。 如果承建项目规模巨大，施工复杂，招标人对工程内容、范围或经济技术指标尚不能做出明确具体的规定，可以采取单价合同的形式。单价合同有估计工程量单价合同和纯单价合同两种形式。估计工程量单价合同的合同价格是以工程量表为依据来计算的，合同中规定的单价乘以实际完成的工作量即为项目结算时的总价格。在纯单价合同中，招标人将工程项目分解为若干分项的工程，但不对工程量作任何规定，由投标人对各分项工程提出报价，经过竞争后确定的报价即为合同价格。

2. 固定总价合同。 固定总价合同的合同价格是根据工程设计图纸、技术规范和工程量表计算出来的，工程造价一旦确定，不因物价上涨、利率变动或工程量表变化等因素而作调整。固定总价合同对招标人较为有利。招标人可在投标人充分竞争的条件下确定工程造价，降低工程成本。但这种合同使承包商承担了较大的风险，故承包商索价较高。

3. 成本加酬金合同。 成本加酬金合同有下列几种形式：

（1）成本加百分比酬金合同，酬金按可接受的工程成本的一定百分比计算。

（2）成本加固定酬金合同，酬金通常是由双方协议的估算成本为依据计算出来的一笔固定金额。

（3）成本加滑动酬金合同，酬金以可接受的工程成本为基础，参照某些滑动率而进行调整。不论上述何种合同形式，都要编制包括薪金、保险、材料、成套设备、工具、消耗品等一切项目的支出综合一览表。这些项目的实际支出的总和，即为可接受的工程成本。酬金是指事先已商妥的承包人总公司的经营管理费。可接受的工程成本加上酬金，即为业主支付的全部费用。

三、投资进入模式

投资进入模式是指企业在国际目标市场投资建立一个企业，并对其经营管理拥有一定程度控制权的市场进入模式。投资进入模式使母公司具有更大的控制权，更密切地接近当地市场以及市场渗透的程度更深，知识成本的转移可以增加发掘企业竞争优势的机会，能够节省运输费用、海关关税等，最终导致产品成本的降低，有效提高产品对当地市场偏好的适应性。但同时会因占用资源而带来更大的风险，投资回报时间较长而导致初期成本过高，投入成本过高而导致公司的战略调整缺乏灵活性。

（一）直接投资和间接投资

1. 直接投资

商务部数据显示，2012 年上半年，我国境内投资者共对 116 个国家和地区的 2163 家境外企业进行了直接投资，累计实现非金融类对外直接投资 354.2 亿美元，同比增长 48.2% 。截至 6 月底，我国累计非金融类对外直接投资达 3575 亿美元。我国对外直接投资快速增长的原因是多方面的。一是，对于 IT、机械、化工等行业，我国企业的加工能力较强，但研发能力相对较弱，进行海外投资可获取技术、信息等，并能增强研发能力；二是出于寻求低成本制造基地的需要；三是以突破矿业、能源结构需求的瓶颈为目的。

直接投资是指投资者将货币资金直接投入投资项目，形成实物资产或者购买现有企业的投资，通过直接投资，投资者可以拥有全部或一定数量的企业资产及经营的所有权，直接进行或参与企业的经营管理。直接投资资本主要包括股本资本、再投资收益及其它资本。股本资本包括所持有的总公司的股本，分公司的股本，及子公司的股本；再投资收益是指投资者从其子公司或分公司应得但未以股息形式分发的利润；其它资本主要涉及公司之间长期或短期的债务交易，包括母公司与子公司、总公司及分公司之间的借贷。

直接投资的主要形式：

（1）投资者开办独资企业、直接开店等，并独自经营；

（2）与当地企业合作开办合资企业或合作企业，从而取得各种直接经营企业的权利，并派人员进行管理或参与管理；

（3）投资者直接进行资本投资，但不参与经营，必要时可派人员任顾问或指导；

（4）投资者在股票市场上买入现有企业一定数量的股票，通过股权获得全部或相当部分的经营权，从而达到收购该企业的目的；

（5）投资者将钱财借给需要的人，以此获得利息，从而获得财产的增长。

制造业是目前国际投资的重要对象，而且和我国国民经济的发展关系密切。虽然目前我国医药制造业的技术水平和竞争能力在总体上比发达国家落后，但是与多个发展中国家和地区相比，我国医药制造业的技术处于相对领先的地位，具有较高的比较优势；其次，医药制造业仍然是主要发展中国家和地区吸收国际直接投资的最大的产业部门之一，所以我国的医药企业应切实抓住当前的好时机。

2. 间接投资

间接投资是指投资者购买外国发行的公司股票、公司债券或政府债券、衍生证券等金融资产，只谋求取得股息、利息或买卖证券的差价收益，而不取得对筹资者经营活动控制权的一种国际投资方式。与直接投资相比，间接投资的投资者除股票投资外，一般只享有定期获得一定收益的权利，而无权干预被投资对象对这部分投资的具体运用及其经营管理决策；间接投资的资本运用比较灵活，可以随时调用或转卖，更换其他资产，谋求更大的收益；可以减少因政治经济形势变化而承担的投资损失的风险；也可以作为中央银行为平衡银根松紧而采取公开市场业务时收买或抛售的筹码。

与直接投资相比，间接投资对筹资者的经营活动无控制权、流动性大、风险性小，而且间接投资的投资渠道不同为证券交易所，并只涉及到金融领域的资金。间接投资有自发性和频繁性，没有直接投资稳定。国际间接投资的收益是：利息、股息、差价，而国际直接投资的收益是利润（具体如表9-1所示）。

表9-1　间接投资与直接投资的比较

	间接投资	直接投资
对经营活动的控制权	无	有
流动性	大	小
风险性	小	大
投资渠道	证券交易所	双方谈判
内涵	金融领域的投资	生产要素的投资
自发性和频繁性	大	小
收益形式	利息、股息、差价	利润

3. 直接投资与间接投资的区别与联系

直接投资与间接投资同属于投资者对预期能带来收益的资产的购买行为，但二者有着实质性的区别：直接投资是资金所有者与资金使用者的合一，是资产所有权和资产经营权的统一运动，一般是生产事业，会形成实物资产；而间接投资是资金所有者与资金使用者的分解，是资产所有权和资产经营权的分离运动，投资者对企业资产及其经营没有直接的所有权和控制权，其目的只是为了获得其资本收益或增值。

直接投资和间接投资除了存在一定的区别，还有着非常密切的联系：通过间接投资，可以为直接投资筹集到所需资本，并监督、促进直接投资的管理。随着现代经济的发展，生产规模急速扩大，仅靠一般的个别资本已很难从事技术含量高、规模大的项目的投资，而以购买证券及其交易为典型形式的间接投资使社会小额闲散资金集合成为企业所需要的长期的较为稳定的巨额投资资金，解决了投资需求的矛盾，是动员和再分配资金的重要渠道。因此，间接投资已逐渐成为主要的、基本的投资方式。可以说，直接投资的进行必须依赖间接投资的发展；而直接投资对间接投资也有着一定的影响，这主要是因为企业的生产能力的变化会影响到投资者对该企业发行的证券前景的预期，从而使间接投资水平发生波动。

（二）合资经营与独资经营

1. 合资经营

合资经营是指国际经营企业和目标国投资商共同投资，在当地兴办企业，双方都对企业拥有所有权和经营权。可以是国际化经营企业购买当地公司的股份，或当地公司购买国际经营企业在这个目标国分公司的股份，也可以是双方合资创办新的企业。比如一些发展中国家的医药企业开始向制药强国输出资本进行海外投资，例如印度兰伯西制药成功进入德国市场，并收购了拜耳下属的一家非专利药子公司。

从经济或管理的角度看，如果目标国投资商由于缺乏资金或管理能力弱而无法单独投资经营，则通过联合投资来利用当地资源就不失为合理的市场进入方式。就政治因素而论，有些国家规定外国企业只有同本国企业合资才能进入其市场，这就迫使国际经营企业不得不采取合资经营的方式。合资经营也有一定的缺点，合资双方可能在投资、生产、市场营销以及利润的再使用等方面发生争执，而影响企业的正常经营。

迄今世界排名前 20 位的医药跨国集团都已在我国进行投资，"三资"企业的资本贡献缓解了我国医药经济快速发展中的资金短缺问题，对于推动我国医药产业的技术进步、科学管理水平的提高起到了积极作用。通过与外商合资与合作，我国医药企业在本土实现了与国际经济的融合，使我国医药进出口贸易额不断扩大，2012年已有 60 多种质优价廉的原料药在世界市场上具有较强的竞争力，我国医药生产企业已成为世界药品市场上不容忽视的力量。

2. 独资经营

独资经营是指一国投资者，按照东道国的法律、法规，经政府批准，在其境内单独投资、独立经营、自负盈亏的一种国际直接投资方式。比如葛兰素史克、辉瑞等跨国制药巨头，纷纷在中国、印度等发展中国家投资。

独资经营与其它进入方式相比有许多益处：企业可以在国外市场获得便宜的劳动力和廉价的原料，或者受到外国政府的投资鼓励，节省运费等，因而可降低成本。企业可以积累更多的国际化经营经验，由于投资给东道国带来就业机会，企业可以在该国树立良好的形象，可与东道国政府、消费者、当地供应商、经销商等保持密切的联系，使产品更适合当地的市场环境。企业能完全控制资金的使用，可以制定一个长远的国际化战略。独资经营的主要问题是企业投入资金多，同时由于不像合资经营那样可以得到当地企业的帮助，其在利用当地原材料、人力资源和销售网络等方面就不如合资经营那样便利，市场规模的扩大容易受到限制；还可能遇到较大的政治与经济风险，如货币贬值、外汇管制、政府没收等。

四、三种进入模式的比较

国际市场的三种进入模式，实际上代表了企业国际化经营从低级向高级发展的三个主要阶段，它们的应用条件和想要达到的目的各不相同。出口进入模式基本上为处于国际化经营初始阶段的企业所采用，主要目的是消化过剩的生产能力，使产品赢得更广阔的市场，因此企业对国际化经营的概念、意识是不自觉的、模糊的，产品出口经营也带有不稳定性和多变性。合同进入模式则向前进了一步，企业有意识、有步骤、有针对性地在国际市场上发挥经营优势，对回避国际贸易壁垒也颇有心得，但对如何深入国际市场进行战略性操作还处在探索中，所以，基本不涉及国际化经营中关键的股权问题。投资进入是企业实施国际化经营的最高阶段，它以投资方式表明了国际化经营企业渴望在目标国市场上掌握自己的命运，参与要素活动，瓜分国际市场，以使货币资本和技术资本获得更广阔的运作舞台。投资进入模式推动了世界经济的一体化进程。具体来说，三种进入模式在下列方面存在显著区别。

（一）进入深度

所谓进入深度，是指企业在进行国际化经营时，将资源投入到目标国市场的相对程度，可用单位产品的生产成本中所含本企业资源的比例加以衡量，本企业的资源投入愈多，进入愈深，反之亦然。三种进入模式中，出口进入模式深度最浅，投资进入模式最深，合同进入模式居中；而同种模式中不同做法其进入深度也不同。比如同为投资进入模式，其投资同等规模的项目，选择独资比选择合资投入的资金更多，进入程度更深；出口进入模式中直接出口比间接出口的进入程度更深，直接出口中，企业自己设立国外销售机构又比选择中间商的进入程度深。

（二）控制程度

所谓控制程度，是指企业对在目标国经营的子公司所拥有的决策能力和影响力。主要包括经营决策和发展决策两个层次，经营决策的内容包括采购、生产运营、财务融资和收益分配，以及计划、组织、领导和控制等；发展决策则是指企业的长期发展战略和投资等战略性决策。掌握企业的控制权，可以按照自己的战略部署进行经营管理，对于处理与目标国政府和合资伙伴的关系也会占据主动地位。同时，一般情况下，控制程度与进入深度呈正相关，即企业进入程度较深的，其控制程度也就较高。

（三）灵活性

所谓灵活性，是指国际化经营企业快速、低成本地改变经营地点、国际市场进入方式甚至退出目标国的能力。基于资源的专用性，企业国际化经营的灵活性与资源投入量、进入深度呈负相关关系，如已经长期或大规模地投入资源，则中途进行根本性调整的余地很小，这样的投资的灵活度就较低。一般而言，在不确定环境中，国际化经营企业倾向于选择灵活度较高的进入方式，以应付可能出现的各种风险。

（四）风险性

所谓风险性，是指事先未预料到的产生损失的可能性及损失程度。风险与进入深度呈高度正相关，而高风险也常伴随着高收益。国际化经营企业的经营风险源于国外投资信息的不确定、市场的不完全、巨大的交易成本和机会成本的存在，同时，目标国的动荡政局和对外贸易法律政策的调整则会带来政治风险。

第三节　企业国际化战略的选择

一、国际化经营的环境因素分析

国际化经营的企业面临着复杂多变的国际环境。企业在决定将其业务向海外拓展之前，必须充分、全面地了解目标国的环境状况及发展动态，这是国际化经营战略取得成功的前提和基础。下面将使用 PEST 分析模型从政治、经济、社会文化和技术四个方面对国际化经营的环境进行分析。

（一）政治－法律环境

一国的政治－法律环境是否有利于国外商品的进口或国外投资，各个国家有较大的差异。

1. 政治因素

国际化经营企业在决定向某国拓展经营业务前，至少应考察该国以下几个方面的政治因素。

（1）对外国企业的态度

有些国家对外国企业表示欢迎，鼓励外国企业进入投资，并为其准备布局条件或基础设施等。而有些国家对外国企业并不持友好的态度，这表现在许多方面，如禁止外国企业在本国设立独资企业、限制外国企业对本国企业的投资份额、控制外国企业返还母公司的利润数额及货币种类等。

（2）政治的稳定性

不仅要考虑交易对象所在国的政治形势，还要考虑其将来的稳定性。如果政局不稳，领导人频繁更迭，则企业有被没收、征用和收归国有的危险。因此，如果政局不稳，与其对国外直接投资，不如选择出口贸易。反之，如果政局比较稳定，则可以考虑直接投资。

（3）政府的官僚制度

政府的官僚制度诸如有效的报关手续、提供市场信息、外国政府所实施的制度和办事效率等。比如说目标国的政府设置繁杂的海关手续，这说明目标国有可能是设立非关税壁垒，而非关税壁垒对企业的国际化经营起着一定的阻碍作用。

（4）贸易或投资条约或协定

协定是两个或两个以上的国家为确定彼此之间的经济关系而缔结的书面协议。这些条约或协定的内容比较广泛，如关税的征收、海关手续、船舶航行、双方企业在对方国家所享受的待遇或保护、特种所有权（专利权、商标权等）的处理和商品转口等。

2. 法律环境

法律环境是指与国际化经营有关的法律，如涉及海外子公司设立的公司法、劳工立法、商标法、专利法、所得税法，与竞争有关的法规，与进口有关的法规，投资保护法规等。此外，还包括国际法律规范形式的国际公约，如《1883 年保护工业产权的巴黎公约》（已作过 6 次修改，目前大多数国家使用 1968 年修订的斯德哥尔摩议定书）、《1892 年关于商标国际注册的马德里协定》（已作过 7 次修订，目前只有 1957 年的尼斯文本和 1979 年的斯德哥尔摩文本为有效文本），以及有关世界贸易组织的协定和协议，如《1994 年关贸总协定》、《服务贸易总协定》、《与贸易有关的知识产权协定》、《与贸易有关的投资措施协议》、《反倾销协议》等。

世界贸易组织认为在公共健康危机背景下，拒绝或阻碍患者获得药品，也就侵犯了他们的生命权，获得药品是每个人应有的权利。因此，2003 年 8 月，世界贸易组织总理事会一致通过了关于实施专利药品强制许可制度的最后文件。根据文件的规定，发展中成员和最不发达成员因艾滋病、疟疾、肺结核及其它流行疾病而发生公共健康危机时，可在未经专利权人许可的情况下，在其内部通过实施专利强制许可制度，生产、使用和销售有关治疗导致公共健康危机疾病的专利药品。上述文件，既能使发展中国家以低廉的价格购买治疗艾滋病、疟疾、肺结核等疾病的药品，大大降低了相关专利药品的市场价格，又能有利于更迅速和有效地控制、缓解公共健康危机，确保生命健康基本权利得到尊重和保护。

（二）经济环境

企业进行国际化经营时还必须研究相关国家的经济状况和经济动向，主要需要注意几个方面的问题。

1. 国家的经济发展水平

一个国家总体的经济发展水平不仅决定着出口该国商品的种类，也影响投资的类型和方向。对于一国经济发展水平的划分主要有六阶段法和四阶段法，下面将介绍四阶段法的划分标准。

（1）自给自足经济

在自给自足的经济结构里，几乎所有人都从事单一的农业劳动，生产的产品大部分被消费掉，以剩下的财物进行物物交换，也进行服务与财物的交换。显然，这种类型的经济能给外国提供的贸易或投资机会是很少的。

（2）原料出口经济

在这种经济中，只有一种或少数几种丰富的自然资源，缺乏其他资源，收入几乎全部靠资源的出口。例如，智利的锡和铜、刚果的橡胶、沙特阿拉伯的石油等就是如此。这类国家或地区是部分机械设备、材料加工设备、工具、器皿和运输工具以及奢侈品的良好市场。

（3）产业发展中的经济

在这种经济结构里，工业占据一定的地位，一般占国内生产总值的 10% ~ 20%。随着工业的发展，进口较多的是钢材、重型机械、通信设备、半加工纤维制品等，很少进口纤维成品、纸制品和汽车等。随着产业的发展，将出现新的富裕阶级和为数不多的中产阶级，他们都需要新式的商品，而且都需从外国进口。

（4）产业经济

产业经济发达的国家根据工业技术或资本的输出程度建立起自己的工业基础。这类国家与其他工业国互换工业产品，与其他经济类型的国家之间用产品交换原料和半成品。由于中产阶级在大规模产业活动中占据相当重要的地位，因此这些国家已是一切种类商品的广阔市场，并且也有许多的投资机会。

2. 国内生产总值及居民收入分配

国内生产总值反映一个国家的总体经济实力，而从其增长率来看，更能判明一个国家的经济运行状况及其前景。但是反映该国贫富的标准尺度采用人均国内生产总值这一指标最为科学和合理。同时，不仅要考察一国的国内生产总值，还要分析其居民收入分配状况，即社会财富的分配模式。居民收入分配模式可分为五种类型：

全是低收入阶层，大部分是低收入阶层，低收入阶层与高收入阶层并存，低、中、高收入阶层并存，大部分是中产阶级。居民收入分配差异程度主要是用基尼系数（在全部居民收入中，用于进行不平均分配的那部分收入占总收入的百分比）来表示，基尼系数越小收入分配越平均；系数越大，表明贫富差距越大，而居民收入的分配将影响市场的需求结构与规模。

3. 国际收支

企业进行国际化经营时必须考虑所在国的国际收支状况，因为一方面国际收支影响该国货币的币值，当一国国际收支处于逆差状态，以致对外债务增加，或国际储备日趋减少，该国货币的对外价值就会降低，在外汇市场上对外币的需求增多，就会扩大出口；另一方面，一国的国际收支状况也影响该国的商品价格变化和通货膨胀的程度，当一国国际收支经常保持顺差，汇率较少波动，物价稳定，货币供应量正常，则有利于国民经济和对外贸易的发展；国际收支还影响该国政府的经济政策以及该国经济的发展与国际收支稳定。保持国际收支的基本平衡，是各国政府的基本目标之一。西方国家总是根据国际收支状况来调整其货币、金融政策，特别是在国际收支逆差时，在对外举债或运用储备弥补逆差的同时，通常会采取必要的政策措施，以防止其国际收支状况恶化。

4. 集团贸易与区域性经济

自20世纪80年代初以来，世界经济出现的一个重要现象是集团贸易和区域性经济集团逐步兴起。集团贸易与区域性经济合作模式，包括建立共同市场（削减或取消内部关税、增设共同对外关税和完全的海关联盟）、自由贸易区、区域开发合作集团等多种形式。业已建立的区域性经济集团有欧洲联盟、北美自由经济贸易区（美国、加拿大和墨西哥）、东盟自由经济贸易区、亚太经济合作组织（Asia - Pacific Economic Cooperation，简称为 APEC）等。世界上主要的合作集团有欧佩克，即石油输出国组织（Organization of the Petroleum Exporting Countries，简称 OPEC），其目的是控制成员国的石油生产水平和价格。

经济一体化组织涉及的国家范围很广，对世界经济和国际化经营具有举足轻重的影响。区域外出口商和区域内企业主要受两个方面的影响：第一是特惠效应，一体化的基本特征就是为区域内企业的生产和贸易提供优惠，这就使区域外出口商受到歧视性待遇，难以与区域内企业进行公平竞争。在此种情况下，区域外出口商可以采取直接投资的方式开展国际化经营；第二是增长效应，经济一体化会形成较大规模的统一市场，这种市场规模的扩大会刺激区域内企业扩大生产规模，以满足市场需求，这对区域外出口商是极为不利的，因为这些出口商的产品面临着被区域内企业的产品替代的威胁。

（三）社会文化环境

1. 地理环境

地理环境主要包括地形与气候和自然资源两个方面。

（1）地形与气候

一个国家的地形与气候条件，不仅影响产品的生产与适应能力，也关系到市场的建立与发展。此外，海拔、温度等都会给产品的功能和使用条件带来影响。

（2）自然资源

自然资源是企业进行跨国经营必不可少的重要条件。自然资源的位置、质量以及可供应量将影响投资的规模和技术选择。

2. 社会、人文环境

（1）基础设施

基础设施包括交通运输条件、能源供应、通信设施和商业设施等。商业设施包括广告、销售渠道、银行和信贷机构等。基础设施越发达，跨国企业就能顺利地在目标国开展产品生产、销售等活动。否则，企业就必须付出较大的经营代价，甚至会因为经营成本太高而不得不放弃这个市场。

（2）人口状况

人口状况包括人口的总量规模、增长趋势、人口密度，以及按年龄、性别、受教育程度、职业、城乡和地理位置划分的人口分布状况及变化趋势。此外，还要研究家庭结构。家庭结构不同，其对商品的需求将存在显著的差异。总之，人口总量及其分布，以及人均国内生产总值等，都会对商品需求的总水平有决定性的影响，它们是确定目标国市场规模大小的重要指标。

（3）教育水平

人们受教育程度不同，对商品的需求不同，对商品的鉴别和接受能力也有所不同，接受文字宣传的能力也将有区别。如果目标国的教育水平较低，跨国企业就要派较多的管理和技术人员到该国发展业务，而不能过多地依赖当地人才。

（4）宗教信仰

不同的宗教信仰有不同的文化倾向与戒律，影响人们认识事物的方式、行为准则和价值观念，因此对商品的需求，包括对商品的结构、外形、颜色等都有一定的要求。此外，该国的生活方式、占统治地位的社会价值观念、审美观念、风俗习惯、语言文字等因素，也会对企业的经营活动产生一定的影响。

（四）技术环境

技术环境不但指那些能引起时代发生革命性变化的发明，而且还包括与企业生产有关的新技术、新工艺、新材料的出现、发展趋势及应用前景等。技术变革在为企业提供机遇的同时，也对其构成了一定的威胁。因此，技术环境主要从两个方面影响企业战略的选择。

1. 技术革新为企业创造了机遇

（1）新技术的出现使得社会和新兴产业增加对本产业产品的需求，从而使得企业可以开辟新的市场和拓展新的经营范围。

（2）技术进步可能会使得企业通过利用新的生产方法、新的生产工艺过程或新材料等各种途经，生产出高质量、高性能的产品，同时也可能会使产品的成本大大降低。

医药企业战略管理

2. 新技术的出现也使企业面临着挑战

技术进步会使社会对企业产品或服务的需求发生重大变化。技术进步给某一个产业带来机遇的同时，可能会对另一个产业构成威胁。比如塑料制品业的发展就在一定程度上对钢铁业构成了威胁，许多塑料制品成为钢铁产品的代用品。此外，竞争对手的技术进步可能会使得本企业的产品或服务显得陈旧过时，也可能使得本企业的产品价格显得过高，从而失去竞争力。

企业在进行国际化经营的过程中，要认真分析技术革命可能会给企业带来的影响，认清本企业和竞争对手在技术上的优势和劣势，对于某个产品，如果某个国家在生产中采用先进技术使成本降低而降低价格，那么就会导致本企业所生产产品的价格在这个国家显得偏高，这样，企业没有价格优势和技术优势，就很难在国际市场上获得成功。

二、国际化战略的种类

国际化战略是指企业的产品与服务在本国之外的市场上的发展战略。随着企业实力的不断壮大以及国内市场的逐渐饱和，有远见的企业家们开始把目光投向我国本土以外的全球海外市场。企业的国际化战略是公司在国际化经营过程中的发展规划，是跨国公司为了把公司的成长纳入到有序轨道，不断增强企业的竞争实力和环境适应性而制定的一系列决策的总称。企业的国际化战略将在很大程度上影响企业的国际化进程，决定企业国际化的未来发展态势。企业的国际化战略可以分为本国中心战略、多国中心战略和全球中心战略三种。

（一）本国中心战略

本国中心战略是在母公司的利益和价值判断下做出的经营战略，其目的在于以高度一体化的形象和实力在国际竞争中占据主动，获得竞争优势。这一战略的特点是母公司集中进行产品的设计、开发、生产和销售协调，管理模式高度集中，经营决策权由母公司控制。这种战略的优点是通过集中管理可以节约大量的成本支出，缺点是产品对东道国当地市场的适应能力差。

（二）多国中心战略

多国中心战略是指在统一的经营原则和目标的指导下，按照各东道国当地的实际情况组织生产和经营。母公司主要承担总体战略的制定和经营目标的分解，对海外子公司实施目标控制和财务监督；海外的子公司拥有较大的经营决策权，可以根据当地市场的变化快速做出反应。这种战略的优点是对东道国当地市场的需求适应能力强，市场反应速度快，缺点是增加了子公司与子公司的协调难度。

多国中心战略的依据是多国竞争。不同国家的消费者的需求特点各不相同，国家之间的竞争是相互独立的，公司在一个国家的声誉、顾客群和竞争地位对它在另一个国家的竞争能力、效果不会产生太大的影响甚至不会产生影响。因此，公司在某一个国家的强大力量以及这种力量所产生的某种竞争优势只限于这个国家，而不会转移到其他的经营地区。多国战略是采取特定的战略方式适应不同国家的文化环境、经济环境、政治环境和竞争环境，注重当地顾客的需求，一般以扩大本地市场份额为目标。为准确地反应市场需求特性，较好地满足顾客的需求，并相对于竞争对手形成竞争优势，公司可能在某些国家制定广泛的市场目标，而在另一些国家狭窄地聚焦于特定的市场，各个目标国的差异越大，公司的整体国际战略就越有可能成为多个国家战略的集合。

（三）全球中心战略

全球中心战略是指将全球视为一个统一的大市场，在全世界的范围内获取最佳的资源并在全世界销售产品。采用全球中心战略的企业通过全球决策系统把各个子公司连接起来，通过全球商务网络来实现资源的获取和产品的销售。这种战略既考虑东道国的具体需求差异，又顾及跨国公司的整体利益，已经成为企业国际化战略的主要发展趋势。但是这种战略也有一定的缺陷，其对企业的管理水平要求较高，管理资金投入大。

全球中心战略依据的是全球竞争环境。企业在不同国家市场制定的产品价格与全球竞争环境之间有着较强的联系，从而在真正意义上形成了国际市场；一个参与全球竞争的公司在一个国家的竞争地位既影响它在其他国家的竞争地位，也将受到其在其他国家竞争地位的影响。与对手的竞争可能会发生在不同的国家，而在某些国家的市场中竞争尤为明显，如果在这些国家公司的产品销量很大，那么在这些国家所拥有的竞争地位对于其在国际市场建立有利地位具有重要的战略意义。

在全球竞争环境下，公司的整体优势来自于公司在全球的经营与运作，公司在本土所拥有的竞争优势与在其他国家的竞争优势有着紧密的联系。一个全球公司的市场强势同它以国家为基础的竞争优势组合成正比。因此，全球化战略是由总公司制定的、协调全球市场的战略，目标是形成全球性的领导地位。

三、国际化战略模式

（一）海外设厂

海外设厂是指企业在海外投资设立工厂，以本土化生产和本土化销售为方向，可以享受低关税，甚至零关税的待遇，在海外市场取得市场份额的战略。通过海外设厂可以绕开贸易壁垒、降低汇率风险。近年来，国际反倾销加剧、劳动力成本上升、人民币升值以及各种贸易壁垒令不少企业生存压力增大，海外设厂成为我国企业突破贸易防线的重要方式。我国为了鼓励企业对外直接投资，设立了大量"走出去"的主权基金，以及专门为企业"走出去"提供低利率贷款的进出口银行。不过，尽管有上述优点，在海外设厂的企业还要充分考虑国外设施是否完善、政治环境是否稳定。海尔是最成功的实施海外投资的企业之一，海尔在美国设厂，实现了生产本土化、销售本土化，成功避免了贸易保护主义对出口的限制。

（二）自有品牌直接出口

自有品牌直接出口，顾名思义，就是指企业在国内生产产品，以企业名称或企业自己确定的名称作为品牌，出口到国外市场进行销售。我国出口产品自有品牌率过低，虽然在外贸出口总额中，高新技术产品比重已经接近30%，但将近九成是依靠加工贸易和贴牌生产来实现的，拥有自主知识产权和自主品牌、自主营销网络的产品比重相当小，我国出口产品中，自有品牌所占的比重还不到10%。

21世纪是一个品牌竞争的世纪，21世纪的国际市场是一个"指牌购买"的市场，因为随着科技的进步，产品的价格、质量、外观和性能等物理差异越来越小，消费者选择商品的决定因素将是品牌。品牌创立后，可以给企业带来长期的、稳定的经济效益，使企业在国际市场上永远立于不败之地。我国医药企业的长远发展离不开品牌，要全面进入国际市场必须要创立自己的名牌，做自有品牌的直接出口。

（三）并购国外企业

并购国外企业是指企业（并购企业或母国企业）为了达到某种目的，通过一定的形式和支付手段，购买另一国企业（目标企业或东道国企业）的整个资产或足以行使经营控制权的股份。并购的形式包含跨国兼并和跨国收购。

在我国医药行业，外资并购国内医药企业已是司空见惯，但国内医药企业并购国外企业却不多见。2007年9月18日，重庆慧远药业以200万新加坡元（约合1000万元人民币）的价格，收购新加坡第二大连锁医药企业新加坡新中医药保健品有限公司51%股份，成功实现控股。至此，我国医药企业成功跨出了海外并购的重要一步。

（四）产品贴牌出口

贴牌来自于英文OEM（Original Equipment Manufacturer，简称OEM），译为原始制造商，它是指一种"代工生产"方式，其含义是生产者不直接生产产品，而是利用自己掌握"关键的核心技术"，负责设计和开发、控制销售"渠道"，具体的加工任务交给其他企业去完成的方式。据中国家用电器商业协会统计，我国的家电出口90%以上都是贴牌。据美国通用电器公司指出，我国知名的家电企业都曾参加过通用电器的网上竞标，试图为通用电器做OEM。

OEM是国际分工不断深化的必然结果，是不可逆转的经济发展规律，也是社会资源合理配置的需要。我国的医药企业基本是中小企业，要在国际化分工中找准自己的位置，在竞争中充分发挥自身的比较优势，规避在技术研发、品牌推广等方面的劣势，可以选择OEM方式，积极与国外强势品牌联合。

四、国际化战略联盟的新形式

研究表明，联盟越来越成为当代企业国际化、全球化发展的新趋势。这一趋势越来越表现出它替代二战后重在并购扩张的新特点。从另一视角上看，跨国公司如潮涌般地进入我国，绝大部分企业采取了同我国的跨国公司合作即联盟的运作模式。

大致分为以下七种模式：

1. 跨国交换从而扩大市场规模的联盟

此类联盟是指企业进行国际化经营时，为了获得新技术或目标市场的信息、销售渠道等而与目标国企业进行合作，互相交换所拥有的资源或信息，以实现共享的战略联盟。2009年5月，中美药物共同开发领域的领军企业——沪亚国际（HUYA Bioscience International，简称沪亚）宣布与雅培（Abbott）达成协议，该协定旨在合作筛选与开发来自中国的处在基础研究与临床试验阶段的在研创新药物。据悉，沪亚与许多科研机构及各级生物园区建立了合作关系，所以能优先了解治疗重大临床疾病的创新药物信息，一旦就候选化合物的国际开发授权许可达成共识，沪亚会与科研机构和各级生物园区进行技术、资料等的共享和交流，从而降低风险，加快国内外临床开发进程。雅培与沪亚国际合作正是为了借助沪亚的这个网络，获得新药信息。沪亚重点筛选源自中国的具有优良市场前景的临床前和临床期的创新药物，并有选择地在西方市场进行新药共同开发。这样，沪亚与雅培建立战略联盟，获得在国外市场的开发与销售权利，因此双方都能从合作中受益。

2. 跨国并购式的联盟

并购与联盟属于两个不同的概念，并购是联盟的一种表现形式。2008年，拜耳医药的全球架构中，处方药占比近70%，OTC只占18%，而其在中国市场中，处方药比重超过80%，OTC业务只占10%左右。2007年拜耳医药OTC销售额增长率约为30%，落后于整个拜耳医药43%的增长率，OTC业务是拜耳医药希望做大做强的一个部分。2008年7月拜耳医药终于完成交割，成功购买东盛集团持有的旗下最知名的品牌子公司之一东盛启东盖天力的54.51%的股权。东盛启东盖天力旗下三大产品——"白加黑"感冒片、"小白"糖浆、"信力"止咳糖浆2007年销售超3亿，且具备完善的全国销售渠道和队伍。此次收购使拜耳OTC的销售额大幅增长，通过加大营销投入不仅能巩固已收购品牌的地位，还能对拜耳所拥有的肠胃、营养、皮肤和止痛类OTC产生积极影响。另一方面，东盛集团由于之前投资战略的失误导致集团内部的资金不足，从2007年开始，东盛不断地收缩战线，开始从之前的投资领域不断退出，以在舍弃中求发展，为了迅速回笼资金，出售了盖天力的剩余股权。并购为东盛集团的进一步发展提供了资金，双方以联盟的形式实现共赢。

3. 中外技术合作式的联盟

美国辉瑞公司是全球最大的制药企业，浙江海正药业位列浙江制药行业前十强，是国家首批创新型企业。2012年5月18日，浙江海正药业与美国辉瑞公司的合作抓住了全球生物科技发展的重大机遇，借助双方优势进行技术合作，共同出资成立了海正辉瑞制药有限公司（海正和辉瑞各占51%和49%的股权）。双方是互补型的合作，辉瑞的品牌影响力、销售能力和产品群优势嫁接海正的生产能力和本土企业优势，合资公司有望在国内品牌仿制药市场获得成功。辉瑞在中国的战略就是要加大对中国市场的投入和控制，由于中国医药市场比较注重本土品牌的忠诚度，辉瑞需要对企业产品尤其是仿制药实施本土化战略，并意图从当地政府或国家获得更多的帮助与支持；海正有清晰的发展战略，就是从特殊原料药生产商向仿制药生产商转型，这符合辉瑞扩大在华仿制药生产和销售的战略意图。于是，双方不谋而合，成立了合资企业。

4. 国际化购进品牌式联盟

以往，企业凭借自己在某些方面的优势，就能争得一席之地，但在今天，企业所面对的是日益开放、竞争日趋激烈的市场，过去的战略已不能满足企业的发展需要，所以品牌式联盟应运而生。日本最大制药企业武田药品工业株式会社销售额5成以上来自海外市场，其中9成以上来自欧美发达国家，在新兴国家销售额不足1成。日美欧药品市场受各国控制医疗费支出政策影响，增长迟缓，开拓新兴国家市场成为各药企重要课题。武田制药认为，与其花时间新建工厂，不如通过并购涉入新兴国家更低价、高效，这也标志着日企海外战略出现新调整。2011年5月，其与瑞士制药公司Nycomed就收购事宜达成共识。武田将斥资1万亿日元（超过120亿美元）收购该公司全部股份，目的是拓展欧洲和新兴市场业务。

5. 中外合资营业形态创新式的联盟

跨国医药零售业在逐步进驻中国，争抢国内市场。我国药品零售业在坚持保卫战的同时，加强了与跨国公司的联盟合作。2007年2月，联合美华有限公司（联合美华是在英国注册，由全球领先的医药批发商和零售商英国联合博姿公司和美国美华医药有限公司合资成立的公司）通过受让股权及增资方式取得广州医药（以下简称广药）50%的股权，广州医药由此成为合资企业。对于广药而言，通过与联合美华合作，可以学习国外先进的医药商业管理机制和经验，并且可以引进新的、优质药品代理品种，把国内的医药消费市场以及医疗服务做得更好；借助合资公司渠道，拓展国内市场。虽然目前广药在华南地区具有非常明显的优势地位，但在全国范围内的市场份额相对较小。广药与外资的联合表明其非常重视医药商业的发展，也正在致力于全国医药商业市场的开拓；广药集团下属的生产企业可以借助联合美华的平台和渠道，将产品在欧洲国家注册，拓展欧洲市场的分销网络，开拓广药的国际市场，从而提高广药品牌的国际影响力。企业可以通过联盟合作，借鉴先进的管理模式，提高发展速度，达成双方经营合作，同时直接面对客户，省去了某些中间环节，打破旧的商业业态，在零售业中形成了一种新的业态形式，即企业价值链趋向供应链化。

6. 跨国并购资源式联盟

当前，各大企业踊跃参与市场竞争，斡旋在联盟与并购之间，我国相当部分企业面临资源供给不足的威胁。在这种情况下，积极参与同跨国公司的合作，以资源优势进行互补，共同发展，成为联盟双方的重要课题。宝钢是我国最具竞争力的钢铁企业之一，由于生产钢铁所需要的原材料绝大部分依靠进口。为了解决原材料不足的问题，加强供应链管理，它与巴西最大的铁矿砂生产和出口公司（CVRD）合资办矿，确保了资源的长期供给，打造了融资源、营销于一体的"微笑曲线"。宝钢得到了巴西的铁矿砂，巴西得到了中国的焦炭，原料双向供应得以实现，保证了企业长期稳定的合作联盟关系。

7. 跨国公司同发展中国家企业间的一般联盟

跨国公司在全球的发展扩张中，成本控制、市场资源日益成为其生死攸关的两大战略要素，与发展中国家的企业进行联盟、合作便成为一种必然。发展中国家企业具有绝对的环境资源优势，对本国的风土人情非常熟悉，有利于其同政府的公共关系交往，更可获得丰富的市场资源、廉价劳动力以及高忠诚度的客户群和潜在客户群，这些都为跨国公司搭建了坚实的发展平台。发展中国家企业与跨国公司合作，同时引进了大量资金，学习吸收其先进的生产技术和管理经验，为企业的发展加速、增效，成为加快发展步伐的助推器。

在以上几种联盟模式中，不难看出联盟的优越性，它足以说明，在全球经济一体化的今天，形成了市场竞争的一种联盟趋势，而且成为一种实效性很强的新型商业运作范式。

本章小结

为了寻求更大的市场、寻找更好的资源、追逐更高的利润，企业会选择走出国门，从事国际化经营。本章分析了企业进行国际化经营的动因以及国际化经营的特点，接着重点介绍了企业进入国际市场的从低级到高级的发展模式，即出口进入模式、合同进入模式和投资进入模式，三种模式的应用条件和目的各不相同。企业进行国际化经营时，要首先分析国际市场以及目标国市场的环境，选择适合企业发展目标的国际化经营战略，本章最后介绍了国际化经营战略的种类和模式，并通过案例形式总结出目前国际化战略经营的新模式——战略联盟。

本章案例

海正药业：接轨国际步入正循环时代

始创于 1956 年的浙江海正药业股份有限公司（以下简称海正药业）秉承"执著药物创新，成就健康梦想"的使命和"成为广受尊重的全球化制药企业"的愿景，致力于整合药物研发与生产资源，为全球客户提供更好的产品和服务，通过美国 FDA、欧盟 EDQM、澳大利亚 TGA、韩国 KFDA 等官方认证的品种达到 40 多个，销往全球 30 多个国家和地区。2010 年，入选浙江省医药工业"十强企业"，并荣获"国内最佳产品线十佳工业企业"称号，同时被誉为"金蜜蜂奖成长型企业"；同年，公司实现销售收入 45 亿元，利润总额 4.5 亿元，分别比上年同期增长 14.4% 和 28.2%。

一、海正药业的国际化

海正药业从林产化工起步，逐步走向合成制药和生物制药，发展成为国内最大的抗生素抗肿瘤药物生产基地和重要的化学原料药出口企业，也是国内唯一一家由 WHO 指定的抗多重耐药性结核病药物生产企业。海正药业从国内起步，但如果想要获得更大的市场，追逐更高的利润，就必须进行国际化经营。

医药企业战略管理

（一）药政注册

在海正药业已取得一定成绩的情况下，白骅清醒地认识到，产品必须进入世界市场才能取得进一步发展。而想要跨入世界市场，必须要跨越"两道门槛"，或者说要打破"两个壁垒"：一是国家的门槛，也称行政门槛，例如美国FDA认证和欧盟COS注册；二是客户门槛，也称技术门槛，即内控指标，不仅要达到国际药典通用的标准，而且要达到客户的内控质量指标，特别是对杂质的鉴别和分离，并提供实样。

为此，白骅一直将药政注册作为核心竞争力来培育。1989年海正药业开始药政注册工作，1992年第一个产品即获得FDA证书。目前，海正药业已建立了数百人的药政注册、QA（质量保证）和QC（质量检测）队伍。海正药业产品走向欧美中高档市场，引来了国际关注。近几年来，公司先后接待了几十个国家和地区数千人次的访问和洽谈。

（二）注重人才的培养

当今企业的竞争，归根结底是人才的竞争。白骅深刻地认识到这一点。为此，他提出了"人本海正"的概念。"人本海正"包涵两层涵义，一是要善用人才，因为企业的竞争说到底是人才的竞争；二是必须重视员工福利，员工和企业一起成长，员工和企业一起享受成功的喜悦。为了实现"人本海正"的第一层目标，公司领导采取各种措施加快引进和培养人才的步伐，不断调整知识结构，改革用人机制，多方招聘人才，加强组织开办各项专业知识培训，提高员工素质，有效地提高了企业的科技水平和管理水平。公司坚持多管齐下，通过设立"海正奖学金"，参加重点学校"双选"招聘会，从外国专家局引进外籍专家，解决企业急需人才的问题；同时，聘用国内知名科研院所具有丰富实践经验的专家教授，担任企业技术顾问。

（三）取得丰硕成果

目前，海正药业是国内医药行业获得FDA认证最多的企业之一，专利申报突破100项，专利申请覆盖国家包括美国、欧洲、澳大利亚、加拿大、日本、韩国等，专利申请类型涉及创新化合物，工艺及晶型、用途、药物组合物等。持有这些国际通行证，海正药业抗肿瘤药的出口量已经占据了美国非专利原料药市场60%的份额，抗寄生虫药阿佛菌素占国际兽药市场40%以上的份额，降血脂药他汀类系列产品生产规模和技术水平居世界第二，约占世界同类产品三分之一以上的份额。海正药业生产的原料药出口到世界30多个国家和地区，并进入规范的药政注册市场。出口创汇连续多年雄居浙江医药产业首位。

二、曙光初现

20世纪后期，全球经济快速发展，国与国之间正逐步改变原来相互隔离、相互闭塞的局面，逐渐以竞合的方式融合成为一个相互依存的全球性经济体系。企业国际化已成为现代企业发展的一个必然趋势。海正药业就是一个典型的例子。

根据国际市场经验，大多数产业升级都将给企业带来更广阔的市场空间和更坚实的盈利能力。目前，一种能够充分发挥公司在化学原料药领域的技术积累、管理经验以及品质控制等方面的优势，以技术研发为基础、以国际合作带动开发的新型产业升级模式已在海正药业成功运行，海正从原料药向制剂纵向一体化的发展战略已经初露曙光。

思考题

1. 促使海正药业成功走向国际市场的因素主要有哪些？
2. 海正药业国际化经营的特点体现在哪些方面？
3. 海正药业走向国际化采用的战略是什么？
4. 如果国内其他制药企业想走国际化道路，可以从哪些方面借鉴海正药业的成功经验？
5. 如果海正药业想深耕国际市场，你给的建议是什么？

本章习题

1. 试述企业开展国际化经营的原因。
2. 医药企业进行国际化战略与国内经营有什么区别？
3. 医药企业进行国际化经营，通常要考虑的最主要的因素有哪些？
4. 企业进行国际化经营的方式有哪些？
5. 国际市场进入方式分别有什么特点？
6. 试以国内一家医药企业为例来说明国际化经营的具体实施步骤。

第十章

企业战略实施

　　企业战略管理是一个系统的过程，从企业目标陈述、内外部环境分析到企业战略目标选择，只是在理论上给企业的未来规划了一个明确的方向，而是否能沿着规划的方向发展，还取决于另外一个关键的环节——战略实施。企业战略实施是为了实现企业战略目标而对战略的执行，在战略实施过程中，企业需要认真分析战略实施的基本问题和中心任务，同时也需注意企业的领导、组织和文化与战略实施之间存在着相互影响。

第一节　企业战略实施的基本问题

一、战略制定与战略实施

　　所谓战略实施就是执行战略计划或战略方案，是将战略付诸于实际行动的过程。战略实施与战略制定有着根本的区别。成功制定的战略并不能保证成功地实施。正如一位管理者所说：对我们来说，决定组织前进的方向较容易（战略制定），困难的是如何让组织采取具体行动（战略实施）。

表 10-1　战略实施与战略制定的区别

战略制定	战略实施
行动前部署力量	行动中管理、运用力量
注重效能	注重效率
一种思维过程	行动过程
需要良好的直觉和分析技能	需要特殊的激励和领导技能
只需对几个人进行协调	对众多人进行协调

　　但是战略实施和战略制定又有着密切和复杂的联系，图 10-1 说明了两者之间的关系，其不同的组合会导致不同的战略实施效果。

	坏	好
好	II 挽救或遭受失败	III 成功
坏	I 失败	IV 收效甚微

战略实施（纵轴）　战略制定（横轴）

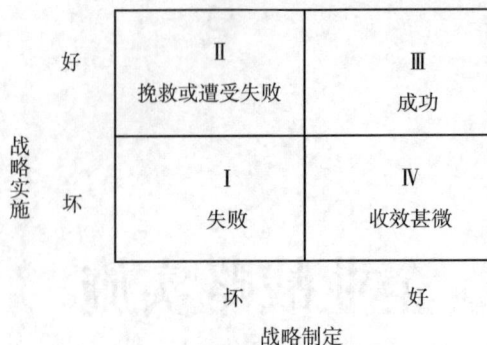

图 10 - 1　战略制定与战略实施的关系

在第一象限，企业制定的战略很不完善，同时没有很好地予以实施，在这种情况下，企业管理人员很难把战略扭转到正确的轨道上来，最终以失败而告终。

在第二象限，企业没能制定出良好的战略，但在实施时却一丝不苟，这时会有两种不同的情况：一是企业在认真实施战略的过程中发现了原有战略的不足之处，并采取各种措施弥补原有战略的缺陷，这将在一定程度上避免战略的失误，挽回一定的损失，因而企业也会取得一定的成绩；另一种情况是企业认真地实施了这个不良的战略，结果是加速了企业的失败。

在第三象限，当企业制定的战略良好，同时又能有效地予以实施，那么企业就有可能比较顺利地实现战略目标，取得成功。

在第四象限，企业制定了较好的战略但贯彻执行得较差，致使企业处于艰难境地，出现这种情况时，管理人员往往从战略本身找问题，而忽略了从战略的实施行为中找问题，结果是经过修订的战略仍按照老办法执行，最终收效甚微，甚至以失败而告终。

通过上述四种情况可以看出，战略实施和战略制定同等重要，在实践中绝不能忽视任何一方，只有既制定了良好的战略，又能有效地予以实施，才可能保证企业取得成功。

二、战略实施的内容、模式与原则

（一）战略实施的具体内容

战略实施几乎涉及到组织运作与管理的所有方面，每一项战略对组织的结构、资源、文化以及控制手段等可能有不同的要求，因而应适时调整，以满足战略实施的条件。战略实施的具体内容，即组织要完成的任务主要包括以下几个方面的内容。

1. 计划

人们通常认为计划仅仅是制定战略前的一项工作，其实在战略实施的过程中，首先需要战略制定者来编制战略实施计划，从而清晰、明确地向组织内的其他成员传达战略指令。战略计划就是将战略分解或转化为方案和项目或职能层战略等。组织的各个层级应根据上一层级制定的计划来提炼与分析本层级及以下层级的计划。

2. 建立适当的组织结构

为保证战略的顺利实施，首先要建立符合战略要求的组织结构，或调整原有的组织结构。在新的组织结构里，要向相关人员合理分配工作，并描述其职责，同时要进行适当地协调和控制，从而使组织、人员及其职责在新的组织结构中形成有机的整体，凸显新的组织结构的功能。

3. 编制预算，配置资源

预算是对战略是否可行的最后一次检验，直接关系到战略实施的进度与效果。在预算中需要把握一个基本原则，即以战略目标为中心来配置资源。资源的有限性决定了资源配置工作的重要意义。要保证优势资源向具有竞争优势的战略目标合理倾斜。

4. 营造有利于战略实施的文化氛围

组织文化是组织成员对所属组织的认同，它对组织成员的行为具有无形而强烈的影响。恰当的文化能使组织成员形成统一认识，有助于支持和加强战略的实施。有学者认为，文化也可以作为组织实施控制的一种手段。每个企业都可以通过调整或重塑文化来寻求文化与战略的协调一致。

5. 适当激励，发挥战略领导的作用

在任何管理活动中，中高层管理者作为决策者都发挥着极其重要的作用。在战略实施的过程中，组织的管理者就变成了战略领导者，其观念和能力等是决定战略能否成功实施的重要因素。为此，有必要对管理者进行动员和激励，使其能够准确地向下属传达组织的战略意图，并以身作则、不遗余力地推进战略计划。

6. 控制

为防止战略实施的效果偏离预期目标，应建立控制机制来评估战略的实施进度与效果。战略控制是战略实施的重要环节。不仅要关注组织内部资源的变化，还要考虑外部环境的变化，并据此及时调整战略实施方案，使企业朝着预定的目标前进。

在战略实施的过程中，除了要做好以上六方面的工作，还需注意学习其他组织在实施战略时取得的经验与教训，取长补短，灵活机动地应对各种问题。

（二）战略实施的模式

在企业实施战略的过程中，通常有以下五种模式可供选择。

1. 指挥型

在这种模式里，企业管理人员运用严密的逻辑分析方法考虑战略的制定问题。高层管理人员亲自制定战略，或者指示战略计划人员去决定企业所要采取的战略行动。一旦制定出满意的战略，高层管理人员便让下级管理人员去执行战略，而自己并不介入战略的实施。

这种模式的决策时间短、效率高。在原有战略或常规战略变化的情况下，实施效果比较明显，对于外部环境稳定的小型企业也是比较有效的。缺陷是由于企业员工没有参与战略的制定，有时可能会出现战略计划与企业实际相脱节的问题。同时，员工在战略的实施过程中处于被动执行的状态，不利于企业战略目标的实现。

2. 变革型

与指挥型模式相反，在变革型模式中，企业高层管理人员重点研究如何在企业里实施战略，其工作是为有效实施战略而设计适当的管理系统。为此，在高层管理人员的主导下，组织将进行一系列变革，如建立新的组织结构、改造企业文化、重新进行资源配置等，以增加战略成功的可能性。

这种模式下，由于高层管理者的亲自推动，实施效果明显，并且可以推进难度较高的战略的实施。但是，它也有一定的局限性，其只适用于处在稳定环境中的小型企业。如果企业外部环境变化、动荡不安，则企业要忙于应对外部环境，求得生存，内部改革将无从谈起，这种变革模式就不能发挥其应有的效应。同时，这种模式也是自上而下地实施战略，同样不利于调动员工的积极性。

3. 合作型

在这种模式里，负责制定战略的高层管理人员运用头脑风暴等方法，启发其他人员考虑战略的制定与实施问题，最终形成集思广益的战略成果。在这种模式中，高层管理人员充当了协调员的角色，力求采纳各种合理建议，并将这些意见和建议加以综合分析，保证了决策信息的准确性和决策的科学性。在此基础上，企业可以提高战略实施的针对性与有效性。

在实践中，对合作型模式有不同的看法。首先，这样制定出来的战略可能会过于中庸，缺少创造性；其次，在战略实施方案的讨论中，可能会由于某些职能部门善于表达，或高层管理人员对某些部门的偏爱，导致战略实施方案带有一定的倾向性；再次，多人参与讨论会影响决策的效率，有可能会丧失机会；最后，由于高层管理人员享有最终决策权，集体决策可能会流于形式。

4. 文化型

文化型模式扩大了合作型模式的范围，将企业基层员工也包括了进来。在这种模式里，高层管理人员的职责就是指引方向。而战略实施则充分授权，充分依靠每一个员工。战略实施主要是通过利用企业文化的力量来影响和改变员工的价值观，最终使组织上下形成共同的道德规范和价值观，使员工在设计自己的工作活动时不会偏离企业的战略目标。

文化型模式实际上消除了战略制定与实施过程中存在的只想不做与只做不想之间的障碍，使每一个员工都能参与到战略的制定与实施中，这是该模式独有的特点。但是，这种模式也有一定的局限性。它要求员工受过良好的教育，具有较高的专业素质，否则很难设计出符合总体战略目标的工作活动。同时，这种模式主要是通过企业文化来发挥作用，而企业文化不是一朝一夕形成的，一旦形成又难以改变。在企业做出战略改变或调整时，企业文化的变化将是滞后的，可能会延误战略实施的进程，甚至成为新战略的绊脚石。

5. 增长型

在增长型模式中，企业高层管理人员往往只提供参考意见，通常采纳中低层管理人员的观点和建议。中低层管理人员由于受到鼓励，而积极地制定与实施战略。

这种增长型战略实施模式，最大的特点在于，它不是自上而下地灌输企业战略，而是自下而上地提出战略。集中了一线管理人员的经验与智慧，高层管理人员的意见只作参考，而不是将自己的意见强加于下级。这种模式较适用于大型的多元化企业。在拥有众多事业部的大型企业中，企业高层管理人员很难真正了解每个事业部所面临的战略问题和作业问题，而采用增长型模式，可以放权给各个事业部，有利于战略的成功实施。

这种模式的优点是可以给中低层管理人员一定的自主权，鼓励他们制定有效的战略，并使其有机会按照自己的计划实施战略。同时，由于中低层管理人员和员工能够更直接地面对战略，可以及时地把握时机，自行调解并顺利执行战略。因此，这种模式还适用于波动较大产业中的大型联合企业。

这五种模式的选择与企业的管理实践是分不开的。当管理者需要拥有绝对权威时，可以选择指挥型模式；需要进行组织变革，以有效实施战略时，变革型将是有利的战略实施模式；合作型、文化型和增长型模式表明，在战略实施的过程中，企业管理人员必须调动各种积极因素，才能成功实施战略。每一种模式都有相对适宜的环境和条件，但在实际中多种模式往往可以交叉或混合使用。

（三）战略实施的基本原则

在企业执行战略的过程中，常常会遇到许多在制定战略时没有预料到的问题，为了保证战略的有效实施，以下三个基本原则可以作为企业执行战略的基本依据。

1. 适度原则

由于受到信息、决策时限以及认识能力等因素的限制，企业对未来的预测不可能完全准确，所制定的经营战略也不一定是最优的，而且在战略执行的过程中，由于企业外部环境及内部条件的不断变化，情况比较复杂，因此只要达到了主要的预定目标，就应当认为这一战略的制定及执行是成功的。客观上，不可能完全按照事先制定的战略计划行事，因此战略的执行不能简单机械，而需要大胆创造与革新，因为新战略本身就是对原有战略以及与其相关的文化以及价值观念的否定，没有创新，新战略就不能很好地执行。因此，战略的执行过程也是对战略的创新过程。

另外，企业的经营目标和战略总是要分工执行，也就是要把庞大而复杂的总体战略分解为具体的、较为简单的，以及便于管理和控制的多个问题，由各个部门按照分工贯彻执行。组织结构是为满足企业经营战略的需要而建立的，但一旦建立就不可避免地要形成自己所关注问题的本位利益，这种本位利益在各组织部门之间以及与企业的整体利益可能会产生一定的矛盾与冲突，为此，高层管理者应对这些矛盾与冲突进行协调、折中与妥协，以寻求各方都能接受的解决办法，而不应脱离客观条件去寻求所谓绝对的合理性。只要不损害总体战略目标的实现，还是可以容忍的，即在战略执行中要遵循适度的合理性原则。

2. 统一原则

对经营战略理解最深刻的应当是企业的高层管理人员。一般来讲，他们要比中层管理人员以及普通员工掌握要多的信息，对企业战略的要求及其相互间的关联性了解得更为全面，对战略意图体会更深，因此战略的执行应当在高层管理人员的统一领导与指挥下进行，只有这样，资源的配置、组织结构的调整、企业文化的建设、信息的沟通及控制、激励制度的建立等才能相互协调、平衡，才能使企业有效地运行。

同时，要实现统一指挥，则每个部门只能接受一个上级的命令。同时，在战略执行过程中所遇到的问题，能在小范围内解决的，就不要扩大范围，以使付出的代价最小；如果范围扩大，其涉及面也就越大，交叉关系也就越复杂，以致要付出的代价就越大。

统一指挥原则看似简单，但在实际工作中，企业由于缺少自我控制与调节机制，或者机制不健全，因而经常违背统一指挥原则。

3. 权变原则

企业战略的制定是基于对环境的分析、研究与预测，即是根据前提假设条件进行的。在战略的执行过程中，事情的发展与原先的假设有所偏离是不可避免的，战略的执行过程本身就是解决问题的过程，但如果企业的内外部环境发生重大变化，以致原定战略不可能实现，则需要调整原定战略，这就是战略执行的权变问题。其关键在于掌握环境变化的程度，如果在环境变化不大、还不至于影响战略的执行时就修改原定战略，则容易造成人心浮动，带来消极后果。但如果环境确实发生了较大的变化，而仍坚持执行既定战略，则会给企业带来不利的后果。

权变观念应贯穿于战略的全过程，从战略的制定到战略的执行。权变观念要求识别战略执行中的关键变量，并对其做灵敏度分析，当其变化超过一定的范围，就应当调整原定战略，并准备相应的替代方案，即企业应该对可能发生的变化及其带来的后果，要有足够的了解，并对替代方案做好充分的准备，以使企业具备较强的应变能力。当然，在实际工作中，识别关键变量与运行机动机制都是不易的。

三、企业战略计划系统

（一）战略计划系统的概念

企业战略计划系统是将企业使命、战略目标、外部环境、内部条件、对未来形势的预测、总体战略方案、经营战略方案及具体措施等融为一体，形成文件，用于指导未来 3－5 年内的具体经营活动。企业在实施战略的过程中，一定要注意把握企业战略计划系统，其应贯穿战略实施的整个过程，它强调企业系统的整体性。

战略计划系统具有以下一些基本特点。

1. 战略计划系统的设定突破了传统计划的思维模式，不在于规划短期内的事情，而是对企业未来经营方向的规划与筹措。更注重如何适应环境，如何谋求创新与发展。

2. 战略计划系统的制定常常由少数高层管理人员直接领导，不同于短期经营计划那样需要大量人员参与，其内容并不详细具体，也不需要按照规范的程序进行编制。

3. 战略计划系统着眼于企业外部环境的改变，所涉及的可能是随时发生变化的市场机遇，具有很大的不可控性，要求企业能随机应变、快速反应。

4. 战略计划系统的设定必须是基于对外部环境、产业结构、消费者及竞争对手的详细分析，而且对企业的内部条件也应进行深入了解。

（二）战略计划系统的目标与作用

从战略的深远意义来看，战略计划系统所要考虑的主要问题是企业如何达成既定的目标。有学者认为，企业战略计划系统所要达成的目标有：

1. 调整与选定企业未来的经营领域；
2. 加快提高企业的盈利能力；
3. 全面地分析企业所面临的机会与威胁，协助企业战略管理人员根据企业的实力与优势更好地挖掘企业的潜力；
4. 能有效地将资源集中在重大项目上；
5. 分析机会与威胁，使企业更清晰地认识到自己的优势与劣势；
6. 有助于企业良好地协调内部活动；
7. 设定企业近期的、可达成的目标；
8. 培养企业管理干部，提高其应对环境变化的能力；
9. 考核与评判企业的经营活动，根据环境变化及时调整企业的发展方向。

这些目标彼此交融，共同构筑起战略计划系统。在某些情况下，企业可能只能实现几个目标，但随着时间的推移，企业最终将完成既定的所有目标。

（三）战略计划系统的内容

战略计划系统制定后，企业需要有计划地、逐步地予以实施。战略计划系统包括的内容主要有：

1. 企业总体战略

包括三方面的内容：企业总体战略的具体内容，包括总体战略目标和各战略部门的分目标；如何实施总体战略；实施此战略可能给企业带来的收益。

2. 企业分阶段目标

在战略计划系统中，必须要将总体战略分解成阶段目标，这样才能很好地得以实施。

企业的分目标常常与具体的行动计划和项目相联系，它们都是达成企业总目标的具体工具，也是保证总目标实现的依据。

3. 企业的行动计划和项目

行动计划是组织为实施其战略而进行的一系列重组资源活动的汇总。在战略计划阶段，这些行动计划常常包括产品的研究与开发及成本削减等，然后各行动计划通过具体的项目来实施。

4. 资源配置

资源配置是制订计划的基本决策因素之一。实施战略计划需要设备、资金、人力资源及其他重要资源，因此，对各行动计划的资源配置的优先次序应在战略计划系统中得到明确规定。

5. 企业的组织保证及战略子系统的相互协调

企业在实施战略计划系统的过程中，必须要构建稳定的组织结构，继而在组织结构中分配各种资源以实施具体的战略计划。另外，战略计划系统往往还包括若干子系统，必须明确各子系统间的对接与管理。

6. 应变计划

为防止企业在战略实施过程中出现潜在的战略风险，在战略计划系统中应将应变计划考虑进去。将应变计划作为整个战略计划系统的一部分，企业可以应付突发的环境变化，以在复杂的竞争环境中赢得生存发展的空间。

企业战略计划系统对战略的制定、实施和控制将发挥一定的作用。其从全局出发，指明了企业未来的发展蓝图，并对各部门的目标做出了规划，能有效地对企业关键任务和要素进行配置，并积极地防范潜在的战略风险，为企业指明了未来的行动方向。

（四）战略计划系统的制定

在企业决定要制定战略计划系统时，必须设计相应的流程以便审核企业中各部门之间，以及他们的活动和计划之间的相互关联、相互影响和相互依存性。一般而言，由于每个企业的发展历史、组织结构及决策者的思维模式不同，以致其制定战略计划系统的方式方法也不同。每个企业都会根据实际情况去确定战略计划系统的制定程序。根据国内外不同理论派别、不同公司对战略计划系统制定的研究，本书将主要介绍两种制定过程。

1. 战略职能区分型的制定过程

战略职能区分型的制定过程是指企业根据战略计划系统的实质内容来按项制定企业战略的整个过程。这个过程包括两个内容：战略制定和具体规划实施，两者互相呼应、互相补充，是一个不可分割的整体。战略制定是具体规划的前提，而具体规划则是战略制定的后续工作及补充。

2. 层层制定过程

层层制定过程即先由总公司的领导层制定总体战略目标，然后经过层层分解，将一个总目标分解为若干个具体的子目标，整个过程类似于目标管理，企业的各级主管根据这些细化的目标指导下级工作，进而实现企业的总体目标。在这一过程中，企业中的每个成员都须明确自己在实现企业总体目标中的地位与作用，将个人目标和企业总体目标结合起来，实现企业和个人的共同发展。同时，需要注意的是，在制定完企业战略计划系统后，需要制定一整套具体的配套程序来指导员工的日常工作，只有这样，才能使企业的战略计划真正落到实处。

不论企业采取何种方式制定战略计划系统，都应注意以下几个问题：

（1）一旦确定企业战略计划系统后，就应制定一整套具体的措施来指导企业的日常运行，只有具体地予以实施，战略计划系统才能落到实处，而不是一纸空文。

（2）战略计划系统虽然作为一个长期计划，但它必须要兼顾到短期目标。在实施战略的过程中，企业决策者必须要考虑长期计划与短期目标的辩证关系，应在长期计划和短期目标间找到平衡点，以合理配置资源。

（3）企业战略计划系统必须要考虑到一系列的连锁效应及派生的社会效果。企业是以社会发展为背景开展生产活动的，社会是企业利益的来源，企业在从社会中谋求利益的同时必须承担相应的社会责任，以实现可持续发展。

（4）企业战略计划系统不仅包括总体计划工作，而且包括相应的细分计划工作。细分计划包括技术计划、产品计划、市场计划和财务计划等，各细分计划应与总体计划相匹配、相协调，应具有内在的逻辑联系，这样才能体现企业战略计划系统的整体性。

第二节　企业战略实施的中心任务

对所有企业而言，战略实施的中心任务主要有：建立年度目标、制定政策和资源配置。

一、建立年度目标

现代企业的计划与管理体系将企业的战略及目标具体化，并进一步融入到日常的运作中，企业的高效运作有赖于各计划的有效执行和沟通（见图 10－2）。很多企业采取"方针、目标、任务"的形式，将战略目标分解到年度，即建立年度目标。

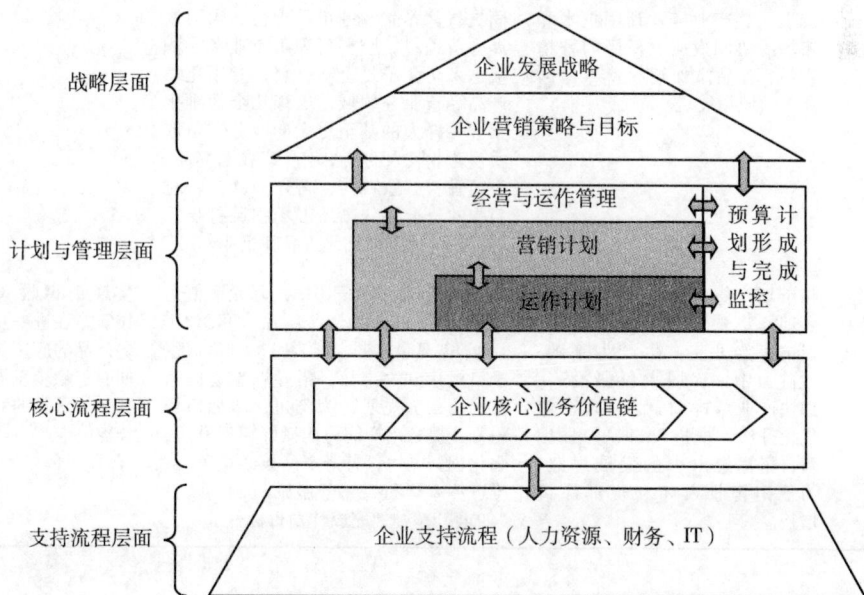

图 10－2　战略目标具体化

建立年度目标是由企业中所有管理人员直接参与的一项分散化的活动，有利于增强全体管理人员与员工的认同感和责任感，需要全体管理人员与员工的价值观相符合，并由明确陈述的政策所支持。

年度目标对战略实施的作用，主要体现在以下几个方面：

（一）配置资源的基础；

（二）评价管理者的主要标尺；

（三）指引企业员工努力的方向；

（四）监控战略实施过程的工具；

（五）可突出总体战略、经营战略和职能战略的工作重点。

一般而言，所建立的年度目标应符合企业的实际情况，具有可操作性；同时，年度目标也应具有可度量性，如对企业的年产值、市场份额、资金筹措等提出具体的量化指标要求；设定的战略目标还应具有一定的挑战性，同时在设定完成时间的基础上附以相应的奖罚规定；另外，企业战略目标所展现出的价值观也应与管理者和员工的价值取向相符合，以保证企业的战略得以快速而高效地推行。

下面是浙江新和成股份有限公司对 2010 年、2011 年、2012 年公司的年度计划（表 10 - 2）。

表 10 - 2　浙江新和成股份有限公司 2010 - 2012 年年度计划

	2010 年	2011 年	2012 年
战略层面发展规划	成为医药化工的专家、营养健康的使者，进一步加强在维生素领域的竞争优势，进一步完善上下游产业链，利用技术和市场的协同效应，积极向香精香料、食品添加剂、营养保健品等领域拓展。	立足精细化工行业，提升技术研发、生产制造、人才资源、新业务投资与管理、母子公司管控等核心能力；巩固提高营养品业务市场地位，大力发展香精香料、原料药等重点业务，积极进入高分子复合新材料、专用化学产品等新业务领域，培育几个像维生素 E 一样大的甚至更大的业务，争取实现营业收入的较快增长，在营养品、香精香料、原料药、高分子复合新材料中的若干细分产品市场领域打响品牌，成为大型精细化工品牌企业。	同 2011 年
具体经营计划	拓市场，稳生产，强创新，推管理，要充分发挥营销功能，以销售为龙头，生产为基础，效益为中心，加大科研投入，加快产业结构调整，实现产业优化升级，推进管理、加强创新，拓宽走出去的发展思路，力争销售收入和利税都保持增长。	实现销售收入增长 10%，万元产值总能耗下降 5% 以上，万元产值 COD（化学需氧量）排放下降 5%，争取安全目标达到零事故，指导思想是以落实"十二五规划"为契机，增加市场份额，提升生产能力，抓好转型升级，强化创新能力，打造产品核心竞争力，推进体系运行，完善激励机制，践行"四求"精神，完成计划目标任务。	实现销售收入增长 10%，在进一步拓宽老产品的应用领域的同时，稳步发展新业务，寻求新的利润增长点。

二、制定政策

在企业实施战略的过程中，由于内外部环境的变化，其工作也会随之发生相应的变化,这些变化可能会扰乱企业员工已经形成的行为习惯,引致员工某种程度的压抑和不安。因此,在战略实施的过程中,企业高层管理者需注意选择制定刚性或柔性的政策,利用具体的政策来指导员工的日常工作。

这里的政策是指广义的政策,包括具体的准则、方法、程序、规则和形式,以及支持企业正常运行的管理活动。

政策有助于推动企业战略的顺利实施:

1. 为企业的管理者与员工就目标、方法和可采取的路径等,提供自上而下的指导。

2. 有助于在企业内部实现行动与战略的密切配合,限制了部门或员工个人做出背离企业利益的行为,从而引导个人和集体共同争取企业的整体利益。

3. 促进在地理上分散的经营单元在进行某些关键活动时,采取一致的方式、方法。同时,可有效防止执行共同职能的经营(职能)单元在活动或运行相关程序时出现较大的差异。

4. 由于废除旧政策、采用新政策会在一定程度上改变企业内部的工作氛围,因此,战略实施者可将政策调整作为改变企业文化,使之更加适应新战略的有力杠杆。

总之,政策作为实施战略、实现目标的工具和手段,为员工在各种企业活动中的行为确立了边界、约束和标准,明确了员工的工作目标和方法,并可以协调各业务单元间的关系。政策应当尽量以书面的形式予以陈述。

下面是上海市某医药公司根据总体发展战略制定的 2012 年度企业各项具体的政策。

企业总体战略:聚焦经营质量、聚焦发展重点、聚焦人力资源,依靠全体员工,深化集约、创新转型、务实发展。

支持性政策:

1. 从上游着手,推行具有公司标示的 OEM(代工生产)系列产品,丰富药妆经营的商品品类;从中游着手,开展形式多样、层次分明、内容新颖的培训课程,提高营销技巧;从下游着手,进行"网上商城"的前期筹建,争取获得"网上购药"服务资质,实现线上线下双翼并进。

2. 组织并连续推行各应时应节类营销活动,彰显经营品牌价值、服务品牌价值、体验消费者价值和商品品牌价值。

3. 实施《上海市医药行业服务规范细则》,试行《营运手册》,增补《全方位服务规范》和《质量程序文件》等相关内容。

4. 制定《内部控制规范实施工作方案》,开展"商场企业安全生产标准化"工作,定期分析公司的运行质量。

5. 开展"安全标准培训"工作,根据《安全生产标准建设规范》考核内容要求,成立自评小组,对各经营环境落实持续性安全隐患排查和整改工作;修订和补充安全管理标准化体系和相关台账制度,强化全员、全面、全过程、全天候的"四全"意识,为企业申报"安全生产标准化一级示范企业"奠定扎实的基础。

三、配置资源

企业的战略实施都是建立在一定的资源利用的基础上，俗话说，"巧妇难为无米之炊"，没有资源，无论多完美的战略计划都无法实施；同样地，尽管拥有了大量的资源，企业缺乏总体战略的引导，也不可能取得成功。

在实施战略的过程中，资源配置的优劣将直接影响战略目标能否顺利实现。因此，资源的有效集结和合理配置是企业战略成功实施的基础，同样也是战略领导者的重要任务之一。

资源配置不仅指有形资源的配置，同时还包括对无形资源的配置。无形资源虽然重要，但在现实中却极易被忽视，如品牌的延伸问题，高层管理人员和关键研发人员的时间与精力的分配问题等，这些都应纳入资源配置的范畴。

（一）资源配置的三个基本问题

对任何企业来说，资源总是相对稀缺的，而资源配置又是一个扩散的、不规则的，并且经常隐于无形的过程。因此，在对企业资源进行配置的过程中，应注意以下三个问题，以防止配置不当。

1. 资源配置的效率

由于资源总是相对稀缺的，因此如何提高资源的利用效率是需解决的首要问题。对于战略实施而言，衡量资源配置是否有效率主要是看其是否有利于战略目标的实现。但对于战略目标的实现而言，高效的资源配置只是必要条件，而不是充分条件。也就是说，仅仅有高效的资源配置是不够的，还需要通过计划、组织、领导和控制等一系列管理活动才能使资源得到充分的利用。

（1）制定规范、严格的资源配置制度。要明确资源主管人员的职权范围，根据国家有关部门的规定制定各种相关的工作守则。

（2）应按照战略总目标、分目标和年度目标，依次确定资源的分配比例。

（3）资源的配置应尽可能地具体。资源的使用要按项目分配，要有专人负责，以利于保证使用效率。

（4）要坚持轻重缓急的原则。实施战略，对资源的需求应有轻重缓急之分；重点项目，重点投资。

（5）应重点关注关键人才的安排。关键人才是企业中的佼佼者，他们是一群具有专业知识、技能和高度责任心的管理者和员工，安排好企业中的关键人才，不仅可以确保对关键性人力资源的充分利用，还能带动其他资源的高效配置。

2. 资源配置存在的问题

由于战略在实施的过程中有很多的变数，资源需求的动态性与可使用资源的有限性之间充满了矛盾，再加之其他一些主观和客观的原因，往往会使资源配置面临一定的问题。

（1）资源的配置目标与企业的战略目标相背离。由于企业内部各子系统（事业部、职能部门，其至班组或个人）都有自身的发展目标，各子系统的自身目标可能会随着企业内外部环境的变化而发生相应的变化，这就使得各子系统的管理者们往往过分关注自身的目标，而缺乏对企业总体战略目标的长远性、整体性的观念，往往局限于本部门或个人目标的实现，从而与企业的总体战略目标相背离。结果往往会产生潜在的战略风险，当外界环境不利于企业发展时，这种潜在风险就会爆发，而使企业偏离预定的发展轨道。

（2）部门资源配置的短期性与企业资源配置要求的长期性相矛盾。部门资源配置往往以满足现实需求为导向，立足于解决当前问题，过于关注眼前利益，且局限于对企业内部自有资源的配置，吸收或引进外部资源的意识不强，缺乏灵活性；而企业资源配置则要求从长远考虑，以战略目标为导向，充分挖掘并发挥各种资源的潜力，通过对现有资源的良好组合创造出新资源，从而实现资源的优化配置，并为企业的长期发展储备资源。因此，部门资源配置的短期性与企业资源配置的长期性之间的矛盾，会在一定程度上发展成为战略风险。

（3）多目标之间存在的资源冲突。企业战略目标是通过阶段目标、部门目标，乃至个人目标的完成来实现的。而这些众多的分目标，对于资源配置的进度、数量和质量等的要求各不相同。由于企业的资源是有限的，对资源进行简单地平均分配，必将造成企业资源和注意力的分散而失去发展重点，其结果可能是任何一个分目标都没得到足够的资源，致使任何一个分目标都不能顺利实现。所以，在实施战略的过程中，应以战略目标来指导资源的配置，形成以战略业务（目标）为主体，兼顾一般业务（目标）的资源配置策略，只有这样才能避免产生资源配置的风险。

企业资源配置的根本目标主要有两个：考虑企业中多个项目（部门）之间的资源平衡，协调当前关键项目与一般项目的资源配置关系，追求资源使用效益的最大化；企业当前的资源配置活动与企业的战略发展相结合，不仅要满足当前的需要，更为企业的战略发展积累资源，避免"头痛医头，脚痛医脚"的短期资源配置行为，减少资源的闲置浪费。纵观这两个方面的问题，应全面考虑企业资源的配置问题，从而有效地防范资源配置风险的产生。

3. 年度资源配置

制定年度目标，按年度目标配置资源，对于成功实施战略具有重要作用。年度目标是企业当年的运营指南，而年度资源的配置则是支持企业当年经营活动的动力源。年度资源的配置应以完成项目为基准，且必须以满足实现年度目标的需求为准则，这既是实现年度目标的必然要求，也是检验年度资源配置效率的有效途径之一。

根据战略资源配置计划实施年度资源配置，并对年度资源配置过程进行动态地监控，需要正确处理两个问题：一是选择资源的获得方式，如自我开发、合作开发或外取；二是实现多项目（业务、部门）之间的资源平衡。在此过程中，要注意收集资源需求及项目、业务的信息，动态地调整资源配置计划，确保满足年度项目、业务对资源的需求。

当然，有效的年度资源配置并不一定能保证年度目标的成功实现，年度计划的实施受多方面因素的影响，如计划、人员、控制等，只有各方面的因素都能较好地协调与配合，年度目标才能得以成功地实现。

（二）战略与资源的动态组合

战略制订的基点之一是企业资源，战略目标应包括不断积累与扩展企业的资源，当企业获得新的资源后，就增强了基于资源的战略能力。这一过程实际上就是企业战略与资源的动态组合过程。在战略实施的过程中，企业资源会逐渐向战略重点集中，新资源被不断引入以支持战略的发展；同时，新资源与原有资源也逐步融合，从而形成进一步推进企业战略发展的基础。此时，高层管理者必须考虑资源的再调整和组合，以使资源与战略实现动态相辅，并发挥乘数效应。

1. 战略与资源的动态相辅

以支持战略的程度和赢利状况为坐标，可将资源配置和战略的动态相辅的效果划分为四个类型，即资源优势整合型、资源选择协调型、资源退出型和资源保持型（见图 10-3）。

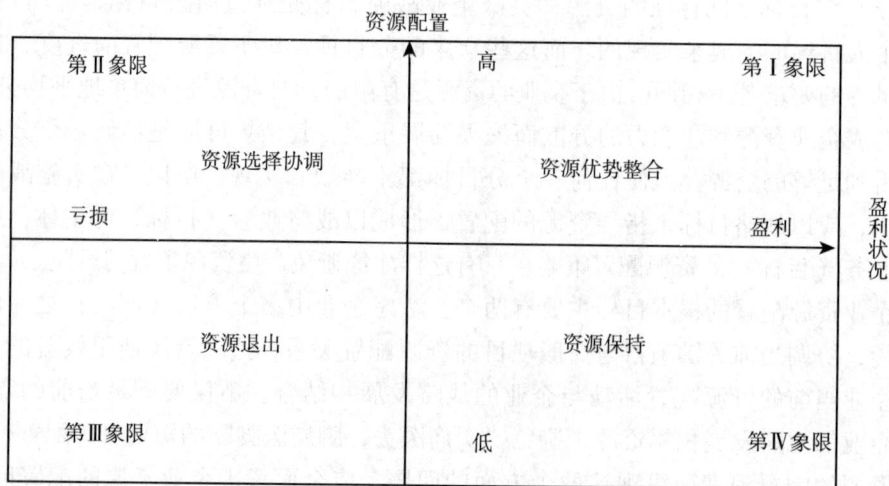

图 10-3　战略与资源配置效果分析矩阵

第Ⅰ象限：资源优势整合型，支持战略并有赢利。资源配置符合战略发展方向，而且能够赢利，表明资源使用效率较高。如果企业继续投入资源，可能会放大这种效果，从而进一步优化资源的配置，推动战略的执行，提升企业的竞争力。此区域的资源应发展成为企业的核心资源。

第Ⅱ象限：资源选择协调型，支持战略但尚未取得赢利。资源的组合尚存在问题，需要进行调整，以尽快实现赢利。一般有两种可能：一是业务规模的发展符合战略预期，可能因某些资源投入过多，但未能发挥应有的效应，此时应调出过多的资源；二是业务规模没有达到战略预期，这可能是因为关键资源投入不足，此时应当增加这些资源的投入，以推动业务向第Ⅰ象限转移。

第Ⅲ象限：资源退出型，不支持战略也没有赢利。资源配置既不符合企业的长期发展战略，又不能为其他业务发展提供资源，应果断退出。

第Ⅳ象限：资源保持型，不支持战略但有一定赢利。业务虽不符合企业的长期发展战略，但能够带来利润，表明现有资源的运用能够为其他业务的发展提供机会，应暂时保持该业务的资源配置。

以上分析矩阵可以针对企业中不同业务，进行全面的资源分析。其横坐标的赢利状况主要反映了现有资源的使用状况，也可调整为其他指标，如净现金流。

2. 战略与资源的动态乘数效应

战略与资源的动态乘数效应，是指企业在执行发展战略中产生的资源集聚效应，既包含有形资源集聚产生的规模效应，也包含无形资源与有形资源叠加而产生的乘数效应（见图10-4）。

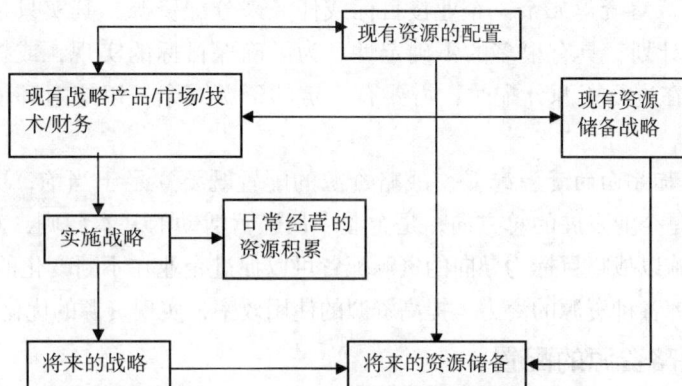

图 10-4　战略与资源的动态乘数效应

动态乘数效应主要来自两个方面：一是企业进入新环境、新市场中，动态重组内部资源提高了企业资源组合的效率；二是新业务与旧业务之间产生的规模效应，如单位产品管理成本降低、单位市场推广成本降低等。

企业在实施战略的过程中，要想发挥动态相乘效应，应做好以下三个方面的工作。

（1）在战略实施过程中，特别是在业务重新组合时，应注重无形资源的积累。

（2）战略实施中，在决定新业务拓展的先后次序时，应考虑其与已有业务的相关性。一般而言，相关性强的业务更有利于形成动态相乘效应。

（3）为了实现动态相乘效应的良性循环，必要时可选择一些在短期内与资源基础不相符的战略举措，这样有助于培育企业的内在动力，促进动态相乘效应的产生。反其道而行之，常可获得意料不到的成功。

（三）战略资源的配置原则

当企业的资源成为企业制定战略计划、构建竞争优势、完成战略任务及实现战略目标的手段时，企业的资源就具有了战略意义，成为了战略资源。对于战略资源的有效把握和合理配置应遵循以下几个原则：

1. 满足关键要素的需求。优良资源的配置应首先满足企业关键的要素和关键任务的需求。企业的关键部门是企业核心竞争力之所在，实现和满足关键部门的需求，可以促进企业核心竞争力的提升；同时，企业还需辨别和把握关键任务，关键任务的完成，可以促进企业的发展，减少或避免战略风险。

2. 把握任务时序上的缓急。企业总体战略对企业完成任务的轻重缓急已经有了内在的要求，因此，在分配资源时，应按规定明确各项战略任务、项目的优先次序，以合理配置所需资源。此外，根据任务的优先次序分配资源时，企业还应当考虑整体战略布局，考虑除关键任务以外的其他任务的需求，将有限的资源合理分配，以实现资源的高效利用。如果配置资源时只注重任务时序上的缓急，而忽略资源间的动态平衡，则有可能给企业带来潜在的战略风险。

3. 适当的战略资源冗余。企业按目标或任务来分配资源，其实只是一种以"预测"为基础的计划，具有很多的不确定性。为了确保目标的实现，或提高其成功的可能性，企业在进行资源分配时，需要有一定的资源冗余，以应对环境变化可能引致的资源短缺。

4. 战略目标导向的资源配置。战略资源的配置既要立足于当前，更要着眼于长远。战略目标是企业发展的总方向，是企业一切经营活动的基本原则，对资源的配置也不例外。实施以战略目标为导向的资源配置可以促进企业在不断变化的资源需求中，充分挖掘并发挥各种资源的潜力，提高资源的使用效率，实现资源的优化配置。

（四）战略资源的配置

企业战略资源的分配是指按照战略资源的配置原则，对企业的资源进行具体地分配。在企业中，无形资源是最具特色的核心资源，但是很难把握与衡量，而对于有形资源而言，其可以用一定的价值来衡量，因此，当前企业配置的战略资源主要为人力资源和资金资源。

1. 人力资源配置

一般包括三个方面的内容：一是为各个战略岗位配备现有的管理和技术人才，重点是对关键岗位的关键人才的配置；二是从外部招聘战略实施中缺少的人才，一方面及时提供战略实施所需的人才，另一方面适时增加企业的人才储备；三是在实施战略的过程中，加强对各经营单元、职能部门的战略执行及人力资源状况的跟踪，及时调整其人力资源的配置。

人力资源配置的重点，是详细考虑某特定战略对人力资源的需求，包括所需人数、人员所应具备的技能和水平等。在具体配置时，应重点考虑人力资源的构成、招聘和培训三个方面的问题，应将其与企业的战略方向和所经历的变革强度结合起来。

2. 资金资源配置

资金的分配一般采用预算的方式进行。当企业调整战略时，要求预算同步调整，资金重新分配，此时如果处置不当，则可能会影响执行关键性活动的部门的资金供应，进而影响整个战略的实施，从而导致战略实施的失败。因此，不断修订预算使其适应战略的调整，是至关重要的，因为对于每个经营单位来说，都需要一定的人力、物力、财力或其他资源，以执行战略规划的任务。

预算是一种通过财务指标来显示企业目标、战略的文件，它将战略目标明确为数量指标，使其成为战略执行和考核的依据。企业通常采用的预算方法有以下几种：

（1）零基预算。根据阶段性战略目标的要求，对所有经营活动重新进行成本分析，然后确定预算。

（2）滚动预算。按战略规划的要求和年度目标，将上阶段的执行情况作为下阶段预算的依据，以重新调整的战略目标为基准进行滚动调整。

（3）规划预算。按战略规划的项目来分配资源。规划预算覆盖整个项目期间，与项目规划期同步，旨在直接考察一项规划对资源的需求。

（4）灵活预算。预算随战略的执行情况而变动，如随产出的变动而变动，这有助于克服"预算游戏"的弊端，增强了预算的灵活性。但在企业中难以全面开展，多用于重要项目的专项预算。

（5）产品生命周期预算。根据不同产品在不同生命周期阶段对资金的需求，以及不同的费用项目，编制各项资金的支出和收回计划，以满足产品市场对资金的动态需求。

在资金分配中，应遵循两项基本原则：

（1）根据各经营单元、各职能部门、各项目在整个战略中的重要性来设置资金分配的优先权，以实现资源的有偿、高效利用；

（2）努力开发资金在各战略单位中的潜在协同功能。

第三节　企业领导、组织与文化建设

一、战略领导与领导者

战略领导是一种非常复杂而重要的领导方式，是一种可以预测、展望、保持灵活性和在必要时授权他人进行战略变革的能力。战略领导的关键在于有效地管理企业的运作和长期维持突出业绩的能力。高效的战略领导者能够正确而及时地对复杂的环境做出反应，并能通过其展望未来的能力影响员工的行为、思想和感情。而缺乏有效的战略领导者，战略就不可能形成，并得以有效实施而成功实现目标。所以，有效的领导者能够给企业的成功带来巨大的推动力，企业要想取得成功必须要拥有有效的战略领导者。

（一）战略领导者的构成

所谓战略领导者，是指企业战略管理的主体，是企业内外部环境的分析者、战略的制定者、战略实施的领导者和组织者、战略实施过程的控制者和结果的评价者。一般来说，战略领导者包括企业的董事会、高层经理人员、中层管理者、战略管理部门、企业智囊团等，其中最重要的是董事会和高层经理人员。

1. 董事会

随着现代企业制度的建立与完善，董事会在企业管理中的作用日益显现。在战略管理中，董事会主要有以下任务：①提出企业宗旨，为高层管理者的战略选择提供范围；②审批高层管理者的建议、决策、行动，并参与战略规划；③监视企业内外部环境的变化，并时刻提醒高层管理者。

2. 高层经理人员

研究表明，一个企业能否维持长期的竞争力取决于经理们是否愿意持续挑战他们的管理模式。企业高层经理负责战略规划方案的制定，并领导企业战略实施，他们是企业战略管理中的核心力量，是企业战略领导者的主要构成部分。特别需要关注的是首席执行官（Chief Executive Officer，简称 CEO）在企业战略管理中的领导作用，以及其个人的性格、能力、魅力对企业的发展方向、战略和文化等的影响。

3. 中层管理者

高层经理人员越来越多地认识到需要依靠中层管理者的力量来实施企业战略。因为他们往往是所在领域或部门的专家，高层在决策之前往往需要听取他们的意见。而且，一旦战略形成，中层管理者将是战略计划的实际推动者。但是由于他们的战略管理知识相对欠缺，工作范围相对狭窄，所以其没有全局观，考虑问题的视角较为狭隘，建议往往带有明显的倾向性（倾向于自己所任职部门的利益）。

4. 战略管理部门

有些企业设置专门的战略管理部门，其主要负责监控内外部环境的变化、监测企业的运营状况、收集信息、发出预警等。同时其也根据指示起草战略方案，提交董事会和高管审议。另外，在战略的实施过程中，他们只负责监督实施结果，评估其与原定目标的差异，并向上级汇报，而不能擅自改变战略。

5. 企业智囊团

企业智囊团主要是由企业外部的专家以及相关部门组成的为企业提供参谋的一个团队。智囊团不是一个常设组织，而是一个任务型组织。当企业在战略管理中遇到了内部难以解决的问题时，往往需要智囊团的建议。因此，虽然他们置身于企业之外，但却在一定程度上参与了企业的战略管理。在关键时刻，他们的建议将最终左右企业的战略，因为其具有企业内部所缺少的知识和能力。

（二）战略领导者的任务

由于战略实施的过程较为复杂，所以战略领导不同于一般的组织领导，其所面临的任务也比一般的组织领导者更为艰巨复杂。

1. 确定战略方向

战略方向是企业长期的战略意图，通常着眼于未来的 5—10 年。战略方向包括两个部分：核心意识形态和未来展望。核心意识形态通过企业文化、口号、传统的优良作风来激励员工；未来展望对于战略实施是一种方向的指引，包括文化、组织设计等。确定企业的战略方向是实施战略的前提，也是战略领导者的首要任务。

2. 培育支持企业战略的组织文化，强化社会伦理道德

企业文化影响企业业务的开展，并有助于管理和控制员工的行为，战略领导者有必要塑造利于战略实施的企业文化。在评价业绩的过程中，战略领导者需要考虑伦理道德因素，将伦理道德准则与战略实施相结合。当战略实施的过程符合伦理道德的要求时，实施效果便会增强。所以，战略领导者的又一任务是将伦理道德准则作为衡量战略实施的杠杆，塑造健康向上的企业文化，正确地引导员工的行为。当然，企业所选择的战略领导者本身就应具备正确的伦理道德观念。

3. 开发人力资本

与其他物质资源相比，人力资本对于企业的贡献要远大于其他资本要素，人力资本之父西奥多·舒尔茨（Theodore Schultz）提出："人力资源的提高对经济增长的作用，远比物质资本的增加重要得多"。这种说法表明了加强人力资源管理的重要性与必要性。有效的人力资源管理是企业成功制定与实施战略的决定性因素。因此，战略领导者的又一重要任务就是发展人力资本，加强人力资源管理。

4. 开发和维持核心竞争力

核心竞争力是一个企业能够长期获得竞争优势的能力，是企业所特有的、经得起时间考验的、具有延展性，并且是竞争对手难以模仿的技术或能力。它可以使企业为消费者提供具有独特价值的产品或服务。核心竞争力可能与企业的多项职能有关，如制造、营销、研发等。企业在不同领域建立和发展核心竞争力可有效地推动战略的实施，因此开发和维持企业的核心竞争力成为战略领导者的重要责任和任务。

5. 建立良好的组织控制机制

组织控制是战略实施的重要组成部分，是为实现组织目标而进行的组织结构设计、权责安排和制度设计，它能帮助企业获得战略竞争力和超额回报。组织控制是正式的、基于信息的程序，被经理人用来维持或改变管理活动。在战略需要调整时，组织控制提供了实施战略和采取修正措施的参数。战略控制和财务控制是战略领导者常采用的两种组织控制方式。财务控制注重短期利益、倾向于规避风险，而战略控制则注重长期的战略行动过程而非结果。成功的战略领导者会平衡战略控制和财务控制，建立均衡的组织控制机制。通过良好的组织控制，稳定企业的内部环境，促进企业战略的实施，这也是战略领导者重要的任务之一。

（三）战略领导者的能力与行为模式

1. 战略领导者的能力

企业管理者的素质和才能是一个企业的宝贵资源与财富，而作为企业的高层——战略领导者，不仅要有一般的管理才能，而且还要有较强的战略管理能力。关于战略领导者能力的分析有很多，大体可归纳为以下几点：

（1）洞察力和独立思考的能力。战略领导者应该具备敏锐的洞察力，对环境的变化及发展趋势非常敏感，对组织的潜力、存在的问题以及优势与劣势有清晰而及时的判断。同时，战略领导者应该具有较强的独立思考的能力，能够发表自己的独特见解，不能人云亦云。战略领导者应该敢于挑战惯例和权威，敢于并善于提出问题，解决问题的时候应寻求多种可行的办法，乐于接受新鲜事物。这种洞察力和独立思考的能力对于战略的选择和实施非常重要。

（2）想象力和创新能力。具有丰富想象的战略领导者能帮助企业创造和利用更多的机会，为企业创造卓越的未来。想象力是创新的前提，创新是未来企业发展的前提，具有丰富想象力的战略领导者能够带领企业走上良好的发展道路。

（3）应变力与协调能力。应变能力是指接受、适应和利用变化的能力。世界上唯一不变的就是变化，因此战略领导者应能够理解和接受变化，乐于根据变化来调整自己和企业，并善于利用变化来发展企业。同时，在变化的过程中，战略领导者要能够协调各方关系，解决各种矛盾，这就要求战略管理者要具有较强的社会活动能力和交际能力。

（4）理解和关心下属。具备这种能力的战略领导者，能够了解员工的愿望和需要，而且愿意满足员工的需求，帮助员工实现愿望，从而能有效地激励员工，使员工自发地为实现企业战略目标而努力工作，同时还能帮助战略领导者听到来自基层的声音，从而掌握可靠的信息，有助于战略决策。

2. 战略领导者的行为模式

战略领导者要做好战略管理工作，除了应具备上述能力外，其行为模式还应与企业的战略方向相匹配。企业的战略方向不同，对战略领导者的领导风格、行为特征也有不同的要求（如表 10 - 3 所示）。

表 10 - 3　战略方向与战略领导者的行为模式

战略方向		逆境中求发展	顺境中求扩张	稳定型发展	增产求发展	巩固现有经营
管理者类型		开拓者	征战者	谨慎者	高效者	守成者
性格特征	遵从性	非常灵活，极富创造性，偏离常规	有节制地打破常规，有利于新战略的创造	遵守常规，能渐进地接受变革	恪守规定，死板教条，接受最低限度的变革	古板、驯服，例行公事，反对变革
	社交	外向、有魄力、容易被环境感染、性急、多疑	外向、稳重、重视协调	性格温和、与人友善、善于合作、受人尊重	程序化的、较保守、内向	内向、有修养、易于合作
	能动性	过分积极、好动、自由不羁	积极主动、精力充沛、适当冒险	目标导向、遵守规定	不主动，需要外界刺激	被动、保守、按部就班
行为特征	工作方式	创造性工作、自主性工作、敢于冒险	重思考、重分析、实事求是、适当尝新	注重眼前利益、循序渐进、目标管理、重视文化	严密分析、判断，关注基层作业的控制、奖惩	注重细节、纠错、强调责任、行政指令监督
	思维方式	直观、非理性、无条理、有独创性	考虑风险、理性，但不刻板	深刻、有条不紊、专业、严肃认真	过于理性、不思变革	刻板、角度单一、独立思考的能力差

从表 10 - 3 可以看出，不同的战略方向，需要有不同类型的战略领导者，即不

同的战略方向对战略领导者的性格特征和行为特征有不同的要求。敢于冒险且富有创造性的开拓者，其放手拼搏的精神可以为企业在逆境中带来生机；稳重而主动求发展的征战者适合为企业开启多元化、差异化经营的大门；环境稳定时，谨慎者能够领导企业成功实施目标集聚战略，有效实现利润增长，并扩大市场占有率；而高效者注重效率，强调节约，是很好的低成本战略领导者；守成者在企业难以发展的情况下，能够维持现状等待时机。除此之外，战略领导者的知识水平、知识结构、事业心和责任感、年龄以及性别等都会影响其行为模式，进而对企业的战略管理产生影响。

二、战略与组织结构

（一）组织结构的定义及类型

组织结构（Organizational Structure）是指，对于工作任务如何进行分工、分组和协调合作。它是组织中的全体成员为实现组织目标，在管理工作中进行分工协作，在职务范围、责任和权利方面所形成的结构体系。组织结构主要有直线制、职能制、直线职能制、事业部制、超事业部制、矩阵制和多维立体结构等几种类型。

1. 直线制

直线制组织结构是指组织从最高管理层到最低管理层的各个职位均按垂直系统直线排列，形成统一指挥的指挥链。各级管理人员对其下属拥有全部指挥权和监督权，一个下属只有一个直接上级，仅对该直接上级负责并向其汇报工作。

直线制组织结构的优点是：结构简单，适合性质单纯的工作；权力统一，指挥统一，决策快速高效；组织成员权责明确，便于管理和沟通；有利于保持领导权威，维护组织纪律；组织管理费用较少。不足之处是：组织结构刚性较强，缺乏弹性；强调下级对上级的绝对服从，容易导致专制，束缚成员的主动性和创造性；只强调上意下达，忽视下情上达和横向的交流与沟通；需要技能全面的管理人才，而且组织效率会受个别管理人员辞职、退休等问题影响；管理人员易忙于处理各种日常事务，没有时间和精力去思考关于企业发展的重大问题和长远问题；由于没有专门的职能机构，因而不利于提高专业化管理水平，不利于组织总体管理水平的提高。

直线制一般只适用于生产规模较小、产品单一、管理简单、业务性质单纯的企业，或者用于现场的作业管理。

2. 职能制组织结构

19世纪80年代初期，美国的弗雷德里克·温斯洛·泰勒（Frederick Winslow Taylor）在其《工厂管理》一书中提出了职能工长制，指出"在职能工长的制度下，原来由军队式组织下的一个班组长所做的工作，现在由调度员、检查员、工作计划管理人员、车间人事管理人员、作业指导管理人员、工作进度管理人员、设备维修管理人员、时间和成本核算管理人员等八个人分管"。这就是最早的职能制组织结构。

职能制组织结构的主要特点是按照专业分工设置相应的职能部门，实行专业分工管理，从而代替直线制的全能管理者。下级既服从直线领导的指挥，又服从各职能部门的上级管理。

泰罗认为，职能制组织结构可以在很大程度上发挥职能专业化的优越性。但是这种结构却违背了组织设计的统一指挥原则，容易导致多头领导，多头指挥，造成管理的混乱。因此，单纯采用职能制组织结构的企业非常少。

3. 直线职能制组织结构

随着管理活动的日益复杂化，直线管理人员为了提高管理效率，就将一部分直线职权授予参谋部门或参谋人员，使其具有直接指挥下属的权力，从而形成直线职能制组织结构。

直线职能制组织结构的主要特点在于，直线部门和职能部门并存。职能部门拥有一部分直线职权（此时转化为职能职权），并在一定条件下拥有发布命令的权力。

直线职能制具有的优点：提高了组织管理的专业化程度和专业化水平，符合现代企业生产规模不断扩大、分工日益精细的趋势；有利于充分发挥各职能专家的管理作用，并可向下级提供详细的、专业的业务指导；有利于减轻直线管理者的工作负担，使其有时间和精力去考虑具有战略意义的重大问题；有利于提高各职能专家的业务水平，使其专司一职，提高效率；有利于简化各部门员工的选拔、培训与考核等各项管理工作。但是，其也具有一定的缺点：直线人员和职能部门的权责难以明确划分，彼此之间难以协调和沟通，容易导致矛盾和冲突；过多强调按职能分工，容易使各职能管理人员的知识面和经验变得狭窄，不利于培养知识丰富、素质全面的优秀人才；组织缺乏弹性，决策速度较慢，难以适应环境的变化；难以规定职能职权的范围，范围过大或过小都不利于提高组织的效率；职能机构和管理人员较多，会使管理费用增加。

直线职能制组织结构特别适用于组织规模较小、地点集中、产品种类较少的中小企业，同时也适用于某些大型企业，尤其是各部门间业务联系比较紧密的制造业企业。

4. 事业部制组织结构

随着企业规模的逐步扩大，企业的经营领域也由单一产品经营逐渐发展成为多样化经营。20 世纪 20 年代，出现了一种新型的组织类型——事业部制组织结构，由美国通用汽车公司首创。

事业部制是以产品、地区或客户等为依据，将相关的产品研发、采购、生产、销售等职能部门结合成相对独立的单位的组织结构。其主要特点为：①企业的第二级结构是按产品、地区或客户等为依据划分的事业部。每个事业部都有自己的产品和市场，能够完成某种产品或服务的生产经营全过程。②按照"统一政策，分散经营"的原则，实行分权管理。因此，事业部虽然不具有独立的法人资格，但拥有较大的生产经营权，基本上相当于一个完整的企业。③事业部是一个利润责任中心。各事业部都独立核算、自负盈亏，彼此之间的经济往来要遵循等价交换的原则。因此，企业内部形成了由三种责任中心构成的完整的管理体制：企业总部是投资中心，事业部是利润中心，事业部所属工厂是成本中心。

事业部制组织结构具有以下优点：每个事业部都能够独立自主地规划其发展，决策快速、有效，能够针对市场变化快速做出反应，具有很强的灵活性；事业部作为利润中心，有利于评价、考核事业部及其经理的工作绩效，同时也有助于高层管理者对每种产品或服务进行贡献分析，从而做出正确的战略决策；在同一事业部中，各职能部门围绕同一产品、地区或客户开展工作，并服从于同一主管，有利于职能部门的沟通与协调；可以使高层管理者集中精力研究企业的发展战略，同时，由于事业部自成体系，对事业部经理要求较高，所以也有利于培养全面的管理人才；各事业部自主经营、责任明确，有利于贯彻实施目标管理和自我控制。当然，事业部制组织结构也具有一定的缺点：各事业部具有相对独立的利益，因而容易导致本位主义，部门之间难以协调与合作，容易忽视企业的整体利益；对企业总部的管理工作要求较高，否则容易导致对事业部的管理失控；企业总部和各事业部都需要设置职能机构，会导致机构重叠、人员众多，管理费用增加。

事业部制组织结构是一种有效的组织形式，适用于组织规模较大、组织分散、产品品种多样化、市场环境变化较快的大型企业。

5. 超事业部制组织结构

20世纪70年代中期，美国经济开始出现停滞，为了应付企业面临的困难局面，超事业部制组织结构应运而生。

超事业部又叫执行部，其主要特点是在分权事业部的基础上，在企业最高领导层与各事业部之间设立超事业部，负责管理和协调所属各个事业部的活动，从而实现集、分权的有机结合。这种结构形式具有如下一些优点：①几个事业部可以联合开发新产品，加快新产品的研发进度，降低研发成本；②通过超事业部可以更好地协调各事业部的活动，形成适当的集中；③增加了企业的灵活性。其主要缺点是增加了管理层次，需要协调好超事业部和事业部之间的关系。

超事业部制一般适合于企业规模巨大、产品品种较多、所涉及的业务领域及市场分布很广，事业部较多且难以协调的企业。

6. 矩阵制组织结构

矩阵制组织结构的主要特点是在直线职能制的基础上，把按职能划分的部门和按产品或按项划分的小组结合起来，形成矩阵。同一名员工既要同原职能部门保持组织与业务上的联系，同时又要参与产品或项目小组的工作。员工要受两位主管的领导。因此，这是一种交叉的而不是单线的领导系统。

矩阵制组织结构具有以下优点：①加强了组织的横向沟通，使组织的纵向联系和横向联系得到有机结合，有利于减少各部门间的冲突；②有利于各种项目共享资源，提高资源的使用效率；③将不同职能部门的专业人员组织在一起，集合了不同的技术和经验，丰富了员工的工作内容，有利于激发员工的积极性，也有利于培养全面人才；④项目小组可以根据具体情况随时成立或解散，能对快速变化的环境及时做出反应；⑤对人力资源的运用富有弹性，同一职能部门的知识和经验可以运用于不同的项目，有利于充分发挥职能专家的作用。当然，其也具有一定的缺点：①由于实行双重领导，容易导致职能经理和项目经理争权夺利、互相推卸责任；②矩阵结构中的各种关系比较复杂，协调难度较大；③具有双重指挥链，管理成本增加；④具有临时性的特点，容易使员工的责任心下降；⑤如果企业中的矩阵组织较多，在增强灵活性的同时，破坏了组织的整体性，降低了组织效率。

矩阵制组织结构一般适用于建筑、航天、营销、管理咨询等公司。大企业中的工程、研发、营销等部门，也可以采用矩阵制结构。

7. 多维立体组织结构

1967 年，美国道氏科宁化学公司（Dow Chemical Company）创立了多维立体组织结构，并取得了显著的经济效果。

多维立体组织是矩阵制结构的发展与延伸。它把矩阵制结构与事业部制结构有机地结合在一起，形成了一种全新的组织结构形式。综合考虑了产品、地区与职能机构，形成了三类主要的管理组织结构系统，即三个中心：①产品利润中心，即按产品划分的事业部；②职能利润中心，即按职能划分的专业参谋机构；③地区利润中心，即按地区划分的管理机构。

多维立体组织结构的优点为：通过多维结构，使产品事业部经理、地区经理和总公司专业职能部门有效地统一与协调起来，由三方代表共同组成产品事业委员会，对各类产品的生产与销售进行领导；产品事业委员会三方中的任何一方都不能单独做出决定，必须通过协商才能一致行动，这使得三方都能从企业的全局出发，从而减少了矛盾和摩擦，提高了决策的效率。多维立体组织结构的缺点为：多重领导、多头指挥；决策速度较慢；沟通、协调的工作量巨大；容易造成管理混乱。

多维立体组织结构通常适用于跨国公司或规模巨大的跨地区公司。

（二）战略管理与组织结构的关系

1. 组织结构服从于战略

美国哈佛大学商学院教授艾尔弗雷德·D·钱德勒（Alfred D. Chandler, Jr）通过对美国 70 家大型公司的经营发展史进行研究，发现公司战略与组织结构具有以下关系：当企业选择了某一新战略后，由于管理人员在现行组织结构中拥有既得利益，或不了解经营管理以外的情况，或对改变组织结构的必要性缺乏认识，使得现行结构不能立即适应新战略而进行变革。直到行政管理的问题暴露，企业效益下降，才将改变结构的问题纳入议事日程。当组织结构成功变革，保证了战略的实施，企业的获利能力就能大幅提升（该过程可用图 10 – 5 表示）。

由此，钱德勒得出了著名结论：组织结构必须服从于战略，即不能从现有组织结构的角度考虑如何制定战略、实施战略，而应根据外部环境和内部条件的变化制定相应战略，然后再调整现有的组织结构，使之与战略相适应、相匹配，从而确保战略的有效实施。

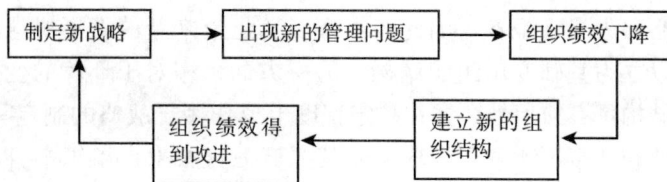

图 10 - 5　战略——组织结构关系图

2. 战略的前导性与结构的滞后性

战略和组织结构对于内外部环境的变化均会做出反应，但是，首先做出反应的是战略，然后才是结构。因此，战略的前导性与结构的滞后性是客观存在的。

战略的前导性是指战略的变化快于组织结构的变化。当经济、技术、人员等外部环境和内部条件发生变化，为企业提供新的发展机会时，为了谋求新的经济增长点，企业首先会在战略上做出反应，即制定新战略或调整原有战略。这就要求组织结构做出相应调整或变革，否则，难以发挥新战略的功能和作用。

结构的滞后性是指组织结构的变化常常慢于战略的变化速度，尤其在经济快速发展的时期更是如此。造成结构滞后的原因主要来自于组织和个人的阻力，如组织的结构惯性、对已有权利的威胁、个人的习惯以及对原组织的依赖等。

3. 组织结构反作用于战略

战略是设计与选择组织结构的决定性因素之一，同时，组织结构对战略具有反作用，在一定程度上影响战略的选择和实施。

（1）组织结构对战略目标和政策的影响

组织结构在一定程度上决定了组织如何设立战略目标和建立政策体系。例如，在按地区建立组织结构的企业中，战略目标和政策常分地区来制定；在按产品建立组织结构的企业中，战略目标和政策常按产品来制定。此外，组织结构是确保战略目标实现的有力保证。利用企业中不同的组织结构，企业战略目标可以转化成一系列具体的制度和政策，并融入到企业的日常生产经营活动中，发挥指导与协调作用，以保证企业战略的成功实施。

（2）组织结构决定资源配置

组织结构决定了企业资源的配置方式，进而影响企业战略的制定和选择。由于资源配置是企业战略的一项重要内容，因此组织结构通过对资源配置的决定作用来间接地影响企业战略的制定和选择。

（3）组织结构的变革影响战略的革新

在外部环境相对稳定、简单的时期，战略的调整和组织结构的变革都是以渐进的方式进行的，战略与组织结构的矛盾并不突出。但是，当企业的外部环境和内部条件发生重大变化，企业需要实施战略转折和战略创新时，就对组织结构提出了严峻的挑战。这时，如果组织结构不发生变革，或者仅实行改良式的调整，就会制约和阻碍企业战略的转折和创新。

综上所述，企业战略与组织结构之间有着极其密切的关系。一方面，组织结构必须服从于战略，为战略服务。因此，当环境变化带来新的发展机遇时，必须首先调整战略，并以之为基础变革组织结构。另一方面，相对于环境的变化，战略具有前导性，组织结构具有滞后性，并在一定程度上反作用于战略的制定和实施，因此，组织结构的调整和变革不能急于求成，尤其要努力克服来自组织本身和组织成员的各种阻力，保持和发展战略与组织结构之间良性的、动态的相互适应和匹配的关系。

（三）战略职能和组织结构

生产、销售、财务和人事等都是企业的基本职能。但是对于不同行业、不同企业，这些职能的地位和作用不完全相同。也就是说，不同企业的关键职能、战略职能是不尽相同的。例如，有的企业以质量管理为关键职能，实施以质取胜的战略；有的企业以技术开发为关键职能，实施创新战略等。与不同战略职能相适应的组织结构也有所不同。

1. 以质量管理为战略职能的组织结构

对于一些企业，如电视机生产企业来说，由于大批量流水生产的技术早已成熟，竞争的关键在于产品的质量。因此，常以质量管理为其关键职能、战略职能，实施以优质取胜的战略。与此相应，在组织结构中也应当突出质量管理部门的战略地位。

2. 以技术开发为战略职能的组织结构

对于高新技术企业（如生物医药企业、电脑生产企业、精密电子仪器生产企业）而言，竞争的关键在于技术的创新与产品的更新。因此，这些企业常常以技术开发为战略职能，实施创新战略。与此相应，应当突出技术开发部门的战略地位。在这种组织结构中，技术开发领导小组及其日常办事机构——技术开发办公室，主要任务是研究制定企业技术开发的战略目标和发展规划，并组织实施；这种组织还注重研发部门的功能，不仅设立了独立的研发中心，还优先配备人力资源和资金等。

3. 以生产管理为战略职能的组织结构

对于电厂、煤矿、油田等能源工业企业，企业的战略核心在于稳定生产、扩大产量。因此，这类企业常常以生产管理为战略职能，实施产量制胜的战略。与此相应，应当突出生产管理的战略性地位。在企业中，负责生产管理的副总指挥应带头与各主要生产部门领导组成生产办公室，由生产办公室和总调度室负责统一组织、指挥生产。

4. 以市场营销为战略职能的组织结构

生产、经营消费品的企业常常以市场营销为战略职能，形成以市场营销为战略中心的组织结构。在这种组织中，市场营销部门位于决策管理层，并常常把经营决策与计划同销售职能紧密结合在一起，形成计划销售部门或经营部门，从而根据市场需求来制定企业战略和经营计划。

在选择组织结构的过程中，关键在于保持战略与组织结构的动态平衡。当二者的发展破坏了均衡状态，企业就会陷入混乱的危机；当二者保持动态地、均衡地发展，就能使企业的组织资源有效地支持战略的制定和实施，使战略能够在一个富有弹性和包容性的组织框架中，不断寻求对环境制约的突破以及自身的发展。

三、战略与企业文化

企业文化是指企业在实践中所形成的思维方式、经营理念、共同价值观、团体意识和行为规范的总和，包括文化传统、道德规范、典礼仪式、管理制度和企业形象等因素。

目前，企业的管理人员和战略管理理论学者们都强调要认真研究企业文化，其原因在于：首先，企业文化从宏观角度描述了组织成员共享的价值观、思想意识等，为战略管理的理论工作者和实践工作者提供了一种全新的分析企业行为的方法，有助于企业制定和实施战略。其次，企业文化描述了组织的现状，有助于管理人员管理企业组织。企业管理人员可以凭借文化分析来对企业的组织行为进行比较复杂的分析，从而提高企业的效率。再次，利用文化来研究组织是一种依次递进的战略方法，要求研究人员在组织内部，花费更多的时间，找出组织内部正在进行的事物。以往的研究多是运用调查表或总结统计数字的形式来研究组织的结构与运行情况，与组织的实际运行情况可能相距甚远。亨利·明茨伯格（Henry Mintzberg）曾指出，"如果我们坚持以一种远距离的、粗略而局部的办法去研究组织的现实，我们将决不会了解它们"。

（一）企业文化的层次与基本构成要素

1. 企业文化的层次

企业文化可分为三个层次，即表层文化、浅层文化和深层文化（如图 10-6 所示）。

（1）表层文化

表层文化是指在整个企业文化结构中，外层圈的文化层次，既包括厂房、设备、产品、技术等硬文化（物质文化），也包括通过人的感觉器官能够体察或感觉到的软文化氛围。如：工作场所的布局，企业环境与标识，展示企业价值观的标语，员工的仪表和在服装上表现的格调，员工在谈吐方面的态度和情绪表达，企业的有关仪式和典礼等。

（2）浅层文化

浅层文化是企业文化的中间层次，主要表现为企业制度、企业活动和员工行为等三个方面。企业制度方面，如规章制度、组织结构、管理制度和管理水平等；企业活动方面，如决策、营销、生产、技术、财务、行政和职工培训等活动的特点；员工行为方面，指员工在日常工作中所表现出来的行为特点，如遵守纪律还是散漫、廉政还是损公肥私、合作还是扯皮、积极工作还是消极工作等。

（3）深层文化

深层文化是指企业群体在观念上所表现出的文化。例如企业的使命、在传统与创新方面的观点、对技术与市场的看法、用人方面的观念、分配观念等。

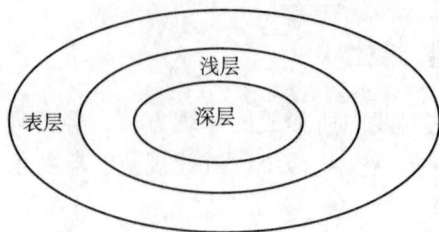

图 10 - 6 　企业文化的层次

2. 企业文化的基本构成要素

任何一个企业组织都希望有自己的文化特色，并且都希望组织文化是强有力的，富有凝聚力。在现实中，许多企业的高层管理者总认为文化是一种软性的东西，无从下手。其实，企业的文化是由若干的基本要素构成的，其中影响较大的有三个：共同价值观、行为规范、形象与形象性活动，这些要素可以成为企业塑造文化的突破口。

（1）共同价值观

共同价值观是指企业在长期的生产经营活动中逐渐形成的，组织成员或群体成员共享的同一价值观念。这一概念是企业文化的精髓。共同的价值观常常反映在企业的口号中。美国跨国医药企业强生公司的口号是"对客户负责、对员工负责、对社会负责和对股东负责"，尊重员工的尊严和价值，时刻为社会作贡献，向股东付出合理回报，这一信条也成为强生在全球范围内经营活动的道德支柱，也是强生的所有成员不变的核心价值和动力源泉。

共同价值现是企业的一种看不到但能感觉到的无形资源，它好比企业的大脑，指挥着经营管理的各项活动，包括企业的激励举措、营销方式和服务手段等。共同价值观外在表现为与其相适应的组织方式和实现手段。

（2）行为规范

行为规范是指企业群体所规定的行为标准。它们可以由组织正式确立，也可以非正式形成。企业组织为了创建独特的文化，需要规范自己的行为，影响组织的决策与行动。威廉·大内（William Ouchi）认为，企业文化是"进取、守势、灵活性——即确定活动、意见和行为模式的价值观"。约翰·科特（John P. Kotter）和詹姆斯·赫斯克特（James L. Heskett）认为，"企业文化是指一个企业中各个部门，至少是企业高层管理者们所共同拥有的那些企业价值观念和经营实践，是指企业中一个分部的各个职能部门或地处不同地理环境的部门所拥有的那种共同的文化现象"。企业组织的高层管理者要注重开发与培育企业文化，特别要注意从健全行为规范、建章立制等基础管理工作入手，按照所期望的方式影响组织成员的行为。

（3）形象与形象性活动

形象与形象性活动，可以向公众展示和灌输特定的价值观，表达企业对顾客、社会所负的责任，树立良好的企业外部形象，使公众接受企业所提供的产品或服务。

医药企业战略管理

企业组织偏好采用改变组织体系或组织结构等方式来控制组织行为。但是，改变体系容易使人们错误地推断经理人员完成目标的能力，而改变结构则容易形成更为复杂的组织结构，结果使其行动僵硬，达不到预期的效果，甚至适得其反。与此相反，运用形象或形象性活动的方式去创造企业文化时，组织的管理人员需要考虑把处理体系和结构的能力与建立组织的统一目标相结合，构建一个方向正确、充满凝聚力的统一体。

在企业组织里，经常被采用的形象与形象性活动主要有以下几种：

①组织创始人和英雄的事迹。组织创始人个人的风格及经历可以作为楷模，同时为组织做出过重大贡献的杰出人物，也可以成为员工的榜样。在具有浓厚文化氛围的企业中，能够激励员工的不仅仅是奖金和对绩效的重视，还有鼓励人们成为英雄的精神力量。

②现代化的角色。根据时代发展的潮流，利用先进的科学技术手段，改变企业原有的形象，扮演现代化的角色形象。

③形象性活动。企业组织的管理人员利用大量的时间从事能够影响企业文化的活动，改变或提高企业的形象。江苏正大天晴药业股份有限公司在汶川地震后，出资200万援建希望小学，旨在持续关注灾区学生的健康成长，为企业塑造出了正面形象。

④组织结构变革。为了强化组织成员共享的价值观，扩大企业形象的社会辐射范围，企业可通过变革组织结构的方式来实现。

（二）文化变革

企业文化不可能总适应企业的战略发展，也必然有不适应、相冲突的时候，这时企业面临两个选择：选择一个与现有文化相适应的战略或者改变现有文化使其适应新战略。由于现有文化往往会限制企业的新战略的实施，所以通常要进行文化变革，以使其适应新战略。

企业文化是相对稳定和持久的，需要很长时间才能形成，一旦形成就非常牢固、不易改变。库尔特·路易斯（Kurt·Lewis）提出了文化变革的三个阶段：文化解冻、文化变革、文化再冻结。这三个阶段是不断循环、连续发生的，每一轮变革的结束预示着新一轮变革的开始。

1. 文化解冻

文化解冻是指解除现有文化的束缚和制约。由于现有文化满足了员工的需要，因而得以维持至今。然而维持现有文化的压力越大，文化变革的难度就越大，因此，为了使现有文化解冻，管理层必须加大变革的压力，可以通过制造现有战略与文化不能促进企业发展的现象、招募能够接受新战略文化的员工、开展解释和肯定新战略的培训，或者调整和提拔接受新战略文化的员工，使员工感受到来自企业内外部的压力，从而理解并接受变革。

2. 文化变革

一旦企业处于文化解冻状态，管理层必须向成员提供一个新的文化模式，必须就企业的全局目标、愿景、新战略及其实现过程与全体员工进行沟通，这就是文化变革。许多用于实施战略的要素也可用于调整企业文化，并能巩固员工的价值观和信仰。

（1）目标和计划。管理者在决定实施变革时，应该首先向全体员工展示其未来的目标和计划，以期望唤起全体员工的热情，使其积极参与，从而减小文化变革的阻力。

（2）人员配备。对能够理解企业的战略意图，并拥护文化变革的人赋予重任。

（3）组织结构。构建一个强调核心价值观并有利于新战略推行的组织结构。如果组织强调创新，那么可以通过非正式沟通渠道确保各战略部门之间进行充分地交流，在组织内部营造轻松愉悦的沟通氛围，激发员工的创新意识。

（4）控制。在变革企业文化的同时，要衡量和评估新战略的进程。组织的问题应该放在首位优先考虑。如果组织强调降低成本，那么就应该重点关注采购、财务等问题。

（5）奖励。在文化变革中，组织应给予那些配合变革、行为符合要求的员工晋升、奖金等以示嘉奖。

（6）领导。领导者的承诺往往是变革的最重要的推动因素。特别是来自高层的领导者，在文化变革中应该身体力行并始终如一地支持新战略、新文化。

文化变革的对象是企业成员共享的价值观和行为准则，上述要素向人们传达了企业希望上下齐心变革的意愿，并且能够作为重新塑造文化的有效工具。

3. 文化再冻结

变革完成后，组织需要将新的文化冻结，即通过持续不断的有力领导、重新配置资源等推动新战略的实施并巩固文化变革的成果。当新文化不能与组织未来战略相匹配时，就会出现新的文化解冻，一个新的文化变革循环就会开始。

文化变革是实现文化与战略相匹配的手段，是文化追随战略的体现。由于完全变革原有的文化是比较困难的，所以，如果新战略未涉及到企业的整体运营，则应在不改变整体价值观的前提下尽量将文化变革局部化，使某个部门首先开始接受新的文化观念，循序渐进，避免新文化与企业发生剧烈冲突。

（三）战略与企业文化的关系

1. 企业文化是企业战略的基石

企业文化为企业战略的制定、实施以及控制提供正确的指导思想，并营造了良好的精神氛围。

企业文化为战略的制定提供了动力。一个企业自身具有较强的文化特色时，会通过企业成员的共同价值观念表现出企业的特殊性。这有利于企业形成别具一格的战略，为企业的成功奠定基础，提供原始动力。

企业文化是战略实施的关键。企业文化是全体员工所共同认可的价值观念，它可以激发员工的工作热情，坚定员工的信念，从而使战略得到有效的贯彻和实施。

企业文化还是战略控制的"软性粘合剂"。企业可以通过规章制度、计划要求等

"刚性连接件"实现战略控制的目的，但是实际效果远不如价值观、信念和行为规范影响人们所形成的自觉行为。拥有共同价值观的员工会自觉调整个人的目标与行为，使之符合企业的目标和行为，以实现企业的战略目标。

2. 企业文化是维持战略优势的条件

企业文化往往体现了企业的历史积累和沉淀，是积累性资源，其他企业很难模仿或通过购置而获得。因此企业的核心竞争力中一旦有了文化内涵，往往可以维持较长时间的战略优势。

3. 企业文化与战略的适应及协调

在企业中，一个新的战略要求文化与之协调与配合。而由于企业的原有文化具有相对稳定性或惯性，很难立刻对新战略做出反应，因此，企业文化既可以成为实施战略的动力，也有可能成为阻力。很多企业并购失败，关键的问题就是两个企业的文化不能很好地融合。在战略管理过程中，企业内部的新旧文化必须相互适应，相互协调，从而为战略的成功提供保证。

本章小结

在战略管理中，战略实施是战略制定的延续，是将战略构想转化为现实的行动过程。本章首先阐述了战略制定与战略实施的关系，简单介绍了战略实施的内容、模式以及原则。企业战略计划系统在战略实施过程中发挥着重要作用，它从企业整体出发，对企业未来经营方向进行规划与筹措。企业战略实施的中心任务包括建立年度目标、制定政策和配置资源。企业通过将总体战略分解为具体的年度目标，对各目标制定具体的政策并进行合理的资源配置，从而逐步、有序地推进企业战略的实施。同时，企业在实施战略的过程中还应注意企业的领导方式、组织结构和企业文化等问题，应使其与企业的战略目标相匹配。

本章案例

复星医药集团多元化战略实施方略

上海复星医药（集团）股份有限公司（以下简称"复星医药"），是一家业务遍及医药领域各个环节的企业集团，复星医药的专业运营能力已经得到业内认可。复星医药发展到今天，已经成为业务领域涵盖药品研发与制造、医药流通、诊断产品、医疗器械、化工与健康产业投资等多个业务领域的大型医药企业集团，并且初步形成了以职能部门和两个委员会、三个事业部为总部，控、参股企业数十家的扁平化组织结构。那么，复星医药究竟如何管理自身的相对多元化业务？各部门如何纽带联结形成一个有机整体，以促进复星医药整体战略目标的实现？2007年度的年中会议上，复星医药提出了要建设战略管控型的管控体系和价值创造型的总部，这种对管控模式和总部定位的规划，是对过去的经验进行总结和完善，并在此基础上进行得更深一步的探索。

那么，复星医药究竟如何实施战略管控？这一提法对复星的日常工作会带来何种新的变化?

一、审视自身，做出理性选择

复星医药之所以将自身定位为战略管控型企业，是其在自身战略、资源、能力基础上做出的理性选择：作为一家业务遍及医药领域各个环节的专业医药企业集团，复星医药设立了打造主流市场一流企业的愿景目标，但这一目标的落脚点和实现还是要以所投资的控、参股的产品经营企业为战略执行的主体。复星医药整体在过去的发展历程中，积累了一批优秀的产业资源和人才团队，通过管控体系安排的一系列互动和交流，可以充分发挥他们的作用，复星医药自身及其各个企业，与国际、国内的一流企业相比，还存在不少差距，现实不允许以搭顺风车的方式坐享其成，必须主动积极地对现有资源进行充分地利用、整合，以创造更大的价值。

二、深入分析，抓住管理重点

复星医药认为战略管控的管理重点主要集中在以下三个方面。

（一）战略目标

总部协同各部门和各企业对其战略目标的制定进行管理和考察，目标包括市场竞争目标、运作目标及管理人员能力开发目标等，通过实现这些细分目标来实现集团的总体目标，并且应具有足够的挑战性。

（二）战略的可行性分析

集团总部汇集了众多企业的相关市场信息，这样，既可以加强内部各企业的沟通交流，又可以从宏观的角度对企业的市场调研进行协助和管理，这其中主要包括对市场规模的测量，对市场是成长还是衰退的判断，对影响供给与需求的主要变数、驱动行业成长的主要因素的分析。

在客户方面，总部主要考察和管理各企业对顾客需求的了解程度、对客户和目标客户群进行分类的方法和程序、对每类客户特殊需求的了解情况和为满足特殊需求做出的应对方案。

在企业的定位方面总部重点关注以下几个关键点：复星的产品或服务对顾客的价值和所能为他们解决的问题；产品本身和相关服务的特色；同竞争对手相比，复星所具有的产品优势；提出的定位要能够经得住市场考验；是否评估过其他更好的定位；面对激烈的市场竞争，总部要为各企业提供相应的支持，同时要重点对企业自身和竞争者的成本结构进行考察，以帮助企业对竞争对手所选定的目标客户群进行详细了解和分析。

（三）资源和人力

总部的另外一个重要的管理职能就是帮助企业考察复星已经拥有的资源和要争取的资源，并对使用资源的方式和效率进行分析；在人力方面分析人员、团队对支持战略举措的作用，如果作用不够，应能提出有效的加强措施。

三、三驾马车，构造管控体系

在具体操作层面，复星医药将通过组织保障系统、静态管控系统和动态管控系统三驾马车相结合的方式实施日常的管理工作。组织保障系统通过设立总部职能机构，明晰总部高层、职能部门及投资企业经营层相应职责来实现；静态管控系统主要是指集团对企业的人事、财务、授权、信息等四个方面的静态管理；动态管控系统则以集团战略目标为导向，分解为五年规划、年度经营计划，通过全面预算进行资源配置，最终以业绩管理实现对子公司的过程与结果的控制。

四、深化管控，进行全面管理

对于复星医药总部而言，目前为企业提供的各项服务不可放松和减少，并且未来的工作重点将主要围绕以下五个内容展开：战略规划、年度计划与财务预算、定期管理报告、绩效管理、人力资源评价。

由此可知，建设完善的战略管控体系，会给复星的工作带来一些新的变化。也就是说战略管控绝不是只管战略，而是推动企业最终目标实现的全方位管理。

思考题

1. 复星医药实施多元化战略时考虑了哪些因素？

2. 复星医药为成功实施多元化战略做了哪些工作？

3. 实施战略的过程中，失败的常见原因有哪些？复星医药是如何有效规避这些因素的？

4. 战略控制是不可或缺的一步，战略控制与预算控制有什么异同？

5. 企业战略控制应该从哪些方面落实？试归纳出文中提到的几个方面并列举其他方面。

6. 你觉得复星医药在实施战略的过程中还有什么不足的地方？

本章习题

1. 简述战略制定与战略实施的关系。

2. 试说明战略计划系统在战略实施过程中的作用。

3. 企业战略实施活动的中心任务有哪些？并简述其主要内容。

4. 战略领导者应具备哪些能力？

5. 简述企业组织结构的类型，并说明企业战略与组织结构的关系。

6. 简述企业文化的基本构成要素，并说明文化变革的三个阶段及其内容。

第十一章

企业战略控制

第一节　企业战略风险管理

　　当今世界的经济发展呈现三大特点：一是全球经济一体化，二是全球信息化，三是知识经济在世界范围内逐步崛起。在新的发展形势下，企业即将面临的战略风险层出不穷，因此，企业亟待加强对战略风险的管理。企业在对战略风险进行控制的过程中，首先必须对其所面临的战略风险进行分析与预测，继而充分利用本企业的人、财、物等资源，进行优化管理，减小战略风险或者有效规避风险，提高经济效益。

一、战略风险的分类和识别

（一）战略风险及其管理的概念

　　在理解战略风险的概念之前，首先了解一下风险的概念。所谓风险（risk），是人们因对未来行为的决策及客观条件的不确定性而引起的后果与预期目标发生偏离的综合，简单来说是一种不确定性（uncertainty）。从经济学的角度看，不确定性分为：外生的不确定性，即与经济系统本身的运行不存在联系的不确定性，如消费者的偏好发生变化等，另外，由于现代经济中有关政府政策及其对于税收、利率以及公共产品的提供等所带来的政策不确定性，也可以归为外生不确定性；内生的不确定性，即与经济系统的运行本身有关的不确定性，其来源于经济参与者（如生产企业、零售商、消费者等）的决策，是当前研究和分析的主要对象。

　　关于战略风险的概念，目前仍处于探索阶段，尚未得到统一。Andrews（1971）首先在决策理论中提出，战略风险就是战略性决策带来的风险。该定义强调战略决策行为引起的关系全局的风险；刘升福（2004）认为战略风险是指企业战略活动过程中，保证战略成功的某些必要条件存在不能随时满足合理需要而对战略造成负面影响或破坏，使战略目标无法实现的可能性；张荣琳、霍国庆（2007）等认为战略风险是企业战略管理过程中由于战略行为不当而使企业遭受巨大损失的不确定性。本书认为战略风险是指企业战略活动过程中，由于其战略行为不当，或某些必要条件存在不能随时满足战略需要的问题，而给企业带来巨大损失的可能性。战略风险除了具有不确定性、风险损失、动态等一般特征，还具有主观特性、可管理性等基本特征，在战略管理领域内，战略风险被看作是动态风险。

所谓战略风险管理，就是根据战略的分析与制定、评价与选择以及实施与控制，通过对风险的识别、评估、监控来妥善预防和处理风险可能导致的损失及带来的后果，并尽量降低经营成本，以获得最大安全保障的动态管理过程。企业对战略风险进行管理是出于经营环境变化的需要、科学技术发展的需要、企业内部发展及资本运营的需要，通过对企业的战略风险进行管理，可以增强企业的核心竞争力、抗风险能力以及可持续发展的能力。

（二）战略风险的分类

战略风险存在于企业发展的方方面面，主要包括行业风险、技术风险、品牌风险、竞争对手风险、客户风险、项目风险和发展停滞风险等七大类，每一大类又有其具体内容，具体分类见表 11 – 1。

表 11 – 1　战略风险的分类与具体内容

战略风险的分类	具体内容
产业风险	利润变薄
	研发/资本开支成本上升
	产能过剩
	产品大量普及
	政府管制放松
	供应商的实力增强
	经济周期的巨大波动
	其他
技术风险	技术更新换代
	专利过期
	流程过时
	其他
品牌风险	品牌变质
	品牌崩溃
	其他
竞争对手风险	出现全球性的竞争对手
	逐步获得市场份额的竞争者
	独一无二的竞争者
	其他

战略风险的分类	具体内容
买方风险	客户偏好改变
	买方讨价还价能力增强
	过度依赖少数客户
	其他
项目风险	研发失败
	项目失败
	业务拓展失败
	并购失败
	其他
发展停滞风险	销量保持不变或下降
	销量上升但价格下降
	产品难以推陈出新
	其他

（三）战略风险的识别

所谓战略风险的识别，是指在企业的战略风险发生之前，人们运用各种方法系统地、连续地认识其所面临的各种风险，以及分析战略风险发生的潜在原因等。风险识别的过程分为感知风险和分析风险两个环节。感知风险就是要了解客观存在的各种风险，它是风险识别的基础；分析风险即通过分析可能引起风险的各种因素，拟定风险处理方案，进行风险管理决策，它是风险识别的关键。

本书中战略风险识别的内容包括战略目标、战略管理过程、战略内容、战略环境和战略主体，这五个要素构成了战略风险识别的模型（如图 11 - 1 所示）。下面将逐一分析识别模型中各构成要素可能存在的战略风险。

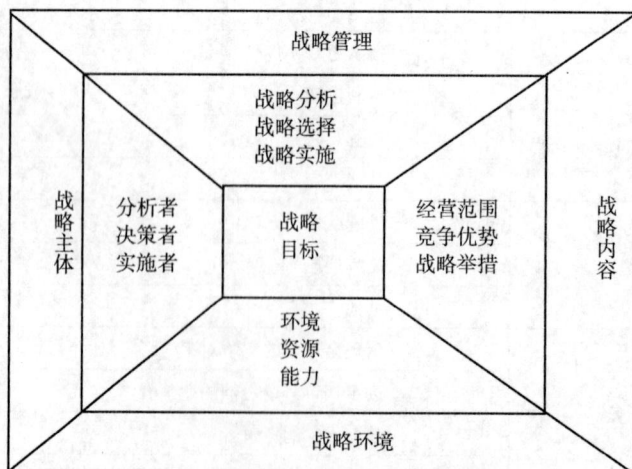

图 11 - 1　战略风险识别模型

1. 战略目标风险的识别

战略目标是企业为实现使命和愿景而制定的在未来 3－5 年内要达成的具体目标。一般情况下，战略目标的设定要具有一定的挑战性，但是如果过于不切合实际，而严重违背企业发展的客观规律，则有可能会给企业带来失败。如企业的成长目标制定得过高，企业扩张的速度远大于资源能力承受的范围，则可能会使企业陷入困境。因此，战略目标的设定是战略风险的来源之一。

2. 战略管理过程风险的识别

战略管理过程包括战略分析、战略选择和战略实施。战略管理过程产生的风险是指战略管理过程的不确定性对战略目标实现带来的影响。

在战略分析阶段，由于受到战略分析组织和人员的素质以及信息掌握程度的影响，主要存在组织风险和信息风险。如果在战略分析的过程中出现人员的信息沟通不畅、战略分析责任未落实、激励政策不到位或信息情报系统不健全等问题，可能会带来组织风险；而如果战略分析者掌握的信息不全面、不可靠，则可能会带来信息风险。

在战略选择阶段，战略选择的实质就是进行战略决策，主要存在信息风险、人员风险和组织风险。战略决策一般是由董事会进行，由于委托代理问题的存在，容易出现信息不对称的现象。战略选择的信息风险往往与决策者信息掌握的充分程度有关。战略选择的人员风险是指战略选择受到决策者的风险偏好、决策风格以及对环境的洞察力等的影响；而战略选择的组织风险是指战略选择受到企业治理结构、决策程序的影响，如在公司股权结构中，如果大股东掌握决策权，则容易导致独裁，可能会引起决策风险。

在战略实施阶段，风险主要是由战略实施过程中的不确定性引起。这种不确定性可能来源于战略实施组织、战略实施人员、战略实施内容和外部环境的变化。战略实施的组织风险来源于信息传递不畅、战略实施授权不充分、组织结构不匹配、资源配置不足等问题；战略实施的人员风险来源于人员配置不合理、人员能力不足或人员操作失误、关键人员流失等问题；战略实施的内容风险，如产品研发、技术创新、战略联盟等，由于内容本身的不确定性和复杂性而有可能给战略实施带来风险；同时，外部环境的变化也会在一定程度上给企业带来风险。综上所述，战略实施过程中主要存在着战略实施组织、战略实施人员、战略实施内容和外部环境变化等带来的风险。

3. 企业战略内容风险的识别

企业战略包括经营范围、竞争优势和战略举措等内容。企业战略是基于当前经营现状，在分析内外部环境的基础上，对未来的经营范围、竞争优势和战略举措等所做出的决策。因此，战略是建立在一系列假设之上，包括对企业外部环境的机会和威胁假设、关键成功因素假设和客户需求假设等。所以，战略本身具有不确定性。同时，根据战略决策的内容，战略不确定性可分为经营范围的不确定性、竞争优势

231

的不确定性和战略举措的不确定性。战略对内部环境匹配程度不高将会导致经营范围存在风险，战略与能力不匹配将导致战略能力不足，存在着竞争优势风险，战略与资源不匹配将导致战略举措风险。所以，战略本身的风险也可由经营范围风险、竞争优势风险和战略举措风险构成。

4. 企业战略环境风险的识别

战略环境包括环境、资源和能力三个方面，是影响战略管理过程的重要因素，是战略管理的核心内容。企业战略环境风险分为外部环境风险和内部环境引起的风险。

外部环境变化引起的风险，主要包括政策法规风险、行业风险、竞争风险、客户需求风险等。政策法规风险主要是指影响企业生存和发展或转变其发展方向的国家政策和法规所带来的风险，如从 2012 年 8 月起，国家发展和改革委员会对药品进行了第 29 次降价，涉及 53 个品种，300 多个剂型规格，平均降幅达 17%，这些持续出台的药品降价政策，可能会给某些企业带来一定的经营风险。行业风险指行业整合、行业发展停滞、行业转型等行业变化对企业的生存和发展带来的影响。竞争风险指现有竞争者、潜在竞争者和新进入竞争者的技术创新、重塑竞争规则或供应商的供应政策变化导致企业竞争优势减少或市场份额减少或生产能力下降等，如西安杨森制药有限公司的吗丁啉长期占据消化药市场，而后，江中药业股份有限公司利用品牌战略推出江中牌健胃消食片，占领了大量的市场份额，给西安杨森制药有限公司带来了竞争风险。客户需求风险指由于外部事件如自然灾害、疾病或社会文化的演变或人员结构的变化导致客户需求发生变化而带来的风险。

5. 企业战略主体风险的识别

战略主体是指在战略管理活动中起决定作用的主体，包括战略分析者、决策者和实施者。战略主体通过战略管理过程影响战略目标的实现，如战略选择和战略实施阶段的人员风险，都是战略主体风险的体现。

综上所述，战略风险来源于战略目标、战略管理过程、战略内容、战略环境以及战略主体，其中战略目标是战略管理要达到的目的，战略环境和战略主体贯穿于整个战略管理过程。企业只有通过有效地对战略风险进行识别，系统性地进行战略控制，才能稳定持久地推动企业的发展。

二、战略风险的控制和处理

企业必须在充分认识内外部环境、识别战略风险的基础上，根据战略风险的性质和管理目标，制定应对策略，有效地控制和处理战略风险。战略风险的应对策略可分为控制型和财务型两种。

控制型战略风险管理策略是在战略风险识别和评估的基础上，积极地采取各种风险控制手段，减少风险因素或消除其带来的破坏，即在风险事件发生前，降低事件发生的概率，在风险事件发生后，将其损失降到最低限度，从而达到风险管理的目的。财务型战略风险管理策略是在分析企业内外部环境因素对资金流动影响的基础上，对企业资金流动进行全局性、长期性和创造性的谋划，提高资本运营质量和效益，减小风险因素带来的影响，实现企业战略目标。财务型战略风险管理策略包括筹资战略管理、投资战略管理和分配战略管理。这两种策略既相互区别又相互联系，在具体运用中相互结合，又可分为四种风险应对策略：回避策略、减弱策略、转移策略和自留策略。

（一）回避策略

在识别战略风险并对其进行评估的基础上，为了降低战略风险发生的概率，减少其损失并有效地对风险加以回避，战略风险的回避策略是以放弃或拒绝承担风险作为控制方法来回避损失的可能性。它的实质在于回避战略风险源，进而避免风险，它通常用于应对突发性、高风险、损失巨大而又难以挽回的风险，是企业经营者有意识地采取的风险规避措施。它是最消极的风险应对策略。回避策略的使用有其局限性，回避风险后，风险的损失和收益的可能性都为零。如某跨国医药公司为了避免政府管制而不进入中国市场，但是在市场竞争日益激烈的情况下，这样往往就会失去市场机会，从而落后于竞争对手。

（二）减弱策略

减弱策略，即通过减少战略风险发生的机会或削弱其损失的严重性，以控制战略风险的损失。相对于回避策略而言，其不完全消除战略风险发生的可能性，是一种比较积极的风险管理策略。对于企业不愿放弃的战略风险，利用减弱策略，可以通过减少损失发生的概率、降低损失的程度来达到控制企业风险的目的。

实施减弱策略，不仅需要技术、人员和法律等的保障，而且必须在经济上可行，即预期收益要大于预期成本，企业在没有足够的期望收益下承担战略风险是一种不明智的行为。采取减弱策略必须要从核心能力上提高企业防御风险的能力，注意预防风险。此策略可以运用到企业各个战略风险领域。

（三）转移策略

转移策略是指企业通过付出一定的经济成本（如保险费、赢利机会、担保费和利息等），采取某种方式（如参加保险、信用担保、租赁经营、套期交易、票据贴现等），将风险损失转嫁给他人承担，以避免企业的风险损失。战略风险转移策略对于风险不是消极地回避抛弃，而是通过各种风险转移方式将存在的战略风险转移到其他地方。

转移战略风险的基本方式包括保险转移和非保险转移。保险转移是指企业通过定期向专业性保险公司缴纳一定数额保险费投保的方式，在巨额风险损失发生时获得保险公司的赔偿。非保险转移是指通过各种契约或其他方式将风险事件的影响转移给非保险业的其他个人或单位，以达到降低风险的目的，从而减少由企业战略不确定性带来的风险。非保险转移的方式包括风险共担、主体转移等。风险共担是指风险受托人与受益人通过信托公司管理资产，共同承担风险，它可以平衡信托各方的利益。主体转移的主要形式是通过合同（如业主对承包商、总承包商对分包商、总供应商对分供应商等）将潜在风险的不利影响转移给他方主体，降低风险。

由于战略风险转移必然会带来相关利益的流失，因此，企业应当在识别战略风险的类型、大小，并权衡成本与收益后，选择恰当的方式将其进行转移。一般而言，由于自然因素引起的风险宜投保，较大的财务风险宜进行风险共担，过大的技术风险或生产风险宜进行风险主体转移。恰当的转移策略能在减轻企业风险的基础上，给企业带来新的发展机遇。

（四）自留策略

自留策略是指企业以其内部的战略资源来承受战略风险的损失。可分为无计划的战略风险自留和有计划的战略风险自留。

1. 无计划的战略风险自留

无计划的战略风险自留是指企业管理者由于主观或客观的原因，对战略风险的存在性和严重性认识不足，没有对战略风险进行处理，企业最终承担战略风险的行为。

产生此类行为的原因主要有以下几点：首先，企业没有发现或识别战略风险。该战略风险并不在企业风险管理的范围之内，或者难以被识别，这样导致了企业风险的自留。其次，由于该战略风险发生的概率极小而被企业忽视，出于成本和收益的考虑，企业将该风险自留。

当战略风险发生时，企业必须以其内部的战略资源（如企业的流动资金）来补偿战略风险造成的损失。但是如果企业无法筹集足够的战略资源，那么企业的日常经营活动将会遭受一定的挫折，甚至会引致破产。因此，严格来讲，无计划的战略风险自留策略并不算是风险管理措施。

2. 有计划的战略风险自留

在风险来临时，企业管理者在估计风险期望损失的基础上，合理利用企业内部的各种战略资源（包括风险管理员、技术人员、资金等），对风险所带来的损失进行弥补，这种行为被称为有计划的战略风险自留。这是一种很重要的战略风险管理策略。企业在风险损失发生后，通过分摊损失资金、建立意外损失基金等方式减轻风险损失对企业的冲击。

企业在自留策略和转移策略之间选择时，如果自留风险的管理费用小于投保公司的附加保费，则企业可选择自留策略。如果企业选择自留策略，当战略风险发生时，而企业拥有的流动资金或损失基金不足，则会影响企业的正常经营活动，此时企业就需要通过借款或变卖资产来弥补所遭受的损失，否则会引发企业破产等严重后果。同时，企业在战略风险自留策略中产生的自担风险的成本（如库存费、机会损失等）也应当被计入风险自留的管理费用中。

总之，在制定战略风险应对策略时，应当根据风险管理目标、风险优先次序、风险等级、风险发生的概率、应对策略的成本、风险承受能力等，充分分析和研究影响战略风险的因素，同时要结合本企业内外部资源的现状，以选择适当的战略风险应对策略。同时，战略风险的应对策略要与战略经营计划的控制体系有效地结合在一起。在此基础上，再根据风险应对策略及所面临风险的性质，选择相应的风险管理技术，从而进行风险处理。

第二节　企业战略控制

一、企业战略控制的内涵

（一）战略控制的定义

控制是企业管理的重要职能之一。控制活动是指管理者按照计划标准衡量计划的完成情况，并纠正计划执行的偏差，以确保计划目标的实现。控制主要强调保证组织目标的实现，而战略控制则要求战略目标的完成。在战略实施的过程中，有三个基本的控制，即战略控制、业务控制和作业控制。战略控制关注的是与外部环境有关的因素以及企业的内部绩效，是针对总体战略的控制；业务控制关注的是经营单位战略以及中期计划的工作绩效，检查其是否实现了目标，是对各经营单位的战略计划所进行的控制；作业控制则是对具体负责作业的工作人员的日常活动进行的控制，其所关注的是作业人员履行规定的职责及完成作业性目标任务的绩效，作业控制由各基层主管人员进行。

战略控制是指企业战略管理者及一些参与战略实施的人员，依据战略计划的目标和行动方案，对战略的实施状况进行全面评价，以及时发现偏差并纠正偏差，确保战略计划有效实施，从而使结果基本符合预期计划的活动。广义的战略控制要求企业能够确保战略方向正确，并且能保证战略有效地贯彻实施。明确而有效的战略控制不仅可以纠正偏差，而且还可能引致新目标的确定、新计划的提出和组织结构的改变等等。企业通过战略控制行为，会产生战略顺利进行或战略的结构性调整两种结果，其都是能保证企业的生存与发展的有效方式。

（二）战略控制的必要性

企业在实施战略的过程中，进行战略控制是十分必要的。首先，参与战略实施的人员具有一定的局限性。他们可能会缺乏必要的知识、能力和相关的信息等，而需要进一步的指导与控制。其次，个人目标、部门目标与企业总体目标总是存在一定的差异，这些差异可能会导致企业在实施战略的过程中出现预期以外的结果，而给企业的发展带来困扰。

对企业实施战略控制是十分必要的，因为在实施战略的过程中经常会出现战略失效，即企业战略实施的结果偏离了预定的战略目标。造成战略失效的原因主要有：（1）企业内部缺乏有效的沟通，各部门未形成合力，企业战略未能成为全体员工的共同行动目标；（2）战略实施过程中战略资源配置不合理或不到位；（3）战略信息传递、反馈出现障碍；（4）企业外部环境发生了较大的变化，企业受到冲击，现有的企业战略难以适应或难以推进；（5）企业主管人员或作业人员玩忽职守，不能很好地完成战略目标所规定的任务等。因此，战略失效的存在使得战略控制十分必要。

同时，企业在经营活动中也有必要对其进行战略控制：

1. 战略控制是企业战略管理的重要环节，它能保证企业战略的有效实施。战略决策只决定了企业做事的安排，而战略控制则直接影响企业战略决策实施的效果，因此战略控制对于战略管理而言十分重要。

2. 企业战略控制的控制能力和效率高低是战略决策的一个重要制约因素，它影响企业战略行为能力的大小。企业战略实施的控制能力强，控制效率高，则企业高层管理者可以做出较为大胆的、风险较大的战略决策，若相反，则只能做出较为稳妥的战略决策。

3. 企业战略控制的评价结果可为战略决策提供重要的反馈，帮助战略决策者辨明战略实施过程中的利害关系，这对于提高战略决策的适应性和决策水平具有重要作用。

4. 企业战略控制可以促进企业文化等的建设，为战略决策奠定良好的基础。

在战略实施的过程中，企业可以通过预先培训、教育等方式避免或纠正工作人员的错误，同时，企业可采取必要的措施，来促进个人目标、部门目标和企业目标相融合，从而推进企业的整体性发展。如果企业不对关键性行为加以控制，则容易导致战略实施的失败。

（三）战略控制的特点

1. 开放性

在信息化时代，现代企业内外部环境中的各种生产要素快速流动，这就要求企业要充分利用内外部资源更好地完成战略目标。企业在战略的形成、实施与控制的过程中，必然要与外界交换大量的信息，与外界形成良性的互动。例如，在企业战略的形成阶段，首先需要分析企业所面临的动态的外部环境，在战略实施过程中除了时时监控外部环境的动态之外，还要从外部源源不断地引进资源来实施战略。企业实施战略控制的必要性正是体现在纠正由于外部环境的变化而引发的战略实施的偏离，所以，战略控制具有开放性。

2. 总体控制

战略控制是企业战略制定者对战略实施所进行的总体控制。战略实施涉及企业经营活动的各个方面，如筹资、研发、采购、生产、销售等。出于对成本控制和纠偏时效性的考虑，战略控制不可能涉及到每一方面，做到"大而全"，而是要对战略实施进行总体控制、重点控制，以确保战略实施的总方向与企业战略目标相一致。

3. 客观性

战略控制的客观性是指对战略的实施过程进行客观地衡量与评价。战略控制，首先要对正在进行的战略实施过程做出评价，检查其是否在原定的轨道上运行。在这个过程中，战略控制的执行者应避免主观偏见的影响，而要对正在实施的战略进行实事求是地分析与评价，辨别企业对外界环境的分析与预测是否正确，原先确定的经营思想、经营领域和目标等是否恰当，选择的方案和手段是否有效等，从而做出符合实际的评价结果，为后续控制方式的选择提供依据。否则，即使采取周密的控制措施，也可能徒劳无益，甚至会产生负面效应，影响战略实施的整体效果。

4. 交互性

所谓交互性，是指企业在战略的制定和实施过程中，应不断地与外部环境进行必要的信息交流，以保证企业战略对外部环境保持高度的适应性。现代企业所面临的环境因素具有多样性和相互依赖性，这决定了企业必须同外界相互交流信息，从而能适应其变化与发展。在企业的发展初期，树立品牌形象需要花费很长时间，企业需要源源不断地投入大量资源，同时，在与外部环境的交流中要充分展现企业的良好形象。另外，在医药产业内，药品生产企业与外界的交互性表现得更为明显，如与科研机构、高校等进行交流或合作研发新药、开发新技术等，这种交互性能够推动企业的进步与发展。

5. 整体性

从理论上讲，企业的整体是由局部构成的，局部利益和整体利益应是一致的。但在具体问题上，整体利益和局部利益可能存在一定程度的不一致性，企业战略控制就是要调节这些不一致性，使其符合企业整体战略要求。如果不从企业整体进行战略控制，而仅仅把它看作是某个部门或少数人的一种单纯的技术、管理业务工作，就不可能取得预期的控制效果。有效的战略控制与评价必须将控制目标和各特定系统的绩效考核标准相联系，与资源的分配导向相联系，与外部环境的关键因素相联系，这样才有利于从整体上实施战略控制。

应当注意，战略控制与业务控制有所区别：

1. 执行的主体不同。战略控制主要由高层管理者执行，包括公司级和战略经营单位两层高级管理者；业务控制主要由中层管理者进行。

2. 战略控制具有开放性，业务控制具有封闭性。战略控制既要考虑企业的外部环境，又要考虑企业的内部条件，而业务控制则主要考虑企业的内部条件。

3. 战略控制主要着眼于企业整体的长远发展，而业务控制局限于本业务实施过程中问题的解决。

4. 战略控制主要解决企业的效能问题，而业务控制则主要解决效率问题。

（四）战略控制的要求

1. 控制标准必须与整个企业的长远目标和年度目标相联系。有效的战略控制必须将控制目标与各特定系统的绩效标准相联系，与资源的分配导向相联系，与外部环境的关键因素相联系，这样做有利于明确战略计划与人们的行为目标之间的联系。

2. 控制要与激励相结合。一般来说，当人们的行为取得符合战略需要的绩效时会得到激励，但平时人们对行为期望的目标不是十分清楚的，而有效的战略控制将建立人们行为的期望与战略目标之间的联系，这时的控制与评价就具有激励性，有助于战略的有效实施。

3. 应建立"早期预警系统"。该系统可以告知管理者在战略实施中存在的潜在问题或偏差，使管理者能及早警觉，提早纠正偏差。

（五）战略控制的基本原则

1. 领导参与原则

战略管理是对企业的生产经营活动实行的总体性管理，关系到企业的生存与发展，需要企业的主要领导者进行指挥协调，而战略控制则是对影响全局的主要问题进行的严格控制，企业领导者应参与制定控制标准，并充分发挥各职能部门的作用，协调各种关系，解决各方面的矛盾。

2. 可行性原则

可行性原则，一方面是指企业在进行战略决策时就必须认真考虑企业能否成功地实施，即确认企业是否具有足够的财力、物力、人力及其他的资源等，去有效地实现战略目标；另一方面，战略控制的目的就是要运用科学的方法纠正战略实施过程中出现的偏差，以确保实际绩效与目标相符。所以，应依据企业的外部环境和内部条件，提出切实可行的控制措施与方法，确保及时地识别偏差、评价偏差，并予以纠正。

3. 例外原则

有效的战略控制必须遵循例外原则。企业领导者把一般的日常事务授权给下级管理人员去负责处理，而自己只保留对例外事项、重要事项的决策和控制权，如重大的企业战略问题和重要的人员更替问题等，这样使得战略领导者有时间考虑战略的大政方针，所以，有效的战略控制只要对关键性的问题提供足够的信息，就可以满足决策者对控制的要求。注重例外原则实质上就是要分清主次、把握重点来处理问题。

4. 经济性原则

经济性原则是指在控制过程与组织结构相符的情况下，尽可能简单、灵活，减少不必要的人力、物力、财力投入，从而降低因控制而产生的费用。它要求战略领导者要抓住重点问题进行控制，舍弃次要问题。经济性原则的实质就是，在保证组织通过控制过程准确、全面地获得有用信息的前提下降低成本，确保战略目标的实现。

5. 伸缩性原则

伸缩性即战略控制的弹性，指战略控制行为能够适应组织外部环境与内部条件的变化，具有灵活性。在战略控制中使用伸缩性原则是有必要的，一方面战略控制中若使用单一的控制方式（单一的偏差纠正方式），则无法应对问题的突发性和多变性，因此战略控制的方式或系统设计要具有一定的回旋余地，以免产生负效应；另一方面，对不同的问题要采取不同程度的控制，有时需要严密控制，有时需要进行适度的弹性控制。只要能与战略目标保持一致性，就可以有较大的伸缩性。

6. 稳定性与灵活性相结合的原则

战略控制要依据企业总体目标使战略计划顺利实施，实现预期效果，即要保证战略控制的稳定性。但有时由于外界环境的巨变或其他不可知因素，使实际战略实施过程无法按原计划进行，此时则应采取灵活的手段或方法，如重新审视环境，制定新的战略方案，进行新一轮的战略管理等，以使企业的战略行动更好地与企业所处的环境及所要达到的目标相协调。此外，在设计战略控制系统时，应考虑一些权变措施以应对复杂的环境变化。

二、战略控制的类型及过程

（一）战略控制的类型

控制的实质是通过信息反馈、发现偏差、分析原因，采取措施予以纠正。但在实际的管理工作中，得到的往往是"时滞信息"，即时间滞后的信息，因此，在信息反馈和采取纠正措施之间经常存在时间延迟，以至于纠正措施往往作用于不同的环节。根据纠正措施的作用环节，控制可划分为前馈控制、现场控制和反馈控制（如图 11 - 2 所示）。

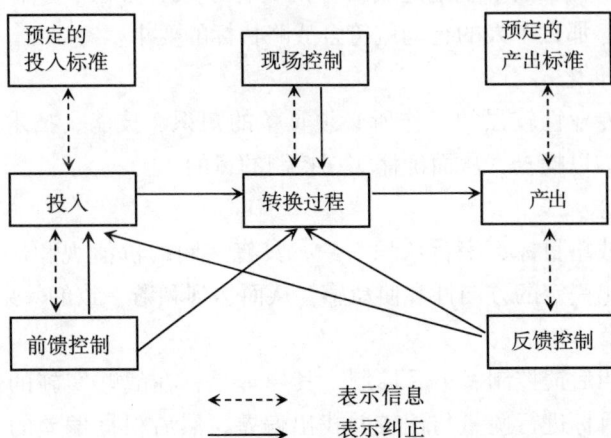

图 11 - 2　前馈控制、现场控制和反馈控制

1. 前馈控制

前馈控制又叫事前控制，其原理是：在实施战略之前，对那些作用于系统的输入量和主要扰动量进行观察，分析它们对系统输出的作用，并在产生不利影响之前，及时采取纠正措施予以消除。

前馈控制的一个重要特点是可以克服时间滞后所带来的缺陷，并且往往采取预防式的控制措施，使之作用于战略实施过程的输入环节。也就是说，前馈控制所控制的是输入，而非输出。因此，前馈控制系统相当复杂，它不仅要输入各种影响战略实施的变量，还要输入影响这些变量的各种因素，同时还需要注意各种干扰因素，即那些意外的或无法预料的因素。

2. 现场控制

现场控制又叫事中控制、过程控制、开关型控制等。其原理是：在战略实施过程中，按照既定的标准检查战略行动，及时发现偏差并采取纠正措施。例如，在质量控制过程中，根据质量标准对产品质量进行检查，并判断是否继续下一道工序。现场控制包括以下具体方法：

（1）直接指挥

管理者亲自监督、检查、指导和控制下级的活动，及时发现偏差并采取纠正措施。

（2）自我调整

这是一种自我控制的方式。执行者通过非正式的、平等的沟通，自行调整自己的行为，从而和协作者默契配合。

（3）过程标准化

对规范化和可以预先编制程序的工作制定操作规程、规章和制度等，间接地控制和指挥执行者的行动，以实现整体行动的协调。

（4）成果标准化

只规定最终目标，而不规定达成目标的具体手段、方法、途径和过程。如果工作成果符合标准，那么个人的行动就符合战略目标的要求。

（5）技能标准化

对从事某些专业性较强的工作所必须具备的知识、技能、技术、经验等做出标准化规定，定期加以检查，从而确保实现控制的目的。

（6）共同信念

组织成员对战略目标、宗旨认识一致，具有共同的价值观和信念，在战略实施过程中就会表现出一定的方向性和使命感，从而达到和谐一致的效果。

3. 反馈控制

反馈控制又叫后馈控制、事后控制。其原理是：在战略实施的过程中，对行动的结果与预期的目标进行衡量与比较并找出偏差，然后根据偏差的大小及其产生的原因，采取纠正措施，使最终结果控制在容许的偏差范围之内。

反馈控制的主要特点在于控制、监测的对象是结果，并据此来总结经验与教训，来指导未来的行动，以使战略实施保持在正确的轨道上。反馈控制既可以控制最终结果（例如产量、销售收入、利润等），也可以控制中间结果（例如工序质量、半成品质量、月份检查、季度检查等）。前者称为端部反馈，后者称为局部反馈。反馈控制包括以下具体方法：

（1）联系行为

联系行为即将对员工战略行动的评价与控制直接同他们的工作行为相联系。这种方法使员工比较容易接受，并能明确战略行动的努力方向，使个人行为导向和企业战略导向接轨；通过反馈信息修正战略实施行动，使之更加符合战略要求。

（2）目标导向

目标导向即让员工参与战略目标的制定和工作绩效的评价，使其既可看到个人行为对实现战略目标的作用和意义，又可以看到成绩与不足，从中得到肯定和鼓励，为战略实施增添动力。

反馈控制具有稳定系统、跟踪目标和抗干扰的特性，利用这些特性，可以改善战略控制的效果。但是，反馈控制是事后控制，仅仅以系统输出为反馈信息源，只有当输出偏离既定目标时，纠正措施才会发挥作用。特别是在采取端部控制的情况下，由于时滞的存在，往往等意识到偏差、并采取纠正措施的时候，造成的损失已经无法挽回。因此，仅仅运用反馈控制是有一定风险的。

前馈控制、现场控制和反馈控制是相辅相成的。如果没有反馈控制的信息资料和工作经验的积累，前馈控制和现场控制的作用就很难发挥。特别是在对多层次目标进行控制时，把制定目标、纠正偏差、重新制定目标作为一个连续过程来看，反馈控制往往是前馈控制的前提条件。另一方面，前馈控制和现场控制又有助于克服反馈控制的信息时滞缺陷。因此，在实际的战略控制工作中，这三种控制方法常常要结合运用。

（二）战略控制的过程

1. 战略控制的位置

首先通过查看战略管理的总过程，认识战略控制的位置（如图 11 - 3 所示）。

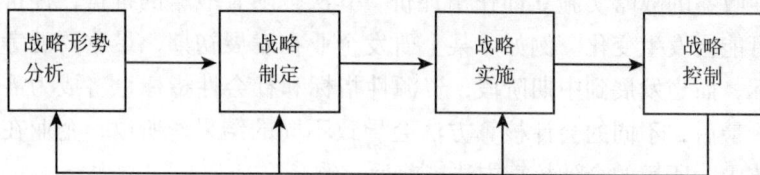

图 11 - 3 战略管理过程中战略控制的位置

从图中可以看出，战略控制是整个战略管理过程的最后一个环节，该环节的信息要随时反馈给前面的战略形势分析、战略制定和战略实施各个环节。从连续经营的角度看，战略管理的各个环节形成了一个循环，经过良好控制、并纠正偏差后的战略会上升到更高层次。

2. 战略控制的过程

战略控制本身由四个步骤组成，即：制定衡量、评价战略实施状况的标准，运用制定的标准对战略实施状况进行衡量、评价，将衡量评价所得的结果及时反馈到战略决策机构，采取相应的纠正措施（如图 11 - 4 所示）。

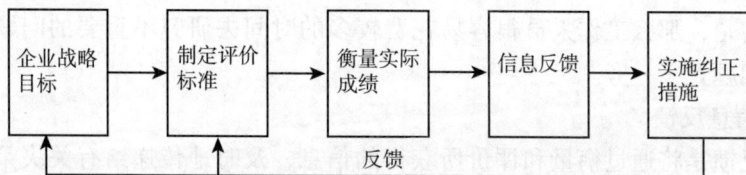

图 11 - 4 战略控制的过程

（1）制定评价标准

在对企业战略进行控制时，应首先明确战略实施所要达到的目标。衡量企业达成目标的程度需要适当的评价标准，所以需要制定企业战略实施的评价标准。在理想的状况下，评价战略效果的标准应是可量化的，但实际上并非所有的评价标准都能如此。

①定性的评价标准

战略实施的定性评价标准包括：战略内部的统一性，战略对环境的适应性，战略执行的风险性，战略实现的时间性，战略与资源的配套性，战略执行的可行性与应变性。

②定量的评价标准

在企业中，常用的定量评价标准包括股票价格、每股平均收益、股息支付、销售增长率、市场占有率、纯利润、销售利润率等。此外，财务比率，也可作为评价标准。

企业在使用定量评价标准时，必须注意以下几个问题。首先，大多数定量标准仅适用于对企业短期目标的评价。投资者通常会施加压力要求在一定时期内，每股股票的平均收益率实现稳定增长，这种对短期利益过度关心的行为，会导致难以对具有长期性收益的战略实施立即作出评价。其次，随着战略的推进，评价标准体系的选择很可能会发生变化。例如，某个研发企业在发展初期，最重要的考核指标是技术性指标，而当发展到中期阶段，资源性指标和社会性指标也将成为需要重点考核的指标。最后，不同的会计核算方法会导致不同的结果。所以，企业在战略控制的定量考核中，所用的会计核算方法应前后一致。

（2）衡量实际成绩

衡量实际成绩是整个战略控制工作的重要组成部分。它的主要工作就是将战略实施的实际成绩与评价标准相比较，从而确定企业战略实施的实际状况。

在实际工作中，需要解决的主要问题是何时、何地及如何进行经常性评价。良好的经常性评价可以随时掌握企业当前战略实施的情况，获取必要的和充分的信息，但是，过于频繁的经常性评价不但会增加企业的经济成本，还会在员工中产生某些副作用，如模糊战略控制的目的，流于形式，落入"控制陷阱"。因此，需要把握好衡量战略实施进展的频率，从而促进企业战略目标的实现。

衡量企业的实际成绩时，需要注意的另一个问题是要确定实际成绩与评价目标之间允许的偏差范围。确定合适的偏差范围有助于工作人员锁定评价目标，如果偏差范围不清楚，那么工作人员很容易花费较多的时间去研究不重要的问题，而将应当重视的问题置于一旁。

（3）信息反馈

信息反馈是将通过衡量和评价所获得的信息，及时地传递给有关决策者，这里所指的有关的决策者是指对战略实施负有责任并具有相应权力的决策者。

信息反馈是必不可少的。因为没有信息反馈过程，企业决策者就无法准确、及时地得到信息；而不能获得所需要的信息，战略管理者就无法采取有效的行动或作出合乎实际的决策。

（4）实施纠正措施

在战略控制的最后一步，企业需要考虑采取纠正措施，以使企业回归到正确的战略实施道路上。在战略实施的过程中产生偏差是正常现象，完全没有偏差是不可能的。当偏差在允许的范围内时，可以不采取纠正措施，当偏差较大可能危及战略计划和战略目标的实现时，应当采取纠正措施。总体说来，可以有选择地采取以下三种纠正措施：①常规模式。企业按照常规的方式去解决出现的偏差。这种模式花费的时间较多。②专题解决模式。企业就出现的问题进行专题重点解决。这种模式反应较快，所需时间短。③预先计划模式。企业事先对可能出现的问题有所计划，从而减少反应的时间，增强处理突发事件的能力。

需要注意的是，有时由于客观环境和主观条件发生较大的变化，而引发的偏差将难于纠正，或采取纠正措施时需要投入很多的财力、物力、人力和时间，当纠正的费用大于偏差带来的损失时，也不必再采取纠正措施。当决定采取纠正措施时，实际上又开始了新一轮的决策。

三、战略控制的方法

（一）全面质量管理（TQM）

20 世纪 60 年代以来，菲根堡姆的全面质量管理理念逐步被世界各国所接受，二次世界大战后，全面质量管理在发展的过程中，逐渐形成了以美国为代表的"美国系统"、以日本为代表的"日本系统"，以及以前苏联和东欧国家为代表的"前苏联系统"，各国企业在运用全面质量管理的方法进行管理的过程中，取得了丰硕的成果。

1. 全面质量管理的概念

全面质量管理（total quality management，TQM），是企业实施战略控制的重要方法之一。菲根堡姆认为"TQM 即是为了能够在最经济的水平上，并考虑到充分满足顾客要求的条件下进行市场研究、设计、制造和售后服务，把企业内各部门的研制质量、维持质量和提高质量的活动构成为一体的一种有效的体系"。

全面质量管理最早由美国贝尔实验室的休哈特博士提出，后经戴明博士在日本推广应用，又称 PDCA 循环（如图 11 - 5 所示）。全面质量管理的内容概括为"三全"管理，即全面质量的管理、全过程的管理、全员参与的质量管理。

具体来说，TQM 蕴涵着如下含义：

P—计划（Plan）：根据顾客的要求和组织的方针，提出的在未来一定时期内要达到的组织目标以及实现目标的方案途径。

图 11 - 5　PDCA 循环图

D—实施（Do）：实施过程；

C—检查（Check）：根据方针、目标和产品要求，对过程和产品进行监视和测

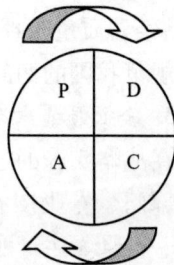

量，并报告结果：

A—处理（Action）：采取措施，以持续改进过程业绩。

全面质量管理是企业在战略控制过程中常用的一种控制方法，它坚持以质量为中心，重在全员参与，目的在于长期获得顾客满意、组织成员和社会的利益。同时，它作为企业战略应用的实践技巧被提出，可以促使企业在日益激烈的竞争环境下进一步加强管理和提高企业的核心竞争力。

2. 全面质量管理在我国的发展

改革开放初期，我国整个国民经济亟需启动和发展，质量问题对整个国民经济发展的重要性越来越突出，在全国范围内推行全面质量管理成为经济发展的必然要求。如表 11-2 所示，我国的全面质量管理从最初的"质量月"活动开始，逐步发展为声势浩大的 QC 质量小组活动。

表 11-2　全面质量管理在我国的发展

时间	发展状况
1978 年 9 月	机械部在全国范围内开始了第一个"质量月"活动
1979 年	质量管理协会成立
1980 年	《工业企业全面质量管理暂行办法》制订
1990 年以后	开始贯彻执行 ISO9000 质量标准和质量体系认证
最近 20 年来	QC 小组注册数量达到 1554 万个

药品的质量关系到人民群众的生命健康与安全，医药企业必须保证药品的质量安全。我国在 1988 年首次颁布《药品生产质量管理规范》（Good Manufacture Practice，简称 GMP），从 1992 年开始对 GMP 进行了多次修订，最新版 GMP 于 2011 年正式开始推行。GMP 特别注重药品生产企业在药品生产过程中药品的质量与卫生安全，从原料、人员、设施设备、生产过程、包装运输、质量控制等方面按国家有关法规和要求，形成了一套具有可操作性的规范。此外，为保证药品的全面的质量安全，我国陆续颁布了《药物非临床研究质量管理规范》（Good Laboratory Practice of Drug，简称 GLP）、《药品临床试验管理规范》（Good Clinical Practice，简称 GCP）、《药品经营质量管理规范》（Good Supplying Practice，简称 GSP）等管理规范，以进一步规范我国的药品市场，维护人民群众的健康与生命安全。

3. 全面质量管理的关键点

在战略实施的过程中，利用全面质量管理方法，以质量为中心，将全体职工及有关部门、专业技术、经营管理、数理统计和思想教育等结合起来，建立起产品的研究、设计、生产和服务等全过程的质量管理体系，从而有效地利用人力、物力、财力、信息等资源，以最经济的手段生产出顾客满意的产品，使组织全体成员及社会受益，从而使组织获得长期发展。

全面质量管理的关键点主要体现在：

（1）质量是企业的生命：企业要坚持以质量为中心，以优良的产品为企业占据稳定的市场。

（2）为顾客服务：企业在全面质量管理中，需要始终围绕顾客的需求，不断改进产品的工艺流程，调整营销策略，使产品更加符合顾客的要求。

（3）质量形成于生产全过程：全面质量管理注重全过程的管理，将产品设计、生产、管理和销售全过程形成一个完整的体系，在战略实施的过程中突出质量的管理。

（4）质量具有一定的波动性：质量波动分为两类。一种是正常波动，由于偶然性、不可避免的因素造成的波动；另一种是异常波动，由系统性原因造成的质量波动。在全面质量管理的过程中要重视到质量波动的规律，关键是要控制异常波动。

（5）质量控制以自检为主：企业在战略控制活动中，利用全面质量管理，对产品、部门建设、厂房设施等进行管理和控制，主要以自检为主，自主检测产品质量，同时组织可以组建自检小组对自身进行测评，突出对质量的重视。

（6）质量的好坏用数据来说话：在战略控制活动中，要尽量使用定量评价标准，如产品不合格率、次品率等指标来进行统计分析，定量化的评价标准可以使战略控制过程更为直观和有效。

（7）质量以预防为主：全面质量管理注重全过程的管理，尤其是在产品生产之前，要对可能出现的质量问题把好关，这样将不仅减少控制成本，而且可以减小由于生产出残次品而发生的损失。

（8）科学技术、经营管理和统计学相结合：企业对产品进行全面质量管理时，将科学技术、经营管理和统计学相结合，这样既可以解决产品的技术性问题，又能在明确的数据检验下控制产品的生产管理过程，从而使产品的生产得到良性的发展。

4. 全面质量管理的基本要求

全面质量管理的基本要求可简单地表述为"三全一多"，在"三全"管理的基础上，加入多种方法的质量管理，即"全面质量的管理、全过程的管理、全员参与的质量管理和多方法的质量管理"。

（1）全面质量的管理。企业产品的日常经营活动需要进行全面质量的管理。从企业职能部门的横向配合来看，要保证和提高产品质量则必须使其研发、生产、销售和服务的所有活动构成为一个有效的整体。同时全面质量的管理还强调质量管理工作不仅仅局限于质量管理部门，而要求企业所属各部门都要参与质量管理工作，共同对产品的质量负责。

（2）全过程的管理。要把产品形成全过程的各个环节或有关因素控制起来，形成一个综合性的质量管理体系，做到以预防为主、防检结合、重在提高。可见，全过程的质量管理意味着要"始于识别顾客的需要，终于满足顾客的需要"。

（3）全员参与的质量管理。产品质量人人有责，全面质量管理要求把质量控制工作落实到每一名员工，让每一名员工都关心产品的质量。

（4）多方法的质量管理。当前，影响产品质量和服务质量的因素越来越复杂，包括物质的、人为的、技术的、管理的等等。质量管理者必须根据不同情况，全面控制好不同的影响因素，广泛、灵活地运用多种多样的现代化管理手段来解决产品的质量问题。目前，常用的质量管理方法包括因果图、调查表等，还有矢线图法、矩阵数据分析法、头脑风暴法等，采用多种不同的方法进行全面的质量管理，有利于企业战略的顺利实施。

总之，在企业进行战略控制的过程中，全面质量管理是一种比较重要而又实用的方法。企业在发展的过程中，必须综合运用各种先进的管理方法与技术手段，善于学习和引进国内外先进的经验，不断改进本组织的业务流程和工作方法，增强组织成员的质量意识，以提高企业的核心竞争力，促使企业长久稳定地发展。

5. 全面质量管理的实施步骤

企业实施全面质量管理一般包括准备、开始、扩展、诊断和改进五个步骤。

（1）准备

首先要通过调查分析其它企业推行全面质量管理的成功经验和失败教训，使企业的高层领导充分认识推行全面质量管理对企业的重要性、必要性以及实施难度。然后，企业领导要向全体员工表明推行全面质量管理的决心和信心。另外，要通过质量管理诊断（有条件的企业要请有经验的企业外专家指导），了解企业质量管理中存在的问题，明确推行全面质量管理的目的。同时，组织有关人员到先进企业学习推行全面质量管理的经验（特别要注意收集失败的教训），然后根据企业产品的质量情况、市场占有率、企业的管理水平、人员素质、企业的发展目标和规划，以及质量管理诊断的结果制定质量管理计划。

（2）开始

在准备工作全部就绪后，全面质量管理就可以在企业内开始实施。首先，需要在高层管理者的直接领导下，在各车间、科室建立相应的质量管理机构，以进行质量管理。然后，可以选择一两个车间，组织精干力量，进行现场质量控制试点工作。内容包括严格工作纪律、完善操作规程、寻找工序质量控制点以及统计和分析不合格品等。这一阶段的工作要注重稳定质量、提高管理水平，为进一步大规模开展全面质量管理工作做好准备。

（3）扩展

在试点工作取得初步成效后，战略领导者可以在各部门内大规模地推行全面质量管理工作。首先，企业要根据产品质量要求，对产品的设计、生产和销售等各个环节开展全过程的质量管理工作，在此过程中，企业要明确各级管理部门的质量管理工作，充分发挥各部门的质量监管作用，逐步使质量管理走上制度化的轨道。同时，在企业内要做好教育培训工作。一方面可以聘请外部专家对高层领导、中层干部和业务骨干等进行培训和教育，提高其管理能力；另一方面通过开展全员培训工作，提高全体员工的质量意识和工作技能。

（4）诊断

在诊断阶段，企业的主要工作是将目前的质量管理实施状况与预期目标进行比较，检查计划的执行情况和实施效果。根据企业制定的质量管理计划，对当前的产品质量、质量监测系统和人员培训状况等进行分析比较，及时发现存在的问题，为进一步实施质量管理工作指明方向。

（5）改进

针对诊断的结果，一方面，对于当前质量管理活动中比较完善的地方，企业要继续保持，并可以将其应用于其他质量管理工作；另一方面，企业要对存在的问题，提出改进意见，一般情况下，企业会成立专门的工作小组，利用专家座谈会、头脑风暴法等方法，提出合理的解决措施，以改进质量，同时要进一步推进质量的管理工作。

（二）平衡计分法

平衡计分法在企业战略控制中也发挥了重要的作用。平衡计分法是由美国哈佛商学院的罗伯特.S.卡普兰（Robert S. Kaplan）于20世纪90年代提出，是一套较为科学而实用的企业战略绩效评价指标体系（如图11-6所示），并很快在现实中予以推广应用。

一个高效的绩效评价体系应该能及时地提供有关运营效率和效果的反馈。平衡计分法与传统的业绩评价系统不同，它不仅仅从企业的财务角度，而是从财务、客户、内部经营过程和学习与成长四大方面来平衡传递、相互强调企业的战略目标。在这四个方面都建立具体的评价指标来反映各自为支持战略目标而需达到的业绩要求，并且将组织创新与过程创新的要求体现在各项业绩评价中，以获取企业的持久竞争优势。

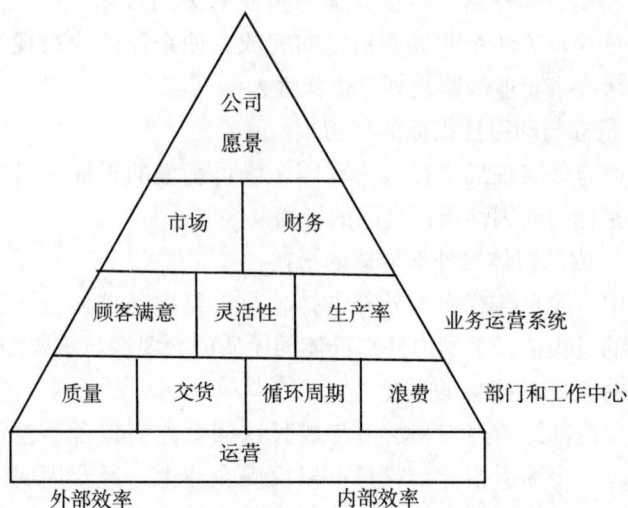

图 11 - 6　平衡计分法的评价指标体系

1. 平衡计分法的原理

平衡计分法的核心思想就是通过财务（Financial）、客户（Customers）、内部经营过程（Internal Business Progress）、学习与成长（Learning and Growth）四个方面的指标相互驱动的因果关系（cause - and - effect links）展现组织的战略轨迹，实现绩效考核—绩效改进—战略实施—战略修正的目标。其中财务指标包括净资产收益率、总资产周转率等，客户指标包括顾客满意率、投诉降低率等，内部经营过程指标包括产品生产时间、经营周转时间、产品质量等，学习与成长包括学习与创新、员工的能力等。平衡计分法对这些指标的关注，使企业更加重视过程，而不仅仅是结果，从而达到战略控制的目的。

平衡计分法通过财务与非财务考核手段之间的相互补充与"平衡"，不仅使绩效考核的地位上升到组织的战略层面，使之成为组织战略的实施工具，而且也在定量评价与定性评价之间、客观评价与主观评价之间、指标的前馈指导与后馈控制之间、组织的短期增长与长期发展之间、组织的各个利益相关者的期望之间寻求"平衡"的基础上，完成绩效考核与战略实施的过程。

（1）财务指标和非财务指标的平衡

目前企业考核的一般是财务指标，而对非财务指标（如客户、内部流程、学习与成长）的考核较少，即使有对非财务指标的考核，也只是定性的说明，缺乏量化的考核，缺乏系统性与全面性，而平衡计分法是从四个维度全面地考察企业。这四个维度是财务、客户、内部经营过程和学习与成长，它体现了财务指标（财务）与非财务指标（客户、内部经营过程和学习与成长）之间的平衡。

（2）企业的长期目标和短期目标的平衡

平衡计分法是一种战略管理工具，如果以系统理论的观点来考虑平衡计分法的实施过程，则战略是输入，财务是输出。由此可见，平衡计分法是从企业的战略开始，即从企业的长期目标开始，逐步分解为企业的短期目标。在关注企业长期发展的同时，平衡计分法也关注企业近期目标的完成，使企业的战略规划和年度计划很好地结合起来，解决了企业战略规划可操作性差的问题。

（3）结果性指标与动因性指标的平衡

平衡计分法以有效实现战略目标为动因，以可衡量的指标为目标绩效管理的结果，寻求结果性指标与动因性指标之间的平衡。

（4）企业组织内部群体与外部群体的平衡

平衡计分法中，股东与客户为外部群体，员工是内部群体，平衡计分法充分考虑了在实施战略的过程中，平衡内外部群体间矛盾的必要性与重要性。

（5）领先指标与滞后指标的平衡

财务、客户、内部经营过程和学习与成长这四个方面包含了领先指标和滞后指标。财务指标就是一个滞后指标，它只可以反映企业上一经营周期的业绩，但不能指出如何进一步改善业绩。平衡计分法对于领先指标（客户、内部经营过程、学习与成长）的关注，使企业更关注于过程，而不仅仅是年度末的结果，从而实现了领先指标和滞后指标的平衡。

2. 平衡计分法的优点

平衡计分法与传统的绩效测评体系相比，具有如下一些特点。

（1）使企业的信息负担降低到最低限度。在当今的信息化时代，信息量极其庞大，企业的管理者因过重的信息处理负担而感到苦恼。平衡计分法可以使企业管理者只需关注少数的关键指标，在满足企业管理需要的同时，尽量降低信息处理成本。

（2）为企业的战略管理提供强有力的支持。平衡计分法的业绩评价指标和企业的战略目标紧密相连，企业可以通过平衡计分法来进行全面管理，从而实现企业的战略目标。

（3）提高企业的整体管理效率。平衡计分法所包含的四个方面的内容，都是关系到企业未来发展的重要因素。该方法将看似不相关的因素有机地结合在一起，可以节省企业管理者的时间，提高企业的整体运营效率，为企业的成功奠定基础。

（4）发挥整体优势，防止企业管理的机能失调。平衡计分法通过对企业各要素的组合，让管理者同时考虑各职能部门在企业整体中的不同作用和功能，使其意识到某一领域的工作改进有可能是以其他领域的工作退步为代价的，从而防止次优化决策，促使企业管理者在决策时从全局出发。

（5）提高企业的适应性，增强员工的参与意识。平衡计分法通过对企业目标和测试指标的不断分解和细化，形成一个纵横交错的统一体，使个人、部门目标和企业战略联系起来，使企业管理者及员工将精力更加集中于企业的绩效改进，也便于及时地检验和修正企业的战略，从而使战略本身根据企业内外部条件的变化而不断地调整，确保企业的可持续发展。

平衡计分法将企业战略而不是将控制置于中心地位。不仅仅是测评体系，还是有助于企业取得突破性竞争业绩的管理体系，并且可以进一步作为企业新的战略管理体系的基石。一方面考核企业的产出（上期的结果），另一方面考核企业未来成长的潜力（下期的预测），然后从顾客和内部业务角度考核企业的运营状况，把企业的长期战略与短期行动联系起来，把远景目标转化为一套系统的业绩考核指标。

3. 将平衡计分法引入企业战略控制系统的基本步骤

（1）准备阶段

在准备阶段，需要做的工作主要是说明愿景、沟通与联系以及设计测评指标等。

首先，企业的主要管理者要对企业的愿景取得一致认识，明确平衡计分法的主要意图，以初步设计出测评指标体系。

然后，进行组织内外部的联系和沟通，与内部员工、股东、重要客户进行交流，使相关各方了解平衡计分法的指标体系，并对初步设计的指标体系进行调整与修改。

最后，在充分了解各部门的基础上，帮助部门管理人员理解企业的战略目标，加强联系与交流，解答管理人员的问题，并了解其对平衡计分法这种评价手段的看法与建议。同时，因为确定战略目标是一个复杂的过程，所以一般需要经过反复的讨论，在不断探讨的基础上才能确定企业的战略目标。

为了取得更好的战略实施效果，在准备阶段，平衡计分法需要从一个具有战略意义的业务部门开始实行，同时该部门的工作与活动最好能够贯穿企业的整个研发、生产、销售和售后等工作流程。在准备阶段结束后，平衡计分法将能够比较贴近企业的实际情况，具有一定的战略意义。

（2）实施阶段

企业利用平衡计分法进行战略控制时，在实施阶段，一般情况下需要做以下几个方面的工作：

①根据企业的具体情况选择合适的信息系统，建立数据库。在测评指标与信息系统和数据库之间建立联系。在企业庞大、复杂的经营系统内部，如何追溯、归纳和分析种种信息，以及对例外情况及时作出警示，都与合理的、灵敏的信息系统分不开。

②在整个企业内宣传平衡计分法，鼓励和帮助下属经营单位开发出二级指标，构造全新的执行信息系统，即以实施平衡计分法的目标部门的下属部门为单位，成立实施小组，各实施小组确定平衡计分法的实施目标并制定实施计划。

平衡计分法的实施过程也就是企业目标在组织内传播的过程，如果能够让企业内的各级员工都参与到平衡计分法测评指标体系的制定与平衡计分法的实施中来，将有助于企业战略目标的推广，从而得到广泛的认同。

（3）定期考察、完善阶段

企业应定期对平衡计分法的实施情况进行考察，确保各个方面实现平衡，并使所有的参数和行动都能向着规定的方向发展。平衡计分法使传统的绩效管理从人员考核和评估的手段转变为战略实施的工具，极大地促进了员工生产积极性的提高，从而使劳动生产率得以提高。同时，企业在定期对平衡计分法的实施情况进行考察时，着重看其是否真正有助于企业战略目标的实现，同时找出其中存在的问题，并提出解决方案。

值得一提的是，企业利用平衡计分法进行战略控制时，它只是能够帮助企业管理层执行战略决策，而并不能保证企业战略目标的实现。若平衡计分法的测评体系未能选择恰当的、能够真正反映企业战略目标的指标，它便无法促进企业实现其战略目标，并不能达到预期的效果。

（三）六西格玛法（6σ）

西格玛（Sigma，简称σ）是希腊文的一个字母，在统计学上用来表示标准偏差值，用以描述总体中的个体对均值的偏离程度，测量出的σ表征着诸如单位缺陷、百万缺陷或错误的概率性，σ值越大，缺陷或错误就越少。

六西格玛（Six Sigma，简称为6σ），它是一个目标，意味着在所有的生产过程和结果中99.99966%是无缺陷的，也就是说差错率为百万分之3.4（即3.4ppm）。从统计学意义上讲，一个过程具有6σ能力意味着过程平均值与其规格上下限的距离为6倍标准差。此时过程波动减小，每100万次机会仅有3.4次落入规格限以外。因此，作为一种衡量标准，σ的数值越小，σ的个数就越多，质量就越好。

六西格玛法又是企业战略控制的一种重要方法。它的核心是追求零缺陷生产，防范企业的战略风险，降低成本，提高生产率和市场占有率，提高顾客的满意度和忠诚度。六西格玛法既着眼于产品、服务质量，又关注过程的改进，在企业战略控制中起到了很好的作用。

1. 六西格玛法的特点

六西格玛法作为一种有效的战略控制方法，具有以下特点。

（1）重视运用统计工具

六西格玛法以数据为基础，通过数据揭示问题，并运用统计学方法提出解决问题的方案。其核心是建立包含输入变量与输出变量的数学模型，并通过分析与优化关键输入变量，改善输出变量的质量特性。

（2）以客户为中心

六西格玛法进行的质量改进，都是从客户需要出发，所有的改进工作都是为了满足客户需求，力求提高客户满意度，扩大市场占有率，充分体现"以客户为导向"的管理原则。

（3）注重质量、增进效益

实行六西格玛法的目标是：增加销售收入、准时交货、减少废品、减少浪费、降低库存、缩短交货期、提高劳动生产率等。六西格玛法强调在控制质量、成本的同时，还要增加收入。六西格玛法非常重视"价值增值"环节，力求减少"非增值"活动，消除潜在浪费，降低成本，使企业实现良好的战略实施效果。

（4）注重过程的持续改进

六西格玛法在战略控制时注重面向全过程，它把质量、成本和效率都作为过程的输出结果。它要对影响输出的输入因素进行分析与控制，即抓住"原因"，针对过程输入与输出的复杂因果关系，通过 DMAIC 流程和 PDCA 循环，对关键输入变量进行分析与改进，不断向无缺陷方向努力，以实现持续发展。

2. 六西格玛改进

六西格玛改进过程最初是由摩托罗拉（Motorola）提出的六西格玛管理，可划分为测量（Measure）、分析（Analyze）、改进（Improve）和控制（Control）四个阶段，简称为 MAIC。这四个阶段是六西格玛法解决问题的关键，实质上它就是解决问题的途径。到了 2000 年后，在 MAIC 的基础上发展成为五个阶段，包括定义（define）、测量（measure）、分析（analyze）、改进（improve）和控制（control）五个阶段，简称 DMAIC。这五个阶段分别解答五个问题：定义阶段，什么是最重要的；测量阶段，我们现在的绩效或能力如何；分析阶段，什么地方出了问题或者还不够好；改进阶段，我们需要做些什么；控制阶段，如何支持改进的结果。

在定义阶段，企业首先需要明确要研究的问题，可以通过调查客户的需求，寻找并明确客户关注的关键产品质量特性 Y。测量阶段，是定义阶段的后续活动，其工作重点就是通过对 Y 进行测量，进一步明确 Y、认识 Y 的波动规律，并寻找影响 Y 的因素。在分析阶段，企业需要利用图形分析、假设检验和方差分析等方法，对在测量阶段所收集的数据进行分析，从相关因素中找出对关键产品特性影响最大的一系列因素 X。在改进阶段，首先要在分析阶段工作的基础上，建立 Y 与 X 的联系，即建立 Y 与 X 的函数关系 Y = f（X），以通过改进 X 值来优化 Y，然后将此统计解决方案转化为现实方案。在控制阶段，为保持 Y 的长期稳定，企业可以构建长期的六西格玛管理控制体系、建立评估标准、确保对产品进行持续评估检查等，不断地检测、改进关键影响因素 X，从而使 Y 稳定。下面是六西格玛改进过程各阶段的操作要领及逻辑关系（如图 11-7）。

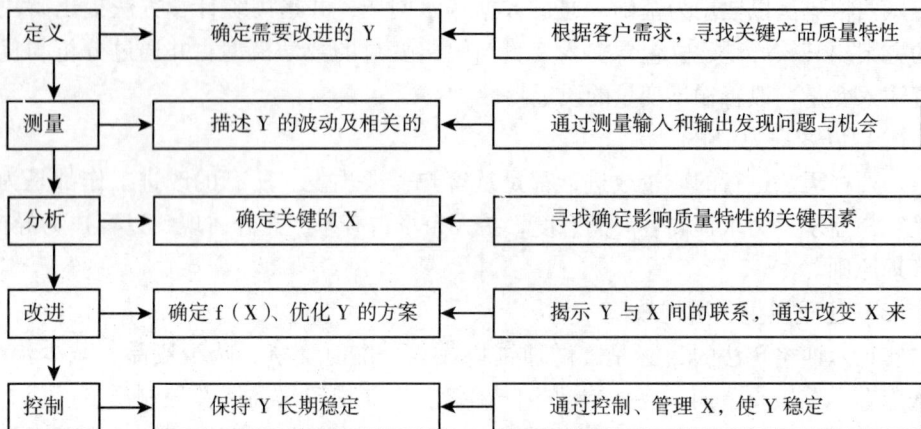

定义	→	确定需要改进的 Y	←	根据客户需求，寻找关键产品质量特性
测量	→	描述 Y 的波动及相关的	←	通过测量输入和输出发现问题与机会
分析	→	确定关键的 X	←	寻找确定影响质量特性的关键因素
改进	→	确定 f（X）、优化 Y 的方案	←	揭示 Y 与 X 间的联系，通过改变 X 来
控制	→	保持 Y 长期稳定	←	通过控制、管理 X，使 Y 稳定

图 11-7　六西格玛改进过程

3. 利用六西格玛法进行战略管理的基本途径

六西格玛法能够有效地对企业战略的实施进行管理和控制，可以通过以下三个途径来开展工作：业务变革，战略改进和解决问题。

这三种途径都有其不同的优点和风险。其中，每个途径都可以运用不同的方法和路线来实现。企业所选择的路线将决定六西格玛法对组织和员工所带来影响的广度和深度。而企业是否选择此种路线取决于其是否适合本企业的实际情况。

如果企业进行"业务变革"，那么其在短时期内就会发生变化，并有所改进。"战略改进"则可以帮助企业把重点放在优先的问题上。然而，在"战略改进"的过程中，企业中正在实行和不实行六西格玛管理的部门的协调与统一将变得较为困难，这样部分部门和人员可能会受到冷落。"解决问题"的力度相对而言较为"温和"，它只是考虑当前出现的问题并加以解决，但是不能从根本上解决企业的潜在问题和风险，不能对企业如何获得成功形成全局性的认识。

这三种基本途径都是企业在利用六西格玛法进行战略控制时比较好的做法，各有优缺点，企业要根据内外部环境的实际情况来考虑采取何种途径。另外值得注意的是，企业在运用六西格玛法时，不论采取何种方法与途径，都应从全局出发，从根本上解决存在的问题和风险。

本章小结

企业战略管理程序的最后一个阶段是战略控制。企业战略控制是提供评估战略执行结果与战略目标是否一致的机制。因此，及时有效的控制可以使企业对潜在的问题防患于未然。

本章内容主要介绍了企业战略风险的管理，包括战略风险的识别、控制和管理，

医药企业战略管理

接着对企业战略控制的基本内涵、特点和基本原则进行了阐述，分析了企业战略控制的类型和过程；最后，重点介绍了企业战略控制的方法，主要有全面质量管理、平衡计分法和六西格玛法，通过这些合理有效的方法更好地实现企业战略的控制。

本章习题

1. 简述战略风险的应对策略。
2. 为什么要进行战略控制？
3. 请谈一谈战略控制的基本原则。
4. 战略控制有哪些类型？请简要谈一谈。
5. 战略控制的方法有哪些？举一例详细说明。
6. 简述战略控制的主要方式。

第十二章

医药企业并购与战略联盟

并购是实现企业战略（主要是一体化战略和多元化战略）目标的重要手段，其主要的经济学逻辑是寻求并购企业与被并购企业之间的协同。并购战略往往具有一定的动因和价值，同时在实施时会遇到一些特有的困难和问题。所以，特别要注意做好前期的调查评估和后期的整合工作。战略联盟是一种存在于两个或两个以上企业之间的合作战略，是企业为了各自的战略性目标而形成的一种合作关系。本章将分别从医药企业的并购和战略联盟两个角度来介绍医药企业间的合作与竞争关系。

第一节　医药企业的并购战略

并购是兼并（merger）与收购（acquisition）的合称。兼并是指一家企业以现金、证券或其他形式购买以取得其他企业的产权，使其他企业丧失法人资格或改变法人实体，并取得这些企业的决策控制权的经济行为。收购是指一个企业通过产权交易取得其他企业一定程度的控制权，以实现一定经济目标的经济行为。收购是企业资本经营的一种形式，既有经济意义，也有法律意义。收购的经济意义在于一家企业的经营控制权易主，原来的投资者丧失了对该企业的经营控制权，实质是取得控制权。从法律意义上讲，我国的《证券法》规定，收购是指持有一家上市公司发行在外股份的30%时发出要约收购该公司股票的行为，其实质是购买被收购企业的股权。

制药产业是一个集约化、国际化程度较高的产业，自20世纪90年代初以来，全球制药企业掀起了并购、重组的浪潮，通过资产集中、经营统一、产业整合等方式，提高了产业的集中度。我国制药企业与国外企业相比有很大的差距，提升国内制药企业的竞争力、加快制药企业的发展，在现今的国际环境下显得十分重要。本节将主要分析我国制药企业并购的原因、并购战略以及战略的实施。

一、医药企业并购的原因

（一）企业并购的动因理论

关于企业并购的动机问题，西方学者一直在不断地进行着广泛而又深入的研究，试图从不同的角度揭示隐藏在大量并购活动之后的真正动机。下面介绍几种现存的有关并购动机的理论，并对其进行分析、整理与归纳。目前关于企业并购动机的理论，主要有管理协同理论、规模经济理论、资产组合理论、财务协同理论、投机理论、代理成本理论、市场竞争理论和交易费用理论等八个。

1. 管理协同理论——差别效率假说

该理论从管理协同的角度解释了横向并购的动机问题。该理论认为，如果一家公司拥有一支高效率的管理队伍，其管理能力超过了公司日常管理的要求，该公司便有了收购另一家管理效率低的公司的能力，这可使其过剩的管理资源得到充分利用，从而将被收购公司的非管理性组织成本与收购公司过剩的管理成本有机组合在一起。

2. 规模经济理论——规模效应假说

该理论从规模经济的角度解释了几乎所有类型的并购动机问题。实现规模经济，可以达到降低成本，提高技术开发能力和生产效率的目的。该理论隐含的假设前提是，在企业并购活动之前，公司的经营水平或规模都尚未达到实现规模经济的潜在要求。

3. 资产组合理论——多元化战略假说

该理论借助资产组合假说，认为市场环境是不确定的，为了降低和分散风险，企业通常采用混合并购的方式，实现多元化经营。该理论隐含的假设前提是，通过多元化经营降低的市场风险足以弥补由此增加的管理成本和产生的新风险。多元化经营模式曾经十分流行，但20世纪90年代以来，随着核心竞争力、价值链等新管理理论的问世，越来越多的公司倾向于采用专业化的经营模式。混合并购，与其它并购类型一样，并未能降低企业的系统风险。因此，用该理论来解释混合并购的动机，从目前来看，显得不够有说服力。

4. 财务协同理论——避税假说

该理论认为一个有累积税收损失和税收减免的企业可以与有盈利的企业进行合并，从而实现合法避税的目的。各国公司法中一般都有规定，一个企业的亏损可以用后续若干个年度的利润进行抵补，抵补后再缴纳所得税。因此，如果收购企业每年有大量的利润，而目标企业历史上存在着未抵补的巨额亏损，那么收购企业不仅可以低价获取目标企业的控制权，而且可以利用其亏损进行避税。

5. 投机理论——价值低估假说

企业并购的动因在于，目标公司的股票市场价格低于其真实价值。企业市场价值被低估的原因有：企业现有的经营管理未能发挥其应有的效率，并购方掌握普通投资者所没有的关于公司真实价值的内部信息，公司的市场价格与重置价格之间存在一定的差距等。企业并购能使目标企业的市场价值得以恢复。

美国经济学家托宾以 q 值来反映企业并购发生的可能性，其中 q 为企业股票的市场价值与其实物资产的重置价值的比值。当 q < 1 时，形成并购的可能性较大。美国 20 世纪 80 年代并购潮高涨期间，企业的 q 值一般在 0.5～0.6 之间。譬如，如果公司 q 值为 0.6，而兼并该公司的股票溢价 50%，那么收购价与重置价的比值为 0.9，即收购目标企业还是比新建一个同类的企业有利可图。但问题在于，并不是所有价值被低估的企业都会被兼并，同时，被兼并的企业也不都是价值被低估的企业。

6. 代理成本理论——管理主义假说

该理论认为，与股东关心企业利润相比，管理者更关心自身的权利、收入、社会声望和职位的稳定性。他们通过并购来扩大企业规模，借此来增加自己的收入并提高职位的保障程度。穆勒（1990）认为管理者有扩大企业规模的动机，因为管理者的报酬是公司规模的函数。梅克斯等（1975）从一家英国公司的样本中发现，公司董事工资的增长与销售额的增长呈正比关系，认为公司规模是影响经理收入的主要因素。佛斯（1980）发现并购公司经理在并购后的两年里，平均收入增加了33%；而未发生并购的公司其经理收入只增加 20%。

7. 市场竞争理论——市场势力假说

这种理论认为，并购活动的主要动因，经常是因为可以借助并购活动来减少竞争对手从而增强对企业经营环境的控制，提高市场占有率，增加长期获利的机会。下列两种情况可能会引致以增强市场势力为目的的并购活动：在需求下降，生产能力过剩，遭遇削价竞争，且遭受外来势力的强烈渗透和冲击时，企业间通过合并而组成大规模联合企业来对抗外来竞争；国际市场竞争使国内市场壁垒等变得非法，通过并购可以使一些非法的做法"内部化"，以继续控制市场。

8. 交易费用理论——组织替代市场假说

该理论认为节约交易费用是企业并购活动的唯一动机，企业并购实质上是企业组织对市场的替代，是为了减少生产经营活动的交易费用。

该理论用"资产专用性"解释纵向并购，资产专用性是指某项资产或生产要素最适合于某种特定的配置。它实际上测量的是某一资产对市场的依赖程度，资产专用性越高，市场交易的潜在费用就越高，纵向并购的可能性也就越大，当资产专用性达到一定程度时，市场交易的潜在费用就会阻止企业继续依赖市场，而是将其相关部分内部化，从而发生纵向并购。

（二）医药企业的并购原因

学界对于并购的研究从 19 世纪末开始，已经积累了相对丰富的文献资料。20 世纪 90 年代以来，国内外医药企业的并购案接连出现，为研究企业并购提供了广泛的素材。归纳现有的关于医药企业并购原因的研究，一般认为在新形势下，影响医药企业并购的因素较为复杂，既可能是企业战略推动的，也可能是宏观环境促使的。

1. 企业战略因素

目前，大多数经济学家认为，并购是企业实现战略目标的一个重要工具。医药企业进行并购主要是出于对企业发展战略的考虑，或许只是纯粹的财务方面的动机，或许是为了追求市场份额以及为了扩大自身的产品线等，也有可能是因为并购能够有效地扩大企业的经营范围和规避各种法律、法规的限制。

医药企业的经济规模较小，产业集中度相对较低，并购重组能够带来明显的规模经济效益，尤其是在营销和研发方面。2010年，我国规模以上医药制造企业的数量为7039家，大多数企业的经济规模相对较小，缺乏大型龙头企业，销售额排名前10位企业的集中度不足15%，产业集中度明显较低，与国际医药行业相距甚远。因此，提高医药产业集中度的空间很大，企业并购重组能够持续获得规模效益，尤其有利于提高营销、品牌和研发的规模效益。

2. 宏观环境因素

（1）经济蓬勃发展。特别是经济全球化的高速发展，推动了医药企业并购浪潮的不断兴起。当今世界，经济早已具有全球化的特征，医药产业是按照国际标准划分的十五类国际化产业之一，也是世界贸易增长最快的五类产业之一，具有全球竞争性的特点。从近几年来看，全球医药产业的竞争正在由品种的垄断竞争向企业的垄断竞争转变。比如说，2012年我国有医疗器械企业超过1.2万家，工业生产总值年均可达600多亿元，但其市场集中度相对于国内药品制造业更低，并没有形成几家具有影响力的龙头企业。在国际市场上，大型影像设备和高价值耗材市场基本是由国外大型企业所控制。

（2）国际竞争激烈。由于市场国际化和知识产权的保护，市场竞争变得愈加激烈，跨国公司只有通过大规模的联合与兼并以及国际资本运作，建立全球化的生产与销售网络，才能扩大市场份额，占领竞争的制高点。建立经营范围全球化、具有高技术开发能力和雄厚投资能力的世界级大公司，是国际医药企业并购的重要目标。通过企业并购形成这种大公司，可以优化资产结构，拓展核心业务，降低成本；同时，能使医药产业的集中度迅速提高，形成的"航空母舰"级的企业能够加强对医药市场的分割与控制。因而国际竞争加剧必然促进医药行业不断并购，并反过来又促进国际竞争进一步激烈。

（3）技术进步加快。经济全球化使得科学技术突飞猛进，制药产业主要是依靠先进的科研成果开发新药以占领市场的行业。由于新技术的高额投资，研发周期长。而且仿制药上市所需的时间越来越短，导致新产品开发难度提高，开发费用增加。因此，通过兼并来获得新技术成为企业获得先进技术的有效途径。现代世界医药公司的大规模并购活动，就是想把相关的知识资产结合起来，以利用资金、市场、技术上的优势、垄断的专利权来建立其在全球的竞争优势。

（4）产业结构政策。随着经济全球化的加深，发达国家越来越意识到大型企业在国际竞争中的重要性，开始放松对医药企业反垄断的限制。而对于我国这种发展中国家而言，为应对跨国巨头的挑战，也必然会调整产业政策，推动医药企业的联合与并购，培育几个大型的医药制造企业。我国医药企业并购的推手绝大部分是政府，包括中央政府和地方政府。因为在国有企业中，只有政府作为首倡者，其他股东、管理者以及政策制定者才有可能跟进，他们必须和政府的政策一致。国家出台的一系列具体措施也推动了医药产业的结构调整，如全面推行 GMP、GSP、GAP 等的认证，提高了对医药企业的要求。多数不能在规定期限内通过认证的中小企业为了生存与发展，选择了与大中型企业联合。另外，自 1997 年以来，国家计划委员会（现更名为国家发展和改革委员会）多次对药品实施强制性降价，次数频、品种多，大大地压缩了厂家的利润空间，逐渐消除了行业普遍存在的暴利，促进了企业的并购重组与产业集中度的提高。同时，国家在医药工业十二五规划中也提出要提高医药产业的集中度，规划到 2015 年：销售收入超过 500 亿元的企业达到 5 个以上，超过 100 亿元的企业达到 100 个以上，前 100 位企业的销售收入占全行业的 50% 以上。

二、医药企业的并购战略

（一）横向并购

横向并购，又称为水平并购，是指处于同一行业内的企业间的并购活动。显然，横向并购能提高市场集中度，而市场的适度集中有利于企业发挥规模经济的效应，提高企业自身的竞争力。横向并购是最基本的并购类型，在并购案中占很大的比例。横向并购直接导致了发达国家寡头垄断市场结构的形成，并推动其进一步发展，在美国的第一次并购浪潮和至今仍在进行的第五次并购浪潮中，横向并购案所占的比重极大。

我国医药企业数量众多，规模偏小，生产成本高，规模效益差，缺乏研究开发能力和市场竞争能力。面对跨国制药公司的竞争压力，我国医药企业最需要做的是快速做大做强，因此医药企业的并购战略也是以横向并购为主。这些并购，一方面是在政府力量的推动下，组建我国医药企业的"国家队"。其中最引人注目的是中国药材集团公司并入中国医药集团总公司（中国医药集团总公司和中国药材集团公司都是国资委属下的巨型企业）。2010 年，华润医药围绕着中药平台、大输液平台等几大业务平台进行对外扩张和内部业务整合。在大输液领域，华润双鹤成功地收购了长福金山的股权，并完成沈阳恩世药业和河南华利药业的并购；中药板块，天然药事业部顺利地并入华润三九。同年 11 月，华润医药与片仔癀药业签署合资意向协议，双方拟共同投资 10 亿元设立中外合资公司，对片仔癀进行二次产品开发和销售。一系列对外扩张和内部整合进一步提升了华润医药在行业中的领先地位，并使其产品线更加丰富。

这种类型的并购一方面带有政府调整医药产业布局的意味，另一方面也是企业出于自身发展的考虑，是完全的市场化行为。较为成功的案例有广药集团收购白云山制药，两者优势互补、资源共享，实现了全面整合，发挥了"1 + 1 > 2"的效应，促使白云山的销售收入和市场份额增加了一倍多，稳定了其在华南地区化学制药的霸主地位和国内制药企业第一梯队的地位，同时也突出了白云山品牌。

（二）纵向并购

纵向并购，是指生产过程或经营环节相互联系的企业之间，或者具有纵向协作关系的专业化企业之间发生的并购行为。即优势企业将同本企业紧密相关的生产、营销企业并购过来，形成纵向一体化，以此降低交易费用，创造良好的经营环境。如与供应商或购买者的合并。纵向并购的实质是处于同一产品的不同阶段（如原材料的生产、采购，产品的生产、销售等）的企业间的并购，并购方往往是原材料的供应者或产成品的购买者，所以对彼此比较熟悉，有利于并购后的相互融合。企业通过纵向一体化可能获得的收益有：交易成本降低，垄断力量增强，可将外部经济内部化进而纠正因外部性而引起的市场失灵。

制药企业的纵向并购多是向药品的流通领域扩展。企业要有竞争力，不仅要看它的产品是否有市场，还要看它的营销网络是否健全。谁掌握了销售终端谁才能真正拥有市场，控制了市场，企业才能掌握自己的生存命脉，才能确保可持续发展。近几年，药品流通成为竞争的焦点，具有区域垄断地位的药品流通企业成为制药企业竞相并购的对象。重庆太极集团并购桐君阁、双鹤药业收购西安医药股份有限公司、国药控股收购一致药业、石药集团成为石家庄乐仁堂的第一大股东都体现了制药企业的这一战略方向。

营销渠道作为制药企业销售药品的重要途径，制药企业为控制渠道资源，纵向并购时有发生，但相对横向并购来说，纵向并购还处于从属地位。

上海医药集团股份有限公司（简称上药）携手山东鲁抗医药股份有限公司（简称鲁抗）便属于这一类型。上药本身拥有红霉素系列产品及双氢链霉素、卡那霉素等，收购鲁抗，看重的是鲁抗的原料药，为的是抢占资源，完善其上下游产业链。重组成功后，上药接手鲁抗集团的原料药生产基地远比自建划算，除此以外还可以利用鲁抗集团的生产线进行生产，一举两得。

（三）混合并购

混合并购是指一个企业对那些与自己生产的产品不同性质或种类的企业所进行的并购行为，其中目标企业与并购企业既不处于同一行业，又没有纵向联系。也就是说参与并购的企业处于不同的产业部门，且这些产业部门的产品既没有密切的替代关系，也没有显著的投入产出关系。一般而言，人们把混合并购分为三种类型：产品扩张型并购、地域扩张型并购和纯粹混合并购。

1. 产品扩张型并购，是指一家企业以原有产品和市场为基础，通过并购其他企业进入相关产业的经营领域，其作用是拓宽企业的生产线，延展产品的生命线。特点是增加主导产品或储备产品，降低经营风险，并通过统配资源来提高生产效率。以诺华为例，它旗下拥有护理和专科用药，仿制药和疫苗，除此之外，它还通过收购爱尔康公司，在眼药和护理产品方面积极拓展。

2. 市场扩张型并购，是指在不重叠的地理区域从事经营活动的企业之间的并购，其作用是扩大企业的市场范围。属于这种类型且做得比较成功的，当属三九集团（简称三九）收购日本东亚制药一案。2003年7月，三九通过旗下的本草坊，收购日本东亚制药51%的股份，新厂命名为"三九集团东亚制药株式会社"。从2003年9月1日起，东亚制药原有的130种汉方药（日本对植物药的称谓）统一启用新的品牌——三九。三九的药品绕过各种壁垒，直接投入日本市场。这是我国医药企业第一次收购外国药厂，首次以生产商的身份进入国外市场。三九收购日本东亚制药对我国中药走向国际市场意义重大，也标志着我国医药企业跨国并购迈开了第一步，为国内逐步做大做强的医药企业走向国际市场提供了可行的思路。

3. 纯粹混合并购，是指所涉及的并购企业之间没有任何生产或者经营上的联系。医药行业属于高增长行业，近年来营业额的年增长率保持在15%左右，预期其利润空间较大、发展前景较好，对资本流入有较大的吸引力。我国全面建设小康社会的过程中，药品市场的需求将持续较快增长，医药产业属于朝阳产业，与其他行业相比，利润率较高，具有相对较大的预期利润空间，这对社会资本尤其是工业的资本形成有很大的吸引力。为尽快占领医药市场，行业外的资本越来越多地采取并购重组的方式进入。例如，李嘉诚旗下的和记黄埔公司参股同仁堂，便是近几年我国医药行业并购重组的一大亮点。此外，纺织起家的华源系通过频频并购，已成为我国医药行业的领军企业。民营资本中，上海复星科技、华立集团等在医药领域都有大手笔的动作。

总之，小型企业想通过公平投资或完全入并进入更大市场，以确保长期生存；中型企业想找到合伙者以获取能与大型企业相抗衡的力量；大型企业则想通过兼并和投资的方式补齐产品门类。在未来的一段时间内，医药产业的面貌将在企业间频繁的兼并和收购行为中被逐渐改变。

三、企业在并购中存在的问题

企业在并购重组的过程中会出现许多的问题，如产权不明晰，难以塑造企业并购和产权交易中的市场交易主体；支付手段单一，以现金为主，给企业的后续经营带来沉重压力；以资本运营代替生产经营，盲目兼并和收购；重并购、轻整合使并购效果不佳。而目前我国大部分的制药企业规模小、实力弱、资产质量不高、技术水平和管理水平落后、产品结构不尽合理，市场竞争力不强，内部规章制度不健全、缺乏激励机制，难以成为并购主体和被并购对象，在竞争中处于不利地位，不加速发展难逃被淘汰的命运。

（一）企业产权不明

目前国有医药企业在整个医药产业中仍然占相当大的比重，特别是在医药类上市公司中，国有医药上市公司占的比重更大。由于国有医药企业产权属于"全体人民"，而产权制度改革尚不到位，存在所有者缺位的问题，往往会出现两种弊端。

弊端之一，政企不分。政企不分就会导致企业并购带有浓厚的行政色彩。政府介入并购活动，最明显的负面效应有两点：一、政府的干预违背了市场规律，人为规定了生产要素的流向，不利于社会资源的优化配置；二、破坏优势企业自身的发展战略，削弱了其竞争力和发展势头。

弊端之二，内部人控制。由于所有者缺位，而国有医药企业法人治理结构又不完善，往往会出现内部人控制的现象。目前，国有企业经理层的名义报酬普遍偏低，再加上市场体制不完善，经理人市场没有形成，经理人失去了控制权也就失去了一切。战略并购要实现"1+1＞2"的效应，将使企业的价值最大化，使企业股东的利益最大化，但会使被收购方经理人的控制权遭受损失。为了避免控制权遭受损失，经理人就会采取措施抵制并购活动，甚至会通过游说地方政府来阻碍战略并购活动，从而使战略并购活动难以开展。

（二）支付手段的局限

虽然《上市公司收购管理办法》明确地提出，上市公司收购可采用现金、股票、债券、资产或其组合来支付或者采取其他的支付方式进行，但在实际的并购案中，支付手段仍以现金为主，杠杆收购运用得很少，现金协议收购仍为主要的收购方式。在企业并购中，现金支付手段具有明显的缺陷：一是对并购规模的限制，因为国内企业实力有限，直接支付现金的能力相对较弱；二是现金支付容易产生"一出一进"的"等价交换"并购，即收购方获得目标资产的产权，原来的控制方"出局"；三是这种"一出一进"的并购形式还容易产生"星罗棋布"的小企业，而无法达到通过并购将企业做大做强的目的。

（三）资本运营与生产经营的关系

在企业的发展过程中，生产经营是资本运营的前提和基础，资本运营是生产经营的加速器，两者相辅相成。但目前有相当一部分企业，认为资本运营是企业快速发展的捷径，便不切实际地从生产经营转为资本运营，甚至舍本逐末忽视了生产经营。表现为无视或低估亏损企业存在的问题，过分强调低成本扩张，热衷于大量并购亏损企业，寄希望于迅速扩大资本量，获得超常规发展。然而空中楼阁是难以久存的，比如三九集团的资本运营始于1989年，先后并购企业近100家（其中包括两家上市公司），产品从30个发展到1000多个，从单一的制药企业发展成为涉及十几个行业的多元化产业集团。由于不了解目标产业的运作，管理薄弱，投资三九汽车导致了数以亿计的损失，还有轰轰烈烈的"百县大战（大农业产业战略）"及向"老少边穷"地区发展的战略都招致了巨额亏损。

（四）并购与整合的配合

美国企业并购专家飞利浦·米尔韦斯在《兼并的管理》一书中，指出"企业兼并失败除了兼并的交易价格、目的、对象和兼并时间等方面的原因外，还有一个重要的原因就是对兼并后的企业的管理和控制失当，在兼并中没有适当的并购管理计划，缺乏有效的领导，忽视了公司间组织和文化的协调"。据有关研究显示，我国企业并购的成功率仅为30%左右，而绝大部分并购的失败源于人事整合、营销整合、管理整合、企业文化整合等一系列整合出现的问题。并购双方往往十分重视并购的谈判过程，而对事后的整合管理显得重视不够、准备不足，对于磨合过程中出现的企业文化冲突、员工士气低落及改革阻力等问题，缺乏完整的应对方案及整合计划，最终使并购流于失败。

就国内医药企业的并购案，由于整合不善而导致并购失败的例子就不少。有业内人士指出，国内医药企业的并购失败率很高。一是由于并购企业事前对困难和复杂性评估不足，实施兼并时操之过急，造成对被兼并企业的后续的关于日常业务管理、财务管理、人力资源管理等的制度不健全，不配套，管理不到位；二是从客观上讲，并购完成后的问题仍有很多，尤其是并购国有企业，包袱太重，隐性的投入很大。比如投入 5 亿元并购，但真正进入被并购企业后可能要再投入几亿元来妥善解决养老保险、职工再就业、退休等问题。同时，并购之后仍有很多问题需要细化，严格地说，即使完成了支付，并购案也并没有尘埃落定。

第二节　医药企业战略联盟

战略联盟就是两上或两个以上的企业为了达到共同的战略目标而采取的相互合作、共担风险、共享利益的联合行动。战略联盟是资源和知识的重要来源，也是竞争优势的重要来源，所以对战略联盟的研究具有非常重要的现实意义。

80 年代中期以来，战略联盟日益广泛。尤其是在高科技行业，居于领先地位的企业越来越多地卷入到各种形式的企业联盟中。所有这些企业，并不是完全的企业之间的吞并，但却比完全通过外部市场进行信息沟通要紧密得多。之所以被称为联盟，是因为它们要相互依赖，共同进行决策。

一、战略联盟的内涵

（一）战略联盟的定义

战略联盟最早是由美国 DEC 公司总裁或简·霍普兰德（J. Hopland）和管理学家罗杰·奈杰尔（R. Nigel）提出，他们认为战略联盟是指由两个或两个以上有着共同战略利益和对等经验、实力的企业，为达到共同拥有市场、共同使用资源等战略目标，通过各种协议、契约而结成的优势互补或优势相长、风险共担、生产要素水平式双向流动的一种松散的合作模式。

关于战略联盟的定义，学术界还有着多种解释。

1. 布劳易斯（1972）等人将稳定的联盟称为"准一体化"。

2. 交易成本经济学的代表人物威廉姆森（1983）称之为"非标准商业市场合同"。

3. 巴特勒（1983）和卡奈尔称之为"被管理或被组织的市场"。

4. 索雷利（1986）从联盟组织多变性出发，称之为"网络化"。

5. 波特（1990）将联盟称之为"企业间达成的既超出正常交易，又达不到合并程度的长期协议"。

综合上述的诸多经典描述，本书将战略联盟定义为两个或两个以上的独立组织为了实现各自的战略目的，而达成的一种长期或短期的合作关系。这种合作是企业为了现实生存或长远发展的需要而采取的行动，具有明确的战略意图和目的，但合作关系本身则不一定是长期稳定的。

因为战略联盟要求共同承担责任，相互协调，精心谋求各类活动的相互合作，因而模糊了企业的界限，使得各个企业为了实现联盟的共同目标而采取一致或协同的行动。但有一点是清晰的，即联盟伙伴保持着既合作又竞争的关系。联盟伙伴虽然在部分领域中进行合作，但在协议之外的领域及在企业活动的整体态势上依然保持着经营管理的独立自主，相互间可能是强劲的竞争对手。

（二）战略联盟的类型

1. 根据合作内容，战略联盟可分为产品联盟和知识联盟

（1）产品联盟

早期的联盟主要围绕产品进行合作，通常称为产品联盟。最典型的例子就是研发/制造型企业与经营销售企业的合作。其目的是为了降低投资费用和投资风险，或是获得更多的市场机会和销售渠道，或是减少竞争对手的威胁。产品联盟以短期的最大利益为出发点，几乎没有知识技能的转移，获得某一产品的经营机会或扩大现存产品的销售是该联盟的主要目标。

（2）知识联盟

知识联盟是从企业的知识管理和组织学习的角度对战略联盟进行的一种阐释。我们可将其定义为"以学习和创造知识作为联盟的中心目标，有助于两家公司的专业能力优势互补，促进企业之间知识资源共享、知识流动和知识创新的立体网络组织"。建立知识联盟对企业的直接意义就是增强企业的"内部的积累性学识"，从而提高企业的核心能力，并对获得持续竞争优势予以战略支持。

（3）相对产品联盟，知识联盟具有以下三个方面的特点

①在知识联盟中，联盟各方的合作关系更加紧密、更为稳定持久，相互信任程度更高。影响知识转移的关键因素是知识的模糊性，而知识的潜藏性、资源的特异性、先前经验的复杂性、成员的保护意识、文化差距、组织能力差距又是影响知识模糊性的因素。而且联盟时间越长，先前经验的复杂性对知识的模糊性的影响越小。因而，知识性的合作需要各企业在良好的环境下进行更多的沟通与交流，企业的员工必须紧密合作，才能够实现知识的转移和创造。否则组织学习将会受阻于企业的能力差异和知识的模糊性等因素。

②知识联盟的参与者范围更加广泛，形式从以往的线性联盟发展为立体的联盟网络。知识联盟的参与者能够和其他组织合作，只要这个组织拥有有益于参与者的专业能力。企业与员工、工会、经销商、供应商、高校、科研机构等都可以形成知

识联盟。

③知识联盟比产品联盟具有更大的战略意义。知识联盟可以帮助企业增加其知识资源的积累，改善组织的基本功能，从而有助于从战略上提升组织的核心能力。

2. 根据合作各方关系的紧密程度，战略联盟可分为契约式战略联盟、股权式战略联盟和合资企业

（1）契约式战略联盟

在契约式战略联盟中，企业虽达成战略合作的协议，但它们的联系不是以资产（股权）为纽带的，而是依据更为灵活、松散的契约来进行合作管理的，即不交叉持股或建立独立的企业。契约式联盟的最大特点是合作方一般处于相对平等的地位，在经营中保持相对自主性，因而具有灵活、自主、抗风险能力强和经济效益好等特点。

（2）股权式战略联盟

股权式战略联盟是由各成员企业作为股东共同创立的。股权式联盟的合作契约中增加了对联盟组织或联盟伙伴进行股权投资的内容，但一般不包括各成员的核心业务。股权式战略联盟的价值在于它强调了合作方的重要责任和义务，使盟友间联系更为紧密，为双方建立长期的合作关系奠定了基础。它的不利之处在于企业的经济成本较高、风险较大，有时甚至会影响企业经营的独立性。

（3）合资企业

合资企业是由进行战略合作的企业，通过共同投资建立一个全新的具有独立法人资格的企业，合作各方分享该企业所产生的利润。如合资建立两个同等的企业，并且让各自所在地的企业拥有较多的股份，对同一产品进行生产和销售。这样既可以保证联盟各方的利益，又可充分发挥联盟各方的优势和积极性。同时，企业也可以进行竞争。再如合资成立两家公司，目标市场不是在彼此的国家，而是全球市场，将全球分成两个部分，分别让两家公司去占领。

二、企业战略联盟的特点

战略联盟作为企业间合作的一种新的战略形式，在近几年得到快速发展，其主要特点有：

（一）边界模糊，机动灵活

战略联盟是介于企业与市场之间的一种"中间组织"。联盟内的交易不是企业内部的交易，因为这种战略联盟交易的进行不完全依赖于某一个企业的治理结构；同时，联盟内的交易也不同于市场上的交易，因为交易的进行并不完全依赖于市场的价格机制，战略联盟模糊了企业与市场的具体界限。战略联盟主要是基于契约而组建，其组建所需时间较短，过程相对简单，也不需要大量投资。同时，由于合作各方的关系松散，战略联盟的解散十分方便，当外界环境发生变化，战略联盟不能适应环境时，便可迅速解散。

（二）组织松散，决策更为复杂

战略联盟是一个动态的、开放的体系，是一种松散的企业间组织形式。一般来说，战略联盟不涉及所有权的转移，联盟企业是因共同的战略利益而彼此相互依存的"合作关系"。联盟主要通过行政方式对联盟企业进行协调管理，联盟企业通过协商的方式解决各种问题。在战略联盟中，尽管多个不同的企业联系在一起，相互之间建立了合作协定，但是，每个联盟企业都是相互独立的，都有自己的战略取向和利益目标。这一内在属性，决定了战略联盟所确定的合作项目或活动，必然是多个决策中心共同作用的结果。所有的联盟企业，都希望联盟沿着最有利于实现自身目标的方向发展，都会积极参与联盟决策，都会竭力阻止联盟的发展背离自身的利益需求。多个决策中心共同施加压力，使得战略联盟的决策要比拥有统一指挥链的单个企业的内部决策更为复杂。

（三）平等合作，内部需要经常谈判

战略联盟一般没有股权和权力上的控制，除了遵守协议上的约定外，联盟中的一方不能左右另一方的行为。因此，战略联盟的一个重要特点是产生"互惠"的结果，这就要求保持联盟各方在利益分享和决策方面的平等性。由于同时涉及多个不同的企业，为维持联盟的正常运作，在联盟合作中，谈判几乎是一件永无休止的事情。在已完成并购的企业中，或者在一个企业内部，所有关于企业发展战略的不同意见，都将被汇集到企业的管理高层，由高层管理人员最终决定哪一种方案更加适合企业的发展。一旦企业高层管理人员做出了决策，那么，企业各级管理部门都要按照高层管理人员的决策要求开展工作。然而，在联盟中，任何一个企业都无法做到这一点，至少理论上是这样。因为联盟企业之间不是公司总部与分支机构的关系，任何一个联盟企业都无法强迫其他企业接受其决策方案，无权向其他企业发号施令。这样，在联盟建立与运行的过程中，每当需要做出一项决策时，只要联盟企业出现分歧，就必须借助谈判予以解决。

三、企业战略联盟的管理

提出企业联盟的管理应该从战略和战术两个层面出发，分别对联盟的目标和远景，以及成员的合作与联盟运行等进行管理，提出了目标管理、信任管理、学习管理和创新管理等具体策略和方法。系统性较强，对管理实践有重要的指导意义。管理的策略和方法必须在一定的基础条件和环境中才能有效实施，并发挥积极的作用，下面将分析以上四种管理策略的基础条件和适用环境，从而针对不同的联盟状况实施相应的管理策略。

（一）目标管理

企业战略联盟的维系力应当适度：一方面，联盟中需要适当的维系力，这样可以防止联盟内部失衡，而导致联盟的稳定性变弱；另一方面，过强的维系力将使联盟变得过于僵化，使联盟成员过分地相互依赖，并且削弱对环境变化的适应能力，联盟因此失去动力，最终会导致联盟的解体。鉴于这种状况，企业战略联盟如何形成适当的维系力，同时还能保持灵活性、强化性和自适应性，就要从联盟的内外部动力找出其维系力，同时从企业的变革管理中，找出企业战略联盟的具体管理手段和方法，以实现战略联盟持续发展的目标。

联盟动力是联盟生存和发展的基础。联盟的外部动力主要来自于强竞争市场环境，内部动力主要来自于成员企业间的资源和能力互补，其中包括纵向联盟和跨行业联盟的互补。这种互补性会使成员企业相互依赖，在此基础上，形成联盟共同的目标，而且只有彼此合作才能实现联盟的目标，并且能够在强竞争环境下战胜对手，获得经济效益。只有在这种状况下，才能形成较为稳定的维系力。为了避免维系力过强，而使其维持在适当的水平，同时又能保持灵活性、强化性和自适应性，各成员企业可以采用 PDCA 模式，进行流程管理变革，为实现联盟的战略目标夯实基础。

PDCA 模式也称为戴明环，该模式是由美国质量管理学家戴明博士提出的，是一种循环模式。它是计划与执行以及检查和行动之间循环往复的一个过程。首先，需要详细地确定工作目标以及行动计划，确定之后依照计划开始工作。当工作完成后，对工作质量之类的结果进行检查。最后对检查的结果进行相关处理，对成功或失败的经验教训进行总结，进一步解决尚未解决的问题。然后对这一轮工作的所得或所失进行总结和改进，并应用于下一轮的循环。由于这种循环方式可以进行自我强化，因此被联盟普遍采用。PDCA 循环不仅可以运用于每个成员企业内部，整个联盟体也可以同时采用，这样可以形成多个循环，有利于提高整个联盟的绩效。

针对战略联盟的动态系统，运用联盟的互补性和外部环境的驱动力，可以使联盟保持稳定的、适当的维系力，同时运用 PDCA 流程管理变革，可以增强联盟的灵活性、强化性和自组织性。

（二）信任管理

联盟的信任是指联盟成员之间的相互信赖。随着联盟的发展壮大，联盟内成员企业间的信任度将不断提高，同时联盟成员间的信任也是构成联盟合作动力的关键要素。我国学者将战略联盟伙伴间的信任分为弱式信任、半强式信任、强式信任三种逐渐升级的信任关系。其中弱式信任是最初级的信任，无需投入关系资产，无需投入大量的精力去管理，因而难以形成竞争优势；半强式信任是以强制性的监督激励为导向的信任，这种信任会由于信息不对称而面临机会主义风险，需要投入关系资产，但不会形成真正的信任关系；强式信任是以价值标准、行为准则为导向的信任关系，这种信任可以通过学习型管理实现，是最高级的信任。

信任具有信赖、风险和脆弱性的涵义，既然信任可能由于其他成员的不可信导致负产出，那么战略联盟的成员之间必须具备信任的基础。通过研究发现，战略联盟内成员之间的信任基础由以往的合作关系、现有的契约或股权关系、公平公正的组织文化、诚实的沟通、成员间的资源和能力的互补与匹配所构成。构成要素中，除契约或股权关系属于制度或可控的因素外，其他四个均为心理和行为方面的因素。既然信任是一种态度，或是对机会主义的感知，施加契约或股权关系这些强制性的控制，并不能形成真正的信任关系。但是契约或股权关系会影响联盟环境，会间接地对心理和行为要素产生影响，虽然这些因素通常难以准确测量，但其可能会随环境的变化而变化。

在明确基础要素的前提下，应针对不同形式的战略联盟，创建不同的信任机制，如建立以特征为基础的信任机制、以规范为基础的信任机制、以过程为基础的信任机制和以动态学习为基础的信任机制等。

1. 以特征为基础的信任机制

文化特征和背景相似的企业间建立的战略联盟，由于熟悉彼此的文化，其思维方式和行为都很相近。文化越相近，联盟合作越成功，付出的学习和时间成本就越低，如果文化差异明显，联盟内成员企业之间要想建立信任就非常困难。

2. 以规范为基础的信任机制

这是一种以控制替代信任的机制，在难以测量成员企业心理和行为因素的前提下，以契约的方式设定成员企业应遵守的规则。以这种联盟关系来构建成员企业的信任，通过激励和约束增加机会主义的成本，提高合作的效率。这种信任机制实际上是一种被动的、预防性的控制，一旦外部环境恶劣、互补性消失或成员企业的学习和创新能力明显下降，联盟仍然可能面临解体的风险。

3. 以过程为基础的信任机制

通过联盟的过程建立联盟的信任机制，主要有三种不同的基本过程。第一种是成员企业相互沟通、加深了解，从而强化彼此间的信任；第二种是通过联盟成员以往对信誉的投资和累加，产生联盟信誉效应，建立信任关系；第三种是通过构建联盟未来美好的愿景，激励成员企业放弃机会主义的想法，从而建立联盟信任机制。从长远利益来看，这种信任机制是最有效的。

4. 以动态学习为基础的信任机制

由于联盟所面临的外部环境不确定，联盟成员之间的信任基础要素也会随之改变，所以必须建立成员间的动态信任机制。这种机制是在变化的环境下，成员之间建立学习机制，通过相互学习，建立与时俱进的联盟文化，同时在学习中相互促进，确保联盟持续发展的动力。这种信任机制是联盟得以持续发展的基础，只有通过成员企业间的相互学习，才能提高整个联盟应对危机和挑战的能力，同时成员企业通过学习，在各自擅长的领域内形成核心竞争力，知识和能力的互补性增强，从而建立牢固的合作基础，同时有利于联盟吸收新的企业加入，持续提升联盟的竞争力。

（三）学习管理

传统经济时代，基于机械化和自动化的生产模式，企业的生产环节是无缝链接的，每家上游企业必须按照下游企业的指令和要求，不折不扣地完成自己的工作。在大规模机械化生产的过程中，形成机械型组织是必要的，只有这样才能保证管理的效率和质量。企业战略联盟必须学会转型，通过学习以及吸收别人的先进经验，及时更新生产技术，并进行有效地管理，以实现成员企业的利润最大化。

战略联盟的成员企业间学习的基础在于知识的可获得性、彼此间的信任度以及知识的积累。成员企业可以通过学习来实现知识的共享与转移，一方面，知识的可获得性取决于成员企业对知识的保护程度，往往核心知识难以被伙伴企业获取。另一方面，成员企业间的信任度不够，则其可能会采取机会主义行为，导致知识泄露，这样会大大削弱联盟的竞争力。同时，如果成员企业的学习能力越强、知识积累越多，其他成员企业学习的收益就会越大。

美国管理理论大师克瑞斯·阿吉里斯（Chris Argyris）于20世纪80年代提出单环和双环学习方式。单环学习方式是指将组织目标与实际经营业绩结合起来，测量它们之间的差异，然后对联盟策略进行修正，以确保组织绩效在规定的范畴内。这种学习方式的缺陷是不能及时采取措施使组织目标适应环境的变化，属于僵化的学习方式。在此基础上，克瑞斯·阿吉里斯又提出了双环学习方式，这是一种改进型的学习方式，即在单环学习的基础上增加反馈环节，重新评估组织目标的性质、价值和前提条件。这种学习方式的优点在于联盟处于不确定的环境中，反馈环可以使组织依据环境的变化调整自身的目标。通过建立学习机制，可以构建文化氛围融合、思考力和决策力都较强的学习型联盟。

（四）创新管理

以往的研究主要集中于一个企业或某些特定企业的创新管理，而针对企业战略联盟创新管理的研究不多。企业战略联盟本身是一个企业群体，其中每家企业实际上相当于一个企业集团内具有独立法人资格的单一企业，其创新管理实际上是在总体发展战略框架下，自下而上的创新管理。也就是说，在具有共同的目标和发展战略的前提下，各成员企业要发挥自身优势，则需在组织结构、激励机制、生产方式、采购与营销方式、沟通方式以及人力资源管理等方面进行创新。

1. 企业组织结构的创新

传统的组织结构，已无法适应知识经济时代的需求，对成员企业组织目标的实现具有严重的阻碍作用，如信息传递的效率较低以及成员企业的创造性和积极性无法得到完全地发挥等。传统的金字塔型组织结构庞大，效率较低。基于这一背景，出现了一系列具有创新性的组织结构形式，包括二叶草结构型组织、虚拟组织、星型组织、扁平化组织等。这些新型组织结构形式的一个共同特点，就是通过企业的组织重构，简化内部组织结构，尤其是正式组织结构，弱化等级制度，促进组织内部信息的交流、知识的共享和每位成员参与决策过程，使得企业组织对外部环境的变化更加敏感、更具灵活性和快速反应能力。

2. 建立相关的激励机制

在现代市场中，人才和技术的竞争最终代表了企业的竞争。根据马斯洛需求层次理论，人们参加工作主要是出于对自身成就的需要、权利的需要和归属的需要。因而，以上述三种需要为出发点，成员企业需要建立一定的激励机制，激发员工工作的积极性，通过对工作的丰富化与扩大化，增加对员工的控制程度。另外，在工作特征方面，将技能多样化、任务完整性、任务重要性、工作自主性和反馈五个维度结合起来，以设计出有激励作用的奖惩制度。同时将奖励、工资和职务等与绩效挂钩来激励员工，发挥其创造性，并有效地完成任务。

3. 创新生产方式

产量与产值是传统经济下衡量企业发展状况的重要指标，随着知识经济时代的到来，技术、利润、效率和管理的创新以及可持续发展，逐渐成为联盟新的追求目标。随着互联网的普及以及信息技术的迅猛发展，在方便沟通与细化社会分工的同时，使实现全球范围内的资源共享成为可能。在这种背景下，拥有核心技术的成员企业开始对原有的旧有技术进行更新换代，将更多的人力与物力投入到新技术、新产品的开发过程当中。优秀的成员企业则致力于拓展渠道的宽度与长度。在这种条件下，拥有原材料以及廉价劳动力的成员企业将承担零部件、半成品以及成品等的相关制造。真正拥有核心技术的企业则将精力集中于研制与开发新产品，或者向消费者提供标准化服务或者差异化服务，从而实现生产方式由数量规模型向技术效益型的过渡。

4. 创新采购与营销方式

在传统经济下，成员企业的采购与营销手段及范围具有较大的局限性。如今，由于互联网以及通讯技术的大范围应用，联盟企业可以轻松地利用电子商务来实现跨国采购与营销。以阿里巴巴为例，目前很多企业在进行全球营销时，都依赖于阿里巴巴的强大的信息功能，以及安全快捷的网上银行结算。鉴于这些技术所带来的便利，传统经济下的简单管理模式已无法满足需要，因而成员企业应跟随时代的需要做出适当地改变。鉴于成员企业的实体经济与虚拟经济已实现对接，因此管理的重心也应随之进行转移。就联盟管理策略而言，各管理层级应进行充分地授权，组织结构则应扁平化，成员企业应进一步强化和完善对采购和营销的领导与控制，在降低原材料与营销成本的同时，把握机会吸引更具优势的企业加入，从而提高联盟的核心竞争力。

5. 创新沟通方式

信息技术快速发展，市场环境也随之不断变化，因此若要从容而快速地面对不断变化的外界环境，成员企业必须实施科学而高效的管理。鉴于战略联盟内的各个企业具有不同的背景和实力，甚至来自不同的国家或地区，因此若要实现有效地管理，就需要借助互联网平台与信息管理系统来实现各成员企业职能单元与其他成员企业协作单元的有效链接，通过双向沟通，实现实时信息的共享，及时、有效地解决出现的问题，从而实现持续有效地运行。

6. 创新人力资源的管理方式

智力资源是联盟创新的动力，成员企业要想在竞争中占得先机，就必须重视智力资源的开发与利用。企业既可以从外部引进，也可以在内部选拔，以满足对人才的需求。要想最大限度地发挥人才的价值，首先，成员企业应该建立一定的激励机制，以员工的贡献与绩效为导向，鼓励创新，对做出杰出贡献的人才在物质和精神上进行奖励。并鼓励其继续提高业务水平与自身素质，积极为企业创造财富。其次，建立新型的人才任用、评定与选拔机制，帮助每位员工准确地找到自身的定位。另外，可以与科研院所合作。如果企业在人才引进的过程中，人力资源成本过高，便可以考虑与高水平的科研院所进行合作，借助其雄厚的科研实力，进行新技术的开发，在缩减人力资源成本的同时可以获得先进的技术。

四、我国医药产业战略联盟的现状

（一）医药产业战略联盟的形式

由于战略联盟各成员间的关系由原来单纯的竞争关系变为既竞争又合作的关系，联盟能使各组织取长补短、优势互补，使联盟各方实现双赢或多赢，同时能对医药企业的技术竞争、产业的技术发展和技术扩散产生积极的推动作用。根据联盟主体的不同可将医药企业组建的战略联盟分为以下几种模式。

1. 医药生产企业与科研机构的合作

由企业向科研机构提供资金，科研机构负责为企业进行新药的研究与开发、工艺革新等，可有效地实现研究与开发领域的资源整合，推动医药企业的良性发展。事实上，这种模式正得到国外大公司越来越多的应用。医药生产企业首先制定自身的战略计划，继而根据计划选择合适的研发机构与其建立长期的战略合作。例如，修正药业技术中心是国家认定的技术中心。该技术中心下设的制剂实验室被评为国家二级实验室。修正药业与长春中医药大学合资共建符合 GLP 标准的股份制新药研制机构，专门从事新药的开发与研究。与修正药业建立联盟关系的中小企业，可根据联盟的协议和承诺，共享科研成果。2012 年 11 月复星医药在上海宣布与中国科学院上海药物研究所合作，共同开发 3 个靶点的抗肿瘤创新药物。此次合作模式区别于过去"产学研联盟"较为松散的 CRO（Contract Research Organization，新药研发合同外包服务机构，简称 CRO）模式，而是共同发展（Co-development），双方共担风险，共同拥有创新药物的专利，共享成果和收益。

2. 医药商业企业与生产企业的合作

领先的医药商业企业在扩展销售网络的过程中，可以在不同的区域选择当地有优势的制药集团合作开发区域网络。这可以缓解对资金投入的巨大需求，并在一定程度上避免地方保护主义的干扰。而以此种形式加入一个全国性的销售网络，可以减轻医药生产企业的销售压力和费用负担。有实力的医药生产企业还可以开设全国性的专营店网络，并选择各地实力对等的医药商业企业合作。后者与前者有一定的相似之处，不同之处在于后者是由医药生产企业担当联盟的主体，其终端销售网点以专营店为主，经营的广度和辐射的深度都不如综合性医药销售网络。因此，可以由数家医药生产企业共同参与；也可尝试以中方为主，吸引外资参与。如医药产业集群中具有共同营销渠道的医药企业可以与集群内的流通企业进行合作，共享销售渠道与营销网络，以降低运输和市场开发等成本，并可增强集群的竞争优势。

3. 医药商业企业与科研机构的合作

医药商业企业可以与社会科研机构合作进行新药的研制、生产与销售，共担风险，共享收益。以往较多的是医药生产企业与社会科研机构在新药研制方面的合作，且合作层次相对较低，大多是企业购买现成的研究成果。随着新药审批的规范化和对外国专利保护的加强，我国医药企业开发新药的成本将明显增加，由医药工商企业共同出资，医药生产企业和社会科研机构协作开发新药，是未来的可行之路。大型医药商业企业将部分资金投入新药的合作开发，并通过对成功产品的某种专营权获利，客观上也将加强国产新药的营销力度。

4. 医药生产企业与生产企业的合作

新的时代背景下，生产资源已打破地域的限制，甚至可在全球范围内重新配置。生产联盟使分散在不同企业中的最具有比较优势的生产力联合起来，完成产品的制造过程，使产品在更广的地域范围形成竞争力。可供选择的形式有供求伙伴联盟、产品品牌联盟等。供求伙伴联盟是指本身没有自主研发能力的企业，但在原材料采购、成本控制或工艺加工等方面具有优势，可以考虑与外界研发机构合作，购买部分完成或已完成研发的药品，进行生产加工，或者寻找 OEM（Original Equipment Manufacture，代工生产，简称 OEM）合作伙伴，逐步发展成为一个大型的医药生产基地。品牌联盟是全球经济日益一体化背景下最为流行的商业经营模式之一，是快速提升品牌整体实力、增强市场竞争力的有效途径。吉林省通化市有 8 个中国驰名商标，数量在东北三省地级城市中是比较多的，其中医药保健品类 7 件，分别是东宝、斯达舒、修正、新开河、万通、茂祥、金妇康，这几个都是企业品牌，没有形成区域品牌。可以通过扩大企业品牌的知名度和美誉度，带动参与联盟的企业实现产品品牌化。

5. 医药商业企业与商业企业的合作

商业联盟通过联盟成员的资源共享以及统购分销的模式，获得更多优势产品的代理权，以降低企业产品及物流等经营成本，为企业创造更多的利润；商业联盟可以交换医药行业发展中的各种政策导向及行业趋势信息、共同研究并拟定相应对策，集体向有关部门提出建议与呼吁，比如针对药品集中招标采购等的联盟；我国医药商业企业的集中度与发达国家差距较大，商业企业之间的并购重组成为必然的发展趋势，通过商业联盟进入联姻的前奏，创造商业企业之间产权深度合作的契机。2004 年由 8 家百强连锁药店组成的 PTO 联盟一度成为业内关注的焦点，因为它引领了一场行业变革，实现了销售终端与生产企业的直接对话，并成为第一个在国内运营管理输出的联盟组织。在此后的相当一段时期内，PTO 亦成为最具争议的话题。但是从 PTO 的成员组织贵州一树，再到全球零售业巨擘舒普玛（super‐pharm，以色列最大的药店零售商，目前已在中国开设多家连锁分店），可以看出联盟体现出的一种共赢的胸怀与文化。

（二）医药产业战略联盟的浪潮

2005 年是医药产业的"联盟年"，全国掀起了一轮医药商业战略结盟浪潮：京津沪穗渝五大医药公司进行战略结盟；华北制药和太极集团进行工商结盟；贵州一树、湖南民生堂等 9 家中小医药商业企业，共同出资成立了一家药店管理有限公司。

2007年，海王银河医药有限公司与山东东阿阿胶股份有限公司结成战略联盟。

2008年我国的药店圈在某种意义上真正走进了战略联盟时代，全国性的、区域性的、中小型连锁的、只服务单体药店的各种联盟已逐一跃出舞台。2009年，沪亚生物国际公司与雅培结成新药开发战略联盟。2010年，被誉为"医药流通联合舰队"的浙江社区医药服务共同体宣布成立，努力打造出一个紧密型连锁经营的"非产权医药新流通模式"，致力于减少药品流通环节，让消费者买到实惠、放心的药品，推动基本药物制度等"新医改"政策的实施。无独有偶，贝克尔联盟公司与中国医药集团结成战略联盟，以及65家产学研单位在中国发酵协会的牵头下，于2010年11月共同组建成立了氨基酸产业技术创新战略联盟，以此为平台，联手突破产业关键共性技术，以共同促进产业的创新发展。2011年8月，由全国医药产业的11家国家重点实验室组成的"医药产业国家重点实验室创新战略联盟"成立。联盟以"引导医药产业发展、推动新药研制技术创新"为宗旨，以共同承担国家科技部"973"项目为契机，整合产业技术创新资源，加强合作研发，突破新药创制过程中共性的科学问题和关键技术瓶颈，搭建联合攻关研发平台，加快成果转化。

战略联盟就是企业间形成的一种合作伙伴关系，使他们的资源、能力和核心竞争力能结合在一起共同使用，从而获得合作方在设计、制造和生产或服务上的共同利益。

曾经被喻为"行业多元化战略成功的范例"——三九集团高层的更替，向业内展示了盲目并购的巨大风险，而由于其合作方式的灵活性、联盟资产的可选择性，战略联盟成为当前医药企业获取战略竞争力和超额利润的现实选择。

本章小结

本章重点介绍了医药产业内的并购和战略联盟。并购是兼并与收购的合称，第一节主要介绍了并购的动因理论，并结合医药企业现状总结我国医药企业并购的原因和类型，并指出并购过程中存在的问题。战略联盟最早是由美国DEC公司总裁简·霍普兰德和管理学家罗杰·奈格尔提出的，是指通过两个或两个以上组织的力量实现战略目标的一种合作。第二节主要从战略联盟的定义、类型以及特点等方面详细介绍了战略联盟，并对战略联盟的管理进行分析，同时结合我国医药产业战略联盟的现状，对目前国内的战略联盟形式进行了总结。

本章案例

国药控股：并购确立全国性优势

国药控股股份有限公司是中国医药集团总公司所属核心企业，成立于2003年1月。由中国医药集团总公司和上海复星高科技（集团）有限公司共同出资组建，注册资本24亿余元，2009年9月23日在香港上市。作为中国最大的药品、医疗保健产品分销商及领先的供应链服务提供商，国药控股拥有并经营中国最大的药品分销及配送网络，着力打造药品分销及配送、零售连锁、药品制造、化学试剂、医疗器械、医疗健康产业等相关业态协同发展的企业竞争力和优势，向客户及供应商提供全面的分销、物流及增值服务。目前，国药控股完成了对深圳一致药业和国药股份的收购，形成了全部覆盖三大经济区的战略雏形。

一、国药控股的战略布局

（一）收购一致药业——完成南方系布局

2004年2月，国药控股集团从深圳市投资管理公司手中收购了一致药业43.33%的股权。此后，又收购一致药业39.14%的股权，成为其第一大股东。一致药业是深圳地区最大的医药商业企业，在当地医院纯销领域占50%以上的份额，早已确立了霸主地位。而国药控股的进入使得一致药业如虎添翼，成为具有很高成长性的跨区域商业企业，体现了规模效应。

国药控股在广东、广西两地拥有五家公司，分别是一致药业、国药控股（广州）有限公司本部、国药控股广东新龙有限公司、国药控股柳州有限公司和国药控股南宁有限公司。目前国药控股（广州、新龙、柳州）公司的控股权已经集中到一致药业，国药控股（南宁）公司的业务也已由一致药业托管。一致药业对两广五公司医药商业业务单元进行了全方位整合，连锁药店业务全部统一到"一致"的品牌之下，而医院纯销渠道的品牌全部整合为"国控"，并全面推广国药控股（广州）公司的经营模式。在零售环节的整合上，目前一致药业已经完成了对广州国大连锁药店的整合工作，所有门店的品牌全部统一到了"一致"之下，对柳州汇康、广西国大药房也相继进行了整合。

除了完成两广领域的整合，由于国药控股（广州）公司在广东省外的业务占到了销售收入的50%左右，所以其触角不仅是从深圳扩张到了两广地区，而且已经伸到了华南、西南的多个省份。借助于此，一致药业不但拥有了从医院纯销、快批、调拨到零售的多业态经营模式，在华南，"中央军"一致药业已与"地方军"广州市医药公司及"民营军团"九州通形成三足鼎立之势。在外资实质性进入之前，这种格局也将是今后一个时期珠三角地区商业流通的主流。

（二）控股国药股份——做大北方系规模

2006年上半年，国药控股从中国医药集团手中获取国药股份超过50%的股权，完成对国药股份的绝对控股。此次，中国医药集团以其原所持国药股份58.67%的股份对国药控股增资，复星医药以及其下属的复星药房出资3亿余元完成对国药控股增资；这样，国药股份的控股股东就由中国医药集团变为国药控股。

国药股份在麻醉药品和一类精神药品的总经销方面具有很强的垄断性，这给公司提供了稳定的利润来源。同时，基于国药控股对中国医药商业领域，"北国药、南一致、东复星"的战略规划，未来，国药控股（北京、天津、沈阳）公司将一并装入国药股份，构建垄断环渤海经济区批发零售新格局。这部分业务的注入，使国药控股的扩张性得到进一步加强，基本确立了国药控股在北方医药商业领域的龙头地位，形成环渤海地带的大区域性流通网络。尤其是在北京地区，国药股份有着比较完善的医药流通业务，同时还分别持有国大连锁药房74%的股权、国药物流公司

46%的股权。

至此，国药控股在北方市场的纵横两向上基本实现从一级批发、二级批发、调拨、纯销到药店的全面覆盖，随着未来医药商业集中度的提高，国药控股"北方系"的规模效应将继续体现。

（三）联手复星医药——催化长三角拼争

国药控股（上海）总部与复星医药联手对上海业务进行整合，国控药品、国控物流、国大连锁、复星连锁等立体覆盖了中国经济最活跃的经济带"长三角"，从而与上海医药集团展开正面竞争。

至此，国药控股整合中国南、北、东医药商业大棋局已见分晓；从医院、零售、快批等多方位成功完成吞并全国市场的战略布局。在北方，以国药股份为平台，逐步将其原来六大一级站中的北京站、天津站、沈阳站网络整合纳入国药股份，形成环渤海地区的大区域流通网络；在南方，以一致药业为平台，整合国药控股（广州、南宁、柳州、新龙）公司，形成华南区域大流通网络；在东部，以国药控股（总部）与复星医药为平台，拉开中国医药商业最惨烈的竞争大幕；在国家实施西部大开发的战略背景下，国药控股亦率先在古都西安埋下伏兵。

二、整合战略本质：确立全国性优势

并购是实现企业战略目标的重要手段，国药控股通过并购完成了战略布局，确立了全国性优势地位，其基本在医院、零售、中低端（如新农合）市场配送、快批等多领域构筑了立体竞争优势。国家出于提高行业效率、应对外资进入压力、药品储备等国家安全战略的考虑，必然将给予国药控股系统一定的政策支持。这是国药控股整合国内医药市场资源的本质因素。

思考题

1. 国药控股实施战略并购的原因是什么？
2. 国药控股采用的并购战略是什么？
3. 国药控股实施并购战略后的优、劣势分别有哪些？
4. 国药控股并购战略的突出之处在哪里？哪一部分最具借鉴意义？
5. 国药控股越做越大，请分析其未来的走向。

本章习题

1. 试述企业并购的类型。
2. 企业在实施并购后需要进行整合，请问在整合的过程中需要注意哪些问题？
3. 对战略联盟的管理需要注意哪些要点？

4. 战略联盟的划分方式有哪几种？

5. 目前，国内医药产业的战略联盟主要有哪几种形式？并简述其特点。

6. 战略联盟的管理主要涉及哪几个方面？

中小型医药企业的发展战略

长期以来，我国大型企业是政府关注和扶持的主要对象。相比之下，中小型企业的发展条件和空间则有限得多。然而，中小型企业在推动国民经济发展、技术进步、增加就业机会和保障社会稳定以及满足人们多样化需求、促进市场竞争、培养企业家等方面起到了大型企业不可替代的重要作用。上世纪 90 年代，由于医药行业利润丰厚、前景较好，加之国家对新建药品生产企业的审批比较宽松，大量的、各种形式的资本涌入医药领域，医药企业数量急剧上升，经过多年的市场竞争淘汰及国家政策引导，医药企业的数量已有一定的回落，根据国家统计局公布的数据，目前我国拥有 6000 多家医药企业，其中中小型企业占到了 80% 左右。中小型医药企业作为我国医药市场中的一支主要力量，在逐步完善医药市场的过程中起着不可替代的作用。

第一节 中小型企业的定义与分类

一、中小型企业的定义

中小企业本身是一个基于规模差异的相对概念。当它作为企业的初始形态广泛存在时，人们定义的只是企业，直到大企业的出现才有了与之对应的中小企业的概念。中小企业是相对的概念，主要表现在三个方面：第一，自身规模的相对性。所谓的中小企业，是相对于大企业而言的。然而，企业本身的发展是动态的，受多种因素的影响，中小企业可能成长为大企业，大企业也可能由于经营不善而缩水。第二，空间上的相对性。不同国家或地区对企业规模的划分标准是不一致的，有的使用定量标准，有的使用定性标准，或者将两者组合使用。另外，由于各个国家和地区的经济发展水平不同，即使是使用同一标准，具体的取值范围也可能不同。第三，时间上的相对性。中小企业的内涵会随着时间的变化而变化，过去被称为大企业的，现在可能叫中小企业；同一个国家或地区，在不同的历史时期，界定中小企业的标准也可能不同。

我国对中小企业的界定标准先后经过几次调整。50 年代，主要是根据企业职工人数来划分。1962 年，调整为主要依据固定资产价值来划分企业规模。1978 年企业规模的划分标准改为"年综合生产能力"。1988 年对 1978 年的标准进行了修改和补充，将企业划分为四类六档：特大型、大型、中型、小型，具体细分为 150 个行业标准。1992 年又进行了一次补充。2003 年，随着《中小企业促进法》的实施，国家经贸委、国家计委、财政部、国家统计局结合行业的特点研究制定了《中小企业标准暂行规定》，主要是根据企业从业人员的数量、资产总额、销售额等指标来界定企业的规模。对于工业企业，中小型企业是从业人员数在 2000 人以下，或资产总额在 40000 万元以下，或销售额在 30000 万元以下的企业。其中，"从业人员数"作为企业规模的划分指标，具有简单明了的特点，也与世界主要国家的通行做法一致，具有国际可比性；"资产总额"可以从资源占用和生产要素的层面上反映企业的规模；"销售额"可以客观地反映企业的经营规模和市场竞争力，也是我国现行统计中数据比较完整的指标，易于操作。因此，采用这三项指标来划分企业的规模具有一定的科学性和可操作性。因为存在多种划分标准，本书将统一采用 2003 年至今的定义，即《中小企业促进法》中所论述的："本法所称中小企业，是指在中华人民共和国境内依法设立的，有利于满足社会需要，增加就业，符合国家产业政策，生产经营规模属于中小型的各种所有制和各种形式的企业。"

二、中小型医药企业的分类

根据核心技术的先进程度，我们可将现有的中小型医药企业划分为两类。

（一）传统型的中小型医药企业

传统型的中小型医药企业的技术装备落后，没有明确的技术优势，药品多为技术较为成熟的传统类别，工艺落后，劳动生产率低，管理不规范，市场竞争力弱。根据具体特点，这种传统型的中小型医药企业又可以分为两类：1. 生产多样化的中小型医药企业。其产品门类多、跨度广，各品种间关联度不大，一般涉及多种剂型。这种类型的医药企业目前占绝大多数，生存能力较弱，是产业组织结构调整的主要对象，如不进行有效地改组、开辟新的发展路径，很难持续发展。2. 生产专业化的中小型医药企业。这种类型的企业以专业化为前提，但它的专业化是一种广义的专业化，不是依靠扩张规模求得，而是强调产品或工艺的关联性。当然，这种关联性是广泛意义上的。可以就某种剂型形成专业化，也可以就某一品种形成专业化，专门生产它的一系列剂型，更可以专门从事某一品种的单剂型生产，因具体企业而不同。这种类型的中小企业一般能够形成规模优势，调整起来较为容易，通过有效地引导，促进同类企业的兼并和重组，以谋求形成进一步的规模优势。这种类型的中小型医药企业通常更能适应市场环境，可以谋求长远的发展。

（二）技术先导型的中小型医药企业

技术先导型的中小型企业又称为"衍生企业"，这种企业组织形式是近年来高新技术产业发展的产物，是从衍生公司的概念发展而来。按照国外一些学者的观点，所谓"衍生公司"即在母公司内做出技术发明，而后脱离母公司创建新兴公司。他们认为"衍生公司"应该由在母公司内从事研究和开发活动的人员创建，并且生产在母公司内研制出来的高新技术产品。这一概念经扩展后，较宽泛的定义为先前在另一高新技术组织，包括企业、高校和科研机构内的人员离开原组织创办的新公司。因为他们是从其他机构或组织脱离出来的，所以称之为"衍生"，同时，这些公司一般是以先进的高新技术为立足点，根据其在技术上的先进性，也称之为"技术先导型企业"。这种类型的企业以其独特的技术优势，形成了"别具一格"的竞争优势，是很有发展前景的产业增长点，也是未来市场竞争格局中强有力的竞争者。比如，近年来我国新兴的一批专注于研发外包的医药 CRO（Contract Research Organization，合同研究组织，简称 CRO）企业，专注于技术的研发与创新，充分利用高等院校和科研院所的技术资源，培养和开发自己的研究团队，对当前的技术进行创新改良，从而拥有核心的技术优势，这类企业通常具有较强的竞争力，在未来的医药市场竞争中将占据重要的位置。

第二节　中小型医药企业的发展战略

一、中小型企业的重要性

（一）中小型企业的优势分析

社会化大生产虽然决定了大型企业的特殊地位，但并不意味着大型企业是现代企业存在的唯一形式，也并不意味着任何一种产品或服务，都只有进行大批量的生产才能获得最高的劳动生产率和最佳的经济效益。我国市场上大、中、小企业并存的客观事实，揭示了不同规模企业并存的客观必然性。对于任何一个现代化国家来说，无论是发展中国家还是发达国家，中小型企业在社会经济活动中都扮演着重要的角色，具有不可替代的战略地位。首先，中小型企业是一国工业化的起点。在工业化的初级阶段，任何国家都只有小型企业。其次，中小型企业是大型企业发展的起点。每一个大型企业，都是由小型企业逐步发展起来的。第三，中小型企业的大量存在，可以为社会提供多样化的产品与服务，使消费者能够有更多的选择，可以满足其日益增长的需求。与大型企业相比，中小企业有其自身的优势，这种比较优势主要表现在以下几个方面：

1. 决策管理优势。与大型企业相比，中小企业的决策管理优势，一方面体现在投资决策的科学性。中小企业的投资资金往往是经过多年的艰苦经营积累起来的，用自己的资产进行投资，必须经过缜密的考虑，其决策建立在市场调研的基础上，越趋近于市场的需求，其投资成功的可能性就越大。另一方面体现在中小企业投资决策的效率。大型企业决策所需要的信息往往要层层传递，受到层层制约，有时甚至会出现信息失真，有时在决策之前还需要层层征求意见，部门之间也需要很好地协调，决策者往往是一个团体，从而需要不断整合意见，最终才能达成共识。这样会因效率不高而导致决策滞后，甚至由于环境发生变化，导致决策失误；而中小企业的决策者有更大的决策权，而且在信息传递的过程中，失真率较低，从而使中小企业的决策比较简单而富有效率，能灵活地应对市场变化，对外部环境及时做出反应。

2. 产品转换优势。 中小企业尤其是小企业的规模较小，机制灵活，符合国际市场细分、小额、快捷、及时化的要求，能够根据市场需求的变化，迅速调整产品结构和经营方向。当一种新产品出现时，在其生命周期的第一个阶段，大企业是大批量生产，不仅要承担较大的市场风险，而且投资建设期长、见效慢，所以大企业进入一个新产业，尤其是在这个产业形成之前，它并没有太多优势；中小企业进入的项目一般较小，建设工期短，能很快投入生产，并能快速地将产品投放市场。在退出市场时也是同样的，中小企业的小额投资回收期要比大企业短，这就为它随时退出市场提供了条件。当一种产品到了衰退期时，大企业大批量生产的惯性难以改变，从而在市场收缩时，会导致大量的产品积压；而中小企业在市场上占有的份额较小，当市场需求收缩时，中小企业则会相对容易地推销掉积压的产品。

3. 技术创新优势。 世界各国企业技术创新的经验表明，中小企业在高新技术创新方面有着不可忽视的重要作用。中小企业是高新技术企业和新兴产业的重要源泉，是技术创新和扩散的重要载体。在推动技术创新方面，中小企业的作用可能更大。尽管中小企业在信息收集与传递、技术研究与开发、资金筹措与周转以及抗风险能力等方面不如大企业，但它具有灵活、专业化以及面临较大竞争压力等特点，在技术创新方面又具有独特的优势，即组织机构安排灵活而富有弹性，在竞争压力下易于接受创新，在创新效率上明显优于大企业。中小企业一般不设置独立的研发机构，而主要和科研机构共同进行研究开发，能更快速地将科研成果推向市场。中小企业能根据项目的需要，致力于开发周期短、起效快的技术，能较快地获得经济效益，因此，中小企业在创新效率上明显优于大型企业。由于具有技术创新的时效优势，中小企业更能适应国际市场上技术更新频率越来越快的趋势。

4. 技术专业化优势。 在专业化、社会化分工中，中小企业凭借精、细、专、深的经营之道，创造了高质量、有市场、有销路的产品，从而确立了大企业不可替代、不可动摇的地位。许多中小企业专注于专业化发展，集中企业内部的优势资源，专注于核心专长技术的研究与开发，借此来培育长期的技术竞争优势。一些中小企业正是通过掌握其他企业不具备的核心专长技术，攻克了所在产业的进入壁垒，获得竞争优势。

5. 供给弹性优势。 中小企业能够根据市场需求变化，迅速组织生产，准备期短，适应快，灵活性强。这种特点形成了现代多品种小型化的生产方式。中小企业随着价值规律和市场需求弹性的变化，运用其自身优势，能迅速地对市场做出反应，并能及时地做出决策，或投产、或转产、或停产，能最大限度地减少库存带来的浪费。中小企业能快速生产出市场亟需的产品，满足顾客的需求，市场饱和后，又能迅速撤离出来，既赚取了市场初期丰厚的利润，又避免了市场衰退期的风险。

6. 市场占有优势。 大型企业的规模化生产决定了它们拥有自己特定的产品市场，中小企业的小规模生产能力也决定了其自身独特的市场占有优势。首先，中小企业能够满足市场的多样化需求。一般而言，大型企业适宜于大批量产品的生产，但产品花色品种比较单调，缺少特色；而中小企业适宜于生产批量小、花色品种多的产品。随着现代科技的发展和大众消费水平的提高，人们的消费结构正朝着多样化、高级化、个性化和专门化的方向发展，越来越多的产品转向多品种、小批量的生产，因此，中小企业更能适应市场上日益凸显的多样化的需求趋势。其次，中小企业能够满足市场的专业化需求。中小企业可以将自己的产品定位在高消费市场或低收入消费市场。越能挖掘出细分的、小规模的市场，就越能减少与其他企业撞车的危险。大型企业往往在高科技含量产品的大批量生产上具有优势，但对于劳动密集型的定制产品和特色产品的专业化生产，中小企业一般更具优势。

由于中小型企业的重要的地位与作用，加上其具备一定的优越性、灵活性等，尽管大型企业在现代经济生活中占据无可争辩的主导地位，尽管随时都有中小型企业在激烈的竞争中因失败而退出市场，但总是有许多中小型企业在大型企业竞争的夹缝中诞生、生存与发展。即使是在跨国超级大公司占统治地位的美国，仍然有97%的企业为中小型企业。这些中小型企业贡献了40%以上的国民生产总值。

（二）我国发展中小型企业的特殊意义

目前，我国医药企业的显著特点是数量多、规模小，并且这种总体格局将会持续较长的一段时期。但任何事物都具有两面性，大型企业固然是一国（或地区）经济实力的体现，而中小企业则是一国（或地区）经济活力的保证。中小企业是推动国民经济发展、构造市场经济主体、促进社会稳定的基础力量，特别是当前，在确保国民经济适度增长、缓解就业压力、优化经济结构等方面均发挥着越来越重要的作用。中小企业在一定程度上影响一个地区乃至整个国家的经济繁荣与社会稳定。

1. 为国家的经济增长做出巨大的贡献。 我国将中小企业作为缩小经济落后地区与经济发达地区差距的重要力量，将其视为"地方经济的支撑者"加以发展。中小型企业正逐步步入良性的发展轨道，部分企业直接参与了对外贸易，如原料药的出口贸易，为国家创造了宝贵的外汇收入。中小企业实力与地位的增强，对于平衡地区发展差异，对于社会稳定都有突出的贡献。

2. 吸收大量的就业人口。 中小型企业是解决社会就业的缓冲器。一般而言，中小型企业的产品和技术设备较简单，对工人的技术要求相对来说不是很高，加之其数量多，初始投资少，因而能不断地为劳动力提供新的就业机会。随着国有大型企业的制度改革及技术创新产生的大量工人的下岗分流，以及农村富裕劳动力的进一步转移和新增就业人口持续增长等，使中小型企业解决就业问题的"蓄水池"作用进一步加强。

医药企业战略管理

3. 规模小，生产经营比较灵活。在一定条件下，企业的规模越大，就越容易形成僵化的官僚主义，经济效率也就越低，越不容易适应外界环境的变化。而中小企业在竞争中，经过倒闭、生产、再倒闭、再生产这一循环过程，企业竞相开发新产品、采用新技术，因而企业素质逐步得到了提高，经营管理得到了改善，中小企业一般对外界环境的变化反应比较敏锐和迅速。当市场需求发生变化时，中小型企业因船小好调头，可以较快地调整其经营范围和产量，以满足消费者不断变化的需求。

4. 能够为消费者提供更多的选择余地。由于我国各地经济发展水平各异，人们的生活条件与生活标准差别极大，购买力和消费习惯都会有所不同，对市场所提供的产品或服务的需求也有巨大的差别。大量存在的中小型企业，能够以其提供的一定类型的、标准的产品或服务满足不同类别的消费者的需要。

5. 有助于形成促进经济运行的市场机制。一方面，小企业是大企业有力的协作者，一般而言，在大企业的周围广泛地分布着大量的中小企业，它们与大企业建立长期稳定的合作关系，能够为大企业的生产提供各种服务，使大企业能够有效地降低库存、提高效率，同时这些中小企业也有效地降低了自身的经营风险。例如福特汽车公司在走向世界的过程中，也带动了与它合作的一大批零部件生产商走向国际市场。另一方面，市场上大量存在的中小型企业是抵制垄断的天然力量。市场上运行的中小型企业越多，竞争就越激烈，如果市场上只有几家大型企业，则会导致某种程度的垄断，削弱市场竞争，降低市场运行的效率。

6. 是创新和技术进步的一个重要源泉。由于中小型企业中的经济利益关系较为直接、明确，面临的竞争更为激烈，同时，也由于中小型企业的经营更具有多样性和灵活性，往往其创新和技术进步的动力更强、更容易实现。现实中，许多新方法、新技术都产生于中小型企业。如上世纪的美国，尽管辉瑞、默克和礼来公司长期统治着制药产业，但许多新兴的小型生物技术公司以重组 DNA 技术为武装，对现有企业构成很大的威胁，改变了竞争格局。

二、中小型企业施行发展战略的必要性

（一）企业发展战略是解决中小企业生存问题的根本

企业发展战略是企业关于自身未来发展的总体性、根本性谋划，是中小企业创业之初就应明确的基本问题。树枝和树干出现问题都是局部问题，可以有针对性地予以解决，而关于类似树根这样的根本性问题如果不首先解决，势必会产生事倍功半的结果。在激烈的市场竞争中，中小企业必须首先认清自身在资金实力、技术、规模、品牌、管理经验等方面与大企业的差距，同时要明确自身的优势和存在的理由，通过制定和实施企业发展战略，中小企业才能够进行理性思考，发挥优势、避免劣势，在竞争中寻找到合适的位置。

（二）企业发展战略是中小企业发展壮大的支撑

根据美国两位学者的研究，一些现今成功的大公司，几乎都在创立之初，还是

中小企业的时候，就制定了企业发展战略。德鲁克说"没有战略的企业就像流浪汉一样无家可归"。鉴于资源的稀缺，任何企业都不可能满足所有的市场需求；鉴于竞争的激烈，中小企业必须认清自身的优势和所处的环境，力争用自己的实力打击竞争对手的弱势，根据所制定的发展规划稳扎稳打、逐渐积累实力。基于此，中小企业必须借助发展战略的制定与实施，明确前进方向，集中优势资源，寻找发展机会，才能在与大企业的激烈竞争中，不断发展壮大。

（三）企业发展战略是中小企业赢得竞争主动权的需要

作为开放系统，现代企业越来越多地感受到竞争的激烈，一些中小企业似乎感觉在竞争中无能为力，而疲于应战，经常被牵着鼻子走，并且最终可能因实力落后等失败。一些中小企业认为自己根本无暇甚至根本没有必要去制定发展战略，而恰恰相反，正是因为其没有真正地去主动谋划未来，没有真正认清自身的优劣势和外部环境中的机会与威胁，没有明确自身的奋斗目标，才不利于形成核心竞争力，才显得十分被动。事实上，越是中小企业就越应该明确自身的战略目标，以集中资源力量，培育核心竞争力，从而赢得竞争的主动权。

三、中小型医药企业的发展战略选择

要想生存与发展，中小型企业在考虑成长战略时，其首要原则是树立正确的经营理念，扬长避短，发挥比较优势，向"专、精、特、新"方向发展。中小型企业在发展的过程中，既不能简单地向大型企业看齐，也不能重蹈以往简单模仿的覆辙，必须要重新寻找自己的市场定位，而这依然是一个重新认识自身比较优势的过程。首先，中小型企业的实质是"不规模"企业——即仍处于向较大规模企业发展的过程中。其次，中小型企业的战略定位可以是特定的目标市场、区域性的市场或产品服务特色。同时，医药产业集群的兴起和发展，给中小型医药企业的发展提供了各种硬件与软件的支持，为其迅速打开市场创造了条件，这也是中小型医药企业在生存空间方面的优势。

中小型企业的规模特点决定了其发展战略应有别于大型企业，中小型企业在选择发展战略时，必须从企业的内部条件与外部环境的具体情况出发，采用能够发挥优势、避免劣势的战略，以求得生存与发展。根据中小型企业在国民经济中的作用及其类型，可以归纳出几种可以选择的发展战略。

（一）集中一点战略

由于中小企业规模小、资源有限、实力相对较弱，往往无法通过多品种经营来分散风险，但是可以集中兵力，选择能够发挥自身优势的细分市场来进行专业化经营。这就是集中一点战略，又称"小而精、小而专"战略。

例如，上世纪90年代台湾地区的化妆品市场，一直由外来品牌"资生堂"、"蜜斯佛陀"等称雄，致使当地的品牌备受压抑。"美爽爽"这个小品牌的市场占有率仅为7%。有关人士认为，如果"美爽爽"不进行专门化的经营，有朝一日，必遭封杀。因此，"美爽爽"把30岁女性的市场作为重点，进行专门经营，成绩斐然。

这种战略对于中小型企业具有两方面的益处：一是中小型企业可以通过扩大市场批量，提高专业化程度或产品质量，提高规模经济效益，增加收益，在市场上站稳脚跟；二是随着需求多样化和专业化程度的提高，大企业也普遍欢迎专业化程度高、产品质量好的中小企业为其提供配套产品。从而，中小企业可以走上以小补大、以小搞活、以专补缺、以专配套、以精取胜的良性发展道路。

这种经营战略可以使企业的经营目标更为集中，管理更为方便，有利于提高技术水平，以争取有利地位。但同时也存在一定的风险，因为它们往往依赖于某种产品或技术，一旦市场变化、需求下降，则会给企业的生存带来威胁。因此，为了尽量降低经营风险，采取这种战略的企业应注意以下几个问题。

1. 选好目标市场。这是一个至关重要的环节，中小企业选择目标市场的正确方法，应是将某一特定的细分市场对企业的要求同企业的自身素质相比较，找到能够发挥企业优势的细分市场。另外，在选择目标市场时，中小企业还应充分了解所选市场的发展潜力，如果市场规模小或趋于萎缩，企业进入后将会很难有发展空间，所以企业在选择目标市场时应慎重考虑，不宜轻易进入。

2. 提高企业的产品开发能力，作好创新工作。高水平的研发能力是企业核心能力的重要来源，药品的研发具有高投入、高风险的特点，成功研发一种新药平均需要 8 - 10 亿美元。由于中小企业单独开发一项新技术或产品需要付出很大的代价，而且风险极大，其可以依靠社会力量，通过与高校、科研机构等进行合作来开发新技术、新产品。

3. 拓宽销售渠道，做好市场营销工作。由于采用该战略的中小企业将大部分精力集中在细分的目标市场上，所面对的消费者都比较稳定，所以中小企业要增加销售收入，则市场营销的重点是拓展销售渠道，寻找新的消费者，并注意采用适当的价格策略等。

（二）"钻空隙"战略

由于中小企业具有机动灵活、适应性强的特点，其能够根据市场的需求状况，寻找市场上的各种空隙，凭借快速、灵活的优势，进入空隙市场，这就是钻空隙战略。企业钻进空隙后，可以扩大空隙，向专业化方向发展，也可在别的企业进入后，迅速撤离，寻求新的空隙。波特曾说过，对中小企业来说"战略成功的关键，在于找到正确的市场区隔，集中火力投入"。无数实践证明，很多中小企业就是在大企业无法顾及或不愿顾及的"夹缝"市场中生存与发展。随着人们需求的增长与多样化，一个大的市场中留下的小区隔市场会越来越多。

采取这一战略的中小企业所选择的产品一般应具有下面一些特征。

1. 产品生命周期较短，只能在一段时间内加以生产。
2. 加工工艺简单，生产周期短，所耗资金少。
3. 被主要竞争对手所忽略。
4. 中小企业自身有充足的能力向空隙市场提供这种产品。

这种战略一般适合于那些实力较弱，或者刚兴办的中小企业。因为这种战略具有很强的过渡性和可塑性，虽然对于企业积累资金、扩大规模具有很大的作用，但具有较大的不稳定性，会经常变更产品，从而给管理工作带来很多不便，给经营带来较大的风险，企业的发展也会受到较大的限制。因此，采取这一战略的中小企业发展到一定程度后，就要考虑实施战略转移，以保持长久的竞争优势。

为保证战略的有效实施，采用这一战略的中小企业在战略实施过程中还应做好以下几点工作。

1. 建立一套高效、灵敏、准确的信息反馈系统，因为这一战略能否成功很大程度上取决于市场信息获取的准确性与及时性。

2. 为确保战略决策在实施的过程中有效，应建立一套灵活高效的运行机制，以便决策能够以尽可能快的速度转化为企业的生产经营活动。

3. 做好市场营销工作，尤其是要做好广告与推销工作，运用企业可控制的、产品、价格、渠道、促销等营销组合因素，制定有效的营销计划，通过合理地组织、执行和控制来赢得市场忠诚和竞争优势。

（三）特色经营战略

中小企业由于规模小，难以通过规模效益来实现成本领先，但其经营范围窄，容易接近买方，可以通过与众不同的产品或服务来吸引消费者，这就是特色经营战略。

采用这种经营战略对中小企业来说是有利的，一旦建立起经营特色，将具有较强的竞争力，因为它能够得到买方的信任，满足消费者的需求，所以可以长远地建立优势地位，与竞争对手形成差异化，而不会被其他企业所取代。尤其是这些经营特色与企业的规模没有直接关系，中小企业可以靠此弥补规模上的不足，在市场上同大企业展开竞争。

对于这种战略，有以下五种可供选择的方案。

1. 改变产品形式。即向市场推出与市场上现有产品功能相同，但形式不同的产品。如太太药业的意可贴，在国内率先采用控释技术，使得药效更持久，这种差异化的设计使得意可贴一经推出便迅速占领市场，取得了很好的销售业绩。

2. 使产品的品质更符合消费者的需求。中小医药企业要在市场竞争中占据有利地位，就必须能生产出使消费者放心的高质量药品。树立良好的企业形象，同样可以为做大做强企业打好基础。

3. 形成价格优势。例如，20 世纪 70 年代上半期，美国市场上不含阿司匹林的止痛药，主要是强生公司生产的"泰诺（Tylenol）"。1975 年，一家小型制药企业迈尔斯公司也想挤入不含阿司匹林的止痛药市场，其产品品牌叫"达待瑞尔（Datril）"。迈尔斯公司不求在产品性能上有所差异，而是强调价格上的差异，其价格比"泰诺"低 30%，从而取得价格优势。消费者使用后，感到效果不比"泰诺"差，但价格却低得多。结果，"达特瑞尔"的市场份额越做越大。

4. 开发新的产品创意。例如，我国治疗感冒的药品种类繁多。江苏启东盖天力制药股份有限公司别出心裁，推出了一种抗感冒新药，名叫"白加黑"，在国内首次采用"日夜分开"的服药方法，强调"白天吃白片不瞌睡，晚上吃黑片睡得香"的独特创意，广告词是"清除感冒，黑白分明"。这一新产品投放市场两个月，就在全国的感冒药市场上形成了一股旋风。

5. 利用品牌的差异性和联想性。中小企业在市场上，在不侵害别人品牌的前提下，可以巧妙地与名牌构成一定的联想，则对自身产品的市场占有率的提高有一定的帮助。

对于采取这种经营战略的中小企业而言，处理好经营特色与成本之间的关系是成功与否的关键。因为经营特色往往以提高成本为代价，如增加研究开发费用等。因此，企业在处理这个关系时，应考虑以下三个因素。

1. 企业的经营能力。企业能否在市场竞争中长期保持自己的经营特色。一般情况下，在同一经营领域内，中小型企业是很难与大型企业抗衡的，但若中小型企业能够在经营过程中逐渐形成自己的特色，并能长期保持，就可以在激烈的竞争中立于不败之地。

2. 成本差距。估算买方愿意为经营特色所支付的最大成本，如果价格超过一定的限度，买方可能会放弃产品特色而考虑价格。为了实现利润的最大化，中小企业的管理者应做好充分的市场调查工作，以为确定产品的价格提供依据。

3. 市场的发展状况。一般来说，当产品进入成熟阶段，消费者对产品的经营特色的兴趣会降低而转向关注价格。因此，中小企业的管理者在正确判断产品生命周期的同时，还应及时作出下一步的决策，即适当降价或改进现有产品。

（四）联合竞争战略

由于单个中小企业的规模小、资金薄弱，难以形成规模经济，因此，中小企业可以在平等互利、风险共担的原则下，结成较为紧密的合作关系，互相取长补短，共同开发新技术和新产品，共同开发市场，共同积累资金。这就是中小企业的联合竞争战略。中小企业采取这种战略具有十分显著的优势：一方面，由于每个中小企业都有自身的优势，同时又有自身无法克服的缺点，单个中小企业在市场中会遇到种种困难与危机。而如果把这些各具特色的中小企业联合起来，就能取长补短，有利于各自的生存与发展。另一方面，由于单个中小企业的规模较小，通过有效合作，可以充分利用资金、技术、人才等资源，利于形成规模经济。

通常，采取这种战略的中小企业会选择与其他企业或机构共同组建战略联盟，战略联盟是指两个以上企业为了实现某个战略目标，通过合作形成联合体，以实现资源互补、利益共享、风险共担。中小企业组建的战略联盟的联合方式大致有两类：

1. 松散型的联合。这是企业之间局限于生产协作或专业化分工的联合，或在采购、营销等某一方面进行的契约式联合，在资金、技术、人员等方面基本没有联系。这种联合方式的约束力不强，比较自由，所联合的企业不能形成命运共同体，因而竞争力不强。

2. 紧密型的联合。它指企业之间除了在生产协作或分工上有联系之外，还进行资金和销售的联合，如互相持股、按股分息、互相调剂余缺、建立统一的销售队伍等。参与联合的企业能形成命运共同体，从而提高竞争力。建立战略联盟的出发点在于弥补自身的不足，由于中小企业相比于大企业要弱得多，需要通过企业联合的方式弥补自己的劣势，以提高市场竞争力。中小企业不仅要与其他中小企业加强联合，还要重视与国内大企业或跨国公司形成战略联盟。中小企业联盟时，要善于抓住市场机遇，进行有效地资源配置和企业重组，联盟各方应充分利用战略联盟的资源、技术和信息渠道等，大力发展自己。

（五）承包经营战略

这是根据中小企业力量单薄、产品单一的特点而制定的一种经营战略。中小企业在决定生产方向时，不是着眼于开发新产品，而是依附于大企业的生产系统，接受一个或数个大企业的长期固定的订货，成为它们的一个加工承包单位，这就是承包经营战略。

中小企业采取这种战略时，对于自身的发展很有益处，因为这可以为它们的长期生存与发展提供可靠的基础，尤其是对于实力较弱、创办时间不长、虽有一定的生产能力但尚未形成自己的销售网络的企业来说，这一战略可以大大降低其经营风险。

当然，采取这种战略的中小企业的利润水平较低，对大企业的依赖性较强，比较被动，这会给企业的长远发展带来不利的影响。因此，在实施这种战略时，应注意解决以下两个问题。

1. 承包条件。对于中小企业来说，关键问题是确定与大企业的承包条件，这些条件包括价格、交货期、质量、支付条件等。中小企业在与大企业交涉承包条件的过程中，要尽量争取自己的地位，应以一种平等的关系来确定承包条件。这就需要中小企业注意运用谈判技巧，另一方面也要求中小企业不断增强自身的实力，以争取主动权。

2. 企业的长远发展问题。中小型承包企业往往受制于大企业，独立性较差，利润水平也相对较低，所以在发展到一定规模，具备一定实力后，就应考虑实施战略转移，以谋求长远发展。这就要求中小企业在开展日常工作的同时，要注意积累，并增强开发能力，争取提高产品质量、开发新产品，树立企业的信誉，逐渐摆脱大企业的控制而独立面对市场。

（六）技术创新战略

1. 中小企业的技术开发特点

（1）以群体性的技术开发为基础，即动员上至管理者、下至一线生产工人都参与到技术开发活动中。通常，企业规模愈大，分工愈细，技术开发越体现专业性；企业规模愈小，分工愈粗，则技术开发越体现群体性。

（2）以开发实用性技术为重点，实用性技术的投资少、见效快特，适合于中小企业，能够加速其资金周转，进一步促进社会分工。

（3）以"短平快"技术开发为突破口，所谓"短平快"是指开发周期短、成功率高、见效快。在美国，一种新产品问世，从设计到制成样品直至进入市场，大企业平均需要 3.05 年，中小企业为 2.22 年。

2. 创新过程是要素组合的过程

根据奥地利经济学家熊·彼特（Joseph Alois Schumpeter）的定义，技术创新是生产要素和生产条件的新组合。因而，技术创新的过程也是生产要素和生产条件实现新组合的过程。中小企业由于内部资源不足，必须从外部获得足够的资源，并将其有机地组合。

一般而言，中小企业的创新过程可分为研究开发、生产制造和市场实现三个阶段。其中，每个阶段都有其基本任务或核心行为。企业在研究开发阶段的重点是技术开发，基本任务是根据本企业的技术经济条件和经营需要，抓住市场机会，探索应用的可能性，并将可能性变为现实，研制出可供利用的新产品或新工艺。生产阶段的任务是把上一阶段的成果转化为现实生产力，生产出新的产品或开发出新的工艺，并解决大量的生产组织管理和技术工艺问题。市场实现阶段的任务是探索创新成果的市场化问题，检验技术的完善程度，并反馈到以上诸阶段以不断改善。

在具体的创新过程中，各个阶段都需要大量的资源，需要将各种生产要素进行组合。不论是新工艺还是新产品，都是多种技术的组合，而且还要结合其它要素如信息和人才。对创新过程的各个阶段来说，如果这一阶段创新活动所需的要素参差不齐，或不能进行有效地组合，则目标就不能实现，就会影响下一阶段创新活动的开展。因此，掌握创新各阶段对不同要素的需求，有利于合理配置要素资源，推动创新活动的进程。

3. 创新过程是决策的过程

由于技术创新是一项高投入、高风险的活动，而中小企业都面临资源有限的问题，因此，决策起着举足轻重的作用。具体而言，创新决策包括研究开发决策、生产决策和销售决策。创新决策具有三个特点：①非常规性。由于科学研究的探索性和市场需求的多变性，技术创新过程也是多样的，没有固定的模式可循。因此，创新决策属于非程序化决策。②风险性。创新的高风险决定了创新决策的高风险，决策的失误将是最大的失误。③不确定性。技术探索和市场变化会带来预测失误，即使是正确的决策，在实施的过程中也可能会与设计方案产生偏差，这种不确定性常见于经费、人力以及时间进度与计划的出入。因此，创新决策要有较好的灵活性与适应性。

4. 创新战略

合适的技术创新战略是提高企业竞争力、形成竞争优势的关键因素，它在企业的整个经营战略中处于核心位置，另一方面，创新战略又是由企业的技术能力、产品结构和对市场的预测等多种因素决定，并受到国家产业政策和经济环境的影响。一般而言，可以把企业的创新战略分为产品—市场战略、技术发展战略和使用生产投入战略三种。调查表明，多数中小企业选择现有市场—新产品和现有产品—新市场两种战略。因为采用新市场—新产品战略，需要强大的技术实力和经济实力，而中小企业在这些方面的实力相对较弱，所以不适合采取新市场—新产品战略。

技术发展战略可分为四类：开发新技术、进一步开发现有技术、利用现有技术和改进现有技术。实践表明，多数企业以进一步开发和改进现有技术为主。

使用生产投入战略，可以分为使用新的投入、高效利用现有投入、节约能源和削减劳力四类。几乎所有的中小企业都将高效利用现有投入作为使用生产投入战略的优先选择。

上述三类战略中，多数的中小企业将产品—市场战略作为首选战略。这是因为大量的中小企业尚处于创业阶段，开展商品贸易是其进行原始积累的主要手段，而且没有市场就无法生存。

总之，中小企业一定要从企业的自身特点和比较优势出发，对企业外部环境、市场竞争态势以及企业的内部条件进行全面科学的分析，对自身所拥有的资源和具有的优势有一个清晰的认识，对企业在行业中所处的位置有切实的把握，制定出既符合本企业实际，又有利于企业长期持续发展的战略，同时还要根据企业自身资源条件和市场变化不断对企业的发展战略进行调整，才能不断增强市场竞争力。

本章小结

在医药行业，大型医药企业处于推动产业发展的主导地位。但在我国医药市场上活跃的、数目众多的是中小型医药企业，其同样是医药产业的重要组成部分，发挥着大型医药企业不可替代的的作用。中小型医药企业的经营能力，风险承受能力都弱于大型企业，因此，合理的发展战略对中小企业的生存和发展更具有特殊的意义。中小医药企业在规模和实力上往往无法与国内外大型医药公司抗衡，应根据外部环境并结合自身特点，可以采取集中一点战略、"钻空隙"战略、特色经营战略、联合竞争战略、承包经营战略和技术创新战略等，构建持续的竞争优势，实现企业的快速发展。

本章案例

白加黑的诞生

有一段时间电视上有关"白加黑"的广告铺天盖地，大家对其早已耳熟能详，但却很少有人知道这一产品是东盛科技股份有限公司生产的，更少有人知道其研究开发者是启东盖天力制药股份有限公司，其位于美丽的黄海之滨，前身是启东制药厂。2000年8月，启东盖天力制药股份有限公司与东盛科技实现强强联合，并于2001年1月，更名为东盛科技启东盖天力制药股份有限公司。

一、诞生背景

上世纪九十年代中期，相对整个医药市场来说，启东盖天力还很渺小，年产值不过千万元。在感冒药市场中，合资、外资企业的感冒药占据了大部分市场份额，"康泰克"、"帕尔克"、"康得"等已有了相当的知名度；再加上"三九感冒灵"等部分民族品牌竭力相争，"感冒通"、"速效感冒片"、"VC银翘片"等大批普药感冒药通过国有商业传统渠道渗透，市场已经可以嗅到大战前的硝烟味道。

二、"白加黑"的上市策略

"白加黑"的成功可以说是我国中小型医药企业的典型实例，其成功的原因就在于开发出了新的产品创意，并通过一系列营销策略一炮打响、占据市场、

（一）产品策略

为了详细地了解感冒药市场和消费者的需求状况，从1992年起，第一代盖天力人开始了三年的探索调研历程。为学习国外先进的经营理念和产品研发思路，当时的启东盖天力制药厂厂长徐无为多次出国进行考察，并在"Bufferin® Cold Tablets"上找到了突破口。美国市场上的"Bufferin® Cold"感冒药给了他很大的启发，由此，产品研发和创意便有了明确的思路和方向。

在第一代盖天力人的努力下，1994年，第一盒新感冒药"白加黑"在启东盖天力片剂生产车间下线。"白加黑"的复方药剂成分与普通感冒药变化并不大，但首创白天与夜晚服用法，疗效更加明显，而且根据分众策略，满足了部分感冒人群对白天服药不瞌睡的要求。

不仅如此，在包装和药片颜色上，"白加黑"也采取了别具一格的做法。把白天所服片剂做成白色，夜服的为黑色，用黑白两色制作包装外盒，并在颜色相应的位置分别清楚地写着：白天服白片，不瞌睡；晚上服黑片，睡得香。给人很强的视觉冲击，一目了然。

（二）价格策略

"白加黑"当时零售价格的制订也是经过了周密策划。考虑到当时占据主导地位的合资企业的感冒药产品的零售价为7-15元/盒左右，国内企业的品牌感冒药零售价格在5元/盒左右，而普药感冒药的价格更低，基本上在1-3元之间徘徊。"白加黑"采取了消费者心理价位定价法，将每盒12片包装的零售价订在了13.20元。这样，既保证了公司的经营利润，又能满足消费者对于感冒药的心理成本，在短期内即能获得一定的市场占有率。后来的市场反馈证明了这个定价策略是成功的。

（三）渠道策略

启东盖天力当时的渠道策略还是沿用了九十年代中期的国营商业三级批发体系（一级站→二级站→三级站），这种金字塔式的经销方式与当时的工商业现状还是比较符合的。启东盖天力很快利用这种较为完整的国有批发体系将白加黑"输送"到国内31个省、直辖市、自治区。价格策略上也基本沿用出厂价、批发价、零售价三级价格体系。在强劲的电视广告的拉动下，各级经销商进货热情大增，进一步推动了白加黑的销售。各区域合作的一级商业、二级商业大多获得了丰厚的利润回报。

（四）广告策略

广告创意是"白加黑"这一品牌的重中之重。启东盖天力制药公司邀请了在影视广告片制作上颇负盛名的广东省白马广告有限公司担纲"白加黑"的广告创意，一句"白天服白片不瞌睡，晚上服黑片睡得香"的广告语，获得广告界专家的一致

赞许，以极强的冲击力，震撼广大感冒患者的心灵。"白加黑"在诞生的第二年，即1995年，盖天力公司用于"白加黑"的电视广告投入就达到3000万元。这在当时是个不得了的数字。从当时的广告行业的反映来看，白加黑的电视广告片的投放是相当成功的。但当时的媒介策略比较单一，基本上仅靠电视广告拉动消费，未广泛采用其他媒体形式。

当时的盖天力人形象地称1995年的白加黑销售热潮为"白加黑震撼"，并很快传播开去。徐无为厂长为了白加黑的茁壮成长倾注了大量心血，值得后来者尊敬。

从此以后，"白加黑"这个名字就和"抗感冒药"紧密地结合在一起。上市仅仅半年，"白加黑"变得路人皆知，家喻户晓，销量占据了西药感冒药市场的16%，达到1.6亿元，在西药感冒药市场上的销售金额仅次于康泰克，居第二位。

三、成功的意义

在医药行业，大型医药企业处于推动产业发展的主导地位。但在我国医药市场上活跃的、数目众多的是中小型医药企业，"白加黑"的成功为中小型医药企业树立了榜样，其采用的策略为开发新的产品创意，这种策略弥补了中小型医药企业规模上的不足，使得产品在市场上同样具有竞争力。

思考题

1. 盖天力公司的"白加黑"感冒药选择的何种发展战略使其运作成功？
2. "白加黑"感冒药市场运作最突出的特点在哪里？
3. "白加黑"市场运作是否还有值得改进的地方？如有，请说明。
4. 盖天力公司"白加黑"感冒药的成功运作，对我国小型医药企业及其医药产品有什么启示？
5. 在你看来，何种医药企业、医药产品值得投资？请说明原因。

本章习题

1. 中小企业的地位与作用如何？
2. 如何对中小型医药企业进行分类？
3. 试述集中一点战略与钻空隙战略的区别。
4. 谈谈技术创新战略对中小型医药企业提升竞争力的重要性。
5. 请根据我国医药产业的发展现状，对中小型医药企业的发展提出建议。
6. 试结合我国一家中小型医药企业的实际情况，分析其应采取的发展战略。

第十四章

医药企业技术创新战略

技术创新是企业生存和发展的保证，是国家竞争力的重要来源。在市场经济和全球经济日趋一体化的形势下，企业缺乏技术创新，就难以在国内市场上立于不败之地，更难以在国际市场上赢得一席之地。在高新技术渗透到商品产、供、销各个环节的时代，技术创新能够给企业带来先进的生产技术、低廉的生产成本和能够满足消费者需求的新产品，能促进企业确立并保持长期的竞争优势。

长期以来，由于多种因素的影响，我国大多数医药企业没有自主知识产权的技术，而主要是靠模仿、引进，企业只关注产品的数量，采用的是生产型管理模式，很少拥有具有较强竞争力的专利药品。现在，越来越多的国内外医药企业意识到：只靠生产仿制药已经不能适应当前竞争愈加激烈的市场，要想真正拥有核心竞争力，使企业在未来的市场竞争中占据有利位置，只能靠技术创新，使企业拥有具有较强竞争力的自主研发的药品。医药产业是一个典型的技术驱动型产业，由研发活动所引致的产品创新及工艺改进，对于医药产业竞争优势的形成和竞争力的提高都有显著的作用，强大的技术进步与创新能力对于医药产业而言意味着高额的回报，同时能够满足人们对医药产品的需求，因此医药产业的技术创新具有更为重要的意义。

第一节　企业技术创新战略的内涵

一、技术创新

（一）技术创新的概念

"创新"概念最早是由美籍奥地利经济学家约瑟夫·熊彼特（Joseph Alois Schumpeter）提出的，其在1912年德文版《经济发展理论》一书中首次使用"创新"一词。熊彼特认为"所谓创新，是把一种从来没有过的关于生产要素的'新组合'引入生产体系。这种新组合包括以下内容：①引入新产品；②引进新技术；③开辟新的市场；④控制原材料新的供应来源；⑤实现工业的新组织。"显然，熊彼特的创新概念包含的范围很广，涉及到技术性变化的创新及非技术性变化的创新。熊彼特的重大功绩之一，是把发明创造与技术创新相区别，前者是知识的创造，即科技行为，而后者则是经济行为。

后来索罗（Solow）对技术创新理论重新进行了较为全面的研究，并在1951年发表的《在资本化过程中的创新：对熊彼特理论的评论》一文中首次提出技术创新成立的两个条件，即新思想来源和后阶段发展，这种"两步论"被认为是技术创新界定研究上的一个里程碑。此后，不少学者都在技术创新概念上做过一些类似的研究，但直到1962年，伊诺思（J. LEnos）在其《石油加工业中的发明与创新》一文中首次直接明确对技术创新下定义，"技术创新是几种行为综合的结果，这些行为包括发明的选择、资本投入保证、组织建立、制定计划、招用工人和开辟市场等"。伊诺思的定义侧重于管理，充分考虑了管理行为的集合，并由此带动了创新定义研究的兴起。清华大学经济管理学院傅家骥（1998）等在其主持的国家自然科学基金、"八五"重大课题"中国技术创新研究"报告中提出："技术创新是企业家抓住市场的潜在盈利机会，以获取商业利益为目标，重新组织生产条件和要素，建立起效能更强、效率更高和费用更低的生产经营系统，从而推出新的产品、新的生产（工艺）方法、开辟新的市场、获得新的原材料或半成品供给来源或建立企业的新的组织，是包括科技、组织、商业和金融一系列活动的综合过程。"

纵观有关学者关于技术创新的概念与定义，本书认为技术创新是指企业应用创新知识和新技术、新工艺，采用新的生产方式和经营管理模式等，对已有知识与资源等进行重新组合，以提高生产效率、开发新产品、提供新服务、创造新品牌，开辟市场并实现市场价值的活动。

（二）技术创新的意义

创新，已经成为世界很多国家重要的国家战略。美国于2006年公布《美国竞争力计划》，同时欧盟委员会也提出《创建创新性欧洲》，日本和韩国也分别公布了创新战略。我国于2006年正式公布《国家中长期科学和技术发展规划纲要（2006 - 2020）》，同时，党和政府明确提出建设创新型国家的战略目标，其中技术创新是国家自主创新能力的重要体现，是增强产业竞争力的关键环节。

早在20世纪，美国著名企业家李·艾柯卡（Lee Iacocca）提出"不创新，就死亡"。国外企业的技术和资本优势明显，已经形成了对世界市场特别是高技术市场的高度垄断，然而创新仍旧是这些跨国企业的重要任务。而缺乏技术和资本优势的企业，则面临更大的挑战，此时只有提高创新能力，不断提升技术优势，才有可能获得自身发展的机遇和主动权，否则，只会不断拉大与发达国家优势企业的差距，甚至被边缘化。虽然当前我国的一些企业采取引进国外先进技术的方法，迅速提高了生产能力和生存能力，但这种引进不能取代创新。实践证明，核心技术是企业不可模仿的内在竞争力，一个企业的核心技术和技术创新能力不可能通过购买等方式获得，只能通过企业自身的努力来获取。

从产业经济学的角度看，技术创新会引发产业结构的变化，同时，产业结构的一系列变化也会反映技术创新的发展趋势。落后产业可以通过技术创新向先进产业转化，加快国家的工业化进程，推动社会经济形态的转变。同时，持续活跃的技术创新能够带动经济的高质量增长。20世纪70年代后期，一批新兴工业化国家在世界经济中骤然崛起，一批原本衰落的早期工业化国家也焕发了生机。通过研究这些国家的经济增长特征，我们可以发现，这些国家经济增长的过程相当程度上是技术创新发挥效应的过程，只有注入技术创新的增长即创新植入增长才是有效的增长，而缺少技术创新的增长，必将是"高速度、低效益"的低质量增长。所以，技术创新的持续活跃能促进一国经济以适当速度高质量增长。

我国医药产业经过几十年的发展，已经逐步建立起比较完整的工业体系，有较强的生产能力，不但能基本满足国内的需要，而且还有部分产品出口，尤其是原料药的出口。我国的医药产业虽然快速发展，已成为医药大国，但在技术创新方面仍有所欠缺。有资料显示，在1996年到2008年期间，推动我国医药制造业经济增长的主要动力是技术进步，其贡献率为55.75%，而国外医药制造业的技术进步贡献率不低于90%。自20世纪80年代中期，我国医药产业开始转变产业增长方式，从仿制型向研仿结合型转变、从粗放型经营向集约化经营转变、从医药大国向医药强国转变、以国家为投资主体向以企业为投资主体转变。通过这一系列的转变，逐步增强了医药企业的核心竞争力，促进了医药企业的技术创新，同时也利于提升我国医药产业在国际市场上的地位。

医药企业技术创新的本质是以科学研究为基础的产品创新，利用合成化工或分子生物学等基础研究打开具有极大潜在需求的新产品市场。企业对与技术相关的新产品市场进行研究为企业指明了技术积累的主要方向，为企业日后构建核心竞争优势指明了方向。然而，医药企业的研究开发具有很大的不确定性，这使得医药企业面临较大的风险，在很大程度上影响了技术创新的进程。如何通过深入研究技术创新的不确定性，从而制定有效的激励政策，为医药企业的技术创新提供一种相对稳定的、良好的外部环境，并对其创新行为形成持续的激励，具有重要的现实意义。

（三）技术创新的内容

技术创新是企业创新的主要内容，企业中出现的大量创新活动是有关技术的，因此，有人甚至把技术创新视为企业创新的同义语。

1985年3月，中共中央作出《关于科学技术体制改革的决定》，提出"经济建设必须依靠科学技术、科学技术工作必须面向经济建设"的战略方针，开始重视科学技术在生产工作中的重要作用。2012年1月公布的《医药工业十二五规划》强调要实现"产业转型、技术升级"，医药产业越来越重视技术创新和产业的转型升级，将带领其走上一条持续健康发展的道路。

现代工业企业的一个重要特点是在生产过程中广泛运用先进的科学技术。技术水平是反映企业实力的一个重要标志，企业要想在激烈的市场竞争中占据主动地位，就必须顺应甚至引导社会的技术进步，不断地进行技术创新。由于技术是需要通过一定的物质载体或利用这些载体的方法来体现，因此企业的技术创新主要表现为要素创新、要素组合方法的创新以及产品创新。

1. 要素创新

企业的生产过程是一定的劳动者利用一定的劳动手段作用于劳动对象使之改变物理、化学形式或性质的过程。参与这个过程的要素包括材料、设备以及企业员工等三类。

（1）材料创新。材料是构成产品的物质基础，材料费用在产品成本中占较大比重，材料的性能在很大程度上影响产品的质量。材料创新的内容包括：开发新的来源，以满足企业扩大再生产的需要；开发和利用大量廉价的普通材料（或寻找普通材料的新用途），替代量少价高的稀缺材料，以降低产品的生产成本；改造材料的质量和性能，以保证和促进产品质量的提高。现代材料科学的迅速发展，为企业的原材料创新提供了广阔的前景。如某医药企业研制出药用高阻隔包装材料，采用 PVDC 涂布复合材料，用于药品的泡罩包装，能在高温、高湿条件下很好地保护药品，通过利用这种创新的材料，该企业在激烈的竞争中赢得了一片市场，同时也促进了医药科技的发展。

（2）设备创新。现代企业在生产过程中广泛运用机器和机器设备体系，劳动对象的加工往往由机器设备直接完成，设备是现代企业进行生产的物质技术基础。马克思曾经说过："各种经济时代的区别，不在于生产什么，而在于怎样生产，用什么劳动资料生产"。设备的技术状况是企业生产力水平的重要标志。因此，不断进行设备的创新，对于改善企业产品的质量，对于减少原材料、能源的消耗，对于减少活劳动的使用都有着十分重要的意义。

设备创新主要表现为以下几个方面：第一，通过使用新的设备，减少手工劳动的比重，以提高企业生产的机械化和自动化程度；第二，将先进的科学技术成果用于改造和革新原有设备，延长其技术寿命，提高其效能；第三，有计划地更新设备，以更先进、更经济的设备来取代陈旧的、过时的老设备，使企业生产建立在先进的物质技术基础上。如某医药企业依靠雄厚的技术储备优势，积极进行设备创新，其创制的集过滤、洗涤、干燥三合一的机组设备获得了多项国家专利，已成功进入欧盟市场，出口至荷兰、瑞士等国，不仅提高了生产效率，同时也促进了我国医药产业的技术进步。

（3）人事创新。任何生产手段都需要依靠人来操作和利用，企业在增加新设备、使用新材料的同时，还需不断提高人的素质，使之适应技术进步后的生产与管理。企业的人事创新，既可以根据企业发展和技术进步的要求，不断地从外部获取新的人力资源，而且更应注重对企业内部现有人力的继续教育，用新技术、新知识去培训、改造和发展他们，以使之适应技术进步的要求。

2. 要素组合方法的创新

利用一定的方式将不同的生产要素加以组合，这是形成产品的先决条件。组合包括生产工艺和生产过程的时空组织两个方面。

（1）生产工艺是劳动者利用劳动手段加工劳动对象的方法，包括工艺过程、工艺配方和工艺参数等内容。工艺创新既要根据新设备的要求，改变原材料、半成品的加工方法，也要求在不改变现有设备的前提下，不断研究和改进操作技术和生产方法，以使现行设备得到更充分的利用，使现有材料得到更合理的加工。工艺创新与设备创新是相互促进的，设备的更新要求工艺方法做相应的调整，而工艺方法的不断完善又必然促进设备的改造与更新。如某医药企业从中药虎杖的根茎中提取白藜芦醇的过程中，在原有设备的基础上，通过改进方法和创新技术，发明了全新的高纯度白藜芦醇工业化提取技术，大大降低了成本，同时也降低了对设备的要求，扩大了产量，使得企业顺利实现了高纯度白藜芦醇的市场化。

（2）生产过程的时空组织是指设备、工艺装备、在制品以及劳动者在空间上的布置和时间上的组合。空间布置不仅影响设备、工艺装备和空间的利用效率，而且影响人机配合，从而直接影响员工的劳动生产率；各生产要素在时间上的组合，是指要科学地安排生产要素的先后顺序，以及它们在企业生产运营系统中的运行时限。这不仅影响产品的生产周期，而且还会影响生产成本。因此，企业应不断地研究并采用更合理的空间布置和时间组合方式，以提高劳动生产率、缩短生产周期，并且在不增加要素投入的前提下，提高要素的利用效率。20 世纪最伟大的企业生产组织创新，莫过于福特将泰罗的科学管理理论与汽车生产实践相结合而形成的流水生产方式，流水线的问世引发了企业生产率的革命，目前，我国大多数医药生产企业的自动化程度较高，药品的制造过程主要采用类流水线的方式进行，如使用自动分装仪、粉剂包装机等。

3. 产品创新

生产过程中各种要素组合的结果是形成产品。企业通过生产和提供产品来求得社会的认可，证明其存在的价值，也是通过销售产品来补偿生产消耗、取得盈余的，从而实现生存与发展。产品是企业的生命，企业只有不断地创新产品，才能更好地生存与发展。产品创新包括许多内容，这里主要分析物质产品本身的创新，其主要包括品种和结构的创新。

（1）品种创新要求企业根据市场需要的变化，根据消费者偏好的转移，及时地调整企业的生产方向和生产结构，不断地开发适销对路的产品。

（2）产品结构创新，在不改变现有产品基本性能的基础上，对产品进行改进和改良，寻求更加合理的产品结构，使其生产成本更低、性能更完善、使用更安全，从而更具市场竞争力。

产品创新是企业技术创新的核心内容，它既受制于技术创新的其他方面，又影响其他技术创新效果的发挥：新的产品、产品的新结构，往往要求企业利用新的机器设备和新的工艺方法；而新设备、新工艺的运用又为产品的创新提供了更优越的物质条件。全球最大的制药企业之一辉瑞医药公司在 1998 年经过产品的研发创新，推出西地那非，并且获得空前成功，辉瑞公司也因为此产品的巨大成功先后吞并了华纳兰伯特公司和法玛西亚公司，成为美国最大的药品生产企业，辉瑞公司的价值理念即"革新创造是提高健康和保证辉瑞公司持续发展及收益增长的关键"，注重产品的研发和创新，为辉瑞公司赢得了高额的经济回报。

（四）技术创新的过程

企业技术创新涉及构思、研究开发、批量生产、市场营销等一系列活动，结合我国企业技术创新的实践，本书将技术创新的过程分为如下6个阶段。

1. 构思的形成阶段

创新构思的形成主要涉及创新思想的来源和形成环境两个方面。创新构思可能来自科学家或从事某项技术活动的工程师的推测或发现，也可能来自市场营销人员或消费者对环境或市场需求的感受；创新思想的形成环境，主要包括宏观政策环境、经济环境、社会人文环境、政治法律环境和市场环境等。

2. 研究开发阶段

在研究开发阶段，企业根据技术、商业、组织等方面的可能条件对创新构思阶段形成的计划进行检验和修正，其基本任务是开发新技术，一般由科学研究和技术开发组成。研究开发的主要对象包括新产品和新工艺。企业的研究开发活动的实用性较强，即其开发的新技术可以运用于实际生产，主要是企业根据经济市场需求及自身的技术水平，敏感地捕捉各种技术机会和市场机会，探索新技术应用的可能性，并努力把这种可能性转变为现实。有些企业也可以根据自身的实际情况购买技术或专利，从而跳过这个阶段。

3. 中试阶段

中试阶段的主要任务是解决从技术开发到试生产的全部技术问题，以满足生产需要。小型试验在不同规模上考验技术设计和工艺设计的可行性，以解决生产中可能出现的技术和工艺问题，是技术创新过程不可缺少的阶段。

4. 批量生产阶段

批量生产阶段的主要任务是按规模生产的要求将中试阶段的成果转变为现实生产力，并解决在生产组织管理和技术工艺方面存在的大量问题，以保证技术创新的正常进行。

5. 市场营销阶段

技术创新成果的实现程度取决于其市场的接受程度。市场营销阶段的任务是实现利用新技术所形成的价值与使用价值，包括试销和正式营销两个阶段。试销具有探索性质，探索市场的可能接受程度，进一步考验其技术的完善程度，并将收集的信息反馈给以上各个阶段，予以不断改进与完善。在市场营销阶段，企业将获得技术创新所追求的经济效益，实现技术创新的质的飞跃。

6. 创新技术扩散阶段

技术创新的源泉往往是单一的，而其最终的应用往往是广泛的。创新技术扩散阶段的任务是将创新技术推向市场，实现其更大的利用价值。

在实际的创新过程中，阶段的划分并不一定十分地明确，各阶段的创新活动也不一定是按线性递进的，有时会出现过程的多重循环以及多种活动的交叉与并行。后一阶段出现的问题要反馈到前一阶段以求解决，前一阶段的活动也会从后一阶段所提出的问题以及予以解决的过程得到启示，从而实现进一步的发展。各阶段既相互区别又相互联系、相互促进，最终形成技术创新的统一过程。

二、技术创新战略

技术创新战略是企业在市场竞争中利用技术创新获取竞争力的方式，不单单是销售额的提高或产品性能的改进，也不仅仅是开发新产品或新服务的问题，更重要的是企业可以基于某一点建立一种新的竞争优势。企业决不能止步于仅为消费者创造某种价值，而要制定能够建立长期竞争优势的技术创新战略，否则技术创新就是战术性的，而不是战略性的。

企业实施技术创新战略的最根本的目的是提高企业的盈利水平，同时需要注意的是，技术创新战略是企业总体战略的一个部分，在实施的过程中要注意与其他战略相协调，以实现资源利用的最大化。

（一）企业的技术创新战略要解决四大问题

1. 寻找合适的细分市场。细分市场的确立有助于企业把握技术研发的方向，为企业的技术创新指明了方向。在技术创新战略成功之后，企业可以从细分市场中获得巨大的收益。所以，寻找合适的细分市场是企业在制定技术创新战略时首先需要考虑的问题。

2. 应研究开发何种技术。企业进行技术开发是实施技术创新战略的核心内容，在确定合适的细分市场后，企业需要决定研究开发何种技术，并需要分析和测评所要开发技术的开发难度。

3. 技术转让的方式。技术转让是指一方将技术成果转让给另一方的行为，现有的技术转让方式包括专利权转让、专利申请权转让、专利实施许可和非专利技术转让。企业通过技术转让，将科研技术成果转化为大量的资金或其他资源，有利于企业开展新的技术研发工作和实现持续成长。对于技术引进方而言，通过技术转让，可以引进先进的技术和设备，节省企业的研发资金和人力资源，为增强企业的核心竞争力提供强大的助力。

4. 技术创新合作的方式。企业技术创新合作的方式包括产学研合作和企业间的创新合作。其中，企业间的合作创新还包括小企业推动大企业模式、小企业间合作模式和大企业间的联合创新。企业通过这些不同的创新合作方式，可以实现优势互补，充分发挥技术优势，缩短技术创新的周期，尽快将技术转化为生产力。

同时，不同的医药企业由于经营范围和所在市场不同，其在实施技术创新战略时所开发的技术也会有所不同，如生物医药企业和医药器械企业所开发的技术就不相同；而在同一医药企业内部，负责不同产品的事业部，由于所针对的产品领域、面向的市场和技术熟练度不同，其实施的技术创新战略也应有所不同，如心血管药物和抗肿瘤药物对生产技术的要求是不一样的。所以在决定采取何种创新合作方式时，需要根据不同企业的不同事业部的具体情况来定。

（二）企业技术创新战略的关键要素

1. 战略意图

战略意图是指战略制定者长期追求的目标和执着的信念。战略意图可以为技术创新战略提供长期指导。战略意图本身不具有操作性，但它为具体的战略方案确定了长远的目标和方向。另外，战略意图还可以为企业的技术进步和发展提供动力。企业要想实现战略意图，应具备相对于竞争者的比较优势，企业可以通过实施技术创新战略，建立或提高技术优势，并在此基础上不断扩大优势。

2. 战略定位

技术创新的战略定位主要包括技术和市场的定位。技术定位是指根据已有的科学技术或潜在的市场需求来开发新技术或新产品。市场定位则是根据企业的分析判断来对潜在市场进行确认，或根据竞争态势分析来对拟进入的细分市场进行确认。从根本上说，技术定位和市场定位的目标是一致的，两者都需要明确细分市场。

技术定位有两种基本思路：第一，可以从已有的科学发现、技术发明出发，寻找可能的市场。例如，葛兰素史克公司的研发部门从 1992 年开始致力于水性包衣工艺的研究开发，这项技术能使药品在制造的过程中不再含有有机溶剂，更加环保和健康，是一项全新的缓释技术。通过市场调研与测算，葛兰素史克公司于 1998 年将该项技术全面应用于新康泰克感冒药的生产制造。由于独特的缓释技术，新康泰克起效迅速、药效持久，能够真正达到 12 小时的疗效，赢得了广大消费者的一致认可，葛兰素史克占据了感冒药市场领导者地位。

第二，从已有的或潜在的市场需求出发，开发新技术或应用已有技术，开发新产品。这种思路在企业运用得更为广泛。心脑血管疾病在世界各国都排在疾病之首，因此寻找安全有效的治疗药物一直是各国医药学专家重点研究的课题。天津天士力集团在深入调研市场后，了解到心脑血管疾病药物有巨大的市场需求，于是确定了企业的主打产品——复方丹参滴丸，它是用于治疗心脑血管疾病的中成药，企业通过对该药的药材种植栽培、中药提取、基础药理、临床疗效等关键问题进行深入、系统地研究，开发了一条符合现代中药标准的一体化产业链，实现了现代中药产业的创新，也推动了天津天士力集团的飞速发展。

当然，还有将上述两种思路相结合的第三种定位思路，即在新技术出现的初期，在预测潜在市场需求的基础上，设计相应的技术路线进行研究与开发。

战略定位之所以重要，是因为它是对企业后续工作的指导，定位失误会使企业陷入极大的被动之中，甚至会导致全盘失败。

3. 技术跳跃

从长期来看，技术发展包含技术成长与技术替代的过程。技术替代破坏了技术发展的平衡性，产生了"技术跳跃"。当技术替代根源于技术突破或产生重大市场效应时，这种替代就变成了变革。

技术跳跃的管理在技术创新管理，尤其是技术创新战略管理中具有极其重要的意义。企业在激烈的市场竞争中，采用技术跳跃策略，以较小的代价，跳过技术发展的某些阶段，抓住新出现的技术机会，可以在新一轮的竞争中占据有利地位。

企业可以通过密切监视技术的发展动态、进行超前的技术准备、分析潜在的市场、建立适当的决策机制和塑造创新文化等来推动企业进行技术跳跃，促进企业的发展。

4. 创新技术的保护和持续开发

创新技术的保护和持续开发是企业取得竞争优势的重要条件。

创新技术的保护取决于制度环境和技术的性质。制度环境主要是指知识产权保护制度，即专利制度。企业还可以利用技术的特殊性质来保护技术。技术性质主要指技术的可表达性，即技术是否容易用文字、公式、图形等表达出来。如果一项技术难以用图形、文字表达，而只能用演示、在示范下模仿等方式才能掌握（如烹调技术、景泰蓝技术等），则易于保护；如果一项技术能用图纸、说明书等准确地表达出来，则不易保护。另外，有些技术尽管可以用文字表达，如药品、饮料等的配方，但如果外人很难破译，则可进行有效地保护。因此，实施技术创新战略的企业，可以从以下两个方面加强对技术的保护：第一，增强专利保护意识和法制观念；第二，开发一些易于使用的专利保护技术。

企业在对技术进行持续开发的过程中，在技术开发的前期主要围绕争夺产品的主导设计而展开，而在后期（主导设计出现之后）主要围绕工艺开发和产品改进展开。

企业只有把握好技术创新战略的关键要素，明确技术创新意图，明晰技术创新的战略定位，实现技术跳跃，有效保护创新技术，并能有针对性地进行技术的持续开发，这样才能在激烈的市场竞争中赢得一席之地。

（三）企业技术创新战略的动力因素

企业技术创新的动力就是促使技术创新战略顺利实施的力量，包括拉力和推力。

1. 技术创新战略的推力

（1）企业内在动力。指在企业内部基于企业资源和能力的各种技术创新动力因素，主要有：企业家的创新意识、技术创新的水平与创新能力以及 R&D 投入等，其中，企业家在中小企业技术创新战略的实施过程中发挥着核心作用。

（2）外部推力。科学技术、市场竞争和政府支持等是主要的外部推动力。在技术创新的生命周期越来越短的趋势下，科技进步对企业技术创新的推动作用不可低估。美国马奎斯（Marquis·D）等人对 569 项技术创新案例的研究表明，20% 左右的技术创新归因于科学技术的推动。市场竞争也是中小企业实施技术创新战略的一种无形推力，中小企业处于竞争激烈的市场环境中，"逆水行舟，不进则退"，许多企业由此产生强烈的危机感，从而激励自身实施技术创新。此外，政府保护政策、衰退产业退出政策等也会在一定程度上推动企业实施技术创新战略。

2. 技术创新战略的拉力

拉力主要有市场需求、行业潜力和政府激励等。首先，技术创新战略的制定和实施主要是受需求拉动的。中小企业大多处于买方市场，只有以市场需求为出发点，其产品才可能有销路。此外，市场需求的不断变化也为企业提供了新的市场机会和创新诱因，而以此为导向的技术创新战略在给企业带来回报的同时，又引发了新的市场需求，由此形成一个"需求—创新—新的需求—再创新"的良性循环。其次，行业潜力也是一支重要的拉力，它为企业实施技术创新战略提供了空间，形成了激励企业向上的拉力。最后，政府激励能够引导企业实施技术创新战略。政府为了激励企业进行技术创新，向企业提供优惠政策已成为国际通行做法，如采取新产品减免税、R&D 投入减免税等措施，或是提供优惠贷款、制定风险基金制度等。

第二节　企业技术创新战略的类型

医药企业战略管理

　　企业技术创新战略是指企业对技术创新活动的总谋划，包括创新规划、创新实施、创新平台和创新绩效等内容，这四个要素全面反映了技术创新战略的结构。创新规划是指企业对技术创新战略的整体设计，创新实施是企业实施的创新行为，创新平台是指企业为技术创新战略的开展所营造的环境，创新绩效是指企业技术创新的成果。企业技术创新战略从这四个方面入手，解决了企业创新设计、创新实施、创新成果等技术创新实施的流程问题，为企业持续健康地发展提供了核心动力。

　　迄今为止，企业技术创新战略还没有一个统一的分类，它是一个体系概念，是以某种战略为主体，其他战略相配合的几种战略的集合，对于同一个企业而言，其可以同时采用两种或以上的战略。英国学者弗里曼将创新战略按创新的时机和创新的程度分为进攻型战略、防御型战略、模仿型战略、依附型战略、守城型战略和机会型战略。但是，目前普遍为人们所接受的是伊戈尔·安索夫（H. Igor. Ansoff）等人提出的划分方法，其把企业的技术创新战略主要分为领先创新战略、跟随创新战略和模仿创新战略三种。当然，这种划分是一种理想的做法，企业实际采取的战略可能是上述战略中的一种，也可能是几种战略的混合。上述三种战略各有优缺点及适用范围，不同的医药企业会实施不同的创新战略，同时，对于同一医药企业中的不同产品或者同一医药企业在不同的发展阶段有可能实施不同的创新战略，所以，要实施何种创新战略应根据具体情况而定。

一、领先创新战略

　　领先型创新是以重大的发明创造成果或全新的经营管理观念为基础的创新。企业通过实施领先创新战略，研发出新的科技成果，可能会开辟一个全新的市场，从而带来一定的收益。如青霉素的发现和成功研制使全世界开始普遍使用抗生素，极大地推动了人类健康事业的发展。

　　与其他类型的创新战略相比，领先型创新战略集高利润和高风险于一身，所以在制定领先创新战略之前需要首先分析企业是否具备所需的各种条件，如果有成功的可能，则需全力以赴。

（一）领先创新战略要求企业须具备的条件

1. 企业的研究开发部门应具有较强的产品开发能力，营销部门应有较强的营销能力。人们发现，采取下列方式管理研究开发部门，有助于形成领先市场的重大创新。

（1）不给研究开发部门以明确的任务和目标，让其运用聪明才智自由地发挥。

（2）在研究开发的过程中，要在多种可行方案中进行选择，或者遇到各种问题时，要请专家等来评估阶段性成果，并提出参考意见，以作出正确的决策或者解决遇到的问题，从而使研究走上正确的轨道。

2. 虽然领先创新战略要求企业有较高的研究开发能力，但同时也需要其他部门的快速反应与配合。

3. 企业应具有较强的知识产权保护意识。越是创新产品，越易受人模仿。所以，企业应及时地为研究开发成果申报专利。

4. 由于实施领先创新战略的企业是首次将新产品推向市场，这意味着企业需要高度重视对营销人员的培训，以帮助消费者正确使用产品，从而建立良好的售后服务网络。可以说，越是领先的战略，就越要求下游部门与研究开发部门建立良好的合作关系。

然而，企业率先将产品推向市场、成为技术领先者后，它能否保持这种优势，却是另外一回事。

（二）保持领先优势的两个因素

1. 技术领先的持久性。首先，如果企业开发的技术是竞争者难以复制的，那么企业就能保持较长时间的技术领先地位。一般而言，新产品要比新工艺更容易被人复制。许多产品一旦上市，并附以产品说明，竞争者可能马上就会知道是如何制造这种产品的，但工艺创新就不那么一目了然，因为技术一直在企业的围墙内，并没有随产品一起走出企业的大门。其次，企业通过自主创新技术带来的领先地位要比从外部引进新技术给企业带来的领先地位保持得长久，因为技术供应方将技术提供给本企业的同时，还可能会转让给他人。这就解释了技术引进难以使企业保持长久技术优势的问题。除非企业已经通过引进的技术，开辟了广阔的产品营销渠道，并建立了良好的品牌形象，则引进同样技术的其他企业可能会较难争夺同一片市场。

企业的领先技术往往是最核心的商业机密，为了保持企业的技术领先地位，企业一定要注意领先技术的保护。然而，当某一领域开发出先进技术后，不可避免地会出现技术扩散的现象。波特把领先者技术的扩散方式归结为以下几种：①领先者的产品或操作方法被竞争者直接观察到；②通过设备供应商或其他卖主的技术转让；③通过产业观察家（如咨询人员）和商业报刊的技术转移；④通过希望得到其他资源的买主的技术转移；⑤企业人才流向竞争者或脱离母公司而建立独立的子公司；⑥领先者的科技人员的公开演讲或论文发表。

相应地，企业可采取一系列措施，来避免或减缓技术的转移，以保持技术领先地位。减缓技术转移的手段有以下几种：①专利化：通过申请专利的方式，企业可以在国家规定的时间内对该项技术享有专有权；②保密：企业可以通过签订保密协议、建立保密制度等方式将核心技术严密保护起来，并视为企业的商业机密；③建立设备壁垒：在企业内部开发适合新技术的生产设备，以建立设备壁垒，延缓技术的扩散；④垂直一体化：企业通过与上游的供应商或下游的买方建立联系，进一步了解相关技术信息，掌握关键的投入资源和销售渠道，提高进入壁垒，减缓技术转移；⑤稳定雇员的人事政策：企业通过对核心技术人才实施奖励等，减少人才的流失，避免因人员离开而导致技术扩散。

2. 在取得技术领先地位后，要不断地再创新。一般而言，复制、模仿一项技术需要一定的时间，在此期间内，企业如果能继续创新，推出更新的产品，就能在一定程度上保持这种技术领先地位。技术领先者与后继者相比，具有以下一些优势。首先，领先者可获得独特的信誉，因为领先者表示他是敢于开拓的企业，领先者可以与消费者建立起良好的关系。其次，领先者可以占据有利的市场地位。领先者建立起的良好的销售网络会增加后继者的进入难度，消费者会对领先者的产品产生某种依赖，若转向其他产品，会增加转换成本。最后，领先者往往会带动产业技术标准的制定，这样其他企业在制造同类产品时，须向领先者的技术标准看齐。

领先型技术创新战略通常能给企业带来长久的竞争优势，江苏恒瑞医药集团是国内最大的肿瘤药和手术用药的研究和生产基地，也是国内最具创新能力的大型制药企业之一。恒瑞医药一直致力于关键领域的技术创新工作，企业采取领先创新战略，开发出了抗关节炎药艾瑞昔布、抗感染药卡屈沙星，已经取得了丰厚的收益；目前正在研发中的抗肿瘤药阿帕替尼和降糖药瑞格列汀，一旦成功研发、上市后，将具有良好的发展前景。

但相比而言，领先创新战略也有一定的劣势：其一，需要较高的投入，包括大量的资本投入和人员投入。其二，市场开拓成本极大。对于新产品而言，其市场一片空白，这就需要创新领先者投入大量的资金开辟销售渠道。其三，具有较高的风险。领先创新者集中大量的精力与资源用于研究开发新产品或改进生产工艺流程，这个过程往往伴随较高的风险，在某些情况下，创新战略的失败可能会给企业带来巨大的损失，甚至是破产。

浙江新昌制药厂积极运用领先创新战略，在高纯度万古霉素的研制和生产方面为国际市场带来了一股旋风。万古霉素历来在国际市场上被美国雅来、日本盐铁义、丹麦阿尔法玛等公司垄断，纯度标准是88%。浙江新昌制药通过运用领先创新战略，积极研发创新，将万古霉素的生产纯度标准提升至95%，迫使全球万古霉素第一大供应商雅来公司停止该药的生产，从此成为该行业的领跑者。正如浙江医药股份有限公司董事长李春波所说："只有拿出最好的产品，我们才有可能跑到别人前面，才可以做比赛的裁判员，做规则的制定者"。

二、跟随创新战略

领先创新战略固然可以给企业带来高额利润，但是其投资较高、风险较大，所以并非所有的企业都能采取领先创新战略，同时企业也并非在任何时候都应采取领先创新战略。实践表明，许多大企业都是在某一产业的新兴初期，在市场还未成熟之前进入该产业，通过领先创新战略获得高额利润。

对于领先创新的企业来说，开辟一个新市场具有诸多不确定因素，其创新成果的最大风险主要来自于买方的消费冲突，即创新产品能否得到买方的认可而逐步形成新的市场，使其投入的高额成本得到补偿和回报。而对于跟随创新的企业来说，一旦发现领先创新企业开拓出的新市场具有广阔的前景，则其跟随进入的风险相对来说就要小得多，所以实施跟随创新是一种风险较小的做法。

跟随创新是指在已有成熟技术的基础上，沿着已经明确的技术道路继续进行技术创新，如在原有技术之上将技术更加完善，或开发新的功能等。实施跟随型创新战略的企业在已有技术创新的基础上加以完善、创新，以跟随进入新开辟的市场。

跟随创新战略有以下特点：

1. 跟随创新战略与领先创新战略的思路不同。跟随创新战略在创新技术的基础上，更加注重市场，通过不断完善技术去满足初期市场。

2. 跟随创新战略的风险较小。跟随创新者往往在领先创新者已初步开发市场，但尚未真正看清市场潜力和进一步开发的紧迫性时，通过分析市场，了解买方购买的产品、购买方的式以及可接受的价格等信息，然后进行进一步地创新，以开发出更加符合市场需求的产品。

3. 跟随创新战略适用于高技术领域。在高技术领域，最初的创新者通常是科研院所的技术专家，他们往往不以市场为中心，而偏重于技术或产品本身。由于缺乏充分的市场调查和分析，不能正确认识创新的实际意义和进一步开发的方向，而跟随创新者可以利用此种技术、结合市场进行再开发。

在实施跟随创新战略时，还需要注意以下几个问题：

1. 实施早期跟随创新战略。任何一个创新产品的产生和发展总是一个渐进的过程，随着生产过程的逐步规范化，外界的模仿也会变得越来越容易。对于一般企业而言，实施早期跟随创新战略可能是最优的选择，因为进入一个新市场需要克服买方和创新领先者构筑的双重障碍。跟随者的产品越晚进入市场，市场中的创新产品就会被改进得越成熟，其可能获取的市场剩余份额也就越小。

2. 跟随创新者必须进行自主创新。跟随创新者仅仅停留在模仿的水平上是不够的，创新产品一旦在市场上被普遍模仿，那么本企业产品的市场收益将会变得很少甚至不能获得收益。跟随创新战略要求跟随进入者既要模仿领先创新者初期创新的技术和产品，更重要的是要在学习和模仿的基础上积累关键资源，不断进行自主创新，提高创新产品的适应性，以有效地获取较大的市场份额。

3. 采取跟随创新战略并不意味着企业的研究开发力量会弱于领先创新者。跟随者认为，首次将新产品推向市场的做法是有风险的。作为跟随者，他密切地注视领先者的行动，若领先者失败，就不跟随，若领先者成功，就迅速跟上。这就要求企业既要有一流的研究开发能力，又能快速地投入到新的产品领域中去。

要想实施好跟随创新战略，跟随创新者需要具有较强的灵活性，一切应以市场需求为中心，认真分析市场需求的变化，同时在分析领先创新者弱点的基础上，进行必要的自主创新，不断改进产品的设计以满足市场的需求。

能够积极采用跟随创新战略并取得成功的典型企业之一是娃哈哈集团，它能够连续五年在我国饮料行业资产规模、产量、销售收入、利润、利税第一，成为我国最大且效益最好的食品饮料企业，其所采取的跟随创新战略起到了关键性的作用。娃哈哈立足于市场，对于市场上已经存在的并且有较好发展前景的产品，实施跟随创新战略。娃哈哈在碳酸饮料、果汁、茶饮料等领域一直贯彻"后发而先至"的跟随创新理念，其中最重要的一条是"一个即将成熟的市场比一个亟待培育的市场更有进入的价值"，为了在竞争激烈、趋于饱和的市场中保持领先地位，娃哈哈在跟随的同时，又实施以"改"取胜的差异化战略，在口味、配方、包装以及在概念上采用"领先半招，小步快跑"的创新模式，合理扩展产品线，从而构建相对于竞争对手的差异优势，争取利润最大化，在竞争激烈的食品饮料行业迅速成长为行业领跑者。

三、模仿创新战略

模仿创新是指企业以领先创新者的创新思路和创新行为为榜样，并以其创新产品为示范，跟随率先者的足迹，充分吸取领先者的经验与教训，通过购买引进等手段吸收和掌握领先创新者的核心技术和技术秘密，并在此基础上对领先创新进行改进与完善，进一步开发和生产富有竞争力的产品，并参与竞争的一种渐进性创新活动。简单地讲，模仿创新是后发者的创新。如1952年，创办不久的日本三洋公司看到洗衣机市场存在巨大潜力，而市场上出售的洗衣机性能却很不完善，质量也很不稳定，便打算生产自己的洗衣机。该公司从市场上购回各种不同品牌的洗衣机进行解剖研究，最后决定对英国胡佛公司最新推出的涡轮喷流式洗衣机进行仿制和改进，并巧妙地解决了专利权问题，于1953年研制出日本第一台涡轮喷流洗衣机，并于同年夏天成批生产。这种性能优异、价格只是传统搅拌式洗衣机一半的崭新产品，一上市便引起巨大的轰动，为三洋公司赢得了巨大的经济利益。

模仿创新一般包括完全模仿创新和模仿后再创新两种模式。完全模仿创新是对市场上现有产品的仿制。一项新技术从诞生到使市场完全饱和需要一定的时间，所以创新产品投放市场后还存在一定的市场空间，使技术模仿成为可能。完全模仿在本质上也带动了企业的技术创新活动，很多企业的发展都从模仿其他企业的技术开始。模仿后再创新是对率先进入市场的产品进行再创造，即在引进他人技术后，经过消化吸收，不仅达到被模仿产品的技术水平，而且要通过再创新超过原来的技术水平。它要求企业在掌握被模仿产品的技术诀窍的基础上，改进产品的外观、性能和功能等，使产品更具市场竞争力。

模仿创新战略具有积极跟随性、市场开拓性、知识积累性和资源投入的中间聚积性等特点，其中，模仿创新战略资源投入的中间聚积性是指由于模仿创新省去了新技术开发探索期的大量早期投入和新市场开发建设的大量风险投入，因而能够集中力量在创新链的中游环节投入较多的人力和物力，即在产品设计、工艺制造、装备等方面投入大量的人力、物力，使得创新链上的资源分布向中部聚积。模仿创新者不做新技术的开拓探索者和率先使用者，而做积极追随学习者和改进者；它不仅抢占领先创新者已开辟的市场，而且还会进一步拓展和扩充市场。另外，模仿创新主要是通过"看中学"等方式积累技术，即通过观察、模仿领先创新者的行为，从其成功与失败中吸取经验与教训，在模仿中吸取大量的外部知识，不断增强与提高自身的技能与实力，

模仿创新战略的优点在于可以节约大量研发及市场培育费用，降低了投资风险，也避免了市场成长初期的不稳定性。同时，模仿创新也并不是完全照搬照抄别人的技术，它同样需要投入一定的研究开发力量，以对领先者的技术进行进一步地开发，因而模仿创新并不是单纯的模仿，而是一种渐进性的创新行为。另外，与自主创新相比，由于模仿创新回避了研究开发所带来的风险，所以，模仿创新战略是一种风险较低的战略。模仿创新从研究开发某项专门技术开始，通过逐步对其进行改进与完善，进而确立企业的主导技术。在确立主导技术后，以既有的主导技术为核心，根据技术当前的发展状况，结合企业自身的内外部环境，不断融合吸收其他技术，开发新产品，实现技术创新。

实施模仿创新战略的注意点：

（1）模仿创新战略需要企业具有较强的设计与生产能力。

（2）模仿创新战略仍要求企业有一定的研究开发投入。因为没有一定的研究开发投入，不可能真正掌握这些先进技术。再者，技术模仿要求技术能实现本土化，并要对其进行再创新，以开发出适合本地市场的产品。实践表明，很多产品具有当地特色，因为其是在当地的环境、原料供应和消费习惯下开发的，这就形成了产品的区域特性。所以，在模仿时要意识到这一点，要对产品进行再开发。

（3）技术模仿并不能侵犯他人的知识产权。技术的模仿创新需要绕过他人的专利权，而对技术进行改进与开发。

（4）要提高模仿的起点。最好是模仿他人尚未市场化的科研成果，这将使企业的创新活动取得事半功倍的效果。

日本是积极利用模仿创新战略取得成功的典型，日本通过吸取国际先进技术，积极进行自主创新，能够在很短的时间内取得核心竞争优势。第二次世界大战后的日本，经济遭到了严重的破坏，为尽快恢复与发展被战争破坏的国民经济，减少与西方国家在科技与经济上的差距，日本政府从现实出发，选择模仿创新战略，以达到依靠科技振兴国家经济的目的。

日本在技术创新的过程中，越过基础科学研究环节，从引进国外先进生产技术

入手，结合自主开发，推动经济高速发展。据统计，1950—1980年，日本共引进36000项技术，占当时国内正在研发和使用技术的95%。在引进技术的工作中，日本政府非常强调消化、吸收与再开发。日本政府于1950年颁布了外资法，审议会优先批准技术水平高、生产条件好的企业引进技术，并要求引进技术后，5年内达到90%的国产化程度。日本引进技术后，大多很快消化、吸收并转而出口相应的技术，在国际市场上处于强有力的竞争地位。美国工程院院长罗伯特·怀特指出："美国大概是世界上最伟大的创新国家，但我们却没有能力获得这些科学发明的好处"。结果是为善于引进并改进技术的日本做了"嫁衣裳"，"日本造"席卷美国乃至世界市场，给了美国一个沉痛的教训。日本利用模仿创新战略，在引进技术的基础上，结合自主创新，很快再度经济崛起。当前日本在世界经济中排名第三，模仿创新战略功不可没。

安索夫、弗里曼等人从竞争地位的角度出发，对技术创新战略进行划分，将竞争作为企业的唯一选择，忽视了企业通过合作进行创新的可能性。在现代企业经营中，技术变革的加快使企业对创新有一种紧迫感，而资源的有限性使许多企业无法在短期内实现其研究开发的目标；同时，为了建立共同的产业标准以避免自杀性竞争，许多企业正逐步采取合作创新战略以取得成功。

此外，企业在选择技术创新战略时要充分考虑内外部环境因素，影响企业技术创新战略的内部环境因素包括企业的研发能力、创新资源投入能力、管理能力、营销能力、制造能力和企业文化等；而外部环境因素包括企业所在产业的竞争程度、基础研究的支持力度、国家的产业政策，以及企业与企业、企业与科研机构、企业与高校的合作环境等，只有认真分析企业的内外部环境，才能制定出符合企业实际、符合当代潮流的创新战略。

对医药企业而言，在所有影响其技术创新的内外部环境因素中，比较突出的是技术的研究与开发能力、国家的医药产业政策、产学研的合作程度、相关资源的投入等。为了促进医药企业的发展，必须加强对医药技术的研发创新工作，顺应国家的医药产业政策，同时，在自主创新的基础上，加强与其他医药企业的联系与合作，以制定合适的创新战略。

第三节　技术转让与合作创新

技术转让和合作创新是技术创新战略中十分重要的内容，企业在实施技术创新战略的过程中需要详细了解。通过技术转让，一方面技术输出方可以收回研发成本，获得经济效益；另一方面，技术输入方可以跨越研发阶段，节省研发费用。在研究开发技术的过程中，企业与企业、高校和科研院所之间往往会采取合作创新的方式，共享社会资源，缩短研发时间，提高成功的可能性。

一、技术转让

由于技术创新是一个涉及多个环节的系统工程，而单个企业不可能在所有环节上都有很强的实力。一般而言，企业的产品领域都不是单一的，同样，企业不可能在所有的产品领域都占优势；再者，不同的企业有不同的优势，如有些企业强于营销、弱于研发，而有些企业强于研发而弱于营销。因此，在技术创新中，适当地进行技术转让对企业是有利的。

技术转让是技术交易的一种主要类型，是指技术成果由一方转让给另一方的经营方式。所转让的技术包括获得专利权的技术、商标，以及非专利技术，如专有技术、传统技艺、管理方法等。技术转让具有有偿性，是拥有技术的当事人有偿地转让给他人的行为，当前尚未研究开发出的技术成果不在技术转让的范畴内。

技术转让对技术输出方来说是技术转让，而对输入方来说是技术引进。以技术转让与技术引进为主要内容的技术贸易已成为国际上传播技术的重要方式。2008 年，广州莱泰制药向在新加坡上市的亚洲药业集团进行技术转让，以 8000 万元售出癌症治疗注射药品希美纳的专利、生产执照、行销网络以及该药品在中国注册的所有权限。希美纳是世界上唯一一种为癌症化疗而制的化学增敏剂，有利于提高瘤内药物浓度而提高化疗效果，通过技术转让，亚洲药业集团完成了中国市场的开拓，为其进一步快速发展奠定了坚实的基础。

1. 技术供体转让的条件

在技术转让过程中，技术供体即技术的拥有者和输出方。技术供体常常处于主宰地位，其目的不仅是转让技术，而且是为了获得创新技术所带来的商业价值。技术供体会根据技术的发展状况以及自身设定的目标而转让技术，以从中换取各种"利益"，其在下列情况下可能会实施技术转让：

（1）当特定国家或地区市场容量较小，无法实现规模经营时，技术供体倾向于转让技术；

（2）当对外部市场不了解，或资本力量有限而无法直接投资时，有可能转让技术；

（3）技术创新周期较短，更新速度较快时，为避免技术的价值无形损耗，尽快收回研发成本，技术供体倾向于转让技术；

（4）当目标国家或地区推行技术的国有化或本土化，或对外直接投资限制较多时，欲进入该国家或地区市场的技术供体倾向于转让技术；

（5）当把技术转让当做某种超经济的策略工具，以换取额外的收益时，技术供体乐于进行技术转让。

技术供体进行或不进行技术转让，都主要是受利益的影响。因此，技术能否实现转移最终取决于技术供方对利益的权衡。

2. 技术转让的类型

根据技术转让的权利化程度和性质，技术转让可分为四种基本类型：

（1）专利权转让。专利权转让是指专利人作为让与方，将其发明创造专利的所有权或持有权移交给受让方的技术转让形式。

（2）专利申请权转让。专利申请权转让是指让与方将其特定的发明创造申请专利的权利移交给受让方的技术转让形式。

（3）专利实施许可。专利实施许可是指专利权人或者授权人作为让与方，许可受让方在约定的范围内实施专利的技术转让形式。

（4）非专利技术转让。非专利技术（技术秘密）转让是指让与方将其拥有的非专利技术成果提供给受让方，明确相互之间非专利技术成果的使用权、转让权的技术转让形式。

3. 技术转让的主要形式

企业主要采用成套设备引进和转让、合作生产、补偿贸易、合资经营等四种形式进行技术转让。

（1）成套设备引进和转让。成套设备是指生产成品或半成品的工业联合装置。它可以是某一专业的单项设备，也可以是数个专业的综合设备。技术输入方通过购买新的成套设备，获得技术支持，在极短时间内转化为生产力，有利于迅速占领市场。

（2）合作生产。合作生产也是技术转让的一种形式，它是指两个或两个以上国家的企业，以合作经营的方式，在生产过程中，充分利用合作各方的有利条件，共同生产某项产品。通过合作生产，有利于加强和扩大国际经济合作和科学技术交流，合作企业互为裨益。

（3）补偿贸易。它是指在买方以赊购形式向卖方购进技术知识，兴建工厂企业，投产后以所生产的全部产品、部分产品或双方商定的其他商品，在一定期限内，逐步偿还贷款本息。补偿贸易的出现，形成了一种全新的技术转让方式，技术输入方采用补偿贸易的方式，引进先进的技术设备，加强了生产能力，并提高了产品质量，同时也可以利用技术输出方的销售能力，进入国际市场，这是一种利用外资的有效途径。

（4）合资经营。它是指由两个或两个以上不同国家的投资者共同投资、共同管理、共负盈亏，按照投资比例共同分取利润股权的投资经营方式，通过合资经营，扩大了国际经济合作和技术交流，有利于企业的技术创新，也有利于国家科学技术的发展。

此外，技术商品的转让和引进还有租赁设备、工程承包、技术培训等多种形式。企业可以采取不同的技术转让形式，加强科技创新与创新成果的市场应用，以促进我国科学技术的不断发展。

二、合作创新

所谓合作创新，是指企业间或企业与科研机构、高校之间的联合创新行为。它是依靠企业内部和外部力量进行的一项技术创新活动，其侧重点各有不同。有的合作创新以内部力量为主，外部力量或作为内部力量的补充，或作为运用内部力量创新的前提；有的合作创新是以外部力量为主，而将内部力量作为补充。合作创新通常以合作伙伴的共同利益为基础，以资源共享或优势互补为前提，有明确的合作目标、合作期限和合作规则，合作各方在技术创新的全过程或某些环节共同投入、共同参与、共享成果、共担风险。

由于全球技术创新的加快和技术竞争的日趋激烈，企业技术问题的复杂性、综合性和系统性日益突出，仅依靠单个企业的力量来解决越来越困难。

因此，企业积极利用外部力量（智力支持、资金等），形成优势互补，可以较为容易地实现技术创新和成果共享，这已成为技术创新日益发展的重要趋势。合作创新有利于分散创新风险、优化创新资源组合、缩短创新周期和分摊创新成本。合作创新模式的局限性在于企业不能独占创新成果，获取绝对垄断优势。合作创新既可以是自主创新，也可以是模仿创新，从本质上讲，合作创新是自主创新与模仿创新的再发展。合作的双方或多方在技术创新的过程中，必须选择一种基本的技术创新模式，即自主创新或模仿创新模式，在合作的基础上，实现技术、利益的共享。

（一）产学研合作创新

近几年来，以信息技术、材料技术、生物技术为代表的新技术革命给很多产业都带来了很大的冲击，凸显了科学技术在产业发展中所具有的重要地位，同时也加强了高校、科研院所等在高技术产业中的带头作用。但由于高校、科研院所虽具有较强的研究与开发能力，却没有制造、规模生产和销售能力，因而，产学研合作创新便应运而生。

发达国家为了推动中小企业的技术创新活动，促进综合国力和地区经济的发展，逐步形成了政府、高校、科研院所和工业界相互合作、共同参与技术创新活动的局面，虽然它们在技术创新过程中的分工不同、作用有别，但是在技术创新上形成了合力，为中小企业的技术创新营造了一个良好的氛围，奠定了技术创新成果从实验室走向市场的现实基础，形成了政府（包括地方政府）、企业界、高校和科研机构密切合作的，集科研、开发、生产为一体的联合体。而政、企、学、研合作得最成功、最有效、影响也最大的方式是建立高科技工业园区，如美国的"硅谷"和波士顿128号公路就是当时兴起的两个科技园，已成为全世界效仿的榜样，它们既是政、企、学、研的联合体，也是中小企业技术创新的孵化器；另外，日本政府采用了官产学三位一体的科技管理模式，并且日益系统化。

产学研合作是企业从事技术创新活动的重要途径，它主要是指在技术创新的过程中，企业与高校、科研院所在风险共担、利益共享、优势互补、共同发展的形式下进行创新的合作，内容包括：技术转让、合作研究、合作开发和共建新企业等。

由于我国的科技与经济长期分割，使得企业弱于技术、强于市场，而高校、科研院所等则强于科技、弱于市场。为了使它们实现优势互补，近几年来，各种形式的产学研合作越来越多，既有政府推动的产学研合作，也有民间自发形成的各种合作。浙江医药股份有限公司根据国家重大新药创制科技重大专项指南要求，联合北京大学、首都医科大学、上海医药工业研究院、上海交通大学、上海来益生物药物研发中心等实力雄厚的高等院校和科研单位，通过产学研结合，在优势互补、强强联合的基础上，经过三年时间，完成了"天然来源抗肿瘤与抗耐药菌创新药物的研发"课题项目，建立了天然来源抗肿瘤、抗耐药菌创新药物孵化示范基地，提升了企业的研发能力，促使浙江医药集团实现了产业突破。

1. 产学研合作的优点

（1）能够促进优势互补，充分发挥科技优势，提高企业的生产效率。由于高校、科研院所具有较强的研究实力，企业可借助他们的力量，提高技术创新水平，而高校、科研院所则可利用企业的规模生产、销售网络优势，使自己的研究成果尽快商业化，所以，产学研合作，既有利于企业，也有利于高校和科研院所。

（2）共享信息和研究成果，有利于提高研发效率。在合作中通过相互学习可以提高研发新产品的速度，由于企业的技术知识存量缺乏市场流动性，同时员工的技术经验难以估价，因而企业较难通过市场交易的方式来获得知识。而产学研合作是企业与高校和科研院所进行知识转移的一个非常有效的途径。在通过产学研合作来研究开发技术时，企业的技术人员可以方便地与高校和科研院所的科研人员进行沟通交流，有利于提高研发的效率。另外，进行产学研合作的意义不仅仅在于共同完成项目，还要在合作的过程中通过知识交换来提高员工的水平与能力，为未来的研究开发打下基础。

因此，产学研合作通常意味着企业委托高校或科研院所进行开发，或者是企业从高校或科研院所那里购买科研成果，这实质上有一个技术从高校或科研院所转移到企业内部的问题。由于科研人员对企业的内部环境等不太了解，而企业对成果的技术性质也不太了解，所以，这种技术转移是有一定困难的。

2. 成功实现技术转移的条件

当企业与高校或科研院所通过合作取得一定的成果后，企业需要将研发成果应用到企业生产运营中，以实现市场价值，这就要求高校或科研院所要与企业进行良好的技术转移，一般情况下，要想成功地实现技术转移需要注意以下几个问题：

（1）企业作为技术接受方必须要具备较高的技术水平，这包括要有较高水平的技术人员和先进的生产设备等。

（2）项目在研究阶段，应尽量让企业的技术人员参与研究开发工作。

（3）项目完成后，双方仍要继续协作，要做好技术转移的交接工作。

（4）最好是研究人员跟着技术一起转移，即让研究开发人员随同研究成果一起转移到企业中，因为很多的技术性问题都存放在科技人员的头脑中，很难用图纸描绘出来。日本常用这种方法使实验成果成功地向企业转移。

（5）应尽量使技术应用场所的环境与开发场所的一致，这有助于技术的成功转移。

在产学研合作的后期，合作方将完成技术转移工作。在整个过程中，要想使产学研合作创新跃上新台阶，需要解决许多问题：首先，需要确立一个产权清晰、利益分享合理、责权明确的合作方式，只有这样，才能使双方利益清晰，有利于合作。其次，要强化企业的创新意识、科研院所及高校的市场意识，以提高合作方的合作水平。

（二）企业间的合作创新

由于全球经济一体化速度的加快、信息技术的完善、产品生命周期的缩短等，诸多因素都推动了企业的合作创新，甚至一些原本是竞争对手的企业也开始合作创新。

1. 企业间合作创新的主要原因

（1）创新的高风险性，使企业愿意联合开发以分担风险。企业的技术创新是一项高风险、高投资的技术性活动，关系到企业的生死存亡，面对研发创新的高风险，众多企业愿意进行强强联合，分担创新风险。

（2）不同地区的企业合作创新，可分配市场区域。对于不同地区的企业而言，进行企业间的合作创新，可共享取得的研发成果，并将其分配到不同的市场区域，可扩大合作企业的市场份额，使合作双方或多方都获得更多的收益。

（3）技术优势互补的企业可减少创新成本，加快创新速度。技术优势互补的企业可以通过企业间的合作创新，提高技术开发的速度，减少创新成本，使目前拥有的技术优势尽快地转化为新的核心技术，进一步增强企业核心竞争力。

2. 企业间合作创新的模式

企业间可以进行纵向或横向的技术创新联合，一是可以完成独自难以完成的技术创新项目；二是在合作中，企业可以达到取长补短、互相学习与提高的目的。

基于螺旋推进的共同进步原则，企业间的合作创新模式可分为以下几种：小企业推动大企业模式、小企业与小企业合作模式、大企业与大企业的强强联合模式、竞争企业间分工合作模式以及企业与供应商和买方之间动态推拉等。

（1）小企业推动大企业模式

小企业由于企业规模小，组织结构层级较少，内部交流沟通较为便捷，因而更适合进行技术创新。另一方面，诸多小企业在大企业市场间隙中生存，其创新动力也更为明显。但是，当小企业无力独自进行高新技术的研究开发时，应充分利用敏锐的市场嗅觉与灵活多变的特性，积极和具有较强技术创新能力的大企业合作，从而完成技术与产品的创新。在与大企业合作的过程中，小企业还可以从大企业那里学习到相关领域的知识、技术和创新经验，从而提高技术水平和创新能力。

（2）小企业与小企业合作模式

小企业各有自己的优势，小企业与小企业的联合，常常能优势互补，实现独自不能实现的技术创新目标。特别是在多元化技术创新上，小企业可以通过与不同领域的小企业进行联合，实现多学科、多专业融合的技术创新，这样既能够使参与合作的小企业实现创新发展，又能够推动产业的发展，可谓一举两得。

在联合创新的过程中，小企业通过自己的努力以及向合作企业学习，可以逐渐形成企业的核心发展领域，逐步实现知识与技术的积累，为自主技术创新奠定基础。

同时，在联合创新过程中，可以比较深入地了解不同领域的技术发展趋势，为技术突破和新的技术创新挖掘机会。

（3）大企业与大企业的联合创新

大企业与大企业间的合作创新，更能发挥优势互补的效应。无论是同产业还是不同产业的企业间的联合创新，都会加快创新速度。2007年，百时美施贵宝联手辉瑞，宣布合作开发百时美施贵宝发现的口服抗凝剂Apixaban，将其作为华法林的升级替代产品。根据协议，辉瑞承担抗凝剂Apixaban全部开发费用的60%，而百时美施贵宝将承担剩余的40%。另外，双方将继续联合制定Apixaban的临床推广和市场营销战略，并将在全球范围内平摊商业推广费用、共担风险。这种大企业与大企业间的联合创新行为，将会加速资源整合，增强开发能力，极大地促进和带动新药的开发、研制与生产。

（4）竞争企业间的联合创新

企业在技术创新的过程中与同产业其他企业间存在着竞争，有时是非常激烈的。正是这种激烈的竞争，更加促进了科学技术与经济的发展。企业的技术发展水平各不相同，面对市场需求，当企业无法独自开发新技术或新产品时，可以通过与竞争者合作来实现技术创新。在这种分工合理和互利互惠的合作下，企业既可以抓住创新机会，又能提高技术水平，同时也拉近了与竞争者间的关系，还可以学习竞争者的技术与管理经验。

（5）企业与供应商和买方之间的联合创新

在供应商、企业与买方三者之间，存在着推与拉的动态一体化的技术创新链。处于中间的企业可以充分利用下推上拉的作用，以提高技术创新能力及创新速度。很多企业非常重视与供应商和买方的长期合作关系。如果产品的买方是经销商，那么，经销商可以为企业提供一些很有价值的新技术或新产品的市场需求信息；经销商还可能会向企业提供一些刚刚上市的新产品的样品和粗略的技术线索。同时，经销商出于自身利益的考虑，在可能的情况下，还会为企业积极寻找新产品开发所需要的原料生产企业。所以，企业通过与供应商和买方建立联系，可以寻找创新突破点，挖掘细分市场，获取竞争优势。

3. 企业间合作创新的特点

（1）这种合作往往容易失败，合作企业主体界定不清晰，合作中制定的战略容易产生分歧。

（2）研究表明，这种合作常在高技术企业间进行。高技术企业以技术创新为企业的根本出发点和立足点，合作方的技术差距较小，能起到技术互补的作用，这种合作创新的模式有利于高技术企业的生存和发展。

（3）这种合作方式的合作主体通常是一方强于研究开发，弱于制造、营销等，而另一方弱于研究开发，强于制造、营销，合作使得其实现优势互补。

目前，在创新方面，我国与世界先进国家有着很大差距。在世界经济论坛发布的《2011—2012年全球竞争力报告》中，中国的竞争力在142个国家中排名第26

位，其在创新指标中，创新能力指标排名 23，公司用于 R&D 花费指标排名 23，大学、企业在研究与开发中合作指标排名 29，而在制度、创新、高等教育和培训以及商业成熟度等方面表现都不太理想。当今，我国依然主要靠廉价劳动力、资源消耗和优惠政策在世界中争取竞争优势，而在原创能力和关键技术等方面则相形见绌，同时，我国当前的知识产权保护体系仍然还不完善，国内仿制成风，新产品问世不久就会出现仿制产品。这些问题的存在需要政府加强创新体制建设，企业加强科技研发投入，相互合作，以真正增强我国的核心竞争力。

本章小结

创新给企业带来了革命性的变化，创新意味着旧组合的毁灭和新组合的形成，这种新的组合能够创造出新的价值，促进经济的发展。本章阐述了企业技术创新战略的概念、内容，分析了实施技术创新战略的意义，以及企业技术创新战略中的关键要素和动力因素。技术创新战略可分为领先创新战略、跟随创新战略和模仿创新战略，企业需要在分析内外部环境的基础上，实事求是，根据不同创新战略的特点，选择适合本企业战略发展的创新模式。同时，企业还可以通过技术转让、产学研合作以及采取企业间的创新合作方式来推动企业的技术创新。技术创新战略是企业在市场竞争中利用技术创新来获取竞争力的方式，是企业战略的一个部分，所以，创新战略还需与其他战略相协调。

本章案例

正大天晴：在专注中谋划转型

江苏正大天晴股份有限公司（简称正大天晴）是由泰国正大集团、正大制药（连云港）有限公司、江苏省农垦集团有限公司、中国药科大学科技实业（集团）总公司五家企业投资组建的国家重点高新技术企业。

正大天晴在科技创新方面的投入已达到销售收入的 10% 左右，专利申请已经超过 100 项，具有自主知识产权的产品销售占到了总销售额的 60%。正大天晴已经拥有了自己的药物研究院，每年的研发投入超过 1 亿元，研发计划已经排到了 2015 年，产品形成了"生产一代、储备一代、研发一代、构思一代"的良性发展循环。

一、在专注中谋划转型

（一）从先行者到领跑者

正大天晴在 30 多年前虽然还是连云港一家规模不大的企业，但公司总裁陶惠启敏锐的市场眼光紧紧锁定肝病治疗这一领域。可以说，正大天晴的起步要比许多企业早。1986 年，国际上用甘草酸治疗肝炎的技术刚刚取得突破性进展，正大天晴就与科研单位合作，成功地推出了甘草酸治疗肝炎的第二代产品——强力宁。正大天晴并没有以此为满足，在此后的 6 年中锲而不舍，终于在 1994 年成功地从甘草中提取了异构体甘草酸，生产出甘草酸治疗肝炎的第三代产品——甘利欣。如今，一些发达国家仍在使用甘草酸第二代产品，而甘利欣这样的第三代产品却在中国得到了广泛应用，而且价格只是国外二代产品的二分之一。

（二）创新不能仅靠资金

自身的经验让正大天晴体会到创新的重要性，要先行一步，就要有新技术、新产品；比别人晚出发却要跑在前头，就要有比别人更好的东西，这就是创新。世界排名前 10 位的成功制药企业无一例外都是研发创新型企业。这让正大天晴更加坚定了创新的信念。

但是，在医药领域，创新最根本的问题就是大量的资金投入、较高的风险、相当长的投资回报期和专利保护问题。陶惠启的想法非常独到：中国目前基本都在做仿制药，这一时期将是做创新药物和仿创药物最好的时机。所以在这段时间，能做出一批新药来，就为企业未来的可持续发展打下了坚实的基础。

正大天晴 2004 年的研发投入达到了 5200 万元，就已占销售收入的 8%，在随后的几年里，正大天晴把研发投入比率提高到 10%，接近跨国医药企业的研发投入水平。如此庞大的风险支出，会不会影响企业的发展呢？正大天晴冷静地处理了效益增长与可持续发展的问题，决定加大研发投入，适当地放慢增长速度，使之保持在行业的平均水平之上，即 10% 左右。

有了投入还要有新思路才能保证投入转化为新产品。正大天晴为产品研发确立了"三个为主"：一是以肝病药为主，二是以中药现代化为主，三是以现代制剂为主。这三个"为主"相辅相成，缺一不可。

正大天晴投资数千万元，在南京建立了新药研发中心，并建立了产品研发的"三个平台"：一是中药及植物药新工艺研究技术平台，二是肝病新药初步筛选平台，三是靶向给药、透皮给药以及缓控释等给药新技术研发平台。同时，该中心也是博士后流动站，与国内科研单位有着紧密的合作。

在考核机制上，企业的研发项目由企业高层和专家团队筛选，其成本不列入研发成本考核，减轻了研发中心选择项目时的压力。同时，企业对研究人员采取开放的态度，允许出错和失败，不计入考核，而对研发成功品种的责任人，则予以奖励，并让其享受产品上市后的销售分红。

在专利方面，正大天晴采取了知识产权提前介入的思路，由企业副总裁直接领导有关专利的各项工作。而且，这种提前介入提早到了"品种筛选"阶段，产品在立项前，专利即先行。正大天晴专门成立的知识产权部门除了申报知识产权这一常规业务外，很大一部分精力放在了待选项目的专利论证上，以确保研究成果能够获得专利保护。正大天晴已经获得了 40 多个国家专利。

专利先行、机制健全、人才储备、资金到位，正大天晴关于向研发型企业转型的准备工作缜密周详。率先获得国内阿德福韦酯产品专利就是正大天晴最有影响力的一战：知识产权部门对原研单位所申报的专利进行了深入的分析，发现其申报的晶型只有 4 个，而正大天晴的研发部门进一步研究开发了第 5 种晶型，在不对原研单位专利造成侵犯的同时，赢得了自己的专利权。

二、专注和创新的有机融合

科学汇聚精英的头脑，宏图召唤人才的归依。正是正大天晴研发型企业的创建以及对肝病药物研发的执着和专注，才赢得了多方的关注和支持。可以看到，创新给正大天晴带来了革命性的变化，创新意味着旧组合的毁灭和新组合的形成，这种新的组合能够创造出新的价值，促进企业的发展。在高新技术渗透到商品产、供、销各个环节的时代，正大天晴的创新给企业带来了先进的生产技术、低廉的生产成本和能够满足消费者需求的新产品，促进了企业确立并能够保持长期的竞争优势。

思考题

1. 正大天晴的创新体现在哪些方面，成果如何？
2. 正大天晴变革前后的差别在哪里？
3. 国内还有如正大天晴这样在专业领域具有强大创新实力的医药企业吗？如果有，请比较。
4. 如果正大天晴想更进一步发展，哪些方面需要改进？
5. 你认为医药企业是专注于某一领域还是实施多元化战略好？请说明理由。

本章习题

1. 企业的技术创新主要包括哪些方面？请作简单介绍。
2. 请简述企业技术创新的意义，并试举一例说明。
3. 简述企业技术创新的过程。
4. 请分别说明企业技术创新的关键要素和动力因素。
5. 企业技术创新战略包含哪些类型？试分别论述其特点。
6. 合作创新有哪几种类型？分别谈谈它们的特点。

参考文献

[1] 黎群，张文松．战略管理［M］．北京：清华大学出版社，2006．

[2] 杨锡怀．企业战略管理：理论与案例［M］．北京：高等教育出版社，2010．

[3] 李玉刚．战略管理［M］．北京：科学出版社，2005．

[4] 何彪．企业战略管理［M］．武汉：华中科技大学出版社，2008．

[5] 刘艳梅．企业战略更新的理论与实践［M］．北京：中国工商出版社，2006．

[6] 阚全程．PDCA循环在医院战略管理中的运用［J］．中国医院管理．2009，29（8）：47－50．

[7] 黎群，万晓．企业战略管理［M］．北京：中国铁道出版社，2000．

[8] 弗雷德·R·戴维．战略管理：概念与案例［M］．北京：清华大学出版社，2010．

[9] 徐飞．战略管理［M］．北京：中国人民大学出版社，2009．

[10] 李红霞，陈培友．企业战略管理［M］．徐州：中国矿业大学出版社，2002．

[11] 王良元．战略管理［M］．北京：人民邮电出版社，2003．

[12] 杨锡怀，王江．企业战略管理——理论与案例［M］．北京：高等教育出版社，2011．

[13] 陶声良．企业战略管理［M］．武汉：武汉大学出版社，1997．

[14] 杨晟，浅析我国医药产业发展与经济发展的关系［J］．中国外资，2011（11）：159－160．

[15] 王海涛．新医改背景下医药生产企业发展战略研究［D］．北京：华北电力大学，2011．

[16] 吕怀珍．药价虚高与我国的新药定价机制［J］．西南名族大学学报（人文社科版），2007（6）：169．

[17] 武建龙，王宏起．企业动态核心能力培育机制研究［J］．科技进步与对策，2010，27（24）：16－19．

[18] 宝贡敏．现代企业战略管理［M］．郑州：河南人民出版社，2001．

[19] 杨桂红．价值链分解与企业核心竞争力培育［J］．经济问题探索，2004（3）：74－75．

[20] 和金生. 战略管理 [M]. 天津：天津大学出版社，2012.

[21] 徐君. 企业战略管理 [M]. 北京：清华大学出版社，2008.

[22] 王璞. 战略管理工具与案例 [M]. 北京：机械工业出版社，2009.

[23] 朱森. 一类定量化竞争优势的战略分析模型与工具研究 [D]. 浙江大学，2004.

[24] 王自豪. 中小企业发展战略案例研究 [D]. 同济大学，2003.

[25] 赵春明. 企业战略管理 [M]. 北京：人民出版社，2003.

[26] 张世恒. 企业战略管理 [M]. 成都：四川大学出版社，1997.

[27] 丁玲. 哈药集团实施多元化战略的对策研究 [D]. 哈尔滨：东北林业大学，2011.

[28] 李春波. 企业战略管理 [M]. 北京：清华大学出版社，2011.

[29] 霍玉强，纵向一体化战略的商业模式研究 [D]. 北京：北京交通大学，2010.

[30] 秦远建，胡继灵，林根祥. 企业战略管理 [M]. 武汉：武汉理工大学出版社，2002.

[31] 迈克尔·波特，李明轩，邱如美译. 国家竞争优势 [M]. 北京：华夏出版社，2002.

[32] 李建中，陈宇，祝建辉. 企业实施成本领先战略的新思考 [J]. 企业管理，2011 (10)：193 –196.

[33] 张会锋，波特"夹在中间"论的逻辑重构和统计学视角 [J]. 情报杂志，2010，29 (4)：203 –210.

[34] 强志源. 现代企业战略管理 [M]. 北京：北京理工大学出版社，1993.

[35] 王玉. 企业战略管理教程 [M]. 上海：上海财经大学出版社，2005.

[36] 宋培林. 战略人力资源管理理论梳理和观点述评. 北京：中国经济出版社，2010.

[37] 陈萍，潘晓梅. 企业财务战略管理 [M]. 北京：经济管理出版社，2010.

[38] 曹嘉晖，张建国. 人力资源管理 [M]. 成都：西南财经大学出版社，2009.

[39] 宋云，陈超. 企业战略管理 [M]. 北京：首都经济贸易大学出版社，2000.

[40] 徐二明. 企业战略管理 [M]. 北京：中国经济出版社，2002.

[41] 潘忠敏，迈克尔·波特《国家竞争优势》研评 [D]. 北京：对外经济贸易大学，2005.

[42] 向筠. 中国制药产业国际化成长战略研究 [D]. 北京：北京工业大学，2009.

[43] 管益忻. 企业国际化战略联盟的七种新模式 [J]. 企业管理，2006 (3)：84 –85.

[44] 金占明，段鸿. 企业国际化战略 [M]. 北京：高等教育出版社，2011.

[45] 张世君，刘荣英. 企业战略管理 [M]. 武汉：武汉理工大学出版社，2006.

[46] 朱磊，曹静. 基于社会责任的企业组织变革研究 [J]. 技术经济与管理研究，2009 (6)：64 –66.

［47］潘德著，王金德译．六西格玛是什么［M］．北京：中国财政经济出版社，2002.

［48］芮明杰．管理学：现代的观点［M］．上海：格致出版社，2005.

［49］商迎秋．企业战略风险识别、评估与应对研究［D］．北京：首都经济贸易大学，2011：28－30.

［50］张荣琳，霍国庆．企业战略风险的类型、成因与对策分析［J］．中国软科学，2007（6）：50－57.

［51］于卉．基于平衡计分卡的母子公司战略控制研究［D］．山东：山东大学，2008：13－18.

［52］艾尔海克．六西格玛服务设计：走向卓越之路线图［M］．西安：西安交通大学出版社，2008.

［53］赵琰．六西格玛法在软件企业量化管理中应用的研究［D］．上海：复旦大学，2011：8－13.

［54］范家兵．六西格玛在F企业产品质量改进中的应用与研究［D］．天津：天津大学，2011：8－9.

［55］吴正华．医药企业并购战略研究［D］．南京：南京理工大学，2010.

［56］杨婧．中国医药行业并购研究［D］．北京：中国人民大学，2005.

［57］周杉．企业战略联盟合作动力及管理策略研究［D］．北京：中国矿业大学，2011.

［58］张思军．我国医药商业企业战略联盟的路径选择［J］．经营管理，2007（3）：134－135.

［59］田大洲．我国中小企业发展与就业研究［D］．首都经济贸易大学，2010.

［60］孙发平，马震．论中小型企业的比较优势及其战略选择［J］．中央财经大学学报，2005，（11）：47－50.

［61］邵国龙．我国中小企业发展战略研究［D］．东南大学，2004.

［62］王凤丽．我国中小企业发展战略［D］．对外经济贸易大学，2005.

［63］施培公．后发优势—模仿创新的理论与实证研究［M］．北京：清华大学出版社，1999.

［64］张丹华．技术创新战略的理性思考与模式选择［D］．上海：华东师范大学，2005.

［65］黄莉．创新与中国科技体制现状［J］．文化纵横，2012（8）：103－105.